MEIJIE PIPING

媒介批评

第十一辑

蒋原伦　张　柠　主　编

柳　珊　魏宝涛　副主编

U0662276

GUANGXI NORMAL UNIVERSITY PRESS

广西师范大学出版社

· 桂林 ·

图书在版编目（CIP）数据

媒介批评. 第十一辑 / 蒋原伦，张柠主编. --桂林：
广西师范大学出版社，2021.9
ISBN 978-7-5598-4297-8

Ⅰ. ①媒… Ⅱ. ①蒋… ②张… Ⅲ. ①传播媒介—
研究 Ⅳ. ①G206.2

中国版本图书馆 CIP 数据核字（2021）第 191602 号

广西师范大学出版社出版发行

（广西桂林市五里店路 9 号　邮政编码：541004）
（网址：http://www.bbtpress.com）

出版人：黄轩庄

全国新华书店经销

广西广大印务有限责任公司印刷

（桂林市临桂区秧塘工业园西城大道北侧广西师范大学出版社
集团有限公司创意产业园内　邮政编码：541199）

开本：720 mm × 970 mm　　1/16

印张：21　　插页：4　　字数：340 千

2021 年 9 月第 1 版　　2021 年 9 月第 1 次印刷

定价：60.00 元

目　录

哔哩哔哩:从"圈地自萌"到"青年文化乐园"

——Z世代青年网络文化发展启示

鞠薇

摘要:哔哩哔哩成立十年来,从 ACG 亚文化内容分享网站发展成为近 1 亿 Z 世代青年文化内容的网络社区。从最初的文化圈层的群体认同感和"次元壁"的排他性,到如今与主流文化交融共存,这种变化背后体现了复杂多元的社会话语和既相异又稳定、连续的文化内涵。本文试图从哔哩哔哩十年的发展历程切入,探讨 Z 世代的网络亚文化与主流文化之间的话语关系以及 Z 世代成长带来的网络文化发展趋势。

关键词:哔哩哔哩;网络亚文化;Z 世代;次元壁

2019 年 12 月 31 日,一场名为"2019 最美的夜"的晚会在各地方卫视斥巨资打造的跨年晚会中脱颖而出。这台由哔哩哔哩(Bilibili,下文简称 B 站)和新华网联合主办的晚会,在直播当晚吸引了 8000 万观众,其后 6 天内的回放量超过 6700 万,豆瓣评分达到 9.3。不同于地方卫视跨年晚会的星光熠熠,B 站跨年晚会以"回忆杀"贯穿"日落""月升""繁星"三个篇章,结合了大量游戏、动漫元素，以及流行、说唱、摇滚等丰富的音乐形式，回顾了 10 年间网络流行文化的变迁，以及动漫、游戏、影视领域的经典作品，在年轻观众中引起强烈的共鸣。不仅如此，许多评论认为这台晚会"打破次元壁"与主流文化热情相拥。国乐大师方锦龙与虚拟偶像洛天依合作经典民歌《茉莉花》、法国钢琴家理查德·克莱德曼与管弦乐团合作《哈利·波特》主题曲、电视剧《亮剑》主演之一张北光与军星爱乐合唱团合作演绎《中国军魂》……在小众文化与大众文化间找到交汇点，覆盖更多的文化圈层和年龄段人群，是晚会的核心理念。

大规模的流量聚集吸引了媒体的注意力，在关于 B 站跨年晚会的诸多报道中，不难发现"代际"成为了关注焦点。人民日报官方微信转载了共青团中央文章，称这场跨年晚会"很懂年轻人"；《中国青年报》将晚会称为"一次成功的代际和解"[①]；《工人日报》将 B 站晚会理解为代际在"次元壁"前的握手[②]；《四川日报》认为晚会的成功意味着亚文化正在突破"次元壁"，而"我们"不必抵触和抗拒，反而应当尊重并欢迎这样的文化现象，并借此聆听"更年轻的声音"[③]。这些报道不约而同地将亚文化—主流文化与代际隔阂画上等号，将"次元壁"理解为代际之间文化理解与沟通缺失的结果。

一场跨年晚会何以被认为是"代际和解"？"出圈""破壁"的内涵又是什么？本文拟从 B 站十年的发展与变化切入，讨论 Z 世代的网络亚文化与主流文化之间的话语关系以及 Z 世代成长带来的网络文化发展趋势。

"圈地自萌"：二次元亚文化的群体认同感和排他性

2009 年成立之初，B 站是一个 ACG（animation 动画、comic 漫画、game 游戏）内容创作与分享的弹幕视频网站。这种弹幕视频网站由日本舶来，其鼻祖是诞生于 2006 年的 Niconico 动画视频网站。随着弹幕视频的形式和 ACG 文化在中国青少年中的影响日益扩大，我国也在 2007 年成立了第一家弹幕视频网站 AcFun（简称 A 站），但发展至目前，B 站已成为中国最具影响力的、用户

---

① 曹东勃：《B 站跨年晚会：一次成功的代际和解》，《中国青年报》2020 年 1 月 8 日。

② 龚先生：《"补课"B 站晚会，代际在"次元壁"前握手》，《工人日报》2020 年 1 月 9 日。

③ 张舟：《B 站晚会爆红的背后，文化正在更新换代》，"川报论见"2020 年 1 月 3 日。

聚集度最高的弹幕视频网站。

在此类弹幕视频网站中，我们看到两个重要的亚文化元素——二次元和弹幕。"二次元"（にじげん）原是日语中的几何学术语，意为"二维空间"。由于日本早期的 ACG 作品多由二维图像构成，这种平面化的虚构的图像世界被动漫爱好者称为"二次元世界"，简称"二次元"，用以与三维的、现实的"三次元世界"相对立。久而久之，"二次元"也被赋予了架空、幻想、虚构的寓意，同时也被用来指称 ACG 爱好者亚文化族群。

弹幕最早是一种军事用语，指密集得犹如幕布一般的炮弹射击。在互联网文化中，弹幕是一种特殊的播放器技术，使用户的评论文字可以如子弹一般横穿过屏幕，并且即时存储在视频上，当视频再次播放时，评论再次出现。弹幕制造了一种实时互动的错觉，使观众体验到一种部落化的观影模式。同时，也形成了一种具有排他性的语言特征和符码。2019 年 12 月 4 日，B 站公布年度弹幕数据，"AWSL"以 3233620 的出现次数成为 B 站 2019 年度弹幕，但非弹幕用户恐怕很难猜出这个缩写的真正意思。根据 B 站的解读，"AWSL"是"啊我死了"首字母缩写，表达"被幸福、快乐、喜爱等情绪狠狠击中"的强烈情感。在 B 站，每个月有超过 14 亿条弹幕和评论，产生了许多诸如"泪目""666""献上膝盖"等暗语，成为一种仅限于特定群体的话语体系。

B 站 2019 年度弹幕"AWSL"

这群热衷于二次元文化、弹幕文化的 ACG 爱好者亚文化群体成了 B 站最早的基本用户。他们在 B 站分享喜爱的 ACG 作品，或是进行二次创作，上传自己制作的"鬼畜视频"，并用自己特有的语言进行交流。在兴趣、审美和语言上的同质性使他们很快就形成了群体认同感和归属感。而 B 站也在刻意地培养这个用户群体。早期 B 站的会员等级非常分明，由低到高分别是：游客、注册会员、正式会员、UP 主。游客的使用权限最低，只能观看视频，不能发送弹幕。注册会员也受到限定，只有在特殊的开放日才可以注册。而由注册会员升级成正式会员就更加严格，须有其他正式会员发送的邀请码或通过 B 站的测试。这个测试包含 120 道题，覆盖分区知识、站内文化、素质文明几个部分。与大多数视频网站用收费开放会员功能的制度不同，B 站通过测试筛选用户，以最大程度地保障站内用户的文化归属感和群体同质性。可以说，这种严格的准入机制为 B 站早期的二次元圈层筑起了牢固的壁垒，维护了圈内群体的黏性和归属感，也将非二次元爱好者区隔在外。

这种用户群体的相对封闭和话语体系的排他现象被一些学者称为"圈地自萌"，即"粉丝圈内部的自嗨"，其目的是圈住兴趣群体并营造一个共同热爱的兴趣圈层。① 巩固圈层的结构和影响意味着要持续吸引圈内群体的注意力，因此，B 站一方面着力扶持和培养更具影响力的 UP 主（uploader，指视频网站、论坛等互联网平台上传音频、视频文件的用户），使他们成为各圈层内的"流量担当"和 KOL（key opinion leaders，关键意见领袖）；另一方面，在大数据的支持下，向用户进行个性化的内容推荐，更为精准地锁定用户的兴趣。此外，B 站不断提升视频质量，为大多数视频提供了 480p、720p、1080p 等画质选择，优化用户的观看体验。

一般而言，"亚文化"总被指认为"主流文化"的对立面。由于 ACG 文化由日本舶来，二次元文化的架空性和虚幻性又远离现实，加之二次元迷群在 B 站的这种"圈地自萌"，二次元文化及其迷群被贴上了"非主流"的标签。然而，近几年中，接连出现了几个令人意外的文化现象，使人们开始重新认识 B 站及其用户。

---

① 夏雨欣：《从粉丝"圈地自萌"看社会隔离》，《青年记者》2017 年第 14 期，第 78 页。

《那年那兔那些事儿》与二次元爱国者

2011 年,一部描写近代中国重大历史事件和军事发展的原创漫画作品《那年那兔那些事儿》(下文简称《那兔》)在网络上连载,获得了近 10 亿的点击量。2015 年,改编后的动画版第一季在 B 站获得 8 千万次的播放量和 170 余万条弹幕,一只只兔子的大国梦激发了年轻观众的爱国热情。弹幕中刷屏最多的便是"此生无悔入华夏,来生愿在种花家"("种花"为"中华"的谐音,"种花家"意为中华民族)。

B 站董事长陈睿在 2016 年中国网络视听产业论坛开幕演讲中说,在 B 站上接触年轻用户的时候,真的感觉到他们对祖国的热爱。在陈睿看来,"每一个二次元都有一个中国梦"。温丽虹将 B 站的这群年轻爱国者称为"二次元爱国者",她认为他们与以往意义上的爱国者最大的区别在于他们把国家当成偶像。① 他们解构宏大叙事和官方话语,沿用二次元的形式来表达他们的爱国情感和民族情结。在形象上,《那兔》采用深受 ACG 文化影响的萌系画风;在语言上,"骚年""滚粗""亲"等表达方式都体现出国内网络亚文化的语言特点。这些特点与历史、军事、政治题材形成强烈反差,建构了一套独特的风格与符号系统。《那兔》漫画的作者林超说自己借鉴了日本动画《黑塔利亚》的拟人手法,这部动画用白头鹰和脚盆鸡作为美国和日本的拟人化形象,而不同型号的战斗机也被描绘成女孩的形象,巧妙地借用了"姬"(同中文中的'姬',在日文中指年轻女性、公主)与"机"的谐音关系(日文音读都为 ki)。《那兔》也采用了拟人化的动物形象符号,兔子指代中国,毛熊指代俄罗斯,鹰酱指代美国,脚盆鸡指代日本,狗大户指代沙特。这不禁让人联想到 2020 年 1 月武汉疫情期间,4600 万网友通过央视频慢直播云监工火神山、雷神山施工现场,并给叉车、搅拌车、铲车、大吊车等施工车辆、器械起了昵称——叉酱、呕泥酱、铲酱、送高宗等。"酱"(ちゃん)是日语中一种亲昵的称谓,多用于长辈对晚辈或关系亲密的人之间。无论是《那兔》中的"鹰酱"还是云监工口中的"叉酱""呕泥酱",

① 温丽虹:《驻扎在 B 站的二次元爱国青年》,《博客天下》2017 月 2 月 22 日。

都沿用了二次元迷群熟悉的日语文化元素，形成了"二次元爱国者"独特的话语体系。

《人物》杂志将《那兔》指认为"二次元爱国者新的重要节点"，认为它是启蒙经典、精神坐标，同时也是接头暗号。[①] 更多的学者则将这种以动漫/游戏的媒介形式表达的爱国主义情感定义为"二次元民族主义"，认为这是 ACG 爱好者的一种策略性的自我保护，以"想象性"地化解被边缘化的趣缘认同与主流国族认同之间的矛盾。[②]《那兔》的影响力突破了二次元文化圈层，吸引了广泛的青年群体的关注，也获得了主流媒体和官方机构的认可。陆军政治部从第四季开始参与《那兔》的策划与制作。

《我在故宫修文物》与传统文化爱好者

2016 年 1 月，纪录片《我在故宫修文物》（下文简称《修文物》）在央视开播，尽管在黄金时段播出，但反响平平。数日后，节目视频被网友上传至 B 站，口耳相传之下，一个月内点击量近 70 万，意外地在 B 站掀起了一阵"故宫热"。片中的钟表修复专家王津一度获封"B 站男神"，而修复黄花梨柜的师傅所发出的"焕彩生辉"的感叹也成为了 B 站的热词之一。UP 主们还对节目素材进行二次创作，衍生出各种版本的《修文物》。这款 B 站首现的传统文化类纪录片"爆款"颠覆了主流社会和学界对 B 站用户的"亚文化拥趸者"和"传统文化反抗者"的既定印象。

两个月后，B 站与《修文物》主创团队达成合作拍摄电影的意向，同年 12 月，电影版《修文物》上映。但遗憾的是，最终只获得了 645.9 万的票房。这部制作精良的传统文化题材的纪录片，为何在电视频道、电影院线这样的主流媒体阵地遭到冷遇，却在 B 站这样一个以亚文化为主要传播内容的网络平台成为爆款呢？陈睿认为，《修文物》在 B 站的"意外走红"揭示了人们对年青一代喜爱的网络文化存在的普遍性的误解。他认为，95 后、00 后这一代用户，是真

---

① 卓星：《林超：画一只代表中国的兔子》，《人物》2014 年第 9 期。

② 赵菁：《爱国动漫〈那兔〉粉丝群像与"二次元民族主义"》，《文艺理论与批评》2019 年第 5 期，第 14 页。

【我在故宫修文物】钟表组 王津师傅cut

科技 › 趣味科普人文　2016-01-24 19:08:40

5.9万播放 · 815弹幕

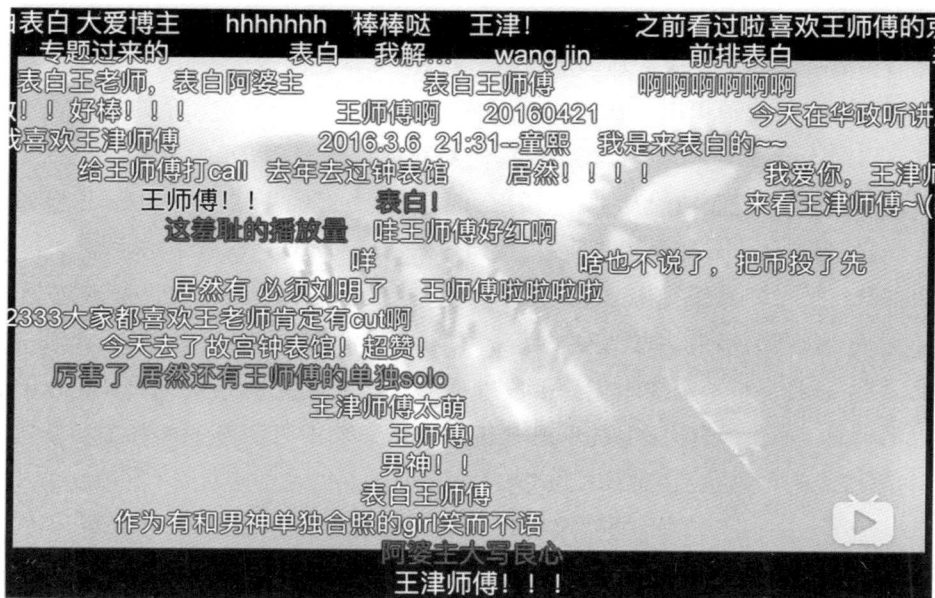

B 站用户二次创作的《我在故宫修文物》王津师傅内容短视频

正具备文化自信的一代。①

　　事实上，亚文化与传统文化之间并非二元对立关系。以"B 站男神"王津师傅为例，他数十年如一日俯首于枯燥却又精细的钟表修复工作，既出于对钟表工艺的热爱，也出于对技艺传承的责任。这种长期以严谨仔细的态度和熟练精湛的技艺专注于一件事情的精神与日本文化推崇的匠人精神不谋而合。因此，二次元文化爱好者在三次元的世界中找到了相同的"文化基因"。②

　　近年来，古风也成为了 B 站的一个重要圈层。古风美食博主李子柒在 B 站拥有 475 万粉丝，视频播放量超过 1.4 亿。"古琴诊所"将唐装文化、古乐文

---

　　① 郑茜：《尴尬的二次元：B 站爆红也救不了〈我在故宫修文物〉的票房》，"壹娱观察"2016 年 12 月 23 日。

　　② 郑茜：《尴尬的二次元：B 站爆红也救不了〈我在故宫修文物〉的票房》，"壹娱观察"2016 年 12 月 23 日。

化和流行文化相结合,乐师们穿着唐装用传统乐器演奏电视剧《长安十二时辰》插曲的视频获得145万次播放和1.1万条弹幕。汉服、手书、木工等视频内容也在B站持续升温。但仔细思考,不难在这些古风内容中找到与二次元文化的相通之处。李子柒告别都市回归田园,穿着古朴的衣服,在农舍里劈柴生火、种菜做饭,这种田园牧歌式的生活与日本漫画家五十岚大介的漫画作品《小森林》十分相似,都展现了年轻女性从都市回归乡野,开始自给自足的生活,同时也都体现了淡泊物欲、返璞归真的生活态度和生活美学。而"古琴诊所"的视频模仿唐代仕女图画风,用古印章的形式进行乐器、服饰的注释,与乐曲本身所携带的流行文化产品的基因产生了"反差萌的效果"。"古琴诊所"另一支颇受欢迎的短视频,使用古琴、古筝、哨笛等乐器演绎日本动画片《多啦A梦》的主题曲。中国传统文化的古典气质与二次元文化的小众气质产生了意想不到的化学反应,印象中古画里刻板的人物形象随着活泼的旋律而生动起来,形成了一种别致的"萌系古风"。

"古琴诊所"的古风音乐短视频

抗"疫"爆款内容与三次元社会实践

2020年1月21日,武汉UP主林晨在B站发布了一支短视频,用影像记录了疫情肆虐下的武汉。视频上线两周内获得970万点击量和9.6万条弹幕。
1月24日,他又更新了一条短视频,记录武汉封城后24小时内的状况,并注明
视频素材可供全网使用,视频所得收益都会捐赠。此后,他与央视新闻合作,
接连推出三条短视频,记录疫情期间武汉医护人员、志愿者、普通百姓的工作
与生活。

　　3月1日,北京信息科技大学UP主徐云岫在B站发布了一支计算机仿真
程序短视频《不能开学》,以充满趣味的方式直观地模拟了病毒在校园里传播、
扩散的情境,解答了学生对于学校延迟开学这一决定的困惑与不解。视频上
线后,很快就被《人民日报》《光明日报》等主流媒体转发。

　　新冠肺炎疫情期间,B站开设了"抗击肺炎"频道,发布央视新闻直播节目
和主流媒体的新闻视频,同时还集合了众多UP主创作的疫情相关的短视频。
UP主"蜘蛛猴面包"从1月24日起连续发布《武汉封城日记》,记录自己作为
志愿者在疫情期间遇见的人与事。美食UP主"芝士榴莲焗大虾"用vlog记录
封城后武汉人的居家隔离生活。海外留学生UP主用vlog展现韩国、日本、意
大利等国的真实疫情和抗疫进展。而一些在B站非常活跃的外国UP主则通
过短视频为中国网友加油打气。这些年轻的UP主不仅在视频中体现出了强
烈的社会责任意识和民族自豪感,更展现出了对人类命运共同体的深刻理解。
值得注意的是,这些视频更像是一种对真实社会实践的记录,二次元与三次元
之间的界限完全消解了。比如外国UP主高佑思记录了自己和伙伴在以色列
募集1吨医疗物资运往湖北的过程。这些UP主在记录疫情和抗疫工作的同
时,自己也投身志愿者工作,尽己所能地奉献自己。他们对所有的帮助心怀感
恩,同时也真切地关心着遇见的每一个人。他们在网络世界破除谣言、传播防
护知识、传递积极能量,但更重要的是,他们在现实世界也身体力行地去实践
他们的社会责任。

"出圈"与"破壁"背后的话语关系

　　上述文化现象绝非偶然,它们是一系列深层次变化的集中表现。要理解
这些看似异常的流量和文化现象,我们需要对讨论对象和话语有一个全新的

B 站开设的"抗击肺炎"频道

思考。陈睿说，B 站 90％的用户是 90 后、00 后，而这个群体正是网生的"Z 世代"（generation Z）。Z 世代也称互联网世代，是兴起于欧美的一种流行用语，但国外对其范围圈定说法不一，有的观点认为 Z 世代主要指 1996 年至 2012 年间出生的一代，也有观点认为其范围是 1990 年至 2009 年出生的千禧一代。在我国，Z 世代常被拿来与"90 后＋00 后"这个群体合并讨论。这一代青年在互联网时代成长和接受教育，拥有互联网思维。作为网生一代，网络改变了他们对世界的认知和交往方式，他们获得的知识和信息不再受到知识精英的控制，他们自己既是阅读者，又是书写者；既是叙述者，又是接受者。[①] 据统计，B站是移动视频 APP 中 Z 世代用户占比最高的，达到 81.4%，中国的 Z 世代有四分之一在 B 站活跃。[②] B 站还获得 QuestMobile 研究院评选的"Z 世代偏爱 APP"和"Z 世代偏爱泛娱乐 APP"两项榜单第一名。[③]

但长久以来，Z 世代被主流话语他者化。尤其是喜爱二次元文化的 B 站用户，被一再强调其"异质性"和"断裂"现象。[④] 正因为此，当 Z 世代对二次元以外的文化开始表现出兴趣的时候，会被大众认定为是"异常"的文化现象，因为大众普遍认为亚文化与主流文化之间是断裂的、不连续的。曲春景、张天一认为，这种观点源自人们长期以来对"非连续性"哲学的错误解读。米歇尔·福柯在《词与物》中提出不同时期知识型的"断裂"，但这一概念被文化界误读为历史文化的非连续性，并广泛地应用于代际研究、文化研究，一言蔽之地概括不同代际之间、不同文化群体之间的固化差异。但实际上，福柯的"断裂"恰恰是为了打破整体性对差异性的排斥和一元论话语对人的强制。[⑤] 因此，对 B 站青年用户的"二次元"标签的一再强调，强化了亚文化与主流文化之间、Z 世代与其他世代（如 X 世代、Y 世代）之间的"断裂"，遮蔽了文化的内在连续性和多样性。在这样的语境下，Z 世代表现出对主流文化的认同或对传统文化的喜爱，被解读为对二次元亚文化的"叛离"或是对主流文化的"皈依"。

但正如前文提到的李子柒、《修文物》等案例，我们看到的是历史和文化在演变过程中或有偶发的断裂，但总体而言，文化是复杂的、多元的、连续的。文化层面的易变性并不与文化基底的稳定性矛盾。中日两国一衣带水，古代中国文化对日本文化的形成有着巨大影响，可以说中日文化之间本就存在许多的相通性。B 站的年轻用户可能在二次元文化和主流文化、传统文化中找到

① 曲春景、张天一：《网络时代文化的断裂性和连续性："B 站"传统题材作品的"爆款"现象研究》，《现代传播》2019 年第 9 期，第 89 页。

② 郭开文：《B 站，凭什么？》，"广告门"2020 年 2 月 24 日。

③ QuestMobile Z 世代洞察报告 https://www.questmobile.com.cn/research/report－new/31

④ 曲春景、张天一：《网络时代文化的断裂性和连续性："B 站"传统题材作品的"爆款"现象研究》，《现代传播》2019 年第 9 期，第 89 页。

⑤ 曲春景、张天一：《网络时代文化的断裂性和连续性："B 站"传统题材作品的"爆款"现象研究》，《现代传播》2019 年第 9 期，第 89 页。

了令他们产生共情的内容，如在《那兔》中可以发现日本动漫叙事范式中常见的"萌""虐""燃"元素；日本漫画《小森林》和李子柒的短视频中都表现出的田园牧歌的生活环境、返璞归真的生活态度等；同样，在《修文物》中的文物修复师身上看到了日本文化推崇的匠人精神。可以说，本质上，真正吸引他们并让他们产生共情的是这些文化内容，因此不管这些文化内容是在日本二次元作品中，还是在中国的主流文化或传统文化作品中，他们都会被吸引。同时，不可忽略的是，随着 Z 世代的成长，他们的兴趣和文化体验都在不断地发生着变化，十年前喜欢动漫作品的和当下喜爱主流纪录片的可能是同一批人。因此，大众对 Z 世代的认识也不应固化在"二次元""亚文化"等标签上。

对文化"断裂"的误读也揭示了"出圈"或"破壁"背后的话语关系。"出圈"即走出二次元圈层，"破壁"即冲破次元壁，两者皆指认了二次元亚文化与主流文化之间的对立关系，以及不能共享文化经验的隔阂，也可以被认为是二次元爱好者群体为了缓解与三次元现实世界和主流文化的冲突而采取的自我边缘化的策略。前文所提到的 B 站的会员测试制度和弹幕语言体系恰是一种为了回避与主流文化的冲突而自我圈定自治空间的策略。林品认为，二次元爱好者会对次元壁进行心理层面的想象性建构和话语层面的象征化表达，但这种用次元壁圈定的某种非政治化的自治空间是裂隙重重的，近年来多方势力从内外两个方面合力破解次元壁，而"二次元民族主义"就是由此兴起的文化潮流之一。① 也就是说，"出圈"或"破壁"都不是单向的，既有来自圈层内部的向外作用，也有来自圈层外部的向内作用。

近年来，B 站的兴趣圈层在不断拓展和延伸。如今，B 站拥有动画、番剧、国创、音乐、生活、娱乐、鬼畜、时尚等 15 个分区，7000 余个圈层。② 而促使圈层迅速衍生的主力军正是 Z 世代为主体的广大 UP 主。B 站 2019 年第一季度财报显示，B 站 89％ 的播放量由 UP 主创作的 PUGC（professional user generated content，专业用户生产内容）内容贡献。不少头部 UP 主已成为圈层内的 KOL，且影响力已扩展至主流社会。比如数码产品测评 UP 主"何同

---

① 林品：《青年亚文化与官方意识形态的"双向破壁"现象探析——"二次元"民族主义的兴起》，《探索与争鸣》2016 年第 2 期，第 71 页。

② 陈默：《B 站十年，圈层裂变》，"壹娱观察"2019 年 6 月 27 日。

学"2019年6月6日发布了一个关于5G测评的视频，被《人民日报》等主流媒体转发，短短一个月内，其B站关注数从29万涨到了149万。"何同学"形容自己当时的感受就像是"打破墙壁"："热搜也好，大V也好，还有人民日报，你和他们的关系从来都是单向的，他们出内容，你看内容。感觉他们就在一个叫作影响力的宇宙里，而你就在一个被影响的宇宙里。但是突然，你出现在他们的时间线上，有一层无形的墙壁被打破了。"何同学的描述生动地揭示了"破壁"的意涵——"次元壁"不仅是文化经验上的区隔，更是话语的区隔。但随着Z世代的成长及其在社会上的影响力、消费力的增长，这层"无形的墙壁"正在一点点被打破，他们不再"圈地自萌"，而他们的声音也可以穿破次元壁，被更广泛的人群听见。

近年来，B站在不断加强主流文化和传统文化内容的传播与制作。继《修文物》之后，历史剧《大秦帝国之崛起》、综艺节目《国家宝藏》等一系列传统文化内容都在B站引起了热烈反响。2017年，陈睿在第五届网络视听大会上演讲时表示，过去5年来，国风兴趣圈层覆盖人数在B站增长了20倍以上。他发现Z世代有着高度的文化自信、道德自律和人文素养，会主动发掘并传播传统文化之美，这种年轻的动能是传统文化在中国的群众基础。

在布局泛ACG业务的同时，B站也积极参与原创纪录片、综艺节目的制作，不断拓展契合Z世代审美发展的三次元内容板块。B站参与出品的《寻找手艺》《人生一串》《宠物医院》等纪录片都深受欢迎。2016年12月14日，B站获得了"中国十大纪录片推动者"称号，目前已经成为中国最大的纪录片出品方之一。2019年，B站进军付费课程，课堂频道包括"个人成长""知识技能""兴趣爱好"等，学习用户数量已超2000万，一些著名课程的播放量已超百万。此外，B站大力打造PUGC品牌，对粉丝数小于一万的UP主推出"新星计划"，对头部UP主进行"年度百大UP主"评选。粉丝数达到一定数量的UP主还会获得B站颁发的奖牌和勋章。同时还有"充电计划""创作激励计划""悬赏计划"等现金激励。

为了扩大影响力，B站还策划了丰富的线上、线下活动。拜年祭、弹幕大赛是传统的B站线上活动，而线下活动则包括百大UP颁奖和BML（Bilibili macro link，B站每年夏季会举行的盛大线下活动）等，"2019最美的夜"跨年晚会也是通过线下活动"出圈""破壁"的成功案例。这些线上、线下活动不仅增强了 B 站的用户黏性,还能吸引更广阔的青年群体。

在另一个向度,我们也看到来自主流文化的"破壁之力"。共青团中央、人民网、央视新闻等主流机构、媒体也纷纷入驻 B 站。清华大学、北京大学等高校在疫情期间开放精品课程公开课、讲座,帮助年轻受众"停课不停学"。这些主流机构、媒体在 B 站上也采用了新的话语特征和传播策略。央视网在 B 站上发布的抗疫主题视频《战疫者》将"三次元"的抗疫一线的照片加工成"二次元"的动漫画风,迎合了年轻受众的审美趣味。

央视网在 B 站发布的漫画风格短视频《战疫者》

结语

回到本文开头时讨论的"2019 最美的夜"跨年晚会,主流媒体在评论时反复强调的"代际"问题,实际是将青年亚文化与主流文化之间的问题简单归咎于年龄差异造成的代沟,而遮蔽了青年亚文化的本质,即寻求自治、认同、自由,Z 世代青年为他们的存在创造属于自己的意义,并符号化地去表达这些自由,而不是简单地接受现有的主导意义。① 在 B 站这样一个自治的文化社区, Z 世代青年用共同喜爱的二次元文化和特有的语言体系、审美趣味获得认同感和自由,创造了属于自己的文化意义。但这并不意味着他们是主流文化的对抗者,也不意味着 Z 世代与之前的代际之间存在着牢不可破、无法逾越的"次元壁"。正因为文化是连续的而不是断裂的,不同年龄的观众都会为"2019最美的夜"所打动。更不能忽略的是,Z 世代是个不断成长的群体,他们逐步从青少年阶段步入青壮年阶段,他们的文化经验、审美趣味、知识需求也在同步地变化着。总有一日,他们会成为主流社会人群,"出圈""破壁"无法代表和概括这种复杂的成长和变化。而 B 站从"圈地自萌"到"当代中国青年的文化乐园"的蜕变,却给我们留下了很大的启示。

(鞠薇,华东师范大学传播学院副教授,博士)

Bilibili: from "Closed Circle"to "Youth Cultural Paradise"
Inspiration on the Development of Z Generation Youth Cyber Culture

Ju Wei

Abstract: 11 years since its establishment, Bilibili has developed from a ACG sub-culture sharing website into a cyber community for nearly one hundred million Z generation youth. Behind the change from the initial cultural circle group identity and exclusiveness of dimension wall to coexisting with mainstream culture nowadays, is the complex and diverse social discourse and cultural connotation. This article briefly reviews the 11 years development of Bilibili, discusses the discourse relation between Z generation cyber sub-culture and mainstream culture, as well as the cyber culture development effected by the growing of the Z generation.

Keywords: Bilibili; Cyber Sub-culture; Z Generation; Dimension Wall

---

① John Clark, Tony Jefferson. *Politics of Popular Culture: Culture and Sub－Culture*. *Working Papers in Cultural Studies*, Stencilled Papers by CCCS, No.14, 1973, p.9.

隔膜和破壁

——B站跨年晚会的"家庭剧"式分析

米金升　程书宇

摘要:B站作为一个青少年文化载体,通过利用现代传媒技术的种种特性,构建了一个"我的地盘我做主"的亚文化体系,其显著特征是通过技术手段构建了文化"护城河"进而"圈地自萌"。这种文化地盘在构建壁垒的同时又面临着一个矛盾,就是它无法真正的自成体系,因此不得不在构建壁垒的同时又打破壁垒,只能通过跨年晚会这种形式来宣誓成长,在成长的同时又意味着妥协。本文认为,这就构成了一个典型的"家庭剧"套路,儿童成长就要走出自己的"虚幻天地"。B站跨年晚会就具有了"成人礼"的仪式性。主流文化的介入也意味着文化的合流。

关键词:B站;"圈地自萌";亚文化;文化壁垒;成人礼

　　子女教育在当代中国家庭中一般被视为一个重要议题。和房子、车子等只有金钱这个"自变量"的议题相比,教育是一个"复杂函数",孩子的天赋和努力、家长的"人财物"投入、学校教育管理水平等都可能对最终教育结果产生决定性影响,而且所有这些因素的影响机制都是"马拉松"式的。这样一个"复杂函数"给了家长们巨大的发挥空间。我们可以把由不同的"幼小中大"连起来的一个系统称为"进阶通道"。从择校的热度、培训班的火爆可以看出,且不论现代社会的整体作用力,多数家长在坚持不懈地构建一个精致而漫长的"进阶通道"。孩子们也努力表现出勤奋好学,但是在从幼儿园到职场的漫长"通道"之中,多数孩子恐怕不能一直心无旁骛。那么,这一颗颗心和种种努力是以一种什么样的方式存在于"通道"之中呢?现代传媒技术提供了一种"圈地自萌"的可能,在一个有限的空间里放飞无限的梦想。B 站就是这样一个让梦想"圈地自萌"的"我的地盘",它融合了"内爆""翻墙""穿越"等诸多技能的新武器,把家长的篱笆打得千疮百孔、形同虚设。青春期的"中二"少年说"你们谁都不了解我、全世界都不了解我",高二少年似乎看懂了世界所以说"认真你就输了",B 站说自己"引领了弹幕这种独特的社交潮流"。很多人把 B 站视为"二次元"文化的代表。可以概括地说,"圈地自萌"是其运作方式,"弹幕"体现了其交互式本质,"二次元"是其文化特征,"二次元"游戏、动漫等是其主要产品。

"圈地自萌"并不是占山为王,并不侵蚀"三次元"的物理世界,而是在前文所说的"通道"或者主流文化体系之内"内爆"形成的一个新时空,以"弹幕"为主的平等互动体现了地盘内的基本规则,"二次元"产品是运行财务基础,所有这些形成了"二次元"文化社区。可以说,这种自我构建壁垒的方式是"圈地自萌"的主要特征。

一、B 站的技术壁垒

毫无疑问,"圈地自萌"就是试图构建一个带有壁垒的网络空间,成为现代社会一个精确设计的"通道"中内爆为自由自在的"信息茧房",其基础是现代传媒技术的发展。和文学、电影等传统艺术相比,现代传媒技术通过 VR 等技术获得了强大的交互性,因此形成了强大的吸引力。B 站游戏说:"少年时,远眺战火,无人问津,但你心中笃定,孑孓苦行,不属于狂欢的人群;少年时,彻夜辗转,思虑重重,渴望颠覆,却是大梦一场;时势已到,不再退避躲闪,我们就是战士,立地成王。时势已到……"什么样的载体才能承载这样宏大的梦想?这显然不是传统艺术形式能提供的。来B站，有梦想就能实现。B站游戏说：
"'庄吾啊，你长大了以后想做什么呢？''庄吾想要成为一个王。''你为什么想
要成为一个王？……''都不是！我之所以想成为王，就是为了让世界变得更
加美好！'"当然B站也可以卸下各种伪装，你可以看见这样的弹幕："上勾拳，
等女神，参见吾王，见足识学姐。""见足识学姐"并无标准解释，大概就是"闻香
识女人"的意思。所有这些，只有在今天的传媒和互联网技术下才能够更好地
实现。

1.技术与表征

B站是众多网络热门词语的发源地之一。这种"创造"首先来源于一些新
的技术产品、技术特征。例如，"二次元"来源于日本早期的动画、漫画、游戏
等。这些新文本是以平面的二维图像构成，钟爱这些二元产品的人称之为"二
次元世界"或"二次元"，由此衍生出了架空、假想、幻想、虚构等含义，并且和现
实世界的"三维"或者"三次元"形成一定的对立。"御宅"概念则是"和动漫、动
画、电子游戏、个人电脑、科幻、特摄片、手办模型相互之间有着深刻关联、沉溺
在亚文化里的一群人的总称。"[1]中森名夫将漫画迷、铁道迷、科幻迷、偶像谜、
书呆子、音响发烧友等都纳入了"御宅"的范畴。[2] 显然，这些创造是建立在新
的技术形态之上的。

首先，这种新的技术和概念共同组成了一种将外行拒之门外的体系，如果
说不算语言体系，至少是一种交流体系。比如，B站申请会员的"考题"就不是
一般人能够完成的，对70后、60后来说，这些题目简直就是胡言乱语。比如，
要成为B站的普通会员，要在60分钟之内完成100道题目，内容以动漫游戏
为主，其中包括"炮姐的硬币能打出去多少米？"这样的问题，这就首先通过语
言形成一种壁垒。《破壁书——网络文学关键词》作者说，自己面对新的网络
表达时，"我突然发现，在这个课堂上，同学们的话和我平时听到的不一样了。

---

① ［日］东浩纪著，褚炫初译：《动物化的后现代：御宅族如何影响日本社会》，台北大鸿艺术股份
有限公司2012年，第1页。

② ［日］大塚英志著，周以量译：《"御宅族"的精神史：1980年代论》，北京大学出版社2015年，第
1—16页，转引自何威《从御宅到二次元：关于一种青少年亚文化的学术图景和知识考古》，《新闻与传播
研究》2018年第10期。

……原来,他们平时只是在用我们听得懂的话和我们讲话,除非你懂他们的'切口',否则,这套方言系统不会向你开放。……待到我开始比较顺畅地和他们讲话了,我同辈的朋友却说,你说话越来越听不懂了。……那些网络原生的术语、行话,不仅仅是生动,而是一个一个都生了根的。……待到主编《网络文学经典解读》一书时,靠做注解已经应付不了,因为,十几篇论文聚在一起,一步一注,步步惊心,而且同一术语不同作者定义不同。"①这些表征首先是技术的结果,就像韩少功在《马桥字典》中说的关于"鱼"的"语言或言语",基础是海边之人对"鱼"的各种专业性技术性认知和实践。"二次元"们用技术轻松地反驳了索绪尔对语言稳定性的强调。且不论这些概念及其体系是"语言"还是"言语",但"二次元"们就是从语言开刀,进行一种技术性创造,轻松地将"三次元"排除在外,进而形成了自己的"护城河"。苏珊·桑塔格早提醒了,没有一手知识和切身体验最好免开尊口。本文写作是在百度的帮助下磕磕绊绊完成的,可以说顶多就是看看庄子惠子和他们的濠梁之鱼了。而B站特有的"弹幕"则以一种传统艺术形式体验者难以接受的方式,也间接将很多人排斥在这种"文化"之外。一方面,弹幕既是对原有视频意义的破坏、超越、戏仿,也是体现了一种狂欢会的场景、一种彻底的游戏精神;另一方面,弹幕代表了一种平等的交流方式和文化生产方式,这大概就是今天常说的"自媒体""人人都有麦克风""去中心"等特征。弹幕或许还带有众声喧哗中来不及思考的着急,往往是大脑跟不上敲键盘的手指头。虽然不乏精彩的言语,但更多的是"一句'卧槽'走天下"的戏耍表达。如果没有一定时间的阅读观看养成,我们可能很容易用鄙视的态度视其为文字垃圾。

2.技术与创造

"二次元"往往自称为"萌"。这个概念或许也是一种技术性特征。"萌"并无学理要素,而是"放风"式间隙的约束性实现和就是想走捷径随随便便成功给你看的"无脑想法",这些想法需要依靠技术来实现,也是技术发展带给人的一种便利和便捷——想懒懒散散却有超能力。有人说韩寒的《长安乱》就是这

①　邵燕君:《"破壁者"书"次元国语"——关于〈破壁书——网络文化关键词〉》,《南方文坛》2017年第4期。

么一个"萌化"典型：男主是"天然呆"却有神奇能力，女主是"无铁炮"却有某种本质神秘，男配是个傻傻的理工男竟然成为黑白两道大老板。"二次元"种种技术便利性不仅形成了庞杂的再生产，也形成了巨大的再生产者——"迷"。亨利·詹金斯说："粉丝将单部或系列作为进入一个更广阔的粉丝社群的起点，并把各种节目、电影、书籍、漫画和其他通俗材料连成了一个互文性的网络。① 齐伟认为，"二次元粉丝们以影像原文本作为改写对象，在依据二次元审美趣味对影视剧进行重新阐释、生产二次元文本的过程中，逐渐形成了一套文本生产的新型编码系统。……二次元粉丝是围绕其特有的'臆想'式符码系统来实现社群成员间的沟通和对原文本的'盗猎'"②。当然，这种方式并非"二次元"这个新生概念所指的群体所独有，而是近几十年来媒介技术发展中的一种景观。相对于他们"正经"的前辈们，"二次元"强化了其中的杂糅和多媒体、搞笑和互娱，如"空耳""弹幕""表情包""鬼畜""捏他""梗"。技术性创造意味着群体性创造：技术轻而易举创造了粉丝，粉丝借助技术实现了粉丝的批评、粉丝的传播以及粉丝的再创造。因此，根据技术的熟练程度和入迷程度，也会有着不同的类型。比如，二次元游戏就存在着"鄙视链"："玩《Dota》的看不起《LOL》玩家，玩《LOL》的看不起《王者荣耀》玩家。"③这也解释了直播为什么存在，很多"迷妹"自己玩不了那些复杂玩意，索性就专心致志地看别人玩。

但是，并非说 B 站只有懒汉，天才的确遍地都是。技术带来的便捷肯定要被天才充分地利用，再加上其"萌""纯"，才有了某种超越的专注和成就。（是不是回到了老庄？庄子是个很早的"二次元"？）所以可以超越时空、不再格物致知、摆脱肉身引力，由人入道，入仙，入神甚至入魔。当然，天才终究是少数的，B 站经典也是少数的，从 2019 年 B 站的跨年晚会略见一斑。除了天才，也有人经过冷板凳才登堂入室，孙悟空在太上老君的炼丹炉的考验之后还有九九八十一难，张小凡不知经过多少年修炼、历经多少重折磨，才打通仙魔二界，

---

① ［美］亨利·詹金斯著，郑熙青译：《文本盗猎者：电视粉丝与参与式文化》，北京大学出版社 2017 年，第 85，46—47 页。

② 齐伟：《"臆想"式编码与融合式文本：论二次元粉丝的批评实践》，《现代传播》2018 年第 10 期。

③ 杨小柳、周源颖：《"亚文化资本"：新媒体时代青年亚文化的一种解读》，《中国青年研究》2018 年第 9 期。

使佛道魔道融会贯通。因此，《西游记》被视为经典，《诛仙》也被年轻一代视为经典。在这种技术性创造中，多数人还只是以观看为主，其创造性主要体现在弹幕，因为弹幕基本上不需要天才天赋，语言喷射就能支撑弹幕。有人对这种创造小结说：二次元粉丝的"臆想"式编码系统，"以二次元文化'宅''萌''腐'审美为代表的语言习惯和审美取向，重新释义并解构影视作品；在生产影视粉丝文本时，二次元粉丝们往往调用其亚文化共同体内部共享的思维方式和情节改编逻辑；Media Mix 式重组与二次元粉丝的跨文本式文本生产。二次元粉丝的四种文本生产形态：以文字为主的二次元解读与改写；以声音创作为主的改写；以图像为主的粉丝文本创作；文字、图像与声音几种媒介手段相结合的改写形式"①。本质上，这些编码和生产都是基于现代传媒技术和"屏媒介"的发展。首先是因为媒介生产技术的种种复杂套路产业化、极简化了，即所谓"技术阈值"的降低；其次是因为大流量、即时性的传播；最后是作为终端媒介的"屏"能够呈现出各种"炫"，"（二次元）里面什么都有，你想到的、想不到的都在那个屏幕里，真的是一个脑洞大开非常神奇的世界"②。张璐认为"二次元文化是一种建立于日式动漫表现方式上的视觉性符号系统"③。在这个技术世界里，有构架"世界"的天才，有各种产品的创造者，有游戏"鄙视链"，有粉丝看直播，这就是所谓的产业"头部、腰部、臀部"，不过尚不知道还有没有"足底"。产业的本质还是消费产业，"科技进步与消费亚文化的相互造就，从阶级对抗转向科技创新和思维变革"④。

当然，这种技术新创造有多高深仍然有待观察。虽然能够勇敢地让"三次元明星滚粗，我只萌二次元"，但仍然离不开"人弘道非道弘人""媒介是人的延伸"。"昊天金阙无上至尊自然妙有弥罗至真玉皇上帝"的四御四圣九拱卫及三十六天七十二地，似乎也是人间皇帝三省六部三十六郡的想象升级版。一个年少轻狂的"二次元"世界岂能逃出这个天罗地网的套路而创造出一个全新

---

①　齐伟：《"臆想"式编码与融合式文本：论二次元粉丝的批评实践》，《现代传播》2018 年第 10 期。

②　李英华：《栖居于虚实两境：网生代青年心理样态透视——基于文化心理学的视角》，《中国青年研究》2019 年第 8 期。

③　张璐：《从"符号"到"世界"：二次元文化的审美路径》，《学习与探索》2019 年第 10 期。

④　蒋文宁：《90 后大学生"二次元"式消费亚文化的解读》，《广西师范大学学报（哲学社会科学版）》2018 年第 1 期。

的世界体系？想走捷径随随便便成功给你看的"无脑想法"，其实这种代表遍地都是。比如说金庸笔下还有抱得公主归的傻和尚，比如笔者白日梦作了几十年，比如买彩票的生意从来都细水长流，另外别忘了世界上还有股市。因此，"二次元"天才及粉丝的创造被称为"臆想""盗猎"。现实中，中国"二次元"仍然还停留在对日本"二次元"的"引进消化吸收再创新"，基于自我母文化（如果承认这一概念的话）的"原始创新"刚刚起步。如张璐所说，本土化和产业推动正在让中国化"二次元"走上"快车道"，但延承日本动漫游戏仍然是一个稳定性的表征。[①] 如果说"二次元"有突破，仍然是由文字向基于信息技术的"3D"的努力。"VR/AR技术将构建一种超出符号化环境的临场化环境，用户不再是通过符号来间接体验世界，而是直接置身于一个现实世界感官相同的三维虚拟世界。"[②]换言之，是虚拟现实或者增强虚拟现实。这就离不开一个"元世界"。另外，二次元的创造仍然无法完全自生地存在。"三次元"社会基本的运作规则比如经济基础决定的规则影响了"二次元"世界的游戏规则，一方面，建立在消费基础上的"二次元"离不开"三次元"的消费支持。另一方面，"二次元"的吃喝拉撒衣食住行的基本逻辑仍然由"三次元"来决定。

3.技术与生态

一般来说，多数互联网产品都会把增加用户作为最核心的目标，因此都会努力地降低使用技术门槛，最好能实行"傻瓜式"入门。B站略有不同，似乎在有意识地设置一定的门槛、形成某个圈子。"与别的世界区隔开来的壁垒……这种壁垒称作'次元之壁'。"[③]当然这可能是个半推半就式的门槛。用一个颇为时尚的词来说，这就是所谓"生态"的建立。

从文化的角度分析，B站的文化生态特征有着明显的技术特征。20世纪90年代中期，大塚英志提出了"物语消费"论，将这种基于二次元的文化用"御宅"概念来分析，其最基本的特征是虚拟世界和现实世界关系的重新构建。可以看到"御宅"的基础是，现代互联网技术提供了一种纷繁复杂或者精彩异常

① 张璐：《从"符号"到"世界"：二次元文化的审美路径》，《学习与探索》2019年第10期。

② 彭兰：《未来传媒生态：消失的边界与重构的版图》，《现代传播》2017年第1期。

③ 林品：《青年亚文化与官方意识形态的"双向破壁"——"二次元民族主义"的兴起》，《探索与争鸣》2016年第2期。

的虚拟世界,让青年人愿意"宅"。或者说,"宅"就可以实现人们在现实生活中的许多幻想,足不出户甚至要比外面的世界更精彩。今天随着日常消费领域的发展,网购、外卖等为"宅"提供了更为扎实的基础,各种智能生活以及可以预期的自动驾驶正在拓展"宅"的边界。比如华为提出的以手机为入口的"1＋8＋N"生活场景则是一种更为庞大的空间。所有这些,对技术敏感的"二次元"可能会继续走在前面。21世纪初,东浩纪提出了"数据库"消费的概念,这是基于波德里亚、列奥塔等后现代主义理论来分析二次元文化,也就是构建一种去中心化的、数据库式的世界,二次元置身虚拟世界,迷恋信息、放弃意义,甚至放弃现实中的欲望。其实,二次元并不是放弃欲望或者想构建一种"低欲望社会",而是在信息技术基础上形成另外一种欲望,技术提供了全新的欲望及实现,因此对传统的现实世界表现出了"低欲望"。如本文一开始所言,并非"天性"的消失,而是逼仄空间中"天性"的另一种呈现,欲望通过"内爆"转移到另一个世界。而英国学者亨利·詹金斯的"粉丝""迷"的研究,也可以从这个角度去理解,粉丝通过技术手段来重新塑造社会关系。一方面,现代技术能够呈现出一种比现实更美好的偶像,现代技术能够提供一种完全超越传统的时空限制的社群关系;另一方面,技术也为粉丝参与偶像构建提供了便利,为虚拟社群的构建、嫁接、组合提供了便捷。这既有了参与性、互动性、多中心化等特征,也进而可以呈现为一种政治性存在。由此,这种政治性可能超越了伯明翰学派的"收编—反抗"的边界,也超越了消费文化的"消费—生产"的边界。因为传统的或早期的"反抗"仍然清晰地嵌入现实社会的角落,深刻地打上现实社会的烙印。如果说有抵抗的话,现代技术给二次元提供了更为广阔的空间,甚至提供了"占山为王"的可能。比如,B站通过主次门槛、表征门槛,划定了非二次元不能轻易进入的圈子。

　　不过,仅仅以文化为支撑,尚不能完全称之为"生态"。按照政治经济学基本标准,这种生态包括经济基础和上层建筑。从注册开始,会员就进入一个生产、交换、分配、消费体系之中。面对屏,就会进入一个巨大的不断再生的信息库。一方面基础是,已经逐渐退隐的网络硬件、软件资源等技术工具,这个生态系统随着技术的进步和主体的自我构建而不断地进化。比如沿着文本—图像—音频—视频—3D—虚拟现实的路线演进,或者沿着想象理解—听觉视觉一体肤感知—人机互动—人工智能的路线演进。另一方面,是各种技术性主体在孕育、成长、竞争、合作、生产、消费,并构成了一个共同作用、生生不息的生态系统。B站的"经验值",就是一种类似于基础货币的东西。当然,B站只是一个浅层次的尝试。近年来越来越热的"电子货币"是一种较为深层次的尝试。进入B站,主体的所有行为都会转化为"基础货币"的生产,这种生产行为在一种类似"区块链"的技术下,被即时记录转化。当然,这种尝试目前仍然受制于现实世界的种种限制。另外,B站的能力还无法支撑其成为有影响力的生态,在这种情况下,过分追求构建"独立之壁"肯定会将自己置身于一个狭隘的小空间,或者说只能成为一个圈子规则。

由此可以概括,妈妈、孩子、教育体系、资本、技术等,虽然各自初衷并不相同,但其合力形成了二次元生态。二次元通过新媒体、新技术实现了自我"赋权",在大量用户基础上形成了一种网络型的权力崛起。有人认为,这种"赋权"在身份激活、组织自治、亚文化生产三个层面展开。[①] 这的确是亚文化的生态,但尚不足以概括这种变革带来的生态化发展。目前尚不能预测B站的这种生态构建能够达到什么样的高度,也许仅仅是自娱自乐的小圈子,但这种技术性生态体系的构建则是当前各类互联网企业努力的方向。比如,Facebook基于社交媒体的巨大用户,试图发布一种天秤币(Libra),追求超越现实世界的一些边界来服务自己的用户进而形成某种治理统治。这种企图显然触及了现实世界的重大利益或基础。

二、B站的文化特点

从文化角度分析,B站的"二次元""御宅"等仍然是一种亚文化概念。对亚文化的分析已经有着基本的模式。芝加哥学派的社会学研究对城市生活、社区邻里的研究,对"城市化"这一势不可挡的全球模式以及中国的城市化进程,似乎更有普遍意义。因此,这种范式用于研究还需"接地气"。斯图亚特·

---

① 孙黎:《身份、组织、生产:网络青年亚文化群体新媒介赋权实践的三重层面解读》,《中国青年研究》2019年第6期。

霍尔的抵抗范式研究是基于 20 世纪 60—70 年代的英国战后现实,其《通过仪式抵抗:战后英国的青少年亚文化》出版于 1976 年,其范式不能不受"二战"以后英国政治和社会重大变化的影响。因此伯明翰学派认为亚文化反抗的存在是因为阶级差别以及社会结构性矛盾问题。但这应用到中国现实似乎有个小矛盾,妈妈的逻辑是,如果不沿着"通道"努力可能会真的沦落为"无产阶级",因此所谓的"抵抗"可能是一个南辕北辙的行为或者是一种"怨天尤人"的懒汉思维。伯明翰学派的研究范式的价值在于霍尔后来所强调的方法论。王彬认为需要把中国亚文化研究放在中国改革开放四十年快速发展巨大变化、全球化与中国互动、信息技术革命这三个大的背景之中。[①] 当然,这可能也是"大春搬进杨宅"的后果。如果从范式来看,日本学者基于特色鲜明的亚文化形成了概念和研究范式,玩家和研究者的非政治范式可能更适用于中国亚文化分析。其实,二次元和朋克、嬉皮士等彼时亚文化相比,除了信息技术变革带来的巨大空间,还有一种明显的非政治特征或者生活化特征。

　　和《革命时代的爱情》中主人公"白日梦"的反抗一样,亚文化是不是必然是一种政治反抗? 根据艾瑞克·霍布斯鲍姆的分析,伯明翰学派分析的亚文化及"革命",更多是"二战"后到 60 年代末期大学生数量暴增的结果,大学校规强加在钱包羞涩但没有经历"大萧条"和战争的一代"骄子"身上,形成了学生对学校权威的厌恶进而演变成对任何一种权威的反抗心理。[②] 这种反抗似乎并没有远大理想,只是觉得凡事都应该更美好,政治法律都不是他们反抗的目标。而且,所谓的消费文化并不能提供更大的空间。最后就成为了"我个人的事就是政治的事",或者"凡是让我烦心的事,都可以算作政治"。其实,彼时不仅仅是女权主义和年轻人想搞事情,在精英把持的经济政治领域,哈耶克的大理想被凯恩斯摁住了三四十年,直到 70 年代以后才登堂入室。在霍布斯鲍姆看来,这个大理想其实是个孤立少数的"经济神学",其拥趸撒切尔夫人的政府也是建立在"反社会的自我中心观念之上"。[③] 这两者莫非也是一种逆反心理? 据说 20 世纪 60—70 年代的"革命青年"的口号是"越革命越××",或者

---

① 王彬:《对亚文化研究范式的批判和思考》,《中国青年研究》2018 年第 6 期。
② 〔英〕艾瑞克·霍布斯鲍姆著,郑明萱译:《极端的年代》,中信出版集团 2017 年,第 373 页。
③ 〔英〕艾瑞克·霍布斯鲍姆著,郑明萱译:《极端的年代》,中信出版集团 2017 年,第 500 页。

说"一想到革命，就想要××"。这两件事在中国完全没有环境，即便是在"革命年代"的小将们也都超越了那件庸俗的事情，王小波虽然想实话实说，终究还是"革命时代的爱情"。中国大学生数量远非当年欧洲可比，但不要忘了中国有独生子女的特点，妈妈们精心计算、严防死守，只有上了大学才可能是"另当别论"。因此，政治性抵抗可能并不是当代中国亚文化的核心。一般认为，中国当代青年对政治并不敏感尤其是对"革命"淡漠，东方文化内敛的特征也和西方张扬特征并不相同。"（中国）二次元亚文化群体普遍而言并不像朋克、嬉皮士、光头党那样张扬自己的喜好、彰显从外形到行为的特征……这种内敛的、自足的、消费导向的、呵护消极自由的私有空间，对现实政治形成天然的拒斥。"①"二次元要反叛的文化是应试教育、权威说教、唯利是图、山寨现象、过度包装的流行文化、虚浮的夜总会娱乐、酒桌文化等。二次元建立的新文化秩序是，非功利性的开发人类潜能的娱乐、内涵丰富深刻的多媒体作品、超越年龄的技术、器乐达人、漫画达人和反传统流行文化等。"②但这种反抗在"通道"内只能是"茶杯里的风暴"了。不过无数天才和"天性"经由现代信息技术打开了"另一扇窗"，形成霍尔所说的"货真价实和粗制滥造的东西的混合体；它是青年人自我表现的场所，也是商业文化提供者水清草肥的大牧场"。所以，并不是白日梦就天然具有革命性，政治反抗只是拔高了的隐喻，用后现代的降临的种种技术性症候表述，可能才稍微准确一点。

因此，皮埃尔·布尔迪厄的文化资本和萨拉·桑顿的亚文化资本概念似乎更加切合一种非政治性自我建壁行为。一方面，阶层、收入、职业等因素形成了文化资本并有了主体的"区分"努力，另一方面，亚文化主体通过自身努力来形成亚文化资本的生产消费乃至于再分配，或者形成某种桑顿所说的俱乐部"酷样"，比如B站的各种参与活动来积累经验值，或者黟出去"丧"了、"宅"了、"佛"了、"二次元"了。作为俱乐部的大学和作为"护城河"的B站的基础是，时间就是金钱。"因为青少年难以与相对年长的人群进行竞争，只能将自己的时间投注于休闲当中，在其中建立起自身的'自尊'，从而使亚文化可以暂

---

①　何威：《二次元亚文化的"去政治化"与"再政治化"》，《现代传播》2018 年第 10 期。

②　蒋文宁：《90 后大学生"二次元"式消费亚文化的解读》，《广西师范大学学报（哲学社会科学版）》2018 年第 1 期。

时从主流文化的阶级评判当中解脱。"①而这种青少年"休闲"的两个条件是"无限的青春"和信息媒介技术发展且成本显著降低。

当然,亚文化的商业化可能是资本的牧场,资本看到了在这个亚文化群体上投入并实现回报的路径。B站作为一种亚文化资本形式能够建立群体边界,同时B站也完成了资本的闭环。B站越是有影响力,或者"日活用户"数越大,其商业价值越大。这一文化资本的实现或者闭环,就是消费文化和"区分"或者"酷"的合力。敏锐的资本解决了"二次元"的生计出路。网络产业,游戏、直播等,成为消费主义的一部分,实现了产业闭环。在这个过程中,亚文化通过新媒体也能够在现实世界切分一块地盘。"伴随新媒体出现的信息冗余引发了注意力经济的形成,亚文化资本的价值并不仅仅在于亚文化圈,通过资本的置换,亚文化群体获得了在主流社会结构中流动的可能。"②

三、成长和破壁

2019年12月31日晚,B站和新华网联合举办跨年晚会并在网络直播。其在"二次元"圈子里产生影响不足为奇,但是,这场晚会在中老年人的朋友圈也几乎成为热点。有人认为这是"二次元"文化的胜利,有人说这是最懂"二次元"的晚会,有人认为这是"三次元"对"二次元"的接纳。可否将这个晚会概括为B站和"二次元"的成人礼?

1.成长的标识

本文的假设是,在精心设计的"通道",无论时间长短,目的是"出道"。而且,无论那个世界如何精彩,年轻人总要长大。晚会的第二个节目就是当年极为火爆的电影《哪吒之魔童降世》中的歌曲。《哪吒之魔童降世》就是少年成长的烦恼,人(仙)之子和龙(魔)之子,一个异常调皮但不会交朋友也找不到玩伴、一个压根就没有同龄人所以活成了"别人家的好孩子",都是中国独生子女

---

① 杨小柳、周源颖:《"亚文化资本":新媒体时代青年亚文化的一种解读》,《中国青年研究》2018年第9期。

② 杨小柳、周源颖:《"亚文化资本":新媒体时代青年亚文化的一种解读》,《中国青年研究》2018年第9期。

的典型症候；无论是善种（仙种）还是恶种（魔种），都是"压力山大"，因此都隐含着强烈的叛逆。将《哪吒》和 B 站并论，既是因为一首歌的串联，更是一个成人礼的隐喻。这个未完待续的电影的最后一站，可能既是两位少年的成人礼或成人礼序幕；B 站成功的跨年晚会，可能也是 B 站的成人礼或成人礼序幕。很多论者已经分析了 B 站的成长，在此可以从不同线索来分析。

　　一种基本的逻辑是成长的逻辑。每个人都有青春、梦想和逃离的冲动，但总要回归"三次元"世界。1995 年《大话西游》的结尾似乎是一代人成长的隐喻：至尊宝蜕变为孙悟空，男孩成长为男人，"他好像一条狗啊！"为什么是狗呢？岁月让年少轻狂活成了人模狗样。B 站说：你不理解他们为什么不用工作，哪来那么多钱。因此"玩（游戏）肯定是想玩，但总得先把正事干完吧，要不然玩完就有点方了（有点慌的谐音），（事）迟早是自己的事"（ID—04）；"动漫社活动我还参加一下，其他没意思，不如上 B 站追剧，用手机看很方便的"①（ID—16）这是最普通的成长逻辑，没有仪式，悄然进入社会。B 站晚会上，两位 UP 主表演结束后给现场的 2020 年祝福竟然是：作业好好交、上学不迟到。如今 B 站内容类型也越来越丰富，不再是二次元的专场，甚至还有各种各样的网络课程来抢风头。最近十分火爆的博主"罗翔说刑法"在 B 站拥有 671.2 万粉丝。作为政法大学教授的罗翔以幽默的语言、生动翔实的案例、理性高尚的法律精神吸引了大批非法律学生，很多人在弹幕中留言"机电专业听得津津有味""兽医专业听得津津有味"……。人们上 B 站也不只是为了享受"二次元"动漫、游戏，更多地开始挖掘对"三次元"生活有益的视频内容，如网课、健身视频、美食探索、科普纪录片等类型。由此可见，这个原本纯粹的"二次元"世界也渐渐成长，加入了"三次元"世界的元素，接纳了更多类型的用户，也推动了一批"二次元"粉丝的成长。

　　成长路线图之一是成长中自我的觉醒。"二次元"虽然美好，但终究是个虚拟的蛋壳，自我的力量总会突破。1996 年动画片《机动战舰》中有一个成长的遗憾：一群木星人狂热地崇拜一部名为《激钢人 3》的动画片，痴迷于动画的

――――――――――――

① 　李英华：《栖居于虚实两境：网生代青年心理样态透视——基于文化心理学的视角》，《中国青年研究》2019 年第 8 期。

女主角菜菜子,但由于动画和观众之间不可逾越的障碍或者现实世界和虚拟世界的不可沟通,绝望的木星人只得互相劝解:"菜菜子虽好,但她毕竟只是二次元的女子啊!"①追求明星或者其他"三次元"偶像比如杨颖、杨紫、杨幂,也许还有微乎其微的实现可能性,追求虚拟偶像则绝无可能。"我喜欢南小鸟(日本动漫人物),喜欢得不得了,(对她)各种起腻,对现实中的(女生)我一点不感兴趣。别人说我'干脆你娶了这个纸片人好了',要是能行我真和她结婚。"(ID—10)②我们无法确定爱情、各种欲望和生命是否同生共死,至少如前文所说,转向"二次元"只是一种梦想转移,"低欲望社会"恐怕也是欲望转移的结果。因此,除了回到"三次元"似乎没有其他办法,而且,回到"三次元"还可以努力研究人机交互技术和仿生技术,期待他日研发出"菜菜子"。B站签约主播冯莫提在晚会上唱完《佛系少女》之后,还要唱一句老歌《好运来》,她说毕竟站在真实的舞台中央和在电脑屏幕前还是不一样。

　　成长路线图之二是接纳认可主流文化。"如纪录片《我在故宫修文物》、电视剧《大秦帝国之崛起》和综艺节目《国家宝藏》等传统文化题材影视作品,先后获得了B站用户群体的巨大认同。这是B站用户群对原有二次元文化身份的涨破。"③在这个过程中,"二次元"表达了对主旋律的认可,比如"我就是爱国不服你来咬我呀""此生无悔入华夏",也继续表现出某种文化特质,比如他们继续发挥在表达方面的创造性。"被师傅致命的气质震慑",这是针对"B站男神"、《我在故宫修文物》中钟表修复专家王津;"你(白起)和他们不一样,你是1080P的",这是针对《大秦帝国之崛起》;"三维环绕被怼",针对《国家宝藏》中雍正、王羲之、黄公望三人围着乾隆表达对其"农家乐审美"审美观的意见。

　　成长路线图之三类似于叛逆英雄归来。可以猜测,哪吒并非凡胎,虽然种种叛逆,但最终还是要继承大业镇守陈塘关进而荣登仙界。有人也描述了一种后青春期的、民族主义的"酷大叔":2015年电影《大圣归来》就是这个逻辑,

---

　　①　邵燕君:《"破壁者"书"次元国语"——关于〈破壁书——网络文化关键词〉》,《南方文坛》2017年第4期。

　　②　李英华:《栖居于虚实两境:网生代青年心理样态透视——基于文化心理学的视角》,《中国青年研究》2019年第8期。

　　③　曲春景、张天一:《网络时代文化的断裂性和连续性:"B站"传统题材作品的"爆款"现象研究》,《现代传播》2018年第9期。

在五行山下五百年，孙悟空成为了中年"大叔"，"再次扛起民族主义大旗，却是以好莱坞'超级英雄'的面目，这才是'民族形式'在今日的真实处境，'国漫'别无选择"①。且不论这个"民族文化复兴"的目标是否合适，但英雄归来，既符合妈妈们的期待，也符合孩子梦想中的自我实现。战争、战场似乎是每个年轻人曾经有过的梦，晚会上邀请《亮剑》中扮演楚云飞的张光北领唱《亮剑》主题曲《中国军魂》，军乐团中一批中年人为年轻人站台演唱，乍看有些突兀，但却恰当地体现了某种成人礼的某个严肃的环节，似乎就是为了那些举起某个奖杯的年轻人的。

成长路线图之四是从反抗到收编。伯明翰学派提出的收编理论中，主流文化对亚文化的收编体现在两个方面：一是商业化的整合收编，二是意识形态的介入。这可谓是基本的方法。中国"二次元"文化也必然会被力求整合在主流之中，且不说国家主流文化的有意识行为和社会科层体系的潜移默化，家长们本身就是一个重要的"规训"力量。这就也形成了很多力量的合流，一是"二次元的"自律②，如前所述，主流文化产品在 B 站的热评就是一种典型的成长性自律；二是二次元中种种光荣与梦想的积极因素或者游戏本质的激励，也会主动或被动矫正到一种英雄式合意之中；三是主流文化占领阵地的努力或者"再政治化"③，毫无疑问，新华社联合 B 站的跨年晚会就体现了这一点；四是"家长"们对"二次元"中消极因素的清理行为，也会为虚拟世界确定法律和道德的边界；五是商业文化无孔不入的渗透，网络产业、游戏、直播等，成为消费主义的一部分。同时，二次元也被引用到主流文化之中，这种互文性必然会对二次元产生影响。而二次元中优秀者"登堂入室"则彻底实现了"成龙成凤"和"英雄归来"的愿望。

2.成长的仪式

"小破站出息了"，一些评论和媒体这样形容 B 站的跨年晚会。这活脱脱就是孩子长大、妈妈眼角湿润而说的一句话。一般来说，这种情景需要一个可大可小的契机，比如，孩子考上大学、结婚。对 B 站来说，这样一个跨年晚会是

---

① 白惠元：《叛逆英雄与"二次元民族主义"》，《艺术评论》2015 年第 9 期。
② 张璐：《从"符号"到"世界"：二次元文化的审美路径》，《学习与探索》2019 年第 10 期。
③ 何威：《二次元亚文化的"去政治化"与"再政治化"》，《现代传播》2018 年第 10 期。

不是就是一个"成人礼"呢？

　　有人将世界范围内的"成人礼"初步归纳为五个类型[①]：开导型，以女子为多见，主要是指导少女如何进入婚后生活；考验型，在男子中多见，通过考验和磨练让少年成长为主人和勇士；标志型，是最古老的一种形式，往往体现一种群体身份；装饰型，通过某种形式的标志在男女青年中产生一种美感；象征型，是古代"成人礼"的遗留，只有象征意义的舞会和酒宴代替了某种传统形式。另外，这一研究也认为，随着社会的进步，"成人礼"一方面成为达官贵人子弟步入仕途的"庆典"，一方面成为具有象征意义的民间传统节日。[②]　根据这个分析，可以把B站晚会视为一种典型的象征型"成人礼"，通过一个盛大的晚会，"二次元"们走出"二次元"世界，来到"三次元"世界，晚会既代表着对过去沉迷的世界的缅怀和告别，也是对未来世界的初探。其中种种象征、模拟、戏仿都似乎呈现了这样一种"情景"。另外通过资本的介入，很多"成功者"（也就是各种"偶像"，可能是主持人也是引路人），各路参与者自然会沸腾一场，过来人难免泪眼婆娑。

　　传统社会的"成人礼"往往由社会主流力量组织。例如，研究认为，中国周秦时代的成丁礼包括加冠、命字等十多个礼仪环节，要在祖庙举行仪式，并拜见乡老贤达。[③]　周星认为，当代中国社会的成人礼往往是以学校为组织者的一种文化建构，同时以团组织为代表的机构试图对"成人礼"进行规范，具有强烈的教育性功能，也就是说其基本目标是希望新的成人能够遵纪守法，有道德、有社会责任感，但家长、学校、社团、国家对成人有着不同的期待，一个形式难以涵盖这些内容，某一种方式也无法很好应对"成人"在现代社会中的全部复杂性。[④]　更重要的是，成人礼意味着某种告别与妥协。但文化的延续必然形成延续性的力量，因此，所谓的"成人"必然是一个混合的现实。此外，一方面，现代社会中成年和未成年的边界往往模糊，中国家长迫切的心情促成了各种各样的"抢跑"行为；另一方面大众传媒的发展加剧了这种模糊性，网络虚拟技术

---

①　伊里奇：《"成人礼"的来源、类型和意义》，《中央民族学院学报》1986 年第 3 期。
②　伊里奇：《"成人礼"的来源、类型和意义》，《中央民族学院学报》1986 年第 3 期。
③　萧放、贺少雅：《伦理：中国成人礼的核心概念》，《西北民族研究》2017 年第 2 期。
④　周星：《"现代成人礼"在中国》，《民间文化论坛》2016 年第 1 期。

带来了一代人成长的延缓。有论者认为，"在生活节奏越来越快的信息时代，技术与文化形态的飞速变化给社会心理带来了强烈的震荡，身份危机、信仰缺失、媒介沉溺等青少年问题层出不穷，支持成人仪式权威性的社会文化心理已经大大减弱"①。所有这些，各种仪式可能最终呈现为一种混合现实。反映到B站晚会，必然是一种大杂烩，技术力量强化了大杂烩的特征，甚至强化了混合现实的特征。因此，既有虚拟的游戏，也有真实的才情；既有各种戏仿，也有某种端庄呈现；既有面具道具，也有本色演绎；既有真人真事，也有人工智能，这些共同构成了B站晚会的混合现实。这也是"未成年人"自己的一种表达，当然未必能够完全形成主流价值的"合意"，但恰恰是这种"原生"的方式，体现了明显的"二次元"文化。这或许就是当今社会"成人"的既是解构又是建构的一种存在方式。这或许是一种矛盾的状态："一方面拒绝全盘接受现实世界的象征符号体系；另一方面在延伸的想象域——虚拟世界和幻想世界中积极建构理想自我，并通过理想自我来寻找自我真实。然而现实的影子从未离开过主体，在寻求真实和融入现实之间，……始终处于举步维艰的尴尬状态中。"②

　　和所有亚文化的分析一样，本文对B站的分析仍然是一种"揣摩"分析或"隔膜"批评。所以，本文只好假装理解了B站，并断章取义地将B站及其跨年晚会"降维"到家庭剧的层面。我们可以把这一"揣摩"概括为，在社会预设的通道之中，现代传媒技术"内爆"形成的时空为主体创造了"圈地自萌"的可能，由此形成了一种亚文化体系，现代传媒技术的新特点又强化了这种亚文化的魅力，这种亚文化体系在和主流文化体系或整体文化体系互动的过程中，既构建自己的主体性也必然消解了自己的主体性。

　　（米金升，中国交通建设集团新闻中心副主任、原《交通建设报》总编辑；程书宇，《交通建设报》记者）

---

　　①　谢莹：《电视传播中仪式的复兴及反思——兼论湖南卫视成人礼晚会》，《现代传播》2014年第4期。

　　②　崔昌笏、何宇：《网络时代的"成人礼"——论韩国作家金英夏的长篇小说〈猜谜秀〉》，《当代作家评论》2013年第5期。

Diaphragm and Wall-breaking — A "family drama" Analysis of Bilibili's New Year's Eve Party

Mi Jinsheng　Cheng Shuyu

Abstract: As a youth culture carrier, Bilibili has built a subculture system of "I am in charge of my own territory" by using various characteristics of modern media technology, and its distinctive feature is that it has built a cultural moat through technical means and "Entertain yourself in a small zone".

This cultural turf faces a contradiction while building barriers, that is, it can't really form a system of its own, so it has to break barriers while constructing barriers, and can only take a vow of growth in the form of a New Year's Eve party, where growth means compromise at the same time.

This article argues that this constitutes a typical "family drama" formula, where children grow up in their own "illusory world", and that the Bilibili's New Year's Eve party has the ritual of "rite of passage". The intervention of mainstream culture also means the convergence of cultures.

Keywords: Bilibili; Entertain Yourself in a Small Zone; Subculture; Cultural Barriers; Rite of Passage

论 B 站中的民间话语

李晓博

　　摘要：B 站是一个极具本土意义的民间文化研究样本。本文受陈思和"民间"理论及巴赫金"民间诙谐文化"理论启发，从民间性的角度考察了 B 站最具特色的弹幕文化与鬼畜视频文化，指出弹幕文化与中国古典小说评点传统之间的延续关系，并将鬼畜视频视为民间辱骂的一种形式。分析过程中，本文依次对小说评点的民间语言与儒经注疏的官方语言、B 站的民间立场与国内其他视频网站的精英立场、鬼畜视频中的辱骂与微博中的辱骂、鬼畜视频的怪诞风格与赛博朋克的怪诞风格进行了区分。

　　关键词：哔哩哔哩；弹幕；小说评点；鬼畜；民间辱骂

一、作为文学批评概念的"民间"

　　1994 年，陈思和在《上海文学》和《文艺争鸣》上分别发表了《民间的浮沉：从抗战到"文革"文学史的一个解释》和《民间的还原："文革"后文学史某种走向的解释》两篇文章，首先将"民间"作为一种特殊概念运用在中国现当代的文学批评中。在《民间的浮沉》①中，陈思和指出他试图说明的"民间"是"指介于国家权威与市民社会之间存在一种公众的社会生活领域"，他梳理了中国当代文学史上"国家的政治意识形态""知识分子的新文化传统""中国民间社会的民间文化"三者间的对立与结盟，并提出即使在"文革"时期，政治意识形态强势控制文艺创作的时候，民间文化也以一种隐性文本结构顽强地参与中国当代文学创作的实践。在《民间的还原》②中，陈思和重点分析了"文革"之后，新时期文学的两个源头：知识分子话语与民间话语。受西方现代意识影响的知识分子掌握了话语权，他们以"五四"传统为线索将中国现代文学与当代文学接续起来，反抗政治意识形态控制下的文学史，希望重写 20 世纪文学史。陈思和提出，如果能从民间文化的角度审视文学史，或许可以开辟又一个新的学术空间。之后，陈思和继续推出了《民间和现代都市文化——兼论张爱玲现象》《张炜：民间的天地带来了什么》《余华：由"先锋"写作转向民间之后》《启蒙视角下的民间悲剧：〈生死场〉》《〈骆驼祥子〉：民间视角下的启蒙悲剧》《都市里的民间世界：〈倾城之恋〉》《再论〈秦腔〉：文化传统的衰落与重返民间》《试论贾平凹〈山本〉的民间性、传统性和现代性》等文章，运用此前提出并不断补充阐释的"民间"理论对具体作家作品进行批评解读。

　　"民间"，作为一种当代文学批评概念，另一个重要学术源头是俄国文艺理论家巴赫金。虽然巴赫金在 20 世纪 60 年代名声大噪，但他到了 80 年代才进入中国。1982 年，夏仲翼翻译了《陀思妥耶夫斯基诗学问题》的第一章，是最早翻译巴赫金的文章。由于翻译过来的著作有限，国内早期对巴赫金的研究都集中在陀思妥耶夫斯基批评以及"复调"理论上。真正较为全面、较为充分的研究要等到 1998 年河北教育出版社出版《巴赫金全集》之后。巴赫金最具启发意义的批评方法就是将文艺学研究与文化史研究密切结合起来，《拉伯雷的创作与中世纪和文艺复兴时期的民间文化》一书就是使用这种批评方法的典范。在对中世纪和文艺复兴时期狂欢节的活动形式与形象的分析中，巴赫金发现了与官方文化相对抗的民间诙谐文化，并指出"拉伯雷就是民间诙谐文化

①　陈思和：《民间的浮沉：从抗战到文革文学史的一个解释》，《上海文学》1994 年第 1 期。

②　陈思和：《民间的还原：文革后文学史某种走向的解释》，《文艺争鸣》1994 年第 1 期。

在文学领域里最伟大的表达者"①。国内最早对该著作进行评述的是夏忠宪，他也是著作的译者之一。在《拉伯雷与民间笑文化、狂欢化》②一文中，他认为巴赫金对拉伯雷的解读"给人以极大的启迪"，"他既考察了拉伯雷小说的社会历史、文化渊源和历史功能，又深入到作品内部结构的诗学研究，并将两者有机地结合起来，进行综合的、整体的研究"。他自己也曾"依葫芦画瓢"，借助民间诙谐文化分析了《红楼梦》。③ 不过文中将《红楼梦》中元宵节、中秋节等节庆比作中世纪的狂欢节，将一僧一道、刘姥姥比作狂欢节表演中的"小丑"等，多有牵强附会之处。这也是后来运用巴赫金理论进行文本分析的学术文章很常见的问题。

陈思和的"民间"理论是研究从抗战时期到"文革"、到新时期这段特殊历史时期的文学史的产物，是研究样板戏、赵树理的产物；巴赫金的"民间"理论是研究中世纪和文艺复兴时期欧洲民间文化的产物，是研究拉伯雷的《巨人传》的产物。两者是在不同的文化背景下，为解决不同的问题而提出的原创理论。特别是在使用"广场"这个概念的时候，两者的分歧是显著的。陈思和区分了"庙堂""广场"与"民间"三个不同空间，其中"广场"是知识分子在寻找的"一个可以取代庙堂的场所"④，并指出"'广场意识'压根儿就是一场虚妄的幻想"⑤。也就是在陈思和这里，"广场"是知识分子用来启蒙底层民众的演讲的场所。而巴赫金笔下的"广场"是底层民众用来庆祝狂欢节和其他节日的娱乐场所，充斥着吃喝拉撒，"集中了一切非官方的东西，在充满官方秩序和官方意识形态的世界中仿佛享有'治外法权'的权力，它总是为'老百姓'所有的"⑥，具有浓厚的乌托邦色彩。前者的"广场"是空旷的、精神的、严肃的、只有一个真理的声音，后者的"广场"是拥挤的、肉体的、狂欢的、热闹非凡的。陈思和的"民间"是非"庙堂"、非"广场"的第三空间，但没有对自身的明确界定，是一个比较抽象含混的概念；巴赫金的"民间"形象是很具体的，即中世纪欧洲狂欢节

---

① 巴赫金：《巴赫金全集第六卷》，河北教育出版社 2009 年，第 4 页。
② 夏忠宪：《拉伯雷与民间笑文化、狂欢化》，《外国文学评论》1995 年第 1 期。
③ 夏忠宪：《〈红楼梦〉与狂欢化、民间诙谐文化》，《红楼梦学刊》1999 年第 3 期。
④ 陈思和：《民间的还原：文革后文学史某种走向的解释》，《文艺争鸣》1994 年第 1 期。
⑤ 陈思和：《论知识分子转型期的三种价值取向》，《上海文化》1993 年 11 月。
⑥ 巴赫金：《巴赫金全集第六卷》，河北教育出版社 2009 年，第 171 页。

的广场文化。虽然存在诸多差异,但我们也必须看到,在与官方文化对立的方面,他们的目光都一致投向了被长期遮蔽的民间文化。对涉及民间文化的许多问题,他们的探索和思考都有重要的启示意义。

本文将讨论的 B 站(全称"哔哩哔哩弹幕视频网")便是一个极具本土意义的民间文化研究文本。国内绝大多数的网络产品,都带有西方文化的深刻烙印。而 B 站是如此的不同,这也使得对它的研究异常困难。因为在研究过程中,我们往往将其视为现代化进程中的新的一环,并使用西方现代性话语来解读它,其结果必然是牛头不对马嘴。B 站是一个足够充分的民间社会,虽然在一些方面,它依然受到制约和管辖(如弹幕、视频的审查机制),但已经是最大程度地保留了民间文化的自由状态。要想真正理解 B 站,便应从古老的民间文化的角度进入。B 站弹幕和鬼畜视频是 B 站文化非常粗糙、非常原始的一个形态。因为它们初具形态,我们才可以研究;也因为它们粗糙、原始、未加提纯与改造,它们的民间性才如此凸显。

二、B 站弹幕与中国古典小说的评点传统

弹幕,即出现在视频画面上的评论文字。任何用户在任一时间点发送的弹幕都会一直保留在这个时间点的视频画面上,当时或之后所有观看这一画面的用户都可以看到这条弹幕。所以当评论量足够大的时候,弹幕不断累积,视频画面就会出现被密集的文字所遮挡的情况,看上去就像战场上的枪林弹雨。这种新型的视频评论形式首创于日本。2006 年,第一个弹幕视频网站"ニコニコ動画"(简称"N 站")成立。2007 年,中国效仿 N 站成立了本土的第一个弹幕视频网站 AcFun(简称"A 站")。2009 年,B 站成立,并发展成为中国目前最大的弹幕视频网。

为什么这一舶来的评论形式能够如此迅速地适应,甚至"占领"中国的网络视频市场呢?很多学者从传播学的角度进行分析[①],指出弹幕技术实现了虚

[①]　如姚捷的《传播学视角下的弹幕亚文化研究》、廖晓莹的《传播学视角下网络吐槽文化的研究——以 B 站弹幕为例》、孟轶的《弹幕视频网站的传播学刍议——以 bilibili 为例》等等。

拟的同时空共享，造成了一种所有观众在同时观看的幻象，最大程度地满足了人们对互动性的需求。这几乎成了现在对一切新媒体研究的"范式"。无论是弹幕，还是直播、朋友圈、短视频，似乎终极答案都是"互动"二字。但我认为这不能解释为什么普通视频网站，比如优酷、爱奇艺、腾讯视频，完全掌握弹幕技术并设置了弹幕功能，却没有形成如 B 站一般的"弹幕气候"。而且如果仅仅是"互动"，为什么创造了整个互联网世界的西方却对弹幕这项技术如此冷淡？

传播学本身就是在西方语境中生成的一套理论体系，此时用西方的概念来解释一种西方并不存在，或至少是尚未出现的文化现象，其解释效力是非常值得怀疑的。传播学或许首先将"弹幕"带进了学术研究的大雅之堂，但并没有真正地理解它，更多的只是对这一显著的不可回避的文化现象的一种反应。如果我们摒弃传播学，弹幕问题忽然显得有些棘手——因为从技术的角度看，弹幕前所未有。那么破解这一死循环的唯一方法就是彻底摒弃将弹幕视为一种技术的观点，而从中国数千年文学传统的延续中去把握它。我们会发现一种极具中国特色却几乎已经被完全抛弃的批评样式在 21 世纪的奇妙"复活"。

这就是中国古典小说的评点传统。毋需复杂的解释，评点就是读者（有时甚至是作者自己）在原文的边角写上评语或对原文进行圈点的行为。如果我们找出一页经过评点的小说，尤其是"会评本"中的一页，拿来与弹幕视频的一帧截图作比较，两者之间的形态相似性是醒目而惊人的。如《增评补像全图金玉缘》（又称"红楼梦三家评本"）就汇集了王希廉、张新之、姚燮的评点，不同的声音在原文中参差出现，颇有"枪林弹雨"的气势。B 站中的"滚动"弹幕、"顶部"弹幕、"底部"弹幕的分类，与评点中的"夹批""眉批""尾批"如出一辙。一些高级的会评本会采用三色或五色印刷，即类同于 B 站中的"彩色"弹幕。

除直观可见的形态外，在内容上，评点"即兴发挥、有感而发、随阅随批、带有极大的随意性"[①]的特点，也完全适用于形容 B 站弹幕。《李卓吾先生批评忠义水浒传》中常常出现"妙妙""可叹可叹"的批语，在弹幕中有"666""2333"与之对应。在扈三娘对战王英处，李贽眉批"可知捉去的便是老公"[②]，引人发笑。

---

① 孙琴安：《中国评点文学的性质、范畴、形式及其他》，《学术月刊》2010 年第 2 期。
② 《古本小说集成》编委会编：《李卓吾批评忠义水浒传》，上海古籍出版社 1992 年，第 1591 页。

而在 B 站张无忌护送杨不悔寻父的影视片段中,弹幕所刷的"六婶"也是指杨不悔之后将嫁给张无忌的六叔殷梨亭,两者都以插科打诨式的评论使原本具有严肃性质的情节变得滑稽可笑。

　　B 站视频极少没有弹幕,明清时期也几乎没有一本小说不刻印"评点本"。经典之作自不用说,基本都经过无数评点,其实就连末流的作品,一经问世,也会引来不知名的热心读者加评加点。如清朝吕熊所著的《女仙外史》,署名的评点者多达 67 人。评点风气之盛,以至一些作品尚未出版就已经找好评家做好评点,初次面世就是评点本。金圣叹评点过的《水浒传》,就像 B 站上以精彩弹幕而闻名的视频,观众打开这些视频,并不为视频本来的内容,而是专门来看弹幕。凡此,都可见古典小说的评点之风与今日的弹幕潮流之间的延续线索。

三、官方语言与民间语言

　　现在,我想回到最早提出的两个问题:为什么国内其他视频网站不能形成如 B 站一般的"弹幕气候"? 为什么西方视频网站没有出现弹幕? 如果中国古典小说的评点传统勉强回答了第二个问题,那么第一个问题呢? ——问题不是这样考虑的。"中国古典小说的评点传统"在解答 B 站与国内其他视频网站、西方视频网站相对立的关键点,并不在地域层面的"中国",而在中国古典小说的评点传统的"民间性"上。

　　一些学者认为中国小说评点是从儒经的"注疏"传统中走出来的①,是非常错误的。小说评点与儒经注疏的关系绝不是传承,而是对抗,下层与上层的对抗,民间与官方的对抗。首先在语言上,儒经注疏使用的是官方文体,也就是文言文。而小说评点使用的是古代白话文。

　　　　毋不敬,俨若思,安定辞,安民哉!【注(节选)】此上三句可以安民,说《曲礼者》,美之云耳。【疏(节选)】正义曰:此一节名人君立治之本,先当

① 孙琴安《中国评点文学史》、杨义《中国叙事学》都持有这个观点。

肃心谨身，慎口之事。①

　　平儿指着鼻子，【朱旁】好看煞！晃着头，【朱旁】可儿可儿！笑道："这件事，怎么回谢我呢？"【墨夹】娇俏如见。迥不犯袭卿、麝月一笔。喜的个贾琏身痒难挠，【朱旁】不但贾兄痒痒，即批书人此刻几乎落笔。试问看官：此际若何光景？跑上来搂着，"心肝肠肉"乱叫乱谢。②

　　不同的语言就是不同的思维方式和立场。儒经注疏的每一句话都体现着统治阶级的意识形态，是典型的官方话语。注疏就像一个臣子，对儒经的姿态是毕恭毕敬的，对读者的态度是傲慢的、施教的。不论怎么发挥，注疏始终是服从儒经所规范的世界秩序的，不可能有所僭越。而代表民间文化的小说评点和B站弹幕，则有志于向一切固定的、不变的、已完成的事物提出挑战。一切默认是确定的、永恒的，都值得被推翻。B站视频《新版水浒之鲁智深VS杨志》③截取的是《水浒传》第十六回《花和尚单打二龙山，青面兽双夺宝珠寺》中鲁智深与杨志打斗的情节。视频上出现弹幕"虚竹你逍遥派三百年的武功呢"④。之所以会出现这样一句风马牛不相及的弹幕，是因为饰演杨志的演员高虎在另一部电视剧《天龙八部》中饰演虚竹，而虚竹在《天龙八部》中被逍遥派掌门无崖子传授了三百年的武功，武力十分高强。如果按照这句弹幕的逻辑，即杨志就是虚竹的话，那么杨志（虚竹）立刻就可以制服鲁智深。原文两位好汉势均力敌、相见恨晚的叙事被消解了。鲁智深，作为好汉中的好汉，忽然与《天龙八部》中虚竹的手下败将的形象重合了起来。往更深层地说，这样一句弹幕体现了民间文化对已被经典化、权威化的《水浒传》的满不在乎。

　　儒经注疏把原本就高不可攀的"儒经"推向更神圣的位置，而小说评点与B站弹幕把真理和权力拉下马。新文化运动之后，白话文被确定为新的官方语言，但距离它事实上真正成为一种规范语言，尚有一个漫长的过程。大量的

① 李学勤主编：《礼记正义》，北京大学出版社1999年，第7页。
② 曹雪芹：《脂砚斋重评石头记庚辰校本》，作家出版社2006年，第431页。
③ 视频网址：https://www.bilibili.com/video/BV1Dx411b7Be/
④ 该弹幕出现在视频的第54秒。

不安分的民间因素需要被"招安"。这是民间语言与官方语言相互交织、相互辨别的一个阶段,等这一阶段一结束,民间语言便很快逃离了这个躯壳,并寄居网络空间疯狂发展。网络语言——弹幕作为其中之一——就是典型的民间语言,只有民间语言才有可能源源不断地创造新的词语、新的概念、新的思考方式。因循守旧的所谓正统语言是没有生殖能力的。

民间文化还有一个"敌人",即来自西方的精英文化。精英文化极其重视个人的表达,个体的声音——既非官方文化颁布圣旨般单一的声音,也非民间文化广场般的众语喧哗。精英有强烈的主体意识、作者观念,体现了资产阶级的意识形态。现代版权制度、稿酬制度和知识产权制度便是他们维护其利益的重要手段。精英文化一旦创造出一个新的概念,立即就变成私人财产,其他人想使用就得先交费,不然就是抄袭,将受到严厉的惩罚。"作者"成为了上帝死后统治文艺世界的新的权威。事实上,20 世纪以来,西方兴起的结构主义、解构主义、新历史主义、女性主义等批评角度,都在与"作者"的霸权作斗争。但一个个斗争者很快就变成了新的"作者",或许这可能只是一个精英内部的话语地位的争夺。

真正能够威胁整套"作者至上"的权力话语的力量,仍然来自民间。网络世界的文字、图片、视频文本可以由网友们任意下载、转发、使用、裁剪、改编,原作者是谁,原文本来的内涵是什么,根本不重要。在网络世界中,一切都为我所用,一切也为人共享。明清时期的小说出版环境也基本如此。金圣叹可以任意删改《水浒传》,甚至成为一种通行本。我们现在所知的《水浒传》的作者是施耐庵,《三国演义》的作者是罗贯中,是后代人基于后来的版权意识为这些著作从历史中考古、追溯出来的作者。在当时,看小说的人并不在乎作者,更在乎的是版本。到了新文化运动,小说文体从边缘变成精英文化的战场,小说作者被抬到了前所未有的高位,评点便被无情地抛弃了。在今天,经过删改的文学作品被认为是"罪大恶极"的,这也反映出了"作者"威权的魔力。对比 B 站与国内其他视频网站可以发现,爱奇艺、优酷、腾讯视频都是有非常严格的版权制度保护的视频平台。网络空间,这片新大陆,正迅速地被不同文化圈地,B 站自身也呈现出官方、精英、民间三家分化的趋势。但不管怎么说,B 站还是一个足够松散、自由的民间环境,所以这里才会出现鲜活的民间语言。

四、鬼畜视频与民间辱骂

巴赫金在分析拉伯雷的创作时，提出"怪诞现实主义"的概念。"怪诞现实主义的主要特点是降格，即把一切高级的、精神性的、理想的和抽象的东西转移到整个不可分割的物质—肉体层面、大地层面和身体层面。"[①]其实，"鬼畜"视频在选择自我的命名上就已经充分体现了这种怪诞现实主义的内涵。只有经过浪漫主义改造之后的"鬼"和"畜"才是异己的、神秘的、邪恶的、恐怖的，表现了现代人与自然界的"割席"，通过对自然居高临下的否定来确认自己的位置，但这同时也创造了一个非我的陌生的世界，并由此滋生了孤独、感伤与恐惧。但在民间文化中，"鬼"乃"归也"，"众生必死，死必归土，此之谓鬼"，是人死后回归大地与先祖的灵魂。在一个乡土社会，死者都是大家身边非常熟悉的人，是自己的伴侣子女、父母祖先、乡邻好友，死者的灵魂也是亲切的，并不神秘，也不可怕。"畜"亦同理，是民间生活、田野劳动不可或缺的亲密伙伴。今天，当我们用"鬼畜"来称呼这类兴起的怪诞视频时，我们感受到的并不是敌对和厌恶，相反是狎昵与愉快，这正是因为我们使用的并非近代语言的价值体系，而是民间文化的情感和语义。

以 B 站鬼畜区的新晋"宠儿"蔡徐坤为例，蔡徐坤是偶像男团竞演类节目《偶像练习生》的冠军，这个节目所有选手在参赛之初都要拍摄一个自我介绍和才艺展示的视频，时长约 1 分钟。在蔡徐坤的那个视频里——也就是后来蔡徐坤鬼畜视频的原始视频，蔡徐坤简短表演了一段花式篮球、一段舞蹈和一段说唱。到了鬼畜视频里，蔡徐坤舞蹈的伴奏音乐"只因你太美"变成了"鸡你太美"。"鸡"成了蔡徐坤鬼畜视频最具标志性的元素。一些鬼畜视频将篮球替换成鸡的图片，或者将蔡徐坤的头部替换成鸡的图片。在另一些鬼畜视频中，蔡徐坤的名字被改为"菜虚鲲"。原本陌生、精致、高高在上的偶像明星一下变得熟悉、粗俗、低下了。你说这不是亵渎和辱骂吗？当然是！但它又不是狭隘的攻讦、中伤，而是具有象征意义的"民间辱骂"。

---

① 巴赫金：《巴赫金全集第六卷》，河北教育出版社 2009 年，第 23 页。

　　"民间辱骂"中的降格动作具有天然的亲和性。因为它的生成语境是古典的农耕文明世界,这是一个"人与自然的整体性尚未破碎"的世界,"人的整体性与自然世界的整体性合二为一,彼此认同、相看两不厌,拥抱在一起;在动植物身上可以感受到人性,在人身上可以看到植物性和动物性"①。"菜""鸡""鲲"中的贬低性质随时可以向反面转化,它们蕴含转化的因子。

　　这里,不妨与另一种以新浪微博为代表的辱骂方式做个比较。一些微博用户在辱骂一个明星的时候,常常将明星的名字缩写为拼音首字母,比如蔡徐坤就是"cxk",肖战就是"xz"。这种称呼与"菜虚鲲"的区别在于,前者将原本就远离大众的明星变成一串更加神秘的字母符号,进一步将其抽象化、陌生化;而后者则是将明星变成具体可感的熟悉之物,将其拉回物质—肉体世界,拉回地面。前者的辱骂是拐弯抹角、躲在背地里、阴险狡诈的,而后者的辱骂是直白的。所以微博中的辱骂便止于辱骂,不存在意义再生的可能,而鬼畜视频却始终包含"死→生""否定→肯定""辱骂→赞美"的一体两面。没有双重意义的辱骂,便不是体现真正民间精神的"民间辱骂"。

五、民间怪诞风格的双重性

　　蔡徐坤参加的这个《偶像练习生》是以观众投票的方式,从 100 位参赛选手中选出 9 人组成一个偶像男团。投票机会需要观众通过购买节目投资商的产品获得。在十二期的节目中,100 位选手会不停地面临等级评定(不同等级的选手被要求穿着不同颜色的服装)、票数排名公示和晋级淘汰。每次排名前九名的选手将坐上特殊的座椅,第一名更是能坐上舞台最中心、最前方的、最闪耀的"王座"。如此一看,蔡徐坤,作为这个节目的"国王",被鬼畜视频选中装扮为"小丑",不是偶然的。拉伯雷指出,"辱骂,这是摆在旧生活面前、摆在历史上理应死去的事物面前的一面'喜剧的镜子'"②。鬼畜视频真正辱骂的,是"蔡徐坤"形象背后支撑他的,或者说塑造他这个偶像形象的等级制度、资本

————————

　　① 张柠:《中国节奏与精神秘密——古诗的遗传基因和新诗的遭遇》,《现代中国文化与文学》2011 年第 1 期。

　　② 巴赫金:《巴赫金全集第六卷》,河北教育出版社 2009 年,第 223 页。

逻辑，在这套体制下，无数少年被加工成了攫取财富、谄媚大众、矫揉造作的商品玩偶。鬼畜视频用"蔡徐坤"反"蔡徐坤"，是对《偶像练习生》及其代表的资本暴力最直接的嘲弄。

　　这个时候，我们应当意识到，如果被击碎的偶像"蔡徐坤"是反面的，那么作为棍棒的鬼畜"蔡徐坤"就具有了正面意义。一些人开始模仿蔡徐坤的《"鸡你太美"》。原来，蔡徐坤的花式篮球、舞蹈是一种服从的、谄媚的、做作的表演；现在，因为鬼畜视频，这些表演获得了颠覆式的新的内涵。任何人模仿蔡徐坤的这段表演，表现的都不是原来装假、献媚的气质，而是揶揄、反抗的精神。这种改写，是由鬼畜视频完成的。所以鬼畜视频不同于纯粹的人身攻击，便在于它还包含着创造。民间辱骂的重要特征就是"置之死地而后生"的双重性。类似的例子还有演员唐国强，他曾饰演诸葛亮、唐玄宗、雍正帝等一系列重要历史人物，已成为一个严肃的、宏大的、沉重的形象符号。而鬼畜视频却毫不留情地将他的华服扒下，敲碎他的"帝王"形象，同时赋予他的形象以完全相反的、反正统、反主流的新生命。

　　民间辱骂的双重性特征，还体现在面对社会上的"国王"，鬼畜视频为其"脱冕"，而面对社会上的"小丑"，鬼畜视频则又为其"加冕"。程书林原是一个生活困难的中年流浪歌手，他在 2013 年参加东方卫视选秀节目《中国梦之声》，演唱原创歌曲《烤面筋》。我们从节目的原视频中可以清楚地看到，他的人生经历是很可怜的，他是在残酷社会中受尽摧残的那一类人。在节目的镜头下，他就是一个十足的不顾脸面的小丑。然而到了鬼畜视频里，他变成了"面筋哥"，鬼畜视频通过颠倒、错乱、翻转的剪辑，分解了原节目对他悲惨境遇的凝视，使原本一段"可笑之人"的清晰叙事变得荒诞不经。不过必须提醒的是，鬼畜视频中"面筋哥"依然是可笑的，没有辱骂、贬低性质的鬼畜视频是不存在的。但这"笑"不再是上等人对下等人的讥笑、哂笑或同情可怜之笑，而是被"转化"成了来自民间的爆笑、哈哈大笑，此中绝无怜悯的好心肠。总之，上变成了下，左变成了右，鬼畜视频便是要破坏旧秩序，创造一个逆向的、反常的、乱七八糟的疯癫世界。这种混乱本身就是对稳定的、陈腐的、压迫性的旧世界的重击。

　　巴赫金在说明中世纪和文艺复兴时期的"民间怪诞风格"时,将其与"浪漫主义的怪诞风格"进行了对比与区分。如果我们认为 B 站的鬼畜视频是"民间怪诞风格"的话,现世代"浪漫主义怪诞风格"的代表可能就是"赛博朋克"。"赛博朋克"如"鬼畜"一样也由两个词组成,"赛博(英文:Cyber,电子网络)"和"朋克(英文:Punk,一种发泄式的、狂躁的摇滚音乐类型)"。其门类之下的文艺作品都涉及高等科技与低端生活的结合。一个典型的"赛博朋克"画面就是在一个老鼠横行的亚洲废弃菜市场出现一个装备高科技武器的机器人。在不同种类元素自由混合的形式上,"鬼畜"与"赛博朋克"具有某些相似性,但两者的内核实际是迥然不同的。"赛博朋克"表现的是一个主观唯心的世界,是个体感受(主要是孤独和恐惧)的形象化,被各种元素挤满的画面背后其实是可怕的空洞,它的基调是阴郁的、危险的。而"鬼畜"却是一个光明、欢快的世界,鬼畜视频中被嘲弄的对象、视频的制作者、观看者,就像哈哈镜中、镜外的同一个人,任何不可理解的事物、抽象的思想都会在鬼畜的"变形"中变得可笑而可亲,任何失落的个体也会在鬼畜的"颠倒"中回归众生平等的整体。

(李晓博,北京师范大学文学院 2019 级博士研究生)

Bilibili and Folk Society

Li Xiaobo

Abstract: Bilibili is a typical sample of folk culture research. Inspired by Chen Sihe's Folk Theory and Bakhtin's Carnival Theory, this essay studies bullet comments and Gui Chu videos, the most noticable elements of Bilibili, from the perspective of folk theory.

The author points out that there is a forceful evidence for the pass from ancient Chinese novel comments to bullet comments. She also regards Gui Chu video as a new form of folk insult. In the process of analysis, this essay makes a distinction between the folk language of novel comments and the official language of Confucian classics annotation, the folk position of Bilibili and the elite position of other domestic video websites, the insult in Gui Chu video and the insult in Weibo, the bizarre style of Gui Chu video and the bizarre style of Cyberpunk.

Keywords: Bilibili; Bullet Comments; Gui Chu; Lower Class

鬼畜狂欢:B 站鬼畜视频话语形态分析

郑玥莹

摘要:鬼畜视频是网络文化与青年亚文化中的重要一脉,集中于哔哩哔哩弹幕网站的鬼畜视频,制造出了一幅后现代的文化景观。鬼畜的话语形态以拼贴、挪用、戏仿为主要的组织手法,弹幕的加入丰富了鬼畜文本,传播了鬼畜文化,并与鬼畜视频一同联动,构建出广场上的狂欢仪式。鬼畜视频的文化意涵随着话语形态的变化应时而变,鬼畜视频发展至今已经出圈,出现了被政治、商业收编的发展态势。

关键词:哔哩哔哩;鬼畜视频;拼贴;戏仿;狂欢化

在哔哩哔哩网站(简称 B 站)以趣缘为分类标准的众多频道分区中,鬼畜区以"热闹非凡"的状态标识了它的存在。之所以说其"热闹非凡",原因在于,鬼畜区的稿件投放量大、弹幕数多、粉丝量大,也是网络热词的高产之地。鬼畜视频以声画高度同步、内容快速重复,配合富有节奏感的 BGM① 为主要特

---

① BGM,背景音乐,也称配乐(Background Music,缩写),指在电影、电视剧、动画等影视作品中,作为背景衬托的音乐。

征；就视频内容而言，制作者往往选择时下热点事件、影视剧经典段落、明星人物等作为鬼畜的素材，用戏仿、恶搞、拼贴的艺术手法发展出鬼畜这一特殊的视频文化类型，再经由鬼畜视频 UP 主制作—受众弹幕评论—粉丝留言转发的共同联动，形成了充满谐谑与解构意味的狂欢仪式。青年人是狂欢的主体，也是狂欢的推动者，他们用丰富的创作实践充实了鬼畜文化，使之成为青年亚文化中的重要一脉。

我们如何看待鬼畜视频制造出的文化景观呢？面对鬼畜视频与鬼畜文化，是将其视为后现代语境中的恶搞文化，还是青年人自觉抵抗主流、反叛传统的符号革命？面对良莠不齐的鬼畜视频，人们的态度褒贬不一。问题的关键可能不在于非此即彼的评判，在文本分析的基础上充分认识鬼畜—鬼畜视频—鬼畜文化才是最为关键的部分。本文试图在此基础上理解鬼畜视频，将鬼畜视频视为一种特殊的话语形态，从生产、传播两方面分析鬼畜视频的文本组织、基本手法与特征，并在认识鬼畜视频的前提下进一步理解鬼畜文化，理解鬼畜文化之于青年亚文化的意义。

一、万物皆可鬼畜：鬼畜成长史

我们首先有必要厘清鬼畜的概念流变。

鬼畜（鬼畜/きちく kichiku）是一个日文词语，来源于佛教，是六道轮回饿鬼道和畜生道的合称。在日本 ACG 作品中的含义，是指某一类以施虐、受虐为题材的作品。这类作品被统称为鬼畜系。后来鬼畜的概念逐渐泛化，有时只是略微重口味的作品也会被称为鬼畜。在二次元文化中，目前对鬼畜最主流的用法，是指一种原创视频类型，这类视频往往将同一段视频、音频素材以极快的速度反复循环剪辑，并配合节奏感极强的背景音乐拼贴而成。作为素材的视频、音频与背景音乐往往在速率、节拍或内容上高度同步，以达到一种洗脑或爆笑的效果。[①]

---

① 详见邵燕君主编《破壁书》中对"鬼畜"词条的解释，生活·读书·新知三联书店 2018 年，第 67 页。

B站上最早出现的鬼畜视频是 2008 年的《最终鬼畜蓝蓝路》,该视频搬运自日本的麦当劳广告视频:麦当劳叔叔在一段高频率节奏的广告音乐中说了很多毫无意义的重复性台词,配合着近似球赛中文明助威手势的重复性动作。这个视频通过音画的特殊风格传递出洗脑、搞笑的效果。麦当劳叔叔小丑一样的荒诞造型、与节奏高度一致的重复性动作,莫名其妙的台词表现出了鬼畜之"鬼"味(戏仿的造型,重复的荒诞动作)与鬼畜之"畜"感(洗脑的音乐节奏,画面素材与音乐对撞出的律动感)。这条视频成为国内鬼畜视频从制作灵感到素材使用层面上的启蒙作品。

　　《最终鬼畜蓝蓝路》风行到中国是以音 MAD 的形式,但因国人对音 MAD 这个名词并不熟悉且并不了解这类视频的本质,因此就以鬼畜为该类视频命名,逐渐发展出中国特色的鬼畜文化。B 站将鬼畜区分为三个大类:鬼畜调教、音 MAD、人力 VOCALOID,统称为鬼畜。[①]

鬼畜进入创作高峰期,为主流大众所知的转折点在 2015 年。一条明星成龙涉嫌虚假宣传营销的霸王洗发水广告,被网民制作为鬼畜视频。[②] 这则视频用网络神曲《我的滑板鞋》作为 BGM,在韵律极强的节奏带动下配以成龙的摇头姿势和广告台词,并多次重复他的台词"Duang"[③],这则视频从内涵层面讽刺了霸王洗发水的虚假宣传,解构了成龙的明星身份,视频一经推出便受到了极大欢迎,而"Duang"也成为了年度网络热词。自此之后,鬼畜区又相继推出了取材自小米科技董事长雷军在印度发布会演讲的"【循环向】《跟着雷总摇起来!Are you OK!》"取材自电视剧《三国演义》中蜀汉丞相诸葛亮和曹魏司徒王朗阵前辩论的"【小明 & 老王】《此物天下绝响》",这些都是单次点击量超过

---

① 王蕾、许慧文:《青年亚文化视角下的网络"鬼畜"文化——基于迷群文本生产的研究》,《编辑之友》2018 第 2 期,第 67 页。

② 详见 UP 主"绯色 toy"制作的视频"【成龙】《我的洗发液》"

③ Duang 是一个语气词,没有实际意义,是成龙形容头发密集生长的状态时所使用的一个个人色彩很强的语气词,在原广告中他的台词是,"加了一个特技,那个头发 Duang,很黑,很亮,很柔"。

500万次、红极一时的优质"鬼畜"视频。[①]

　　自此我们已经能够勾画出鬼畜的发展脉络："鬼畜"这一概念来源于日本，经由二次元文化的改造成为一种视频的题材类型，进入中国大陆后有了本土化的改造，并在A站（Acfun，简称A站）、B站（bilibili，简称B站）的弹幕视频网站中逐渐发展成为一个重要的视频文化类型。从2015年开启的"鬼畜元年"起，一批优质的鬼畜视频为国产鬼畜视频的发展提供了素材与制作的思路与范本。成龙、雷军的鬼畜视频提供了明星与广告的取材来源，而诸葛亮与王朗的辩论提供了影视剧的素材灵感，鬼畜视频的制作者往往选择为大众所知的经典影视剧段落、富有争议的广告、社会热点事件作为素材，人物选择上倾向于明星、社会新闻人物，声音素材倾向于流行音乐、网络金曲以及富有戏剧意味的人物对白。需要特别分析的，是鬼畜视频的技术流程：

　　　　通过"测曲速"（BPM Analyzer软件）和"扒谱"（FL Studio软件）等将选定的素材从原文本中剥离，完成解码。其次，通过"调教"（UTAU软件）"混音"（Adobe Audition、Studio One2软件）等对声音及台词进行变更。通过修图（Adobe Photoshop）、制作视频（Adobe Premiere、Sony Veges）等替换视频素材中的人物形象和人物关系。"重写"或"新编"故事情节等。[②]

　　视频与音频两方面的技术支持，对于鬼畜圈内的UP主而言已成为一项纯熟的技能，从素材选取到技术支持，我们能够看到，"万物皆可鬼畜"不仅仅是一种鬼畜圈的文化理念，更是一个已然成熟的技术方向。

二、鬼畜的内在肌理：挪用与戏仿

　　鬼畜视频的表层特征是音频与视频层面的高度同频，这是鬼畜文本的第

---

　　①　以上资料参考自吴开元《戏谑·解构·狂欢——鬼畜文化在弹幕网站中的演变和弥散》，北京大学硕士学位论文2017年。
　　②　齐伟、冯帆：《论"鬼畜"视频的文化特征》，《文艺理论与批评》2018年第1期，第132页。

一层话语形态,也是最外层的话语形态。为了深入理解鬼畜文本的内在肌理,我们有必要在鬼畜视频所组成的纷繁景观中挑选典型个案进行文本研究,进而挖掘鬼畜视频的文化内涵。

(一)挪用的文本

将鬼畜视频理解为后现代景观是贴切的,观看一个鬼畜文本,就是观看一处后现代情境中的文化景观,"后现代主义改变了关注的方式,不再像符号学家那样只对个别现象凝神观察,而是要求代之以一种多样化的破碎的而且常常是断续的'观看'"[①],对于鬼畜文本的观察,正是处于破碎的观看体验之中,而观察的方式,也往往是断续的。破碎感源于素材的拼贴,断续源于剪辑的无序,两者构成了鬼畜视频最基本的特征:挪用与拼贴。鬼畜视频的素材少有独立制作的原始素材,它的素材本身即是从大众文化中挪用、截取来的片段,影视剧片段、明星形象通常是挪用的符号,制作者以"文本盗猎者"的身份获取视频的基本素材后重新组合,从而对其进行新的文化解读与阐释。这里有必要介绍"文本盗猎"的概念:"文本盗猎"的概念来源于英国文化研究学者德赛都,根据学者亨利·詹金斯在《文本盗猎者:电视粉丝与参与性文化》中的阐释,他认为德赛都的"盗猎"是一个关于挪用的理论,"盗猎"的比喻将读者和作者的关系概括为一种争夺文本所有权和意义控制的持续斗争,他将民众阅读视作一系列的"前进和撤退,玩弄文本的战术和游戏";或是某种类型的文化拼贴,在拼贴的时候,读者先将文本打成碎片,然后再根据自己的蓝图将其重新组合,从已有的材料中抢救出能用来理解个人生活经验的只言片语。[②] 需要特别指明的是,这些读者经常是以"游牧"的方式"盗猎"文本,他们游荡在各类文本之中,对文化工业是"无权和有依赖性的",他们对主流文化文本的目光是漂移的,所以他们对于文本的重新编码也不是固定统一的,但重新编织的文本悬浮在盗猎者的圈层内部,形成了一条可复制的文本链。

鬼畜视频的素材是制作者们从各个文本中盗猎的,他们挑选的素材类型

---

① ［英］安吉拉·默克罗比著,田晓菲译:《后现代主义与大众文化》,中央编译出版社 2001 年,第 18 页,

② 关于"文本盗猎"的阐释引自陶东风主编《粉丝文化读本》,北京大学出版社 2009 年,第 41—43 页。

并非无迹可寻，重新编织的方式也是有一定规律的，而这些再度创作的文本以模板的形式在鬼畜迷内部进行二度、三度乃至多度创作。我们以诸葛亮对阵王朗这一经典鬼畜素材为例：

诸葛丞相系列鬼畜视频的开山之作是 UP 主此物天下绝响制作的"【小明 & 老王】《此物天下绝响》"，该视频挪用了 94 版电视剧《三国演义》中诸葛亮对阵王朗，二人阵前辩论诸葛亮骂死王朗的画面与情节。制作者将原剧中二人辩论的内容打乱拆散，拼贴上自创的对白后重新组合叙事。两人的辩论之词句句犀利，四言成句，押韵上口，例如：

> 王朗：我入蜀地，所见所闻，一路沿途，尽白骨森森，强征壮丁，妄动国政……诸葛亮，你为何一声不吭？
>
> 诸葛亮：我治蜀来，公平公正，无贪官污吏，也无奸诈小人，赏罚分明，选贤任能，三餐俭素，无奢靡之风，……我的国家，岂不天下之盛？

原版影视剧遵循了原著尊刘贬曹的倾向，诸葛亮从逆贼、不忠不义的层面对王朗进行了全面的批评，站在了绝对的主体位置上，善恶分明，字字见血，王朗因诸葛亮一句："二臣贼子，你枉活七十有六，一生未立寸功，只会摇唇鼓舌！助曹为虐！一条断脊之犬，还敢在我军阵前猖猖狂吠，我从未见过有如此厚颜无耻之人！"直接将王朗活活气死；而经后人改编的鬼畜视频，从拼贴的对白来看，作者显然植入了现代人的视角重新审视丞相诸葛亮与司徒王朗，他们的辩词从各自对蜀、魏的治国理政的评价出发，诸葛亮甚至说出："我亦自知，蜀国必亡"（这显然是后来者的视角），辩词抛却了对个人人格与行为的辱骂，王朗堕马而亡也是因为诸葛亮考验王朗，诸葛亮说：

> 我为苍生，不惜亡国家，而你王朗，又敢怎样，满口仁义，满口道德，张口百姓，闭口天下，却助曹虐，为虎作伥，二臣贼子，休得猖狂，如果真为天下，可敢与我在阵前死亡？

王朗以"为了天下苍生，死又何妨，我以死明志……"舍身取义，自决而亡。

制作者用颇为悲情的音乐作为整个视频的 BGM,最后打上"诸葛亮没有赌命,之后数年里,六次北伐,全部失败,终于累倒,于秋风五丈原,弥留之际,奄奄一息"的字幕,配上诸葛亮于五丈原说出"悠悠苍天,何薄于我"的画面,将诸葛亮悲剧英雄的意味传达致尽(一个参照物是弹幕上观看者打出了大量的"泪目""丞相保重")。由此可见,这则视频挪用并重新改编了常规文化语境中的历史人物形象,通过对白的拼贴传递出全新的价值内涵。这则制作优良的视频一经推出,很快成为了一个经典的鬼畜素材,引发了二度创作的热潮,王朗与诸葛亮以"丞相 & 司徒""小明 & 小王"的组合形式衍生出了一系列的鬼畜文本。① 这些改编视频总体来说都在三国故事的文化语境里进行改编,配合上不同基调的背景音乐,而原版影剧中诸葛亮骂王司徒"从未见过如此厚颜无耻之人"的台词也成为一个梗②,被运用于二次元以外的现实界,可以说是破壁之语。

(二)戏仿的形象

挪用文本到鬼畜视频中构成了鬼畜的素材材料,而将这些材料予以鬼畜化制作的方式是戏仿。元文本中人物的语言对白、叙述视角、行为动作、配乐经由鬼畜制作者的调侃与模仿后具备了滑稽的效果,笑点的来源正是这种局部材料到整体剪辑的模仿。

如今戏仿多被定义为一种后现代式的修辞格,指游戏式调侃式地模仿读者和听众所熟悉的作者与作品中的词句、态度、语气和思想等,构造一种表面类似,却大异其趣,从而达到幽默和讽刺效果的符号实践。戏为滑稽,仿为模仿,鬼畜视频对他者的模仿是多方面的,其中最为典型的是鬼畜全明星系列。

鬼畜全明星是一个系列,是制作者拣选出的经典人物形象素材库,在制作方式上,将著名鬼畜人物混杂在一起,依据不同鬼畜人物的形象,或者鬼畜人物的台词内涵选择合适的音频,然后将音频和鬼畜人物画面重新组合在一起,通过剪辑达到对元文本人物戏仿的效果,形成了一种完全有别于原始人物形

---

①　例如【丞相 & 司徒】《处处吻》"【丞相 & 司徒】《九九八十一,全程高燃》""【丞相 & 司徒】《三国恋》""【小明 vs 老王】《大忠若奸》""【小明 vs 老王】《王司徒的神武策反》"等。

②　梗,梗(日语:ギャグ;英语:Gag)原写作"哏",是日语中的一种术语,指接话的切入点(如笑点、漏洞、典故等)。如今,梗更常见的意思指动画、电视剧等作品中喜闻乐见的桥段所成为的典故。摘自萌娘百科对"梗"的词条解释。

象的二次元虚拟形象,进而解构了元文本中的经典文本、著名人物。在 B 站鬼畜区的分类里,鬼畜全明星系列既是一个分区,又是鬼畜爱好者、鬼畜制作者们的必备"调教"课程。鬼畜全明星是一个不断充实的素材库,鬼畜明星被制作者赋予了全新的文化内涵,当人们看到一个鬼畜人物时,比如说赵本山,人们首先想到的不是他所代表的东北小品、幽默艺术,而是一个说出"改革春风吹满地"的念诗之王。[①] 笔者在借鉴相关数据资料[②]后,试图总结出至今为止最为常见、播放量排前的几位经典鬼畜明星形象,并概括他们在鬼畜视频中的内在意涵,现列表如下:

典型形象	原始形象	鬼畜源出	解释
元首	希特勒	历史人物,德意志第三帝国元首,纳粹党党魁,第二次世界大战的发动者。 鬼畜形象取自著名电影《帝国的毁灭》中希特勒的形象。	元首进入鬼畜全明星,源于日本 Niconico 弹幕网站上的视频。 舶来进入 B 站后,元首同样因其气急败坏、声嘶力竭的形象与空耳成为炙手可热的鬼畜素材,著名"空耳"语言有"我到河北省来""渣渣""气死偶勒""七万个嫂夫人挨个的 biu""感觉啊好棒好棒的""搞比利"等。
金坷垃三人组	美国人 日本人 非洲人	国产化肥添加剂品牌,自称是美国圣地亚戈研发,据调查实际则是由北京华丰伟业生物工程有限公司研发销售。 鬼畜形象取自一则 2007 年该品牌推出的、乡土气息浓厚的电视广告,主要人物即是作为金坷垃销售的美国人,争夺金坷垃的日本人和非洲人。	广告内容为日本人与非洲人为自身发展向手握金坷垃的美国人争夺。广告剧本神奇夸张,台词朗朗上口,通篇押韵,十分有趣。金坷垃三人组是发源自 B 站的国产本土化经典鬼畜形象,以翻唱各种金坷垃版本的歌曲在 B 站人力 VOCALOID 区屹立不倒,享有"亚洲第一男子天团"的美誉。

① 详见由 UP 主"UP－Sings"制作的"【春晚鬼畜】《赵本山:我就是念诗之王〈改革春风吹满地〉》"该视频播放量达 5958.2 万次。

② 有关鬼畜全明星的资料参考并引用了吴开元《戏谑·解构·狂欢—鬼畜文化在弹幕网站中的演变和弥散》,下文的表格部分引用了吴开元的数据信息,北京大学硕士研究生学位论文,2017 年。

续表

典型形象	原始形象	鬼畜源出	解释
葛炮	蓝猫(声优)	葛平,是中国最为著名的系列动画片《蓝猫淘气三千问》中主角蓝猫的配音演员。葛平的鬼畜形象较为特别,是作为"歌姬"贡献了自己的声音,并没有实体形象,代表作品有诸如《金坷垃葛平三千炮》等。	作为系列动画片《蓝猫淘气三千问》中主角蓝猫的声优,葛平因为一段讲解视频而成名于鬼畜圈,有UP主将其自我介绍中的"葛"与绕口令中的"炮"字结合在一起,因而被尊称为"葛炮""炮叔"。葛平与鬼畜的"姻缘"已得到本人授权的录制,在人力VOCALOID区拥有许多经典翻唱作品,享有"天朝第一歌姬"的美誉。
梁逸峰	梁逸峰	梁逸峰,在2010年第61届香港学校朗诵节表演中,用饱含情感的朗诵方式演绎了孟浩然的诗作《宿业师山房待丁大不至》和晏几道的词作《南乡子》,因其夸张的面部表情、丰富的肢体动作而爆红网络。	梁逸峰,在鬼畜圈内是与"北大力"齐名的"南逸峰",其粤语发音经过"空耳"与剪辑,形成全新的词句运用,并在鬼畜调教作品中产生了成功的喜剧效果。
卢本伟	卢本伟	卢本伟是电竞类游戏主播,因其在直播游戏中随着游戏进展做出夸张表情、咆哮、对骂和富有个人特色的语言走红,网友在其做直播时截取了很多被誉为"名场面"的片段。	卢本伟在进行游戏直播时常常口出金句,这些金句成为鬼畜经典语录,比如"闷声发大财""土块""给阿姨倒一杯卡布奇诺""我当场把电脑屏幕吃掉"等。
蔡徐坤	蔡徐坤(新一代流量明星)	蔡徐坤在参加《偶像练习生》真人秀节目时曾表演过一段名为《只因你太美》的歌舞节目,但由于他语速过快,被听众误听为"鸡你太美"。蔡徐坤的超高人气量引起了部分网友对其专业能力的质疑,再加上蔡徐坤粉丝为其刷票,引起人们的反感,因此蔡徐坤的这段歌舞视频被频频恶搞。	蔡徐坤的歌舞表演包括他自我介绍时毫不自谦的自我评价:"我是练习时长两年半的个人练习生,喜欢唱、跳、rap",在正式表演环节他的篮球表演以及"鸡你太美"的歌词显得十分滑稽,这段素材成为年度鬼畜素材,蔡徐坤还因此起诉了B站,但B站并没有禁绝这类鬼畜视频,反而愈演愈烈。

续表

典型形象	原始形象	鬼畜源出	解释
波澜哥	波澜哥（声控）	波澜哥由于在中国梦之声的舞台上一段走音的表演，被评委韩红评价"我快疯了""你是来捣乱的"而走红。也因此获得了"波澜哥"的美名。	波澜哥的声音是十分独特，每一句都跑调，尤其是"你掀起波澜"富有十足的魔性，被鬼畜视频运用为经典音频。
窃格瓦拉	窃格瓦拉	窃格瓦拉的视频源自一条社会新闻采访，该人因偷车进入看守所，在记者采访中，该窃贼语出惊人："打工是不可能打工的，这辈子都不可能打工""看守所比家好，里面各个都是人才"。此外，该人的形象酷似革命领袖切·格瓦拉，网友出于反讽将此人戏称为"窃格瓦拉"。	窃格瓦拉在采访中的雷人歪理，加之酷似英雄切·格瓦拉的外形，被网友反讽为"新英雄"。窃格瓦拉的形象还常常被用在鬼畜视频的换头术中。

据此，我们罗列出了8位经典的鬼畜形象，但戏仿对象绝不仅于此，鬼畜全明星系列是一个开放的文本，每逢有热点事件、热点人物出现，制作者们就会捕捉到其中的"趣味"，挪用来进行调侃、模拟，使之成为鬼畜化的人物。就戏仿而言，鬼畜人物或者是颠覆了原语境中的意义，与其他素材拼合在一起，产生了新的意义；或者是强化、放大了人物的某些特征，从而成为那一类特征的能指。

三、当鬼畜遇到弹幕：狂欢与解构

如果说鬼畜视频形构了鬼畜文化的类型，那么受众则以弹幕的加入为鬼畜文本做了第二层拼贴，弹幕的评论、吐槽、调侃扩大了鬼畜文化的传播。鬼畜文本与弹幕文本共同构成了文本盗猎的狂欢仪式，制作者和受众一边共享着这份谐谑的狂欢，一边完成了对于拼贴文本的解构。

鬼畜视频的文本素材，带有鲜明的民间谐谑色彩，视频素材经拼贴剪辑后，达到了舞台表演的效果，人物台词多是俚俗、幽默，甚至是粗鄙的语言，这与巴赫金研究的民间谐谑文化颇为类似。鬼畜视频中有戏仿语言、戏仿动作、戏仿音乐，这些动作、语言、音乐组合起来形成了一种谐谑的表演形式。仅以赵本山为鬼畜形象的视频为例，在"《【春晚鬼畜】赵本山：我就是念诗之王！【改革春风吹满地】》"这则鬼畜视频中，作者组合拼贴了赵本山在历年春晚中的小品表演片段。赵本山的形象在大众文化视野中是一个家喻户晓的民间符号，也是一个充满"土味"的前现代符号，他在春晚小品中常以农民、神医、诈骗犯的形象出现，这也是他之所以被鬼畜制作者关注到的重要原因。在鬼畜视频中，赵本山一方面唤起了春晚的怀旧回忆，唤起了电视媒介的记忆，是前互联网时代的文化符号；另一方面，他的小品台词带有强烈的反讽效果，制作者把赵本山在 1999 年的春晚小品《昨天·今天·明天》中的经典台词"改革春风吹满地，中国人民真争气"挪用来作为视频的叙事重心，说这句话是叙事重心，原因在于，这句台词在视频中重复了多次，在魔性的配乐中这句台词不断重复，成为一个记忆点，而穿插进的其他台词，自身就携带着独立的文化内涵，这种文化内涵是熟悉赵本山小品的人们默认的潜文本，这些台词与"改革春风吹满地"拼贴在一起，又对撞出了新的文化内涵：

改革春风吹满地／中国人民真争气／这个世界太疯狂／耗子都给猫当伴娘／齐德隆／齐东强／齐得隆咚齐东强

这样的台词组合，传递出了对"改革春风吹满地"的反讽效果。更为有趣的是，画面里滚动播放着历届春晚的背景，清楚的标识着时间的递进，这也和"改革春风吹满地"形成了互文的效果。春晚背景中的赵本山用他的小品表演和幽默的台词唤起了我们对于世界变化的感知，而鬼畜制作者又将其重新拼贴组合，使赵本山在鬼畜文本中出演了一台新的舞台表演。

而弹幕的加入，则将舞台表演直接转换成了广场的表演。弹幕取消了生产者与传播者、制作者与接受者的二元对立。鬼畜本身就不是独立的文化产品，依附于文本的挪用，而弹幕的评论在形式上也是拼贴的手法，弹幕和鬼畜共同联动，拓宽了鬼畜的文化圈层，使之成为一个开放的广场，人人都有言说的位置。附加在鬼畜视频上方的弹幕语言就像是广场中的不同人的语言，组成了一个多声部杂语系统，围绕着赵本山这一个民间符号，人们在鬼畜的广场上狂欢，笔者摘取了这则视频上方的典型弹幕，比如"再来亿遍""镇站之宝""背诵全文""神作"，这些与广场表演中的喝彩如出一辙，还有对于内容的评论："妙啊""腿抖起来""请收下我的膝盖""红红火火恍恍惚惚"等，都是最为流行的网络热词，组成了后现代的符号狂欢；此外，还有特定的反馈符号——"春风"，受众在屏幕上方打出一行行"春风"，排列组合成鬼畜样态的形状，在窗口不断抖动。可见，"春风"这个语言符号已经被附加上了鬼畜的所指内涵，只要提到"春风"，就必然会联想到鬼畜迷圈内部的视频，以及赵本山所代表的谐谑文化。除却弹幕的一部分，还包括视频下方的网友评论，这部分煽动起了人们的怀旧情感，在春晚这一想象共同体的文化背景中，网友自由地表达自己的文化意见：

> 以前春晚是创造流行语然后火，现在是哪个流行语火了就会出现在春晚。
>
> 改革春风吹满地，中美合拍西游记。
>
> 现在小品也没意思了，没什么笑点，就算有也不太能让我们笑起来，还一言不合就煽情……感觉过年就是一个平常的日子。
>
> 辽宁人想说，大家除了想念赵大叔，更想念的是，累了一年，在电视前乐哈，开开心心的那种感觉，不是为了看催泪的小品，非要教你做人的小品，大家是为了看晚会，不是看加长新闻联播。

这条视频的播放量达 5962.7 万次，弹幕评论量达 45.4 万条，所达到的文化狂欢是前互联网时代和主流文化所难以企及的。可见，弹幕与鬼畜的联动组成了青年亚文化的表意方式：用符号的重组赋予其特定内涵，在戏仿中指涉、解构主流文化。

而解构往往集中在对于名人符号的鬼畜化改编中，比如说美国总统特朗普，就是鬼畜圈的"明星"。由于特定的政治、文化原因，对于名人的解构难以出现在主流文化的文本中，但以恶搞为名的鬼畜视频则找到了拆解名人符号的土壤。鬼畜的方式,并非实际指涉特朗普具体的行为,而是把他的身份置换为娱乐的角色,让他在视频中唱歌、跳舞,消解了人物的权威主体性,而台词则是经过特殊调音处理的原声,让特朗普用自己的方式唱歌,把这个政坛人物的身份变形为歌舞明星,在广场上脱去冠冕,尽情表演,弹幕则为其加油助威,打出"万恶之源""武则天进入直播间""林肯进入直播间""奥巴马进入直播间"等,把自己置换成特殊的身份,与特朗普一同戴上面具进行谐谑的表演,从而达到了一种狂欢模式。在这里,正如鬼畜界最为流行的一句话,"没有神,只有人",神被人化了,甚至是丑化了,神也来到了广场,脱下冠冕,戴上了有别于日常的娱乐面具,上演了谐谑的表演。

结语:鬼畜出圈/收编?

鬼畜作为青年亚文化的一脉,在当下已经为越来越多的人所熟知,其亚文化的界限也日渐模糊。在B站中,共青团2016年入驻的第一支视频便借用了鬼畜的制作手法,日后也多次用鬼畜视频进行宣传,如何看待这种现象?是宣传部门主动接近青年人,与青年人做网友的策略?还是鬼畜亚文化已被政治收编的结果呢?鬼畜视频发展至今,也逐渐发展出了商品化的模式,即用鬼畜的手法植入广告,这种做法也引起了一些鬼畜迷的抵触,鬼畜原本是一个圈层化的文化形态,属于特定趣缘群体的文化,而今已在各种力量的推动下跳出了二次元圈,就青年亚文化的发展状况来看,最终都不可避免地为主流文化所借重,为市场所用,失去了抵抗的效力和符号的反动性。

鬼畜的形式是后现代文化景观中最有标识性的存在,受到青年人的青睐,无论人们以何种心态对待它,娱乐或是反感,挪用或是搁置,我们都有必要充分认识这一文化样态的话语形态,而鬼畜产生的文化效果,则随着其文本的话语形态应时而变,这将是一个能动的变化。

(郑玥莹,北京师范大学文学院研究生)

The Carnival of Kichiku Video: The Discourse Form and Cultural Analysis of Bilibili's Kichiku Video

Zheng Yueying

Abstract: Kichiku video is an important link between network culture and youth subculture. Kichiku video concentrated on the Bilibili website has created a post-modern cultural landscape. The discourse form of kichiku video is mainly organized by collage, embezzlement and parody. The addition of the Bullet screen enriches the text of kichiku video, spreads the culture of kichiku, and links with the videos of kichiku to construct the carnival ceremony on the square. The culture of kichiku videos has changed with the change of discourse form. The development of kichiku videos has been out of the circle so far, and there has been a development trend of being included in politics and commerce.

Keywords: Bilibili ; Kichiku Video; Collage; Embezzlement; Parody

化外之音:棉花俱乐部和
哈莱姆爵士乐(1927—1931)

林芬

摘要:作为一种被技术和社会的复杂性融合塑造的艺术形式,爵士一度被誉为"美国的古典乐"。本文把物理空间的演变作为分析爵士乐历史的重要元素,描述了艾灵顿公爵的故事以及棉花俱乐部和哈拉姆爵士乐在 1927 年至1931 年间的演变。棉花俱乐部不仅涵盖了种族、贫富、阶层之间的浓缩和重叠,并将其映射在爵士的音乐性里;而且,它链接和延伸了另外两个空间:一个是前棉花俱乐部时代的华盛顿,另一个是后棉花俱乐部时代的音乐圣殿卡内基大厅。从深邃的南方到华盛顿到纽约,从哈莱姆到棉花俱乐部到卡内基大厅,每一次爵士空间的变化,都映射且建构了爵士本身的演变:技术性的和社会性的。如果说艾灵顿公爵 1927 年在棉花俱乐部的首秀,是爵士乐"超越边界"的尝试的话,那他在卡内基大厅的首秀,则是要"打破边界"。作为一个时代的一种音乐表达,爵士意味着音乐的言论自由,因此,"何为爵士"的问题注定要被争论而无定论。

关键词:爵士;纽约;哈莱姆;棉花俱乐部;空间社会学

总的来说,爵士乐总像是您不希望您的女儿与之交往的那种男人。

——艾灵顿公爵

如果说音乐是一个地方,那么爵士是城市,民谣是荒野,摇滚是道路,古典是神庙。

没有人会对爵士乐保持一致意见,但所有人都觉得自己对爵士乐无所不知。

——Toni Morrison

1927年12月4日的晚上,纽约莱诺克斯大街644号的棉花俱乐部前车水马龙。富胄商贾、上流名媛、明星和前卫艺术家、黑帮首领以及电台WHN都蜂拥而至。

那晚,28岁的爱德华·肯尼迪·艾灵顿(Edward Kennedy Ellington)带着他的爵士乐团,首次在棉花俱乐部演出。这位来自华盛顿的爵士钢琴家来到纽约已经有四年。他组了一个交响乐团,称自己是"华盛顿人",他是乐团的作曲,钢琴家,领导者和管理者。他态度温和,着装讲究,行为举止总是有股高贵的劲儿,从小被朋友尊称为"公爵"。

那晚的艾灵顿公爵可能没有想到,在他签下棉花俱乐部正式表演合约的17年后,《纽约客》为他撰写的人物报道会这样开篇[①]:

> 艾灵顿公爵,他的皮肤带着奶油的咖啡色,他的身形像一只站立的灰熊一样魁梧,他被欧洲的乐评人认定是世界之不朽魂灵。

在这篇题为《火辣巴赫》的人物传记中,理查德·博耶(Richard Boyer)把艾灵顿公爵誉为爵士乐中的巴赫,毫不吝啬他对公爵的推崇:公爵"可以些让吉鲁巴(Jitterbug)[②]舞者把一座楼都跳到颤抖;也能取悦知识分子,让他们在音乐里感悟到形而上的深刻"。他的音乐是"原子的节奏",他的音乐成为人们

---

① Richard Boyer. "The Hot Bach". *New Yorker*,1944,June 24.

② Jitterbug,中文译成吉鲁巴,是1920年代在非洲裔美国人中很流行的一种舞蹈,混合了多种形式的摇摆舞(Swing dance)比如牛仔舞(Jive)、东岸摇摆舞和在哈莱姆诞生的林迪舞(Lindy Hop)等。

"活着的新原因"。同时，艾灵顿公爵也是一位一次能吃下 32 块三明治的人。

爵士，一直被认为是美国最原创的艺术形式之一。而从"一战"到"大萧条"之前的这段日子也被认为是"爵士时代"。在爵士的世界里，如果说 1910 年代是石器时代的话，那 1920 年代则是爵士的中世纪。然而，在究竟何为"爵士"这个简单问题上，要形成共识是几乎不可能的。演奏者、乐评人、听众、学者都各有定义，都互不认同。或许唯一能形成共识的，便是不否认哈莱姆对于爵士乐的重要性。而这位常在口袋里放一条手绢，包着油腻猪扒当零食的艾灵顿公爵则是带领爵士由中世纪向现代性转变过程中的重要人物。

然而，在这个转型过程中，关于"何为爵士"的讨论，以及日后大量关于这些讨论的分析都大多关注爵士的音乐性的演变。在这样的关注里，爵士的音乐空间，尤其是物理空间，通常被忽略，被视为理所当然。

对于空间的社会学关注，最早可以追溯到社会学家齐美尔。在他 1908 年的文章《空间社会学》里，齐美尔强调了空间作为一种关系情景的五个特点：排他性；边界性；固定性；距离性和移动性。[①] 物理空间塑造了人与人之间的关系与互动，因此，空间的这五个特征也塑造了人们之间互动关系的特征。[②] 爵士酒吧作为爵士乐的载体之一，它的物理演变也和爵士音乐以及爵士人的演变相辅相成。

在这个意义上，爵士酒吧的空间变迁印证着、浓缩着爵士乐的变化，爵士人的变化，以及爵士之城的变化。空间与音乐相互成就，就如纽约之于现代爵士；哈莱姆之于中世纪爵士；棉花俱乐部之于 1927—1931 的爵士；而卡内基大厅之于 1943 年的爵士。

① Georg Simmel. "The Sociology of Space." In *Sociology*：*Investigations on the Forms of Sociation*. Frankfurt，Germany：Suhrkamp Verlag，Original work published in 1908.

② 沃斯(1938)吉登斯(1997)、艾伯特(A. Abbott,1997)等社会学家建立了把空间作为情景分析的更为具体的分析维度。详见：Wirth，L. *Urbanism as a Way of Life. American journal of sociology*，1938,44(1)，pp.1－24；Abbott，A. *Of time and space：the contemporary relevance of the Chicago school. Social Forces*，1997,75(4)，pp.1149－1182；[英]安东尼·吉登斯著，李康译：《社会的构成》，商务出版社 1997 年。

两个哈莱姆

哈莱姆区在纽约曼哈顿中央公园以北，从 110 街到 155 街，西南至哥伦比亚大学，西至休斯顿河，东到第五大道。而第五大道以东的"东哈莱姆"传统上是西班牙裔的聚居地。在 17 世纪荷兰人占领曼哈顿时，这里被以荷兰的城市 Haarlem 命名。

这个将近 45 个街区长，七八个街区宽的区域，是来自各地的黑人的热门聚集地。"一战"后来，美国进入"大移民"时代（Great Migration）。从深邃的南方（Deep South）到工业的北地，从农村到城市，从棉花地、甘蔗田到工厂，近 20 万的非洲裔移民，逃避战乱，躲避南方的种族隔离制度（吉姆克劳法，Jim Crow laws），四面八方，各样原因，来到纽约，涌入哈莱姆。

　　不过在这个物理空间里，1920 年代存在着两个哈莱姆。

　　一个是充满希望的哈莱姆。在这个哈莱姆里，一场黑人文艺复兴运动正势如破竹。这场 1919 年开始的运动，以在哈佛大学取得哲学博士的黑人学者阿兰·洛克（Alain Lock）的诗集《新黑人：一个解释》①命名。运动主要反对种族歧视、批判旧黑人的形象，鼓励黑人的艺术创作。

　　在这面"哈莱姆文艺复兴"的文化运动旗帜下，集结了当时颇具影响力的黑人文学家、黑人知识分子以及他们的"白人赞助商"。哈莱姆，成了文化精英们聚集地，以各样的方式：诗歌、小说、视觉艺术、音乐、社会学、历史学等方式创造着种族与社区的自豪感。哈莱姆，象征着对新时代的希望。在这希望里，非洲裔的美国人进入精神上的成熟期。无论来自何方，都可以是一个充分自主存在的主体，都无需以"少数群体文化"或"亚文化"之名存在。这场延续了十多年的文化运动里蕴含着向前展望的、乐观的哈莱姆：这块曾是奴隶制的应许之地，这个被践踏的种族，如今可以自由追求自己的公民社会的愿景。②

　　只不过，爵士乐不在这个愿景光明的哈莱姆里。

　　另一个是前景黯淡的哈莱姆。在这个映射着残酷现实的贫民窟哈莱姆里，是大量来自南方和农村的黑人难民和移民。最拥挤的街道上，一条街就曾住 5000—7000 人。他们的涌入把战前居住于此的欧洲移民挤出了哈莱姆。即便如此，哈莱姆的房间还是供不应求。房东们一边提高房租，一边不停地把一间屋子分割成多个小间出租；白天的餐桌，到了晚上移开，放上床垫。哈莱姆区还流行一种"分班轮租"（shift-renting）的方式：不少人不得已按上班时间分小时租用床垫。③ 在这个哈莱姆里，黑人移民薪水比白人低，而要付的租金却比白人至少翻一倍。

　　"租金派对"（rent parties）则是在这贫民窟里流行的一种地下经济的形式。每到房东要上门收租的前一天，租客们会找来他们认识的乐手，挪开桌椅，搬开小屋中的间隔板，备上炸鸡和土豆片，还有廉价的酒水，开一场舞蹈派对。一场派对门票 25 美分：入场费 5 分钱，食物 10 美分，酒水 10 美分。音乐

①　Alain Lock. *The New Negro：An Interpretation* .New York：A. and C. Boni，1925.

②　Ted Gioia. *The History of Jazz*. New York：Oxford University Press. 2011.

③　David Levering Lewis. *When Harlem was in Vogue*. Oxford University Press，1989.

和酒水不仅带来收入，也是对现实苦闷生活的短暂抽离。于是，"租金派对"一下风靡哈莱姆，不再是房东上门的前一天，而变成每周六晚的固定节目，后来又蔓延到周四晚。派对主人会将派对信息印在小卡片上，写上时间地址，伪装成"社交派对"，在街上派发给"合适"的人：1920年代还是美国的"禁酒"期，因此要避开警察的盘查。参加派对的，卡车司机、地痞黑帮、裁缝、侍女、搬运工等，形形色色，各行各业。高峰期，同一街上可能同时有十几场派对相互竞争。

酒与性，舞蹈与音乐，这样昼夜狂欢的廉价派对也一直不被文艺复兴的哈莱姆接受。

如果说文艺复兴的哈莱姆赋予了爵士一个语境（context）的话，那么在贫民窟的哈莱姆的地下派对则造就了爵士乐的具体形式的演变。租金派对一般请不起太豪华的乐队阵容。于是，派对上的钢琴师就要负责维持住派对的气氛。爵士钢琴中的大跨度演奏法，也称跨奏（stride piano）就诞生在哈莱姆。这种演奏风格在散打乐（ragtime）的基础上衍生而出。钢琴家的右手负责旋律和即兴演奏；左手则延用散打乐节奏，但是增加了更强的摇摆（swing）性和复杂性，需要更广泛地使用钢琴的底端键盘，因此左手要跨越的音域更加宽广，需要以更快的速度"跨步"更大的距离。[1] 大跨度演奏一度被誉为是"灵魂的跳动"[2]，对爵士钢琴的发展影响深远。这个时期涌现的名字，包括艾灵顿公爵、费兹·华勒（Fats Waller）威利"狮子"史密斯（Willie "the Lion" Smith）、亚瑟·塔图姆（Arthur Tatum）、卢基斯·罗伯茨（Luckey Roberts），以及日后被誉为"跨奏钢琴之父"的詹姆士·约翰逊（James P. Johnson），都是后来爵士演奏家耳熟能详的。

只不过，这些灵魂跳动到了棉花俱乐部，爵士乐才开始了新的篇章。

---

[1] Nick Morrison. "Stride Piano：Bottom — End Jazz". NPR，April 12, 2010，Retrieved from https://www.npr.org/2010/04/12/125689840/stride－piano－bottom－end－jazz

[2] Sanford Josephone. *Jazz Notes：Interviews across the Generations*. Santa Barbara，CA：Praeger，2009.

棉花俱乐部

纽约,莱诺克斯大街 644 号,142 街与莱诺斯克街的交界处,哈莱姆的西北角。

这是一个在爵士乐历史上占有一席之地的地址。

  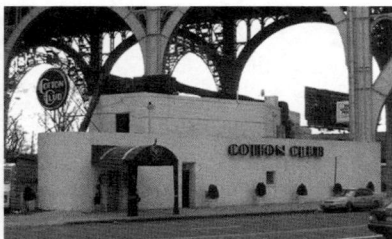

哈莱姆,20 世纪二十 百老汇,1938 哈莱姆,2018
年代①

1926 年,位于这个地址的一栋长型公寓楼的二楼,就是棉花俱乐部,又名"哈林贵族"。它是当时最受欢迎的一家非法饮酒俱乐部、夜总会、爵士传奇的出生地和日后爵士爱好者的历史地标。

咆哮的二十年代(The roaring twenties)是美国历史上的禁酒年代。酒类的秘密市场成为庞大的地下经济。当时非法进口和自制的酒通过被称为"speakeasy"的酒吧出售。这些酒吧的顾客也有约定俗称的规矩:不公开大肆谈论这些酒吧,以免被警察盯上。1922 年,奥尼·麦登②(Owney Madden),绰号"杀手"(the Killer),曼哈顿黑道上的头面人物之一,从非洲裔的美国重量级拳击冠军杰克·约翰逊(Jack Johnson)手里买下了这俱乐部,并改名为"棉花俱乐部",将其打造成了非法酒吧中的"最经典,最迷人和最优雅的俱乐部"。

1984 年,《教父》的导演,弗朗西斯·福特·科波拉(Francis Ford

---

① 照片来自"The Golden Age of Cotton Club", http://www.blissfrombygonedays.com/home/2017/5/15/welcome-to-the-cotton-club

② Herbert Asbury. *The Gangs Of New York*: *An Informal History of the Underworld*. United Kingdom: Arrow Books, 2002.

Coppola），拍摄了同名电影，向全美国观众发出了《棉花俱乐部》的邀请：

> 这是爵士时代。这是除了清白天真，一切都有可能的时代。这是少数暴民统治城市，而少数人统治暴民的时代。纽约是他们的王国，棉花俱乐部是他们的游乐场。这里是进行交易的地方，这是买卖生命的地方，这也是爵士的传奇能点亮夜晚的地方。

这部电影被盛赞为"一个无法拒绝的邀请"，就如当年的棉花俱乐部一般。只不过，1920年代的邀请只发给白人。在种族隔离时代，棉花俱乐部只允许白人顾客入内（white-only），但它却重金聘请当时家喻户晓的黑人艺人驻场演出，以提供最佳娱乐体验：热门的现场乐队，歌手，性感的舞者，异域风情的歌舞短剧和流行的爵士乐等。在全盛时期，棉花俱乐部在周日定期举行"名人之夜"，成为上流社会的白人、政要名流、明星名媛"见与被见"的时髦聚会场所。但是，在俱乐部内，黑人表演者是不允许进入白人顾客的区域。而黑人表演者在演出结束后的吃喝休息，也只能到棉花俱乐部隔壁的646号的地下室中进行。

从 1927 年底到 1931 年夏天,艾灵顿公爵和他的乐团是棉花俱乐部的驻场乐团。至于公爵如何与棉花俱乐部签的约,每个人的记忆不同。在公爵的版本里,是面试那天,公爵和他的乐队到晚了。前面已经有了六支乐队完成了表演。幸运的是,哈里·布洛克(Harry Block),棉花俱乐部的管事,也到晚了。他只听到了公爵乐队的表演,于是雇佣了公爵。日后回忆起这场面试,公爵曾感叹:"这就是要在对的时间、对的地点、在对的人前、做对的事的经典案例。"①

俱乐部是纽约夜生活的模板:每晚 10 点开门,凌晨三点关门,成为百老汇音乐剧散场后的热门去处。② 俱乐部每晚有两场演出,一场在午夜,一场在凌晨两点。公爵通常每晚都要演奏两场。

棉花俱乐部时代是公爵的创作高产期。公爵在这里写了两百多首乐曲,乐队也扩展到 12 人。更重要的是,俱乐部里有录音设备,公爵的演出可以直接通过电台直播。WHN(1927—1929),WABC(1929—1930),WJZ 和 WEAF

---

① John Edward Hasse. *Beyond Category*：*The Life and Genius of Duke Ellington*. Hachette Books,1995.

② Tim Wall. "Duke Ellington, radio remotes, and the mediation of big city nightlife,1927 to 1933". *Jazz Perspectives*,2012,Vol. 5 nos.,pp.1—2,pp.197—222.

（1930—1931）以及哥伦比亚广播公司（CBS）等电台不仅在午夜直播公爵的演出，还在晚饭时间推送。[①] 如果说午夜的电波凝聚了全美国的爵士乐迷的话，那么，飘在晚餐桌上的爵士乐则让公爵的名字走进了美国的中产家庭。也难怪由肯·伯恩斯（Ken Burns）执导的纪录片《爵士》[②]里，把公爵的乐队和俱乐部的表演等镜头和广播前的听众剪辑在一起，借此描述来自哈莱姆的爵士乐。

站在俱乐部的小舞台上，公爵面对 1920 年代末刚开始的娱乐和媒介大转型的大风浪，借着电波，为他的音乐导航。站在"爵士时代"和"广播时代"之间，公爵与这层层叠加的文化话语谈判协商。[③] 全国性的广播，加上在胜利唱片（Victor）、Brunswick 唱片、奥稽唱片（Okeh）等公司发的专辑，公爵的爵士乐不仅走出了棉花俱乐部，甚至跨越了大西洋。[④]

只不过，公爵也并非一夜成名。亚伯·格林（Abel Green）负责为《综艺》（Variety）杂志报道 1927 年的那场首秀之夜。他绘声绘色地描述了性感的舞者、撩人的歌者；他花了大量的笔墨描述异域风情的舞台布置，而对音乐本身却轻描淡写，一笔带过。尽管评论的结尾对棉花俱乐部称赞有加：

> 如果想看一场与众不同的"热门"演出，那就去棉花俱乐部吧。

但对于公爵的音乐却有些不留情面：

> 艾灵顿的爵士乐实在太糟糕了。[⑤]

毕竟，1927 年的那个夜晚，在棉花俱乐部里的客人更看重的是演出的娱乐

---

① Jim Haskins. *The Cotton Club*. London，Robson，1985.

② Ken Burns. *Jazz - A Film by Ken Burns*. PBS，2001.

③ Tim Wall. "Duke Ellington，radio remotes，and the mediation of big city nightlife，1927 to 1933". *Jazz Perspectives*，2012，Vol. 5 nos. pp.1－2，pp.197－222.

④ Mark Tucker. *The Duke Ellington Reader*. Oxford University Press，1993.

⑤ Abel Green. "First cotton club review". *Variety*，1927，December 7，pp.54－56.

性,而非爵士乐。就连俱乐部的老板们都不太习惯公爵的音乐,觉得"太怪异了"①。

即便如此,因为公爵的加盟,俱乐部不仅迎回了常规顾客,而且吸引大批的乐评家和爵士迷。音乐杂志 *The Bookman*②,主流的新闻报纸和杂志,例如《基督教科学箴言报》(*Christian Science Monitor*)③和《纽约晚画报》(*New York Evening Graphic*)④都不停刊登关于公爵的报道。

而乐评人达雷尔(R. D. Darrell)则从 1927 年 6 月开始,锲而不舍地撰写多篇文章讨论公爵的音乐。⑤ 他在 1932 年发表在音乐杂志《碟片》(*Disques*)上的《黑美人》(*Black Beauty*),以公爵同名曲目命名,成为评价公爵音乐的最重要的一篇文章之一。文中他详细分析了公爵有别于其他作曲家的特点。比如,与叮砰巷(Tin Pan Alley)⑥不同,公爵就只为乐器(instrument)作曲,而不把"文字"(words)(人声/human vocal)混入其中。"自从殖民时代以来,艾灵顿第一次把美国的流行音乐从文本(text)中解放出来。"⑦

艾灵顿的作曲既有节奏强烈的纯舞曲,也有节奏较慢的抒情曲。公爵的所有创作的共性,也是最惊人的特点则是:个性(individuality)与整体(unity)的融合,将作曲、乐团编排和表演融合成不可分割的一个整体。他创作的《黑美人》(*Black Beauty*)、《克里奥尔爱的呼唤》(*Creole Love Call*)、《黑与棕幻想》(*Black and Tan Fantasy*)、《靛蓝情绪》(*Mood Indigo*)、《克里奥尔狂想曲》(*Creole Rhapsody*)、《神秘之歌》(*Mystery Song*)、《复杂女人》(*Sophisticated Lady*)、《孤独》(*Solitude*)等都成了家喻户晓的作品,成为各音

---

① John Edward Hasse. *Beyond Category*:*The Life and Genius of Duke Ellington*. Hachette Books,1995.

② Abbé Niles. "Ballands,Songs and Snatches". *The Bookman*,January 1929,pp.570—71.

③ Janet Mablie. "Ellington's 'Mood in Indigo':Harlem's 'Duke' Seeks to Express His Race". *Christian Science Monitor*,13 December 1930.

④ Florence Zunser. "'Opera Must Die,' Says Galli—Curci! Long Live the Blues!". *New York Evening Graphic Magazine*, 27 December,1930.

⑤ R. D. Darrell in the *Phonograph Monthly Review*,1927—1931.

⑥ 叮砰巷是指以纽约第 28 街为中心的音乐出版商和作曲家聚集地。叮砰巷因歌曲伴奏主要为钢琴,巷子里交织着的琴声宛如敲击锡盘而得此名。在 19 世纪末 20 世纪初,叮砰巷的作品几乎主宰了美国的流行音乐。

⑦ R. D. Darrrell. *Black Beauty*. *Disques*,Philadelphia:H. Royer Smith,June 1932,pp.152—61.

乐杂志和主流媒体的报道焦点。1931 年,弗洛伊德·斯内尔森(Floyd Snelson)在《匹兹堡信使》(*Pittsburgh Courier*)上将公爵誉为"今日美国的爵士之王"①。

没有棉花俱乐部,就没有美国的爵士之王。

棉花俱乐部这个空间涵盖了各个维度的浓缩和重叠:既有两个哈莱姆的之间牵扯,也有种族、贫富、精英与平民之间的对抗。这个空间所浓缩的社会关系和情景,也都映射在了爵士的音乐性里:流行娱乐和严肃艺术的对抗,音乐个性与团队合作的平衡,创造性的特立独行与延续传承的因循守旧之间的张力,以及不同媒介之间的磨合。

浓缩在棉花俱乐部这个物理空间里的种种社会情境,成就了公爵的音乐。在公爵之前,没有黑人艺人能拥有如此辉煌的职业生涯,也不曾被主流社会如此认可为"艺术家"。②

而公爵成名之后,他要改变的首先是俱乐部里的物理空间:他对放松种族隔离的要求也被棉花俱乐部接受。

但是,大萧条时代的哈莱姆如紧绷的弦。1935 年的三月,一个波多黎各的少年因偷盗被店主殴打的传言在哈莱姆迅速传播开来。愤怒的人群聚集到商店前抗议,砸碎了商店。怒火波及了哈莱姆的白人商店,引发了哈莱姆种族暴动。1936 年,棉花俱乐部南迁至如今的时代广场附近。

爵士乐的一个时代结束了。也或许,爵士乐的另一个时代刚开始。

在华盛顿与卡内基大厅之间

即便头戴王冠,公爵自己对于"爵士乐"这个标签却不是很认可。

公爵在 1931 年 10 月于英国的《韵律》(*Rhythm*)杂志上发表了他的第一篇文章。③ 他在文中详细分析了自己的作品和作曲心得。写及对自己的音乐

---

① Floyd G. Snelson. "Story of Duke Ellington's Rise to Kingship of Jazz Reads Like Fiction." *Pittsburgh Courier*,19 December 1931.

② Harvey Cohen. *Duke Ellington's America*. Chicago：University of Chicago Press,2011.

③ Duke Ellington. "The Duke Steps Out". *Rhythm*,March 1931,pp.20－22.

的定位时，他不愿为自己的音乐贴上"爵士"（jazz）这个标签。他更喜欢将自己的音乐描述为"我族之音乐"（music of my race），甚至"美国的音乐"。

> 我族之音乐不仅仅是"美国风格"。它是我们被移植到美国土壤后结出的果实，也是我们对在种植园里所承受的暴政的反应。我们在音乐里表达我们所不能公开表达的，而我们所说的"爵士"不仅是用来跳舞的音乐。当我们起舞时，它不仅是娱乐性的转移注意力或社交。它表达了我们的个性。在我们内心深处，我们的灵魂对这些基本的、但却永恒的节奏做出了反应。而这些舞蹈也是超越时间的，不受任何线性形式的阻碍。
>
> 我们无需为追求音乐能够到达希腊歌舞女神特普丝歌利的境地而道歉；我们无需为展示我族音乐的忧郁特征而道歉；那忧郁来自我们曾承受的炙热的苦痛，来自被我们在美国占领期的生活，来自我们对生命原始性的探索。

文末，公爵宣布，自己正在"写一部不受任何音乐形式局限的狂想曲，以描述美国有色人种的经历"[1]。而这部狂想曲就是十年后把公爵带进卡内基大厅（Carnegie Hall）的《黑色、棕色和米色》（*Black，Brown and Beige*）[2]。

公爵在他的棉花俱乐部的巅峰期不只一次地强调他做的是"我族之音乐"。这个哈莱姆的二楼空间对于爵士乐的重要性不仅在于它将两个哈莱姆融合在一起，而且，它链接并延伸了另外两个空间：一个是前棉花俱乐部时代的华盛顿，另一个是美国的音乐圣殿卡内基大厅。

华盛顿，哥伦比亚特区，Ward Place，第 2129 号。如今的小资热闹的杜邦广场附近。这是 1899 年，金牛座的艾灵顿出生长大的地址。

19 世纪末的华盛顿也是种族隔离和阶层分化的一个典型城市，黑白高低之间的分界线，物理的，心理的，无处不在。艾灵顿的父亲在 19 世纪末从南方的北卡琳娜州搬到了华盛顿的哥伦比亚特区。这里虽然没有很多工厂里的工

---

[1]　Duke Ellington. "The Duke Steps Out". *Rhythm*，March 1931，pp.20—22.

[2]　台湾将此作品译为《逐渐褪色组曲》。

作机会,但是大量的黑人在为居住在首府的达官显贵服务。公爵的父亲当年在一位显赫一时的医生家里当司机和管家,收入丰厚稳定。这让小公爵虽非大富大贵,但从小也过着相对衣食无忧的生活。

公爵在他的自传《音乐是情人》中就曾描述他的父亲,不仅自己"活得像个有钱人",而且以"百万富翁"的方式来养家育儿。公爵的母亲更是从小对公爵呵护有加。充满爱的家庭,相对宽松的物质生活,以及想象的皇家辉煌让这个中产阶级的黑人小孩从小就有着公爵的优雅与气质。[①] 良好的教育让公爵对"自己的种族"有很强烈的认同感和责任感。

2011 年在伦敦,当年在棉花俱乐部里演出的明星们有一次聚会。当年一对跳踢踏舞的童星尼古拉斯兄弟(Nicholas Brothers)如今也到了耄耋之年。但说起公爵,他们仍旧是表情夸张地描述公爵对衣服的讲究:"有一次我们去公爵家。公爵说他不想去参加派对了。我们问,为什么呢? 公爵说,因为没有什么像样的衣服。可是,公爵的衣服明明好几个衣柜啊!"

但是,从小在隔离且分层的社会环境中长大,公爵对人、对事、对音乐都很反感贴"标签"和分"种类"。他避免使用"爵士"来描述他的音乐,因为"爵士"作为一个标签和类别,也会束缚他的音乐。

在他眼里,只有两种音乐:"好音乐"和"坏音乐"。而真正的好音乐只有一个标准:超越边界(beyond category)[②]。

走出哈莱姆:卡内基大厅

纽约,第七大道 881 号。

这是美国的国家历史地标。这座具有意大利文艺复兴式样,由砖和棕色砂石建构的卡内基大厅是主流社会的艺术圣殿,是高贵和正统的象征。

1943 年 1 月 23 日晚,公爵带着他的乐队和他的新作品《黑色,棕色和米色》走出哈莱姆,走进卡内基大厅时,一场更激烈的关于"何为爵士"的争论拉

---

① Mark Tucker. *Ellington*: *The Early Years*. University of Illinois Press,1995,p.25.
② Mark Tucker. *Ellington*: *The Early Years*. University of Illinois Press,1995,p.6.

开了序幕。

那晚，城中名人和爵士乐迷蜂拥而至，盛况空间。而在此之前曼哈顿已经举办了足足一周的"艾灵顿周"（Ellington Week），为了这晚的演出预热。

虽然艾灵顿不是第一位在卡内基大厅演出的黑人艺术家，也非第一位爵士乐者，但却是黑人作曲家第一次在卡内基大厅带来原创作品。而在此之前，爵士乐者的演出大多在俱乐部、夜总会和舞厅。

公爵在卡内基大厅的登台亮相，是两个空间的碰撞，是流行与严肃艺术的对抗，是下里巴人与阳春白雪的争执，更是一个黑人故事在白人圣殿里的呐喊。如果说 1927 年在棉花俱乐部的首秀，是爵士乐"超越边界"（beyond category）的尝试的话，那 1943 年这一晚卡内基大厅的首秀，则是要"打破边界"（break category）了。

任何要打破边界的事都注定引起争议。1943 年的纽约乐迷和文化精英们，开始了一场旷日持久的"爵士"争论战。有的称赞公爵音乐的原创性和技巧性，有的质疑公爵是否具备写如此大篇幅作品的能力，而更有的直接质疑公爵是否应该出现在卡内基大厅。

1943 年 5 月，约翰·哈蒙德（John Harmmond），这位毕业于耶鲁大学的高材生在《爵士》杂志上撰文，指责公爵背叛了爵士乐。[1] 哈蒙德作为一名音乐制作人、自由派的乐评家以及民权活动家，一贯强调"爵士"的最初功能是"舞蹈音乐"，而且把爵士乐视为黑人争取平等权利的媒介。他曾在他的回忆录中写道：

> 我能想到的是，承认黑人在爵士乐中的至高无上地位是最有效的和有建设性的社会抗议形式。

在哈蒙德看来，当公爵的音乐被欧洲的作曲家追捧的时候，他的爵士乐就变得过于复杂，已经失去了与爵士乐最原始本质以及和黑人社群的关联了。

如果说 5 月份这篇乐评根源于哈蒙德把"爵士"定义为流行的民俗和舞蹈

---

[1]　John Hammond. "Is the Duke Deserting Jazz?". *Jazz* 1/8 May，1943，p.15.

音乐的话；那么，5个月后另一篇有影响力的乐评则更多地体现了文化精英们的傲慢与偏见。

1943年10月，日后成为《纽约客》首席音乐评论家的温思罗普·萨金特（Winthrop Sargeant）在《美国信使》（*American Mercury*）上发表了《爵士是音乐吗？》一文，将这场关于爵士乐的论战推向顶峰。

萨金特从根本上否定了"爵士乐"存在的合理性：他认为爵士不仅完全没有资格被纳入"音乐"这种艺术类别，更不用说能和高贵优雅的古典音乐相提并论。爵士原本就属于路边摊和跳舞厅，爵士如山花野草般生长，毫无智慧可言。如果把音乐比作语言的话，爵士就像中国人说的洋泾浜英语，它的流行无非是源于无知的"有色的笨拙"（colourful awkwardness），而爵士的出现更是因为来自南方的贫穷黑人没有受过正规的音乐训练①，否则，他们将从这种野蛮方式，转向接受"更文明的音乐形式"。在文章结尾，这位18岁就成为旧金山交响乐团最年轻成员的乐评家傲慢地断言：

> 给他一个机会学习，这黑人将从布吉音乐（Boogie Woogie）②转向贝多芬。

三个月后，公爵反击了。他在同本杂志上写了一篇反驳文章。③ 针对萨金特尖酸刻薄的精英主义态度，艾灵顿仍在字里行间维持着公爵般的优雅：

> 萨金特先生显然没有接触过一些更有智慧的的爵士乐，也没有意识到流行音乐领域里，我们最重要的作曲家和编曲家所具备的惊人音乐背景。
>
> 他使用"有色的笨拙"这个词也是好笑。（他显然不知道）在《黑色，棕

---

① Winthrop Sargeant. "Is Jazz Music?".*American Mercury*，LVII/238，October 1943，pp.403 – 409.

② Boogie Woogie（中文翻成布吉音乐）是1970年代在非洲裔美国人社区发展起来，在1920年代成为一种流行的音乐流派。它与舞蹈相关联，以左手演奏强劲的跳跃或切分节奏来表现低音联奏，被广泛地用在蓝调和爵士乐里。

③ Duke Ellington，"Defense of Jazz".*American Mercury* LVII/241，January 1944，p.124.

色和褐色》这部作品里，有一个主题就叫'优雅的笨拙'（Graceful Awkwardness）。

　　所有的人，摩拳擦掌，加入论战。究竟是什么才是爵士？是有技巧的节奏？是布鲁斯和弦？是非正统的和声？是功能？是演奏地？是演奏者？这些，在公爵看来，都只是爵士乐的"果"，而不是"因"。每次争论都试图为"爵士"下个定义，画个边界。而这边界却恰恰是公爵试图超越和打破的。

　　或许，公爵所创作的正是在正统框架中被视为"野蛮"的艺术。或许，他所演奏的就是不愿被任何标签、种类、边界，包括"爵士"这个标签，所束缚的"化外之音"。

　　在棉花俱乐部首秀二十年后，公爵在音乐杂志《练习曲》（Etude）的采访[1]中，对"爵士乐"及其演奏者提出了更明确的诠释：

　　　　今天的爵士乐绝不是 1920 年左右的那种毫无形式的，潇洒的，不负责任的媒介。这一点如何强调都不为过。热情的年轻演奏者通常带有这样一种模糊的心态进入爵士乐：古典音乐意味着艰苦的努力，而爵士乐则代表着生动纯粹的享乐。这样的心态对于听众或许可行，但对于爵士演奏者有百害而无一益。

　　　　今日的爵士音乐家需要他尽其所能地获得最扎实的音乐训练。无论是哪种乐器，他必须是至少中等以上的乐器演奏专家；他需要精通理论，可以毫不犹豫地解决各种和弦和编曲问题。最重要的是，他必须准确地了解音乐史，以及爵士在音乐史中的地位。

　　　　在我看来，爵士乐是一个时代的一种音乐表达。正如古典乐意味着严格遵守结构标准一样；正如浪漫音乐代表着对固定形式的反叛，以便支持更多的个人表达；爵士乐将继续打破壁垒，成为我们所见过的最自由的音乐表现形式。

---

　　[1]　Gunnar Askland. "Interpretations in Jazz：A Conference with Duke Ellington". *Etude*，March 1947，p.134.

因此，对我而言，爵士意味着音乐的言论自由。正是由于这种自由，各种形式的爵士乐得以存在。但是，要记住的重要一点是，这些形式中的任何一种都不代表爵士本身。

爵士意味着拥有多种形式的自由。

后记

在诸多关于爵士的讨论中，爵士一度被誉为"美国的古典乐"。作为一种被技术和社会的复杂性融合塑造的艺术形式，爵士通常被理解成现代性的典型创造。摩登的时代，大都市的空间，以及艺术家的个人主义，似乎成了理解爵士的三大元素。

而公爵的故事似乎在挑战着每一个元素的边界。从深邃的南方到华盛顿到纽约，从哈莱姆到棉花俱乐部到卡内基大厅，每一次的爵士空间的变化，都映射且建构了爵士本身的演变：技术性的和社会性的。就像"何为爵士？"的问题被争论而无定论一样，公爵的故事也无法被简单贴标签。

1964 年，公爵的挚友和长期合作伙伴比利·史特拉霍恩（Billy Strayhorn）和记者卡特·哈曼（Carter Harman）正在筹划拍一部关于公爵的影片。他俩为影片的主题争执不下。[1] 在哈曼看来，公爵的一生贯穿着"种族"的主题，音乐是他对抗种族不平等的媒介之一。而在史特拉霍恩眼里，作为音乐人，公爵对"黑人音乐"的强调，并不意味着他把"种族"放在"音乐"之上。因为艾灵顿公爵，和其他很多哈莱姆文艺复兴时代的少数族裔艺术家一样，他们首先是想要被认可为"艺术家"，而不是"黑人艺术家"。

在这场争论的两年前，另一位颇有成就的黑人爵士钢琴家唐纳德·雪利（Don Shirley）正要开始他前往深南部保守地区的巡回演出。与四十年前要做全国巡演的公爵一样，他也要考虑一个黑人如何穿越种族歧视，安全地完成巡演。于是，他雇佣了纽约夜总会的一名意大利裔的白人保镖随行。这段经历被翻拍到了 2018 年的奥斯卡最佳影片《绿皮书》里。只不过，这不只是雪利个

---

[1]　Harvey Cohen. *Duke Ellington's America*. Chicago：University of Chicago Press，2009，p.1.

人的故事,这是几十年来,公爵故事的轮回上演;是无数的普通少数族裔每天日常经历的浓缩。

或许爵士的自由注定了它无法被定义,因此,关于爵士的争论也会周而复始。或许,每一代都要经历自己对于爵士的争论,因为,争论的过程比结果更有意义。

在公爵棉花俱乐部首秀的九十年后,我朝圣般地来到哈莱姆找寻棉花俱乐部。2017 年的俱乐部已被迁址到了 125 街的最西端。这座没有窗户的大建筑,只有白墙上那"棉花俱乐部"几个大字还勾勒着爵士迷们的一丝浪漫怀旧。

周六的夜晚,俱乐部前,门可罗雀,安静得让人唏嘘。门口站着一位在低头看手机的黑人兄弟,分不清是门卫还是路人。俱乐部网站上的招牌活动是自助餐加爵士音乐,56.50 美元,而街对面的网红店"恐龙烧烤"正在大排长龙。

(林芬,香港城市大学媒体与传播系副教授)

Beyond Category: The Cotton Club and Jazz in Harlem(1927－1931)

Lin Fen

Abstract: As an art form shaped by theits technical and social complexity, jazz was once known as "American classical music". This article takes the transformation of physical space as an important element in the analysis of jazz history, describing the story of Duke Ellington and the interaction of the Cotton Club and Haram Jazz from 1927 to 1931. The Cotton Club not only projects the overlapped intricacy across race, class and social status into the musicality of jazz; but also links and extends two other spaces: one is Washington in the pre-cotton club era; and the other is the Carnegie Hall, a music temple in the post-cotton club era. From the deep South to Washington to New York City, from Harlem to the Cotton Club to the Carnegie Hall, every change in jazz space reflects and constructs the evolution of jazz itself: both technically and socially. If the Duke Ellington's debut at the Cotton Club in 1927 was an attempt of "beyond category" of jazz, then his debut at Carnegie Hall was to "break category". As a musical expression of an era, jazz means freedom of speech in music. Therefore, the question of "what is jazz" is destined to be debated without a conclusion.

Keywords: Jazz; New York City; Harlem; Cotton Club; Sociology of Space

流量人生

臧娜

摘要：互联网的流量生态正日益影响和改变着人们的现实生活经验、生活方式，以及文化根性。在当红偶像超话大战中，当代大众审美趣味、偶像的评价标准在矩阵时空中为流量所改写；在以朱楼村为代表的村野乡间，传统的农业生活秩序和艺术形态为流量所冲击。网络媒介去中心化和交互性的媒介特质使芸芸众生化身为信息洪流的生产者和参与者，但我们是否应该任由流量之海四处涤荡，是否就这样接受生活经验和价值观念被颠覆和改变，这些都是今日的流量人生留给我们的思考。

关键词：流量；超话大战；朱楼村；变革

在前互联网时代，"流量"这个概念还停留在可以触摸的物质层面，比如单位时间内通过某个横断面的水体体积，或者用来计量车辆、现金以及人的流动状况。但当"流量"与互联网这个虚拟世界相遇，它本身也开始变得飘忽不定、难以触摸。

当"流量小生""流量小花"大批涌现，人们好像猝不及防地与流量明星撞个满怀，但又瞬间被裹挟进了流量的汪洋之中，成为其中的一分子。这些流量新贵拥有与快速消费品相近的属性，生产周期短、市场销路宽，站在流量端口上的他们，可以在流量的推动下短时间爆红。而流量退去，他们自然销声匿迹。流量端口的转移就像快消品的买家一样，喜新厌旧，来去自如，忠诚度有待商榷。放眼中国互联网流量明星发展史，那些被流量托举，又瞬间拍在沙滩上的名字不胜枚举，木子美、芙蓉姐姐、旭日阳刚、庞麦郎、MC天佑……这些今日看来僵尸般存在的名字，在当年却如日中天。所以，谙熟个中规律的流量明星使出浑身解数刷新存在感，在流量的托举下，他们的人设乃至人生都已被改变。

一、当红偶像超话大战与流量建构的矩阵人生

比如 2020 年初，在青春励志类节目《青春有你 2》中收获大量好评的蔡徐坤，也是沿着这样一条被流量托举的人生轨迹一路走来的。2018 年，通过真人秀节目《偶像练习生》出道的"90 末"练习生蔡徐坤，最终凭借那段魔性音乐配合魔鬼舞步的篮球视频横空出世。在年轻人聚居地 B 站的鬼畜视频区，身着松散背带裤、尬秀球技的"坤坤"，只几天工夫就成了网络红人。而让他广为人知的不仅仅是白肤红唇的美少年形象，还有一系列的恶搞和随之而来的群嘲。蔡徐坤由此获得了大量 IKUN（蔡徐坤粉丝的名称）的关注，他发布的一条微博在几天之内竟然产生了一亿转发量，一度惊动了共青团中央，创造了碾压传统偶像明星的媒介奇迹。一个由选秀节目出道的"90 末"练习生，一个乘着恶搞和群嘲走向流量巅峰的偶像明星，是怎样在短时间内获得了此前实力派艺人难以企及的超高人气？除了其自身的魅力之外，这一切主要源于建立在流量数据基础之上的互联网粉丝经济，以及具有独特代际特征的粉丝群体。

"90 末"练习生蔡徐坤与"70 末"歌手周杰伦之间的"超话大战"抖出了粉丝经济流量为王的真实面目。2019 年 7 月网络空间一则"00 后"网友发布的帖子成了这场战争的导火索，原文如下："我一直看到有人说他票难买，但是我

查了查,他微博超话排名①都上不了,官宣代言什么,转发评论都没破万。演唱会一般都是粉丝去看,他粉丝真这么多吗?""不要骂我啊,我的意思是他粉丝总不会什么也不干吧,超话什么的好歹侧面是流量的证明啊。"这位与周杰伦有着数十年代际鸿沟的"00后"网友实难理解,微博数据如此差劲儿的"周天王"的演唱会,居然一票难求。在这些生活在粉丝经济时代的饭圈②新生代看来,喜欢一个偶像,投入金钱和时间为他/她做数据是粉丝的基本准则,所以问出了周杰伦的"粉丝总不会什么也不干吧"这样看似怪异的问题。

　　为偶像"做数据"是饭圈生态的彰显,流量明星们也大多用做数据的方式来宣扬自己的人气。在蔡徐坤火爆之初,有人就曾经对蔡徐坤转发量的真实性进行过数据分析并得出结论,当时"蔡徐坤的真实粉丝量为3万人—5万人左右,这部分粉丝用各式各样的方式,给蔡徐坤奉献了数以百万计的转发评论点赞"③。这些"方式"大致包括购买小号重复转发等,IKUN们切实参与到了流量明星的打造过程中,并借助偶像的超高人气实现了自我价值的彰显。这是属于饭圈的文化价值观,体现了流量时代的资本逻辑。

　　而周杰伦作为一名实力派的偶像歌手,还处于前流量产业模式时代,即偶像主要凭借过人的专业能力赢得大众的喜爱,大众以购买偶像专辑、演唱会门票、代言商品等方式,实现对文化产品的最终消费。前流量时代的粉丝不会直接参与到偶像的制造过程中来,而是更多地以消费者的身份存在,并将自己对偶像的喜爱,单曲循环式地投射到对作品的体悟和感受之中,或是将偶像的大幅照片悬挂在墙上,偶尔陷入遐思,心中时时怀想。世易时移,当年周董(周杰伦别名)的一众"70后""80后"歌迷早已步入而立、不惑之年,事业、家庭的重负将他们与整日沉浸于流量造神的"饭圈"之间,划出了清晰的界限,而闲暇之余在偶像演唱会的现场卸下重负、遥想当年、引吭高歌,则是他们一以贯之的文化消费习惯。直到2019年7月那则质疑周杰伦微博数据如此差劲儿但演

---

　　①　超话:网络流行词,是超级话题的简称,是新浪微博推出的一项功能,拥有共同兴趣的人集合在一起形成的圈子,类似于QQ上的兴趣部落,大多以明星偶像为主,可用以拉近明星和粉丝之间的距离。
　　②　饭圈:源于"粉丝"的英文fun的音译,即粉丝圈,主要指喜爱某个明星的粉丝群体。
　　③　蔡徐坤为什么这么火? 参见 https://baijiahao.baidu.com/s? id=16314320782804279028&wfr=spider&for=pc

唱会居然一票难求的帖子登上微博热搜,这些"中老年粉丝"①才被迫投入到粉丝经济的数据洪流之中。

对于这些"中老年粉丝"来说,周杰伦和那个时代的音乐是活在他们心中的,不足为外人道,他们不介意周董是否发福,是否迟迟不出新专辑,但是那篇质疑周董没有粉丝,并将他与微博超话王蔡徐坤相比的网络热帖,着实刺痛了他们的神经。于是,这些前流量时代的"中老年粉丝"开始努力学习新技能,钻研超话、微博,刷数据,从超话签到、领取积分,到完成任务、再次领取积分,经过不懈努力,终于将周杰伦的超话排名从第十七位拉到了第二的位置,仅次于人气新星蔡徐坤。眼看超话王的流量宝座不保,IKUN 们难以接受自己亲手打造的流量明星遭遇流量碾压,于是倾巢而出,并放出话来,"让那个所谓的前辈家看看谁才是真正的顶流","他们早就不是这个时代的了,而我们才是这个时代的 top1! 一个过气歌手和当红新人比拼想想都笑话他们异想天开"②。面对被饭圈流量王压制的窘境,前流量时代的"中老年粉丝"虽然用完了手中的超话积分,却争取到了五月天、孙燕姿、陈奕迅等更多明星粉丝的应援,甚至天猫、美团、环球网、联想中国等与音乐无关的网络大 V 也加入了这场刷流量、做数据的网络大战。周杰伦最终成功登顶超话王的位置。

硝烟散尽,临时起意的"中老年粉丝团"又回归了日常生活的柴米油盐,作为旁观者的周董也依然延续着自己不急不缓的中年生活,而微博超话排行也依旧是流量明星的天下。但是这场跨越代际鸿沟的粉丝应援之战,却让我们更加清晰地看到了粉丝文化的代际差异及其对大众艺术的深刻影响。在周董所处的前流量时代,艺人要有过人的专业能力,才能赢得大众的喜爱,并通过专辑、演唱会门票、代言商品销售的方式,实现文化资本的增值。在这个过程中,粉丝并不直接参与到艺人知名度打造的文化运作环节,而是处在整个造星环节的下游。但随着互联网思维在流行文化圈层的广泛渗透,文化产业的每一个环节都被裹挟进了流量的汪洋之中,流量、数据成为衡量文化产业资本增值能力的主要标的。数据造神工具的便捷性使得大众艺术的主导权开始真正

---

① 网络空间对这些前流量时代粉丝的戏谑称谓。

② 当红偶像超话大战被写进教科书:两个时代顶流! https://baijiahao.baidu.com/s? id=1652330590902929213&wfr=spider&for=pc

向大众回归,每个粉丝多个账号,每个账号可以多次投票,资金投入与票数成正比,多花钱即可多投票。以往处于整个造星环节末端的粉丝,突然一跃成为文化产品的制造者,这确实令人鼓舞,这也正是互联网思维的现实表达,即用户参与感能够在更大程度上实现参与者的自我价值,进而推动流量的快速增加。

在数字化未来的扛鼎之作《黑客帝国》中,孟菲斯就曾对尼奥平静地说道,"欢迎来到真实的荒漠","你一直生活在鲍德里亚的图景中,在地图里,而非大地上"[①]可见,与前数字化时代不同,数字仿真并不指向某种实体的存在,它是一个超真实的存在,其科技理性的所指在于用数字矩阵构筑的数字图景来替代现实,即"地图先于领土(仿像的序列),地图产生了领土……"[②]IKUN 们正扮演着矩阵世界中的数字劳工的角色,用手中的虚拟数据构造着偶像国度的地图,并在这宏伟疆界面前沾沾自喜,引以为傲。他们的价值据此实现,但却代表了另外一种真实。而前流量时代对真实的定义与此不同,那些周董歌迷以及主动参与助力周杰伦打榜的"路人粉",他们实际上是一群仍然流连于前流量时代的人,他们相信实力为王,愿意为真正具备创作实力的偶像一掷千金购置演唱会门票,他们仍然生活在大地上,而非地图中。他们之所以介入到虚拟世界的打榜硝烟之中,就是因为他们希望用虚拟世界的规则让 IKUN 们明白,实力才是王道,流量只是"召之即来,挥之即去"的矩阵尘埃,不足为凭。他们的人生也在流量的潮起潮落之间,在矩阵时空中被绘制、被改变。

二、流量之巅的"大衣哥"和朱楼村的前世今生

在城市化进程不断提速的中国,随着农业人口不断介入到城市生活景观之中,这种由地域区隔带来的文化张力就日益凸显出来。旭日阳刚、庞麦郎……这些出身农家的质朴歌者,成为了城市文化景观中一道独特的风景。他们从乡间走来,偶然间被澎湃的大众趣味推向了流量的端口,体验着猝不及

---

①　臧娜、代晓蓉:《当代文艺娱乐化问题研究》,人民出版社 2015 年,第 229 页。

②　J.Baudrillard. *Simulacra and Simulation*.The University of Michigan Press,1994,p.1.转引自孔明安《物,象征,仿真:鲍德里亚哲学思想研究》,安徽人民出版社 2008 年,第 108 页。

防的命运流转。在他们当中，"大衣哥"朱之文应该算感悟至深。

2011年，自幼家境贫寒但却喜爱唱歌的朱之文在朋友的鼓励下报名登上了山东电视台《我是大明星》的海选舞台。于是，在众多西装革履的参赛者中，一身破旧军大衣、满脸乡土气的朱之文却博得了评委和观众的满堂彩。一曲荡气回肠的《滚滚长江东逝水》让所有质疑他其貌不扬、土里土气的旁观者哗然。朱之文最终顺利夺冠，并被网友赋予昵称"大衣哥"。此后，凭借着不俗的天赋、过人的演唱功底与出身农家之间巨大的文化张力，"大衣哥"一路人气暴涨，先是拔得了当年央视综艺节目《星光大道》的头筹，继而登上了2012年春节联欢晚会的舞台，在一首《我要回家》的大年夜主题曲的助推下，坐上了流量的巅峰。

成名后的朱之文依然打起行囊回到世代居住的朱楼村，尽其所能为村里出资建设学校、架桥修路，但他发现自己虽然可以选择回到家乡，却再也回不到从前那种下地务农、闲来唱歌的生活中去了。登门拜师、谈合作、推销理财产品、媒体采访的人接踵而至。还有很多村里的亲戚朋友登门借钱，从几千、几万到几十万不等，即便打了欠条，也难以归还；一些被拒绝的借钱者还会因此心生不满。

在"关注就是力量"的互联网时代，他们一家人的生活也因"关注"而改变。朱之文的家里从早到晚总是挤满了人，他们占据了院子，蹲坐在墙头、屋顶，拿着手机对着朱之文不停地拍，不为别的，只因拍摄朱之文做短视频或者搞直播能赚钱。村里一个目不识丁的老汉，花1000元买的智能手机，仅靠拍摄朱之文，两个月就赚回了成本。一个拥有百万粉丝的专门拍摄"大衣哥"的账号，居然被村民转手卖了60万。举起手机就能轻松致富，这对于普通农民乃至市民来说都是难以想象的。于是村民们以及各地网友蜂拥而至，朱之文家成了景区一样的存在，他和家人成了被围观的对象。每天一早就有人砸门喊他出来，甚至晚上睡觉也被人用砖头砸过玻璃；他平时的工作就是配合大家的拍摄，从日常劳作，到饮食起居，甚至上厕所都有人尾随。

不仅自己的正常生活被打乱，身边的家人也异于寻常。夜晚降临，众人散去，化上浓妆的妻子成了网络直播里最活跃的一个。在父亲一朝成名美丽光环的笼罩下，一双儿女也无心向学，辍学在家。在接受采访的过程中，朱之文不止一次提起，从自己成名返乡至今，他和家人就没有一日清净。他们的人生轨迹被彻底改变。

虽然不堪其扰，虽然难以回到正常的生活体验之中，但朱之文仍然坚守在朱楼村自己家那一方院落里。原因很简单，是农村与城市之间的巨大张力造就了他，优秀的歌手很多，但优秀的农民歌手朱之文只有一个。既然已经被流量推向峰顶，一旦改弦更张脱离自己的乡土背景，歌唱得再好，也会泯然众人。人生位移的一小步，可能就错过了不断涌动的流量端口，而观众的移情别恋，会导致演出邀约的快速萎缩和收入的锐减。今日的朱楼村，早已顶着"朱之文故乡"的招牌成了全国知名的旅游胜地，人们从各地涌向这个小村庄，带动了当地经济的发展。朱之文即便是消失几天，也会让村里的各种直播账号"掉粉儿"，让房屋出租业蒙受损失；而离开了朱楼村，"大衣哥"同样会失去他的身份代码。他和他的村就这样被紧紧捆绑在了流量之巅。

看，流量以其巨大的魔性，改变了朱楼村几乎所有人的命运。搞直播的智能手机代替了世代相传的锄头；辍学在家的儿子终于娶到了颜值高、气质好的媳妇儿；订婚宴现场"大衣哥"老婆怀抱红包，仍然不忘视频直播。尤其是在演出活动匮乏的新冠疫情期间，流量更成了全村人的生命线，即便家门被醉汉踹开，朱之文也只能满脸苦笑，走出家门，与围观的村民合影。① 从"大衣哥"人生命运的转变，人们看到了网络时代冲击之下朱楼村前世今生的变化，也看到了被流量经济改变的中国农村和中国社会，看到了由此而来的文化根性的嬗变。

三、生活形态的嬗变与文化根性的变革

当话题回到开篇处的何谓"流量"时，人们也许会更加明了这一概念的本质。它是互联网世界的血液，是栖息于网络空间的芸芸众生，其特质从根本上讲是由网络媒介的媒介属性决定的。不同于传统意义上单向传播型的大众传播媒介，互联网以交互性闻名，因而将以往的传播客体卷入其中，共同构成了

---

① 《家门遭强行踹开，朱之文无奈苦笑，2 名当事人被拘》，参见 http://news.hsw.cn/system/2020/0418/1177423.shtml。

新的文化生产语域。就这样，以往的文化受众摇身一变当家作主，成为了网络空间的信息生产者。就像电影《黑客帝国》所说的那样，这是一个超真实的世界，是一个由无数网络节点共同构造的地图，它是一个超越大地的存在，网络时代的人们正生活在这个自己亲手打造的仿像之境中。在这里，人们的视线为由信息生产者构成的数据洪流所吸引、所裹挟，而自己也瞬间成为洪流的一份子，四散奔流。

正如朱楼村的朱之文和他的家眷、乡邻，他们甘愿撇下世代相传的锄头、平静的乡村生活，加入到网络空间信息生产者的洪流之中，因为那里更能带给他们独立潮头的幻觉，并能兑换成现实生活的富足和满足感。与此相同的，还有自称来自宝岛台湾、"90后"生人的陕西"80后"农民歌手约瑟翰•庞麦郎；以及当代农村最火热文娱活动"喊麦"的生产者，那些充满了"成王""成仙""称霸""英雄"等字眼的原创作品，唱出了被城市文明遗忘的乡村少年渴望追赶信息的滚滚洪流，在流量生态中获得认可并展示自我价值的心声。

于是，智能手机代替了锄头，喊麦代替了山歌，喧嚣和嘶吼盖过了淳朴的田园诗歌，流量生态从根本上改变了人们以往的生活体验和生活方式。"表面上看起来是我们每个人的选择最终汇聚为了流量……但事实却是，流量反过来在引导我们。"①我们在流量洪流的裹挟下体验着不同于以往的不甚真实的生活经验，即"伪经验"，它甚至改变了我们的价值标的和审美观念。就像在流量托举下横空出世的微博超话排行，它既是流量明星的天下，也代表了当代"饭圈"粉丝的审美观念和文化立场。而这些观念与立场形成背后的直接动因，则是去主体化、交互式的互联网逻辑以及自我价值投射的文化欲求。因此，时代已变，规则已变。即便"中老年粉丝"举全族之力将周杰伦推上超话排行的榜首，即便他们用虚拟世界的规则让IKUN们明白"实力才是王道"这一前流量时代的首要文化规律。但流量为王的时代，任何人都难以逃脱被卷入其中的命运，每个人的生活都难免受到"伪经验"的影响。

更为根本的是，在经历了前互联网时代数十年西方文化产业的洗礼之后，

---

① 陈琰娇：《"流量生态"与"伪经验"生产：网络时代的大众文化辨析与治理》，《治理现代化研究》2018年第3期，第71页。

以往传统语域中建立在人伦传统基础上的含蓄内敛的"情本体"文化根性,在以"流量逻辑""数据理性"著称的流量生态语境中,进一步遭到颠覆性的改变。来自乡间农舍的网络自嗨,文化工业偶像标准的数据化革新,流量生态语境下的大众文化生产空前喧嚣,自我张扬,自爆隐私,自揭其短,自黑自毁。这些喧嚣的背后,实则隐藏着一种深切的主体危机,"我是谁?""我要到哪里去?"等一连串根性问题,在隐隐叩问着每个人的内心,这些漂亮的数据和流量上的繁荣真的就是我们这个民族所渴求的么? 我们是否应该任由流量之海裹着挟着芸芸众生四处涤荡,是否就这样接受以往的生活经验和传统的价值观念被流量颠覆和改变,是力求整饬,还是随波逐流? 这些都是今日的流量人生留给我们的思考。

(臧娜,文学博士,沈阳师范大学戏剧艺术学院副教授)

The Life of Flow

Zang Na

Abstract: Internet flow ecology is increasingly affecting and changing people's real life experience, lifestyle, and cultural roots. In the popular idol super discourse wars, the contemporary public aesthetic interest and the idol evaluation standard are rewritten by the flow in the matrix space-time; In the countryside represented by Zhulou Village, the traditional agricultural life order and artistic form are impacted by the flow. The media characteristics of network media decentralization and interactivity make all living things become the producers and participants of information flood. However, should we allow the sea of traffic to wash away everywhere and accept the life experience and values to be overturned and changed? Those are today's life of flow to leave us thinking.

Keywords: Flow; Super Discourse War; Zhulou Village, Reform

梦想的生意：中日韩偶像团体养成产业比较

白玫佳黛

摘要：本文比较了中国、日本、韩国的偶像团体养成产业的特点和其兴起的社会经济因素，试图厘清我国自 2018 年"偶像元年"后偶像产业再次兴起之后，后续发展不尽如人意的原因。本文研究认为，与日本供给后现代主义"社畜"来消费的成熟偶像产业和韩国振兴文化产业走向国际的标准化生产不同，我国市场呈现出成熟的选秀制作和尚在成长中的偶像运营体系之间的矛盾。

关键词：偶像；文化产业；选秀节目；偶像练习生；创造 101；AKB48

引言："偶像（再）元年"，路在何方？

2018 年上半年，爱奇艺与腾讯两大平台先后模仿或引进韩国 Produce 101 模式（2016 至今），分别制作了男版《偶像练习生》（后称《偶》）与女版《创造 101》（后称《创》）。爱奇艺的《偶》甚至使得粉丝圈短时间内全部发生"偶化"（开始追《偶》中的练习生）的现象：新浪微博首页各个圈追星女孩的页面都被《偶》的信息占据。《创》节目中杨超越、王菊等人成功出圈，引起大范围的讨论。在这一过程中制作方通过投票所得的收入和粉丝为了打投（打榜投票，即集中人力和资金，在短时间内大量重复投票以提高排名的行为）而集资的金额也是惊人的。但这种火爆的情况并没有持续下来。2019 年，《偶》更名为《青春有你》（后称《青》），《创》更名为《创造营》（后称《营》）。之后，节目的热度很快下降，相比《超级女声》（后称《超女》）系列在举办首届男版比赛——《快乐男声》（2007）——时仍有很大的热度，偶像元年的热度几乎只是昙花一现。

相应的是，花费了大量金钱和精力的粉丝发现，经节目出道的男团和女团成员的后续发展不尽如人意。《偶》所打造的男子团体 Nine Percent（NPC）的成员几乎总是各自分开活动，或者几个成员一起活动，很少全员合体。经《青》出道的 UNine 因为排名成疑，堪比"摇号"，被粉丝称为"摇"。《创》选拔出道的火箭少女 101 女团中最出名的仍然是自带流量的杨超越和未成团的王菊。很难说她们后续的发展是源自文化产业的出色运营。但是相关的许多分析和评论对粉丝和偶像产业都展现出不甚了解，甚至不屑了解的态度。这既无助于我们理解青少年心理，也无助于我们了解我国的文化产业形态。

自李宇春等选秀歌手逐渐走红以来，我国的偶像产业经过了 13—15 年的发展，虽有一定的明星效应，但产业发展仍然缓慢。岳晓东[①]等学者的研究表明，当代年轻人（青少年和青年）中约有七成认为自己在某种程度上可以说是追星的粉丝。那么，为什么坐拥如此庞大的受众群体，我国偶像产业的发展却不尽如人意呢？本文将基于既有研究文献的材料、分析结论，结合作者在粉圈的田野观察，讨论中国偶像产业本土化的方式，将其与日韩偶像产业发展的方式和契机相比较，并尝试解答这一问题。

日本：后现代社会中的"社畜"娱乐

在我国，除大规模选秀体系之外，由公司征选、培训和运营的男子、女子偶像团体中较为成功的 TFBoys（及 TF 家族）男团和 SNH48 女团，都脱胎于日本的偶像团体运营系统。TFBoys 模仿的是杰尼斯事务所的运营方式。

---

① 岳晓东：《追星与粉丝：青少年偶像崇拜探析》，香港城市大学出版社 2007 年。

SNH48 一开始隶属于 AKB48，后脱离了这一体系，但仍然以类似的方式进行运营。

日本杰尼斯事务所的创办人是日裔美国人约翰尼·喜多川（英文名 Johnny）。他的父亲管理的日本在美国的寺院常常有日本艺人来演出，因此喜多川对于日本的歌舞表演有所了解。后来他曾在宝冢剧场的分公司打工。"二战"后，喜多川来到日本工作。受美国歌舞片《西区故事》的鼓舞，他决定投身娱乐界，并开始组建男子团体。他认为，结合了宝冢经验和西方歌舞剧形式的载歌载舞的表演能够在舞台上给观众提供丰富的体验。同时，从公司的角度出发，团体演出不仅能够自给自足，提供丰富的呈现方式，而且在人员上可以不受制于单个成员，而反倒是让成员受制于经纪公司。[①] 在培养体系上，喜多川建立了如同学徒制一样的成员培训和提携的制度：已经出道的成员参加节目，会让未出道成员做背景中的辅助工作。

杰尼斯事务所就这样建立了庞大的延续数代的男团产业。其盈利来自严格的版权控制。所有成员的日记、高清图、人际接触等，都是事务所制作的商品，需要付费才能获取。杰尼斯事务所的前成员木村拓哉在 2018 年 12 月 13 日才在新浪微博平台上注册了个人账号。2018 年底事务所原成员泷泽秀明隐退，并就任子公司社长。传闻他对于事务所在媒体公开方面的制度有所影响。2019 年 10 月喜多川去世后，他就任副社长。而直到不久之前，事务所的所有成员仍都是通过公司账号来对外进行交流的。

AKB48 系列则使用了庞大的人海战术。虽然都是签约女团偶像，但是人气高的成员和人气低的成员在收入和机会上会有巨大差别。因为在 AKB 的体系中，人气可以直接用金钱来衡量，进而转化成偶像的收入。每年总选中，粉丝可以通过购买专辑来获得投票权。买的专辑越多，则可以投的票数越多。最后，成员会按照得票数由多到少进行排名。排名前列的成员，在未来的一年

---

① ［日］田中秀臣著，江裕真译：《AKB48 的格子裙经济学：粉丝效应中的新生与创意》，人民邮电出版社 2014 年。（原著 Tanaka H.［2010］. *AKB48 No Keizaigaku*. Tokyo, Asahi Shimbun Publications Inc.）

内会获得更多的唱词、镜头和机会。田中秀臣①将这种运营方式类比为日本大相扑的赛制和运营体系：各个经纪公司运营特定一部分成员，而整个体系协调比赛（总选等）；看好哪位就可以资助对方；选手和相邻级别的选手进行比拼，而不会越级挑战选手，而且为了达到这种结果，会预先产生一个排名；一旦进入这一业内，就可以像获得了一份终身工作一样，利用当年的名气而谋生。可以说，AKB组建了日本女子偶像的一个选拔和表演的体系。这个体系收编了许多的年轻劳动力。从体系的角度来说，盈利是相对有保障的。毕竟，公司所雇用的偶像的总量大了，总会有一些天资卓越的人才可以脱颖而出。而大部分的一般小偶像则沦为背景。田中秀臣写道，小偶像的收入甚至可能不如在便利店打工的收入。②

　　另一方面，秋元康在AKB系列中发展出了新的剧场模式。在AKB系列之前，秋元康20世纪80年代中期曾创立过小猫俱乐部（类似的多人团体还有早安少女组）。经过选秀活动挑选出的少女可以加入俱乐部。俱乐部依托的是周一到周五傍晚在富士电视台播出的《黄昏小猫》节目。2005年开始在秋叶原进行公演的AKB系列与小猫俱乐部有很多相似点。但是不同的是，AKB系列拥有实体剧场，而并非仅仅依靠电视等媒介，向粉丝呈现偶像的活动。与业已变成传统媒体的电视相比，小剧场可以提供更加"真实"的近距离观看偶像的体验。而且粉丝可以选择只观看自己喜欢的那位偶像。同时，这又是一种经过美化的"真实"。偶像带妆上场，表演经过排练的内容。舞台中所展现的面对面的真实是经过粉饰的。我国的SNH系列也有小剧场演出。与此类似的经历还有粉丝们作为观众参与自己偶像录制电视节目的现场：这是与对方长时间待在同一个空间内，并且可以观察到对方在拟剧论意义上后台"真实"活动的一个机会。

---

①　［日］田中秀臣著，江裕真译：《AKB48的格子裙经济学：粉丝效应中的新生与创意》，人民邮电出版社2014年。（原著 Tanaka H.［2010］. *AKB48 No Keizaigaku*. Tokyo, Asahi Shimbun Publications Inc.）

②　［日］田中秀臣著，江裕真译：《AKB48的格子裙经济学：粉丝效应中的新生与创意》，人民邮电出版社2014年。（原著 Tanaka H.［2010］. *AKB48 No Keizaigaku*. Tokyo, Asahi Shimbun Publications Inc.）

　　在盈利模式上，剧场的亏损是通过其他渠道来补足的。田中秀臣①认为秋
元康的 AKB 系列所采用的是通缩经济时代的商业模式：用低价提供剧场门
票；同时，大部分的盈利来自周边售卖、总选 CD 等。而剧场门票是需要在网
上抽选的，所以实际上这是一种奖励。只有很少的粉丝才能获得的、面见"真
实"偶像的奖励：文化工业大量生产具有光晕（aura）②的真品的复制品给受众，
而 250 位观众的小剧场所提供的演出却能让观众以较低价格，近距离接触到
偶像的真人演出。唯一的问题是，能不能有这样的观演机会，纯粹靠运气。

　　同时，从小猫俱乐部到 AKB48，经过了二十年左右的发展。在这段时间
里，日本社会的经济经历了从高速发展到大幅放缓的变化过程。在社会集体
意识上，东浩纪③认为日本人经历了宏大叙事的垮塌，进入了后现代时代。曾
经一度认同奋斗即能成功的"燃"逻辑的日本人，必须要在这种叙事垮塌之后
的当下，谋得一种精神栖息的处所。由此，御宅族们在文化工业提供的即时满
足上找到了一种在精神上继续生存的可能。文化工业无法满足人的欲望，但
是能够满足动物化的需求；东浩纪认为，从这个意义上来说，后现代日本社会
里的人，变成了动物。而御宅族这个词，经过 20 世纪 90 年代初的奥姆真理教
和宫崎勤案件之后，经过十数年的时间，逐渐回到了较为中性的层面。也因为
日本社会的转变，后现代御宅的心理状况实际上也成为了日本社会普遍的国
民心理基础。日本本国粉丝和日圈粉丝的评价都是：买就可以了，很轻松，而
且钱花得值。

　　可以说，不管是杰尼斯事务所，还是 AKB48 系列的偶像产业的运作，提供
的都是"社畜"们可以随时购买和使用的精神和心理上的商品（当然，限定品和
饥饿营销则是促进销量和营造紧张感的另外一种方式）。而这一产业模式是
掌握有限的生产资料和资源（包括节目、剧场等）、大量的人力（偶像储备的大

---

　　①　［日］田中秀臣著，江裕真译：《AKB48 的格子裙经济学：粉丝效应中的新生与创意》，人民邮电
出版社 2014 年。（原著 Tanaka H.［2010］. *AKB48 No Keizaigaku*. Tokyo, Asahi Shimbun
Publications Inc.）

　　②　［德］瓦尔特·本雅明著，李伟、郭东编译：《机械复制时代的艺术：在文化工业时代哀悼"灵光"
消逝》，重庆出版社 2006 年。

　　③　［日］东浩纪著，储炫初译：《动物化的后现代：御宅族如何影响日本社会》，大鸿艺术股份有限
公司 2012 年。

量扩展)并外包复制品生产(周边等)的情况下,发展出的一种生产模式。

韩国:工业化生产的国际产品

不管是韩流的影视作品,还是 K-pop,其起步时间都比日本要晚。韩国圣公会大学的申铉准[①](Shin Hyunjoon)[②]教授在分析 Rain 的国际化之路的时候提到,韩国的音乐公司实行的是"公司内部包干"(in-house)系统:这一系统将生产、管理(经纪合同)和其他一些与艺人发展培训相关的方面结合到了一起。也就是说,韩国的娱乐公司实现了垂直整合(vertical integration):从招募训练生并进行培训开始,到出道和专辑、节目等方方面面都能够在一个系统里完成。这使得公司有动力去培养自己的艺人,也有一定的资源作为这种培训的基础。同时,在偶像产业相关的电视和经纪公司方面,韩国市场内都呈现出高度集中的局面。经纪公司方面,SM、YG 和 JYP 三足鼎立。而电视台方面,KBS、MBS 和 SBS 占领市场,呈现寡头(oligopoly)趋势。这种寡头垄断的情况在我国也有所表现。如果说电视占主流的时代,是央视、湖南卫视、东方卫视和江苏卫视在娱乐方面处于领先地位,那么,网络视频平台则已经形成了腾讯视频、爱奇艺和优酷视频等平台割据的局面。[③]

韩国的练习生系统能够生产出标准的偶像:现场稳,学习快,团队整齐划一。乐华娱乐承袭的就是韩国的训练思路。该公司的杜华女士(Kiki Du)在《乘风破浪的姐姐》中作为评委所表达的对女团的要求就是韩国体系的要求:能唱、能跳,又好看,而太个性的成员显得别人太差了,放在团里会显得团不和谐。这是进行工业化标准生产的文化产业体系。但同时,这是一个竞争非常激烈的系统。练习生如果被淘汰,沉没成本非常高。我国《中国好声音》第四季比赛第二名陈梓童就曾经是韩国 Cube 娱乐公司的练习生。在北京现代音

---

① 感谢深圳大学莫沉博士帮助本文作者确认了申教授姓名的准确中文译名。

② Shin, Hyunjoon. "Have you ever seen the Rain? And who'll stop the Rain?", *the globalizing project of Korean pop*(K−pop). Inter−ASIA Cultural Studies, Vol. 10, No. 4, 2009, pp. 507−523.

③ 芒果影视(www.mgtv.com)在 2020 年有追赶的趋势,而优酷视频的选秀节目已经连续几年播放量走低。现在主要是腾讯视频和爱奇艺的两家之争。

乐学院就读期间,她被来校选人的公司选中,成为了该公司的练习生。她在采访①中提到:公司选练习生是看特长的,而一旦选入公司之后,练习生们不管原本特长如何,都必须全面地进行舞蹈、歌唱、说唱(rap)的多方面训练;在出道之后,不管担当的特长是什么,都没有明显拖后腿的短板。在出道前,许多练习生都已经过了数年训练,并且熬过了周期性的考核,因此,出道艺人的艺能都十分过硬。曾在韩国当过练习生的蔡正杰后来又参加了《营》。在《少年,听你说》②中,他说到,自己成为练习生的时候 13 岁。而这是练习生入行的普遍年龄。最后,只有极少数人能够出道,而未能出道的练习生已经荒废了文化课的学习,很难回到一般人生活的轨道上。《营》中再次"回锅"参加选秀的高嘉朗曾在韩国出道③,后来因家庭缘故,出道后很快退出,并回到东北,和在韩国认识的韩国女友在老家开了一家炸鸡店。后来他又以炸鸡店老板的身份参加过《好声音》的比赛,未能被选中。最后在《营》中他才又翻起热度,虽未能出道,但获得了更多的工作机会。可以说,一旦选择了成为韩国的文化工业体系中的一名练习生,就必须要拼尽全力出道,否则,想要回到一般人的学习和工作、生活的轨道是非常困难的。而出道之后的很长一段时间内,艺人的收入都要拿来抵偿在练习期间公司给自己培训的成本。同时,在这个体系中,训练的资源又是很有限的。《偶》的全民制作人代表张艺兴在《偶》中曾经以自己的经历来教育参加比赛的练习生。他说,当时练习生多,而舞蹈室很有限,一般都是在上课的时候才能使用,所以连练习机会都是要自己努力去创造和争取的。

在劳动力供给较为充沛而资源有限的情况下,韩国发展出来了一种新的

---

① 杨璐:"我在韩国做练习生的日子:每天训练 10 小时"(陈梓童口述),2019 年 12 月 3 日。转引自 https://www.sohu.com/a/341754665_99937407

② 鹿其十傅:《少年听你说 蔡正杰 cut》,2018 年 5 月 28 日,引自哔哩哔哩网站 https://www.bilibili.com/video/BV1op411R7Z4

③ 星姐说娱:《从韩国男团主唱到炸鸡店老板,26 岁改名参加〈创造营〉重新出发》,2019 年 6 月 2 日,引自腾讯新闻 https://new.qq.com/omn/20190602/20190602A0J3JO.html

节目形式：Produce 101（创造 101，简称《创》）。我在田野中曾访谈过韩圈前站姐。[①] 她向我描述过当时她们听说这一节目时候的感受。因为韩国完备的娱乐工业训练系统，出道艺人基本上都是偶像产业流水线产出的成品，在各方面都没有明显的短板。而《创》系列将练习生争取出道机会的过程浓缩并展现在了粉丝面前，激起了粉丝强烈的怜爱心理。Produce 第二季男版准备播出的时候，女粉丝们聊到节目都说："101 个男的（大猪蹄子）有什么好看的。"但开播后不久，抱着看笑话的心情来看节目的粉丝们就真情实感地开始为练习生们开站子、打投、做宣传。这位前站姐说，原来粉丝们一般只会在艺人生日期间承包地铁、机场等地广告位、大屏幕，为其做宣传。但是为了给《创》第二季的练习生争取票数而燃起的战火，韩国的粉丝们开始在节目投票期间买广告牌和大屏幕，给自己的练习生做宣传，拉票。同时，因为公演（公开、现场演出）的入场票数有限，还出现了舞台代拍这一行当：有票的拍摄者可以拍多个练习生，然后把照片卖给各个练习生的站子和粉丝。这些操作很快都随着《偶》和《创》在中国大陆的火爆，而在中国的粉圈中流传开来。

　　这种短时间号召大量粉丝人力进行宣传、投票的产业内应援（加油助威之意）手法，在韩国的娱乐产业内并不少见。团体和个人发新专辑的时候需要打歌，被称为"回归"。粉丝在这时候就需要在 Melon 和 YouTube 等平台上进行打投、刷榜的活动，让自己喜欢的艺人的歌曲在榜上的排名尽可能地高。天团（顶级的偶像团体）自带流量，所以可以很轻易地达成超高的播放量，和下一层级的团相比，两者的数据之间会产生断层。《创》系列的出现将粉丝已经组织起来进行打榜劳动的这些活动纳到了自己的节目框架内。而且，这一系列成功地把与娱乐工业生产出其产品（偶像）的过程也变成了一种可见的产品，以短期真人秀的模式打造了一种新型的、粉丝可以消费的文化商品：捧角儿。而这种文化商品是和韩国业已成熟的娱乐产业相接合的。

---

　　① 　站姐，即曾经运营粉丝站的人，因为多为女性而被称为站姐。粉丝站曾经以粉丝购买域名运营的网站为主，后转入了微博和推特（海外）平台上的粉丝站账号。粉丝站被简称为站子，有资讯站，更多的是以拍摄对方在舞台和各种活动中的照片，进行修图，再发到网上的图站。拍摄者被称为前线。此外，还有负责对抗网上负面舆论的反黑站和为自己的爱豆营造更高浏览量等网上流量数据的数据站等。

　　而韩国的娱乐产业注定要走国际化的道路，因为其国内市场体量不大。这不仅适用于影视产业，也适用于偶像产业。日本偶像的粉丝俱乐部常常需要本国的住址和电话才能注册，而韩国的粉丝俱乐部则可以邮寄到海外。[①] 而为了达到扩展海外市场的这一目的，公司一般会在歌曲和人员配备上下功夫。在歌曲上，K-pop（韩国流行乐）的歌曲载歌载舞，歌词的副歌部分常常是英文的（大热的代表有 PSY 的 *Gangnam Style*），而舞蹈中融入了标志性的姿势（如 PSY 的骑马舞，Wonder Girl 的 *Nobody* 的侧身双手瞄准姿势）。这是 K-pop 的广泛特征。这使得听众可以在副歌部分跟唱，并且可以参与到舞蹈中来，比划比划。而偶像团体则在此基础上更进一步。比如，针对中国粉丝，偶像团体会出中文歌曲。有时候，这些歌曲是团内的中国籍成员演唱的，但是更多的时候，学会多种语言唱歌和简单交流，是偶像团体成员的必备的才艺。比如，EXO（SM 娱乐公司的天团）每张专辑的主打歌都有中文版。2018 年回归时发的专辑 Love Shot 的同名主打歌《宣告》就有专门的中文版。[②] 成员的中文发音只有少量音节不准。

　　在人员配备上，许多团体早就开始招募国外成员做练习生。我们所熟知的回国发展的韩庚，以及近来作为国内《创》类节目舞蹈导师出现的周洁琼、程潇、王一博等人，都是在韩国做练习生出道的偶像艺人。即将在《青 2》做全民制作人代表的 Lisa，是 YG 公司的女团 Black Pink 组合的人气成员，来自泰国。外籍的成员会令其祖国的粉丝对这一成员和成员所在的团体有一定好感。这是使得韩国偶像团体走向国际化的人员配备方法之一。

　　另一种方法则是成立该国的小分队。比如，SM 娱乐公司的男子组合 NCT（Neo Culture Technology）就有一个中国小分队，叫做威神 V（Way V）。这样一来，在 NCT 的韩国成员无法到中国工作的这段时间，团体仍然可以继续在中国的市场内占据一定份额。

　　这些操作的效果参差不齐，但是可以看出韩国偶像团体的目标市场是国际市场。实际上，韩国的许多天团也确实打入了亚洲其他国家（日本、中国、泰

---

① 虽然为了节省邮费，粉丝们还是会代购、拼团团购。

② EXO 中文版《宣告》：https://c.y.qq.com/base/fcgi－bin/u？＿＿＝lDvjTWY，韩文版 Love Shot：https://c.y.qq.com/base/fcgi－bin/u？＿＿＝BaXjTWS，引自 QQ 音乐。

国等)、欧洲国家(葡萄牙等)、美国和南美洲许多国家的市场。从早期韩流天团 HOT 到当下的韩国天团防弹少年团，韩国的偶像产业在各阶段都有天团能够成功打入国际市场。同时，韩国的偶像训练体系为各邻国输出了偶像人才、培训模式和演艺运营模式。

对于粉丝来说，韩国的体系所生产出的偶像在艺能和颜值上都有保证，其综艺产出多且规律，而且有团购或单独购买周边的渠道。与日本体系不同的是，《创》系列使得投票和打榜中所要求的劳动的占比相较于日本体系更高。

中国：成熟的选秀制作和成长中的偶像运营

如果算上湖南本地范围内的《超级男声》，那么《超级女声》系列选秀节目(简称《超女》系列)最早始于 2003 年。在《超女》出现之前，国内选拔音乐类艺人的渠道主要是《CCTV 青年歌手大奖赛》(1984—2013)等节目①，其参赛选手也是来自专业声乐院校的学生。《超女》在节目官方口号上着重强调了选拔的草根性(只要性别和年龄满足条件，任何人都可以参赛)，并用个人主义的成功学理念来吸引参赛者(想唱就唱，唱得响亮)。同时，《超女》系列一开始就以二线省会城市(除广州赛区外)为海选选拔的落地点，依托我国庞大的人口基数，大大扩展了娱乐圈演艺人才的选择范围。

实际上，《超女》系列和后来的许多音乐类选秀节目一样，选拔出来的人才最终主要的发展渠道是影视演员。许德娅认为歌唱类真人秀节目在中国盛行的原因是，中国人爱唱歌："很多观众都有一个'歌手梦'。"②而深层来看，歌唱类节目盛行有两个原因。一是基于传统媒体的唱片业在全球范围内面临着商业利润降低的压力，因此很多国家的音乐界都出现了不同形式的音乐类选秀节目。二是唱歌类型的音乐选秀节目的门槛低，人口基数大。会唱歌的人比

---

①　在港澳台地区则不是如此。SHE 全员都是参加《宇宙 2000 实力美少女争霸战》比赛后被看中出道的。张学友、李克勤等人都是参加歌唱比赛胜出后出道的。因此本文的说法仅适用于我国大陆地区。

②　许德娅：《中国观众为什么热爱歌唱类真人秀》，2019 年 12 月 27 日。澎湃新闻：https://www.thepaper.cn/newsDetail_forward_5261944

会跳舞的人多。演戏更是需要一定的培训，也需要周遭的道具配置，潜在的演员就更少了。但是唱歌对器材要求低。起源于日本，在 90 年代初期传入中国大陆的功放和卡拉 OK（练歌房）等娱乐设施，更是使得很多歌唱爱好者可以利用商业的设备来进行练习。第一届《超女》的季军张含韵就常在卡拉 OK 厅里练歌。[①] 而这些音乐选秀节目所选出来的很大一部分选手中后来的主业转入了影视表演，辅以综艺通告，比如，井柏然、欧豪、李易峰、孟美岐、肖战等。这一现象的部分原因是中国娱乐业中，影视产业所需要的表演人才仍然远远多过音乐界所能够支撑的歌手数量。与日本和韩国不同，中国尚没有权威的打歌舞台，而且国家面积大，人口多，人均收入不高，不管是巡回演出还是观众赴现场观看演出的路费成本都更高。同时，音乐版权保护还不够严格。在这种情况下，贩卖影视产品给平台、电视台等机构来营利，而平台和电视台通过广告和 VIP 订阅费来获取利润的这一种盈利模式更现实。也因为类似的原因，平台大量推出数字专辑。数字专辑和单曲的单价低，购买门槛低，制作周期短，没有实体制作成本，可以依靠粉丝的重复购买来获利。但只有比较少的拥有顶级流量或大量死忠粉丝的歌手可以以此牟利。因此，很多选秀节目所选人才的最终去处都是影视表演。

中国的选秀类节目经过近二十年发展，除了音乐类之外，也尝试了其他的类别，除了以素人选手为主的节目，也开始制作明星参赛的团体选秀节目，如《乘风破浪的姐姐》。到今天，经过多年实践，一些制作团队沿袭了《超女》系列等早期节目的制作方式，在选秀节目的工业化生产方面已经达到了很高的水平。比如，陈刚导演在上海交通大学"综艺导演进高校"的系列讲座中谈到，他的制作团队会把选手的名字、特点写到黑板（或白板）上，根据大数据所得出的哪种类型吸引什么样粉丝的预判，来设计各个阶段哪些选手需要重点给画面，以及怎样设置环节才能够吸引选手展现出"真实"（并非节目组暗示他按照台本和人设来进行表演）而又吸引人的、美好的特质。在后期制作时，也会根据打造真实、吸粉的美好特性的原则来进行剪辑。为了让选手能够在真实性更

---

① 寿鹏寰：《超级女声张含韵　昨天钱柜练歌》，《法制晚报》2005 年 7 月 7 日，转引自新浪影音娱乐：http://ent.sina.com.cn/x/2005－07－07/1943773529.html

高的环境中活动，制作方甚至会刻意设计、隐藏机位，来减轻节目参与者在人造环境中被凝视的不适感，从而更好地制造真人秀类节目中的"真实感"。

但是，与韩国、日本等国的偶像产业的结构相比，参与了选秀投票的粉丝认为我国选秀节目结束后的"售后服务"不够好。近几年的偶像养成类节目中的胜者都会成团出道，因为这些节目或多或少都是脱胎于《创》系列。但是与韩国《创》第二季出道的 Wanna One 相比，我国选秀出道的团体常常是出道即巅峰。出道的那一刻就是"糊"的开始。因此，许多选手为了获得更好的机会和资源，会反复地参加选秀类节目，被称为"回锅肉"或者"再就业"成员。比如，经《燃烧吧少年》出道的 X 玖少年团九位成员中的四位又参加了《营》。除彭楚粤之外，焉栩嘉、夏之光、赵磊又成功成团，加入了 R1SE 男团，获得了新的工作机会。而这种情况并不鲜见。张远、马雪阳在《快男》之后曾经与李茂、刘洲成与金恩圣组成"至上励合"出道，并且有脍炙人口的歌曲。但之后也再次参加了《营》，以期翻红。张杰作为《我型我秀》的冠军，在节目结束之后，也没有工作机会，只有保底工资。因此他筹资解约，再次参加 2007 年《快男》，获得第四名，并因为多方原因，获得了新一轮的资源和工作机会。

在我国，不管是对于多种媒体机构和平台而言，还是对于广告商、赞助商而言，选秀本身是一门生意。从《超女》开始发展起来的选秀经济和其工业化精细程度已经比较成熟，但是经纪公司后续的运营很难接续选秀期间打造的偶像追梦的目标。这部分是因为经纪公司的运营和选秀节目的制播是由不同的专业团队来负责的。另一方面也是因为，除了少部分坚持自己营业思路的艺人外（比如《超女》时的张靓颖和《偶》的蔡徐坤），大多数的艺人都比经纪公司要弱势。在签约时，公司像"圈地"一样地占领"人才资源"，但是后续的演艺资源却不足以捧红这一大批签约艺人。根据陈刚导演在讲座中提供的信息，天娱传媒从《超女》系列中，一年可以得到大约 200 位签约歌手。但除了参与拼盘演唱会和拼盘专辑之外，她们/他们想要获得个人的资源，就需要进行新的竞争。可以说，这些音乐偶像类选秀节目对于业界本身的作用类似于新丝

非团资正刊封面（偶创青营）	一线正刊封面	准一线正刊封面	二线正刊封面	三线正刊封面	其他（大都市/T/VOGUEME）
蔡徐坤	时尚先生2018十二月闭年刊 时尚芭莎2019二月刊 COSMO2019七月刊 嘉人2019十月刊 时尚先生2019十月刊	ELLEMEN2018九月刊 费加罗2018七月单人双封 时装2019十月刊	红秀第361期 OK精彩第184期		VOGUEME2019八月刊
陈立农			OK精彩第161期单人双封		
范丞丞	时尚COSMO2018七月刊		时尚健康2019五月刊 OK精彩2019六月单人双封 风度2019八月刊	男人装2019五月单人双封	
黄明昊			时尚健康2019二月刊	精品购物指南2019二月刊	
林彦俊			OK精彩第165期单刊	精品购物指南2018十一月刊	
朱正廷			OK精彩第169期单封 时尚健康2019二月刊		
王子异					
小鬼					
尤长靖					
孟美岐			时尚健康2019四月刊 OK精彩2019八月刊		
吴宣仪		时装2019七月刊单人双封			
杨超越		芭莎男士2019二月刊		精品购物指南2019六月刊	
段奥娟					
YAMY					
赖美云					
紫宁					
Sunnee					
李紫婷					
傅菁					
徐梦洁					
李汶翰			OK精彩2019十月刊		
李振宁					
姚明明					
管栎					
嘉羿					
胡春杨					
贾瀚宇					
陈宥维					
何昶希					
周震南			红秀2019十月刊		
何洛洛					
焉栩嘉					
夏之光					
姚琛					
翟潇闻					
张颜齐					
刘也					
任豪					
赵磊					
赵让					

图1　豆瓣拉踩小组2019年10月22日小组内成员自制信息汇总表格：《下面几位是素人吧》①

① 转引自微博账号：拉踩小组。该账号的内容是将豆瓣拉踩小组里只有组员可见的内容转载到微博上去。拉踩，指的是将两个不同的艺人或者作品等拉到一起比较，捧一踩一。

路模特大赛对于模特经纪公司,或者港姐、亚姐选美比赛对于 TVB 和亚视的作用:经比赛选出的选手,补充进了业界的人才库,但是他们在业内的行业发展才刚刚开始。

但偶像养成类节目在节目的官方话语中给投票的粉丝们所呈现的却不是这样的现实,而是一个精致而美好的追梦女生/少年的形象。毕竟,粉丝参与投票的钱和精力是需要一定的允诺才能够被动员起来的。但与这种极端美好的理想话语形成对比的是出道的小偶像在节目结束后马上面临从头开始做起的残酷现实。与《全美超模大赛》所许诺的 10 万美元年薪的签约合同加上封面资源和一些代言合同相比,我国选秀节目所允诺的选手获胜之后的奖品非常不确定。而这样的不确定性,导致粉丝被忽悠一次之后就容易产生梦想幻灭的感觉,很难再一次全情投入,为下一季节目的选手投票。

同时,我国粉丝还很难像粉日韩圈的粉丝一样,获得规律性的小综艺物料来维持自己的情感投入。像易安音乐社一样能够提供充足小综艺的经纪公司并不多见。在《偶》期间比较频繁地提供物料的坤音娱乐,因为在节目播出期间把之前的存货全都倒出来了,在节目结束后,也只能逐渐走向不规律发布小日常视频的路子,导致小日常变成小月常。而《营》出道的 R1SE 男团,依托着腾讯视频的大平台,能够提供每周一次的"团综"(团体的综艺节目)。但是团的小综艺需要付费成为腾讯视频的会员才能观看。粉丝对此表示不满,因为这样就难以扩大 R1SE 在路人中的知名度:"好笑的部分都得付费才能看。"在我国的娱乐产业的现实语境中,这都是自然而然产生的现象。

小结和讨论:平衡生意和梦想话语体系,应对社会意识形态需求

日本、韩国和中国的偶像产业和偶像养成产业链条是顺应了娱乐业、媒体界、音乐产业实际的选人需求而发展起来的。在欧美,电视占主流的媒体的时代(1970 年代及以前),造星工业的文化现象就已经引起了学界的注意。更新的媒介技术的出现和普及,为打造更具有本真性(authenticity)、让观众看起来更加"真实"的明星铺下了媒介生态的基础。而具有情感动员性的偶像,又是重复、超额售卖商品的一条营销渠道。

同时，从劳动层面来说，戴锦华曾指出影视娱乐界的明星呈现出年轻化的趋势[①]，与此同时，全球经济生产对劳动力的需求也越发年轻化，同时出现了很多的弃民。偶像养成业所雇佣的许多偶像其实是未成年的劳工。从粉丝的构成来说，也是如此。我国大多数的粉丝都是从中学（甚至小学）到大学、研究生阶段的青少年和青年学生。而偶像的粉丝又以女性为主。她们还没有完全进入劳动力市场，因此有更多的闲暇时间，能够用在自己的兴趣上，同时，其中的一些人又有一定的零用钱可以消费。有钱的出钱消费，有闲的出时间打投。这是我国偶像产业的基础。

在日本和韩国也有类似的基础。日本的社畜在工作之外具有闲暇时间和一定的消费能力。他们虽然没有足够的钱购买大件商品（比如住房），但是有钱能消费偶像产业的产品，并期待通过抽奖而获得更加亲密接触的情感体验。在韩国，青年的失业率很高。这一现实，为社会偶像产业的练习生体系提供了大量的青少年和青年劳动力。2019 年 10 月 14 日自杀去世的崔雪莉（本名崔真理）15 岁就作为 f(x) 女团的忙内（团内最小成员）出道，通过参加偶像工作，可以为自己的原生家庭提供收入。虽然娱乐界"赢家通吃"，但普通员工仍然可以有一份勉强维持自身生计的收入[②]，并且可以抱着有朝一日可以大红的梦想继续努力。对于尚未进入婚育年龄的青年来说，这是一份比失业更好一点，同时又有符号性奖励和情感动员的工作，也是市场发展到当下阶段，通过大量劳动力和少量资源，借助大资本进行博弈的一种商业运作模式。

在与日韩模式进行比较的同时，或许我们需要进一步提的问题应该是，我国的偶像产业如何能够变得更加人性化，在意识形态上远离红线，同时能够摆脱"割一拨韭菜是一拨"的竭泽而渔模式，走向平稳、健康发展的道路。在演唱会现场喊"哇唧唧哇倒闭了""爱豆青春倒闭了"或者拿李飞、杜华、龙丹妮等经纪公司老板开涮的梗遍地可见。这真的是青年不理智的表现吗？或许只有从

---

① 戴锦华：《戴锦华："小鲜肉"并不等同于"娘炮"》，2018 年 10 月 19 日。造就 TALK，引自优酷教育 https://v.youku.com/v_show/id_XMzg3Njk2Mjg0NA==.html

② 中国不出名的年轻偶像们的收入比日、韩相应的小偶像要高得多。根据田中秀臣的记录，日本的小偶像们的收入可能比不上在便利店打工的收入。而根据高秋梓与经纪公司解约案的判决文书，不那么出名的小偶像也比一般劳动者的所得要高得多。高秋梓半年的收入（全额）是 70 万，每个月工作不超过 20 天。参见小影扒娱乐《高秋梓跟公司打解约官司，曝光明星真实收入水平，粉丝们该醒醒了》，2020 年 6 月 24 日：https://baijiahao.baidu.com/s? id=16702607160041928118&wfr=spider&for=pc

青年自身的角度出发，才能理解粉丝的心理。也只有多从粉丝角度出发，才会让粉丝觉得自己不仅仅是苦力或摇钱树，而是真正得到了一点点尊重。

（白玫佳黛，辽宁大学新闻与传播学院讲师）

The Business and/of Dreams:
A Comparative Study of Idol Industry in China, Japan, and South Korea

Abstract: This paper compares the characteristics of and the social-economic factors contributing to the rise and flourishing of idol-production industry in (mainland) China, Japan, and Korea. The goal is to comb the reason why Chinese idol industry's development is unsatisfactory since its resurgence in 2018, commonly praised as "the first year of Chinese idol industry era". This paper argues that, unlike the matured idol industry in Japan, offered to the "corporate slaves" with post-modern mindset to consume, or the standardized idol production line in Korea, motivated by its state policy that supports cultural industry's development and international, cultural imperial expansion, Chinese market manifests the conflict between well-developed talent show production and immature post-show idol management.

Keywords: Idol; Cultural Industry; Talent Show; Idol Production; Produce 101; AKB48

"用户气泡":社交网络使用中用户的异质性生产

——基于 k-means 聚类的实证分析

徐翔　张铃媛

　　摘要:社交网络的快速发展正深刻形塑人类社会的"数字化生存",关于它使人们变得同质化、标准化还是多元化、异质化的问题存在着不少争议。以新浪微博用户及其内容生产为样本对象,通过 K-means 聚类的方法得到样本用户及其帖子在不同主题类别上的分布,并根据使用程度对样本用户进行"分箱化"处理。研究结果发现,微博使用层级越高,用户相对于整体平均状态、本层级平均状态、最大众化层级、使用度最低层分别都会越发异质化;相对于最异质化层级、使用度最高层则越相似;同时用户不仅越来越多元,也越来越"窄化",陷入一种"用户气泡"中。部分条件下,用户异质化的趋势表现为近乎直线性的增长。研究结果具备较突出的显著性。

　　关键词:用户气泡;信息茧房;异质性;社交网络;K-means 聚类

　　社交媒体的发展给数字网络时代的传播带来深刻转变。飞速发展的互联网正深刻形塑人类社会"数字化生存"的境况,在网络技术的支持下,社交媒体深入人们的生活之中,从多种维度影响人类和社会。《2018 年全球数字报告》显示,截至 2018 年,全球 75 亿人口中,互联网用户达到 40.21 亿,其中社交媒体使用者达到了 31.96 亿。并且,全球社交媒体的用户数量还在以 13% 左右的速度持续增长。[①] 根据 CNNIC 第 44 次《中国互联网发展状况统计报告》显示,截至 2019 年 6 月,我国网民规模达到 8.54 亿,即时通信类应用的用户规模达到 8.25 亿,占网民整体的 96.5%。[②] 艾媒咨询《2019 年中国移动社交行业研究报告》显示,截至 2018 年 12 月,微博月活用数 3.2 亿。[③]

　　社交网络发展迅猛,却也带来与用户、社会、文化有关的理论和实践问题。马克思在论述技术对人的异化作用时指出:"在我们这个时代,每一种事物好像都包含有自己的反面。"[④]一方面,社交媒体提供了丰富性远超传统媒体的海量信息,给予用户自主发布和传播信息的平台,对传统意义上的受众进行了赋权,关于社交媒体促进自由、多元、民主、公共性的欢呼声一度不绝于耳。然而,这种单向的思考"热衷于询问新技术带给我们什么,却很少关注新技术想从我们这里拿走什么"[⑤]。另一方面,越来越多的声音在对社交媒体进行具有反思和批判色彩的评价。在这一背景下,社交媒体作为一个研究领域聚集了众多关注和争议。

---

　　① 参见 Simon Kemp. *Digital in 2018*:*World's Internet Users Pass the 4 Billion Mark*. Jan 30th,2018,https://wearesocial.com/blog/2018/01/global—digital—report—2018,Mar 4th,2020.

　　② 参见中国互联网络信息中心(CNNIC)第 44 次《中国互联网络发展状况统计报告》,2019 年 8 月 30 日,http://www.cnnic.cn/hlwfzyj/hlwxzbg/hlwtjbg/201908/t20190830_70800.htm,2020 年 3 月 4 日。

　　③ 参见艾媒报告《2019 年中国移动社交行业研究报告》,2019 年 3 月 1 日,https://www.iimedia.cn/c400/63737.html,2020 年 3 月 4 日。

　　④ [德]马克思:《卡尔·马克思在〈人民报〉创刊纪念会上的演说》,见[德]马克思、恩格斯著,中共中央马克思恩格斯列宁斯大林著作编译局译:《马克思恩格斯全集　第十二卷》,人民出版社 1962 年,第 4 页。

　　⑤ 董晨宇:《社交媒体的逆向思考:技术想要我们为它付出什么?》,2019 年 6 月 18 日,https://www.huxiu.com/article/304489.html,2020 年 3 月 12 日。

一、研究背景与问题提出

互联网活动家帕里泽（Pariser）于 2011 年在其著作《过滤气泡：互联网没有告诉你的事》（*The Filter Bubble：What the Internet is Hiding from You*）中提出了"过滤气泡"的现象和问题，这个概念指的是在互联网时代，搜索引擎可以了解到用户偏好，并以此为依据过滤掉异质信息，使用户身处于既是个性化的，却也是"网络泡泡"的环境中，阻碍人们的视野以及多元化观点的交流。[①] 常与"过滤气泡"共同被讨论的相似概念还有"信息茧房""回声室效应"等。一些研究认为，今天的社交网络用户依然处于过滤气泡之中，情况甚至比帕里泽最初针对的搜索引擎的影响更严重，这在很大程度上是由于个性化推荐算法被广泛应用于社交媒体、新闻聚合器等平台中。个性化推荐算法的主要作用是过滤掉它认为某个特定对象不需要的内容，以提高内容与用户需求的匹配度，降低用户获取有效信息的成本。目前应用较为普遍的算法是基于内容的推荐和协同过滤推荐，强调个体或同类群体的既有兴趣，能在一定程度上满足用户的个性化需求，但也因此被诟病使用户更容易被不断强化的同类信息包围。[②] 有研究者认为算法黑箱中的偏见或歧视可能会导致人们对"个性化信息"划定范围之外的事物缺少了解，逐渐失去判断与选择能力。[③] 总之，在算法机制的作用下，网络用户可能逐渐固守在自己的信息茧房中，对多元、异质的信息缺少了解也缺乏兴趣，网络整体割裂，巴尔干化程度则不断加深。然而，有学者指出当前关于信息茧房、回声室效应的研究存在两个基本假设前提，"一是个体同质化，二是个体总是被动地获取信息，若前提假设得不准确，回声室效应的相关结论也将存疑"[④]。

---

① 参见 Eli Pariser. *The Filter Bubble：What the Internet is Hiding from You*. London：Penguin Press，2011，pp. 8—13.

② 参见彭兰《导致信息茧房的多重因素及"破茧"路径》，《新闻界》2020 年第 1 期。

③ 参见苏涛、彭兰《反思与展望：赛博格时代的传播图景——2018 年新媒体研究综述》，《国际新闻界》2019 年第 1 期。

④ 李卫东、彭静：《社交网络平台信息传播的回声室效应仿真实验分析》，《现代传播（中国传媒大学学报）》2019 年第 4 期。

　　关于个体同质化，不少经典理论家在批判历史现状时都得出过这样的结论。德国哲学家雅斯贝尔斯(Jaspers)在《生存哲学》中以"平均化"描述资本主义社会物质文明和技术发展背景下，生活在技术化的群众生活秩序中，陷入了精神危机的人。他认为人们沉迷于物质财富、利益、技术产品等带来的快乐与享受，多元的价值观念使人的社会生活缺乏稳定的价值目标的指引，自由开放的社会环境也消除了等级与阶级的差别，人们成为了丧失主体性与个性的"平均人"。① 法兰克福学派的理论从更具体和现实的层面说明了这样的问题。在《启蒙辩证法》中，霍克海默(Max Horkheimer)和阿多诺(Theodor Adorno)用"文化工业"(culture industry)一词批判美国的大众传媒，认为充斥美国社会的大众传媒及其文化，同资本主义其他产品一样，表面上披着个性化外衣，实则具有商品化、复制化、标准化和工业化特征②，这些特征"塑造了大众的自动反应，一切事物都显得是被预先决定的"③。进入新媒体时代以后，传统大众传媒日薄西山，"用户开始更多分享，更多强调参与感、存在感、成就感，而非单向的阅读"④，将受众看作是充满能动性、个性化、创造力的积极受众观越来越普遍。法兰克福学派的理论自然而然地受到冲击。然而，吕鹏指出："只强调媒介及网络技术对于个人的赋权，而不关注赋权的条件、赋权的可能性以及赋权的效果，就显得过于为网络张本，并具有明显的叙述盲目性。因此，试图用一种可能概括 UGC 时代到来后，所有个人的状态的变化，而不顾阶级、性别、性属、种族、民族以及代际等的区别可能对于个人所产生的影响，无疑有普遍主义和不恰当的乐观主义的嫌疑。"⑤

　　社交媒体一定程度上主导着人们的数字生活的今天，人们是演变得更加平均化、同质化、标准化，还是在各种复杂因素的影响之下，变得差异化、气泡

① 参见李金凤《人的平均化问题研究》，湖南师范大学硕士学位论文 2017 年，第 21—24 页。

② 参见曾一果《批判理论、文化工业与媒体发展——从法兰克福学派到今日批判理论》，《新闻与传播研究》2016 年第 1 期，第 28 页。

③ 陈立旭：《法兰克福学派与英国文化研究：对中国大众文化研究的启示》，《浙江社会科学》2010 年第 10 期，第 38—46 页。

④ 企鹅智库：《2018 新媒体趋势报告：解码内容业下半场》，2018 年 12 月 9 日，https://new.qq.com/omn/20181209/20181209B08J6G.html，2020 年 3 月 12 日。

⑤ 吕鹏：《作为假象的自由：用户生成内容时代的个人与媒介》，《国际新闻界》2017 年第 11 期。

化了？这个问题目前依然没有确切答案,围绕社交媒体影响的争议多围绕它展开。因此,本研究尝试在此基础上,进行多层面的探讨,或许能使答案稍加明朗,也为其他关于社交媒体的研究提供一个看问题的奠基视角。本文的核心问题如下:

1.社交网络用户在对社交网络的使用中,是趋于同质化还是异质化？社交网络的使用是使世界变得更平还是更添区隔与鸿沟？如果是异质化,是怎样的程度和特征的异质化？是平稳加深,还是加速增长的鸿沟？

2.社交网络在加强人和人之间的交往与连接的同时,如何催生加大的异质性？其机理是怎样的？有哪些影响因素？这在相关的研究中,还是有待详细回答的实证领域。

3.如果存在着加大的区隔,这种区隔除了区隔本身,还有何种意味与后果？伴随用户异质化发生的还有什么关联后果和表现？异质性带来的是社交网络场域中的多样性还是窄化与封闭？

二、文献探讨

(一)同质化的理论追溯

雅斯贝尔斯用丧失了本质与独立个性而变得平均化的人来说明资本主义社会的技术化生活中的精神危机。技术逻辑参与建构了现代社会的秩序和规范,每个人都是现代社会网络中的一个节点,被纳入系统化的管理之中,需要执行自己的功能,"已经成为一只齿轮上可被替换的单纯的轮齿而与其个性无关"。[①] 因此,雅斯贝尔斯认为在技术社会中生活的人都是群众。海德格尔(Heigger)也有类似的论述。他提出了日常生活中的"常人"(das Man)问题,"常人"是无个性的,这个名词不对应任何具体的人,指向一种泯灭了个性差异的平均状态。在海德格尔的逻辑中,正是现代技术导致了人在日常共在中的沉沦。[②] McPherson 等人认为同质化就是一种相似的人之间比不相似的人更

---

① ［德］卡尔·雅斯贝斯著,王德峰译:《时代的精神状况》,上海译文出版社 1997 年,第 36 页。
② 参见艾秀梅《日常生活的沉沦与拯救——海德格尔哲学中的日常生活批判思想》,《求是学刊》2003 年第 5 期。

可能产生联系的准则，这种准则建构了各种类型的社会网络纽带。存在于种族和民族、性别、宗教、教育、职业、阶层、社会网络地位、行为和态度等方面的同质化限制人们的社交领域，影响其信息接收、态度形成、互动经验。人们的既有立场导致的经验和结构都会在与相似人群互动的过程中得到强化。[①]

与雅斯贝尔斯等人较为抽象的论述相比，法兰克福学派的"文化工业"理论显得更贴近现实。在其论述中，统治意识形态是通过"工业产品"中隐藏的信息潜移默化地渗透入大众的无意识中。[②] 文化工业不同于传统的精英文化，它以资本为支撑，追求最大化的效益，为从众多商品中脱颖而出而创造了"流行"，因遵循可大量复制的商业逻辑而从属于统一的标准。霍克海默和阿多诺指出，"现代化工厂流水线上生产出了标准化的电影和流行音乐，这些产品生产出来之后是为了出卖给大众，尽管它们看上去都是很'个别的样子'，但实际上毫无个性可言"。于是，一种"伪个性主义"便产生了。[③]

事实上，关于内容同质化的讨论已经覆盖到电影、音乐以外的大众传媒产业中。在报纸、电视等传统媒体依然占据主导地位的时期，就已经出现了新闻同质化的现象，这其中包含多种原因，例如数量上膨胀的大众媒体与有限的新闻资源的冲突；大众化的市场定位导致受众定位趋同；市场导向作用下片面追求新闻娱乐性等。[④] 韦伯斯特（Webster）和克斯尔扎克（Ksiazek）将尼尔森公司 2009 年 3 月从 1000 户家庭采集到的使用电视和互联网的调查数据应用于网络分析，注意到：全部 236 家媒体中发现了极高的受众重复度，这意味着公众的关注存在重叠的现象。[⑤] 如今，互联网强势崛起，门户网站、社交媒体、新闻客户端、自媒体相继涌现，使人们在内容和平台上都拥有了更丰富的选择，

---

① 参见 Miller McPherson, Lynn Smith-Lovin, and James M Cook. "Birds of a Feather: Homophily in Social Networks". *Annual Review of Sociology*, vol. 27（August 2011），pp. 415—444.

② 参见陈立旭《法兰克福学派与英国文化研究：对中国大众文化研究的启示》，《浙江社会科学》2010 年第 10 期，第 42 页。

③ 参见曾一果《批判理论、文化工业与媒体发展——从法兰克福学派到今日批判理论》，《新闻与传播研究》2016 年第 1 期，第 28 页。

④ 参见朱秀清《新闻同质化分析》，《现代传播》2005 年第 6 期。

⑤ 参见 James G. Webster and Thomas B. Ksiazek. "The Dynamics of Audience Fragmention: Public Attention in an Age of Digital Media". *Journal of Communication*, vol.62, no. 1（February 2012），pp. 39—56.

却仍难以解决新闻同质化的问题。徐笛对部分一线记者和编辑进行了焦点小组访谈和深度访谈，一位网络媒体编辑分享了他的思考："记者们关注的对象基本雷同，微博上转来转去都是几条同样的消息。而且大家都守着微博，一条消息出来，你有我有大家都有，独家新闻更难出现了，记者也日益成了'坐班族'，去现场挖独家的记者越来越少了。"其他参与者也认为"微博出现后，媒体同题报道现象更加严重，而媒体所提供的信息总量正在缩水"①。哪怕是传统媒体为挽救颓势而纷纷借鉴《人民日报》的"中央厨房"模式作为融合转型的道路选择，却也没有使内容同质化现象大有改观。"中央厨房"的设计讲求各媒介对同一事件的报道进行统一策划，由记者一次采访回事件相关的所有内容，上传到全媒体数据库中，各部门记者编辑对素材进行加工，生成不同的新闻产品，再通过不同的渠道将信息传播出去。这种模式尽管能提高新闻生产效率，但由于共享资源有限，即使是"全能型记者"也难以保证做出精彩又独具特色的内容，而对效率和多渠道分发的强调潜在地导致了牺牲内容深度的可能结果。②

关于同质化的理论论述长期以来都存在着争议。与法兰克福学派的"悲观"态度不同，英国文化研究认为文化领域是意识形态角逐的场，处于从属地位的阶级不断通过文化上的抗争挑战统治阶级的意识形态，解放的可能就在于这种动态斗争的持续存在。传播政治经济学派批评法兰克福学派忽视了文化生产过程。胡翼青等则为法兰克福学派所受的争议给出解释：霍克海默和阿多诺从来没有否认过大众文化的内容和表现形式可以呈现出不同的样态，只不过人们的怠工、换台、关电视机等反抗行为实际上毫无意义；"法兰克福学派揭示的是'意识形态'的弥散，弥散的意识形态不属于任何具体的群体"；"阿多诺所针对的直接对象是大众文化，而极力剖析、阐释的却是工业逻辑及其弥散"。③ 站在维护和修正的角度上，黄圣哲在《文化工业理论的重建》中指出，文化工业的动力并非是阿多诺所说的"标准化"，而是"准标准化"（quasi-standardization），即"文化工业的生产机制朝向一个固定的模式，但它却不能

① 参见徐笛《微博时代的媒体与新闻源》，《新闻记者》2014 年第 6 期。
② 参见侯洪强《从"中央厨房"看传统媒体转型的困境与出路》，《青年记者》2017 年第 26 期。
③ 参见余晓敏、胡翼青《再度解蔽：为法兰克福学派辩护》，《全球传媒学刊》2017 年第 1 期。

把自己僵固在这个模式之中，它必须不断地进行变异"①。之所以会有这样的修正，也是互联网技术发展及其对受众自主性提升的结果。

人们是变得更加同质化还是异质化了？这个问题的答案可能会因环境、历史等条件的影响而发生变化，有待继续讨论。当代批判理论家贡策林·施密特·内尔（Gunzelin Schmidt Noerr）指出，"虽然今天的媒体文化工业体现了阿多诺等人所说的雷同性、同一性和复制性，以及强大的操控性、虚拟性以及超现实性，但当代的媒介技术也给人类带来了种种新体验、新感受和新文化"，并"提醒人们要警惕阿多诺那种'一般性归纳的倾向'，多反思偶然、差异和矛盾之处"。②

（二）社交网络带来的同质化和异质化影响研究

纽曼（Neuman）认为，站在心理学的角度上，同质性原则具有很强的持续性和稳定性，科技的发展通常也不会改变它。③ 然而，"整个社会的技术化和媒介化现象是霍克海默、阿多诺时代所没有的现象。媒介和技术不仅是中介，也是社会和个体本身"④。因此，简单地概括、归纳社交媒体的影响未免失之简单，有必要立足于现在的网络环境来更细致地考察人们的同质化/异质化倾向。

社交媒体是互联网整体的组成部分，其技术逻辑、作用影响等都根源于后者。詹姆斯·柯兰（James Curran）在《互联网的误读》（*Misunderstanding the Internet*）一书中通过梳理互联网早期出现和发展的历史，发现在市场化之前互联网受到美国反文化和欧洲公共服务，特别是学术价值追求的强大影响，这些因素共同造就了一个"去集中化的、多元化的和互动的空间"。然而，后来的商业化虽然推动了网络的普及，却又"实施经济控制和元数据（medata）控制，

---

① 黄圣哲：《文化工业理论的重建》，《社会理论学报》2010 年第 13 卷第 1 期，第 141—160 页。转引自赵勇《法兰克福学派的"理论旅行"：读〈法兰克福学派在中国〉》，《新闻学研究》（台北）2012 年第 111 期，第 249 页。

② 曾一果：《批判理论、文化工业与媒体发展——从法兰克福学派到今日批判理论》，《新闻与传播研究》2016 年第 1 期，第 36 页。

③ 参见 W. Russell Neuman. *The Future of the Mass Audience*. Cambridge：Cambridge University Press，1991，pp. 79—89.

④ 曾一果：《批判理论、文化工业与媒体发展——从法兰克福学派到今日批判理论》，《新闻与传播研究》2016 年第 1 期，第 35 页。

启用了新的监控技术,这就影响了互联网的多样化和自由"。① 早在 1997 年,就有学者指出互联网处于早期技术开发阶段时期时,对技术发展的追求使得当时创新扩散的成本非常低,标准化程度也很有限。如今,产品开发者却将标准化作为抵制领域内新进者及产品创新的武器。②

当社交媒体成为人们密切依赖的沟通联系平台、阅读平台、资讯平台、自我展示平台以后,受众逐渐升级为用户,能够在海量信息中随心选择;与亲缘、业缘、趣缘圈子里的人进行便利的互动;无需较高的门槛便能生产和广泛传播信息,主动性和创造性得到提升。然而,有研究指出,"后阅读"时代,文化工业的宰制和支配并没有消失,只是更加隐蔽,"后阅读"在用民主特点掩盖"快乐工业"维度。例如,数字技术带来的个性化阅读需求一定程度上是虚假需求,文本实质上仍是工业化的;读者有把"后阅读"、把处理碎片信息当作消遣的趋势,随着对其深度依赖、强迫成瘾,阅读领域也会变成控制领域。③ 一些研究通过实证方法得出了社交网络会使用户更为同质化的结论。依莱诺·科利奥尼(Elanor Colleoni)等人结合机器学习和社会网络分析的方法对较为全面的 Twitter 使用者和相关话题进行了政治同质化的探讨,得出结论之一是互相关注者网络中的同质性高于没有互相关注的情况,同时还发现民主党的政治同质化水平超过共和党,但关注了共和党 Twitter 账号的共和党人的政治同质化水平反过来却高于民主党。④

关于社交网络使用造成用户的异质性增强,同样有一些理论和实证研究。目前人们讨论回声室效应、过滤气泡、网络巴尔干化等问题时通常持负面态度,认为这会带来强化偏见、固化分层等问题,然而,进一步梳理文献或许会有一些新的启发。纽约大学政治学者 Pablo Barberá 发现,总体而言社交媒体用

① 参见[英]詹姆斯·柯兰、娜塔莉·芬顿、德斯·弗里德曼著,何道宽译:《互联网的误读》,中国人民大学出版社 2014 年,第 50—53 页。

② 参见 John Leslie King, Rebecca E. Grinter, and Jeanne M. Pickering. "The Rise and Fall of Netville: The Saga of a Cyberspace Construction Boomtown in the Great Divide". In Sara Kiesler, *Culture of the Internet*, Mahwah: Lawrence Erlbaum Associates, 1997, p.28.

③ 参见郭峥《新媒体"后阅读":内容、传播与文化意义》,上海大学博士学位论文 2019 年。

④ 参见 Elanor Colleoni, Alessandro Rozza, and Adam Arvidsson. "Echo Chamber or Public Sphere? Predicting Political Orientation and Measuring Political Homophily in Twitter Using Big Data". *Journal of Communication*, vol.64, no.2, April 2014, pp.317—332.

户接收的观点是多元化的，并且随着时间推移，那些嵌入在较为多样化的网络中的美国用户会逐渐关注较少意识形态同质性的群体。用户在网络上与差异化的政治观点相遇对于政治态度的调适具有正向作用，也会避免更加极化。①王天娇通过对文献的梳理，总结称"从用户使用习惯及其效果来看，至少在政治事件中，中国的门户网站更接近于传统媒体的同质性补充者，而社交媒体则更接近于传统媒体的异质分化者"②。Dubois 和 Blank 利用受访者自我汇报的新闻消费习惯研究个人在媒体接触过程中所产生的回声室效应，通过是否阅读对立面新闻、检测新闻消息源的习惯和新闻阅读后的观念改变等五个维度对回音室效应进行测量，发现大部分人都对政治话题感兴趣和/或使用多种媒体，这两点能够减少人们陷入回声室效应的可能性。他们还主张用户能够通过充分利用多元化的媒体选择来避免陷入回声室之中，回声室效应是被夸大的现象。③ Lee，J. K.等人在 2012 年 5 月（美国大选前）进行的一次全美概率抽样调查对社交媒体使用状况、社交媒体异质程度、观点极化状况、政治讨论状况以及其他控制变量进行了量化分析，结果表明在 Facebook、Twitter 和其他社交网站上，人们的交往网络更为多元化，回声室效应并不显著。同时，在社交媒体中，获取新闻、发布新闻等与新闻、信息相关的活动能够促进社交网络的异质性。这篇文章还指出，关于社交媒体和网络异质性的两种观点的一个不同之处在于个人面对不同观点时的立场，一方强调人们的选择性认知行为，另一方则主张信息偶遇的可能以及人们不会完全躲避不同的观点。④

　　一些研究将人们遇见不同观点的可能及其立场视为影响变量进行了讨

　　① 参见 Pablo Barberá. "How Social Media Reduces Mass Political Polarization. Evidence from Germany，Spain，and the United States". *paper for the* 2015 *APSA Conference*，San Francisco，September 2015.

　　② 王天娇：《"新媒体使用"概念的有效性——从媒介使用和媒介效果看网络信息渠道的异质性》，《国际新闻界》2020 年第 1 期。

　　③ 参见 Elizabeth Dubois and Grant Blank. "The Echo Chamber is Overstated：the Moderating Effect of Political Interest and Diverse Media". *Information Communication & Society*，vol. 21，no. 5（January 2018），pp. 729—745.

　　④ 参见 Jae Kook Lee，Jihyang Choi，Cheonsoo Kim，and Yonghwan Kim. "Social Media，Network Heterogeneity，and Opinion Polarization". *Journal of Communication*，vol. 64，no. 4（January 2014），pp. 702—722.

论。一方面,由拉扎斯菲尔德等人提出的选择性心理假设认为,受众"更倾向于'选择'那些与自己的既有立场、态度一致或接近的内容加以接触",其结果"更可能在加强原有态度的方向上起作用,而不是导致它的改变"①。然而,如今媒体和互联网实际仍在发挥强大影响,在这种环境下,选择性心理假说常常难以得到实证研究的支持。另一方面,人们在信息选择过程中,可能被互联网引导到多样化的信息源,这种随机发生的偏离原来意图搜索的信息源而接近不相关信息源的信息接触方式被称为偏轨接触(side-tracked exposure),偏轨接触会补充选择性接触可能造成的信息偏见,促使认知更为全面。② 针对可能存在的用户视野窄化的问题,不少研究都将其归因于个性化推荐算法机制。然而,牛津大学路透新闻研究院发布的《2017 年数字新闻报告》显示,使用社交媒体和新闻聚合应用的人中,分别有 40% 和 37% 的人会看他们不感兴趣的新闻。使用搜索引擎阅读新闻或者使用新闻聚合应用的群体,习惯阅读更多的在线新闻品牌,其中社交媒体用户每周访问 4.34 个不同品牌,而非社交媒体用户每周 3.10 个。这说明社交媒体、聚合应用和搜索引擎的使用者相对非使用者来说能更多体验到信息的多样性,目前的个性化推荐并未产生完全的"信息闭环",算法推荐能使用户更大范围接触到网络资源。③ Seth Flaxman④、Helberge⑤、Moller⑥ 等人结合网络中算法推荐机制探讨用户和内容、主题的多样性。Seth Flaxman 等认为,以回声室效应和过滤气泡为代表的信息视野

---

① 郭庆光:《传播学教程(第二版)》,中国人民大学出版社 2011 年,第 178 页。

② 参见柳旭东、李喜根、刘洋《互联网传播环境下的选择性接触与偏轨接触》,《学海》2017 年第 2 期。

③ 参见 Reuters Institute and University of Oxford. "Digital News Report 2017", June 2017, https://reutersinstitute. politics. ox. ac. uk/sites/default/files/Digital% 20News% 20Report% 202017% 20web_0.pdf, March 12th, 2020.

④ 参见 Seth Flaxman, Sharad Goel and Justin M. Rao. "Filter bubbles, echo chambers, and online news consumption". *Public Opinion Quarterly*, vol.80, no.S1, March 2016, pp.298-320.

⑤ 参见 Natali Helberger, Kari Karppinen and Lucia D'Acunto. "Exposure Diversity As a Design Principle for Recommender Systems". *Information, Communication & Society*, vol.21, no.2, December 2016, pp.191-207.

⑥ 参见 Judith Möller, Damian Trilling, Natali Helberger & Bram van Es. "Do Not Blame it on the Algorithm: an Empirical Assessment of Multiple Recommender Systems and Their Impact on Content Diversity". *Information, Communication & Society*, vol.21, no.7, March 2018, pp.959-977.

窄化作用机制异常复杂，一方面他们认为社交媒体推荐新闻比个人访问行为具有更强烈的意识形态隔离，另一方面他们也承认并没有充足证据表明社交媒体中的信息偶遇现象有所减少。[①] Eytan Bakshy 等在对 1010 万 Facebook 用户的分析中还发现，个人在社交媒体中面临的交叉性讨论要比一些人的设想多得多，人际网络的组成是影响社交媒体中信息遇见情况的最重要因素。用户而不是算法更应该为单一意识形态和"活在自己的世界"负责。[②] Brundidge，J 在其研究中提出，人们的线上互动依据的是不经意原则（inadvertency），该原则的形成条件和因素有：(1)不完全的选择性关注；(2)不躲避与政治差异的偶遇；(3)弱化的社会边界，最终会导致多元化个人网络的形成。他还指出直接的线上政治讨论和直接或非直接的线上信息使用会促进政治讨论异质性的形成。[③] 此外，有研究者认为人们使用社交媒体的目的多种多样，人际互动和关系维持是其中的重要内容，因此人们不一定会完全拒斥与自己不同的观点。王喆通过分析对微博用户问卷调查的结果，发现"人际互动作为微博使用动机、网络公民参与度对网络讨论的异质性有正向相关，而更大程度的异质性也会导致更多的认知失调"[④]。

　　依照上述研究的结论，尽管社交媒体没有过多消除差异性的存在，但或许还有更多的因素在发挥影响，使用户依然容易陷入"用户气泡"之中。有研究者认为，即使用户的信息接触范围扩大，这些信息却不一定被接收和内化，社交媒体、搜索引擎等产品的功能设计同时助长了"信息壁垒"的建立。[⑤] 2018 年，奈特基金会的一项研究通过实验发现，受试者向研究人员过度报告了自己

---

　① 参见 Seth Flaxman，Sharad Goel and Justin M. Rao. "Filter bubbles，echo chambers，and online news consumption"，*Public Opinion Quarterly*，vol.80，no.S1，March 2016，pp.317－318.

　② 参见 Eytan Bakshy，Solomon Messing and Lada A. Adamic. "Exposure to Ideologically Diverse News and Opinion on Facebook". *Science*，vol.348，no.6239，June 2015，pp.1130－1132.

　③ 参见 Jennifer Brundidge. "Encountering 'Difference' in the Contemporary Public Sphere：The Contribution of the Internet to the Heterogeneity of Political Discussion Networks". *Journal of Communication*，vol.60，no.4，December 2010，pp.680－700.

　④ 王喆：《社会政治议题网络讨论之认知失调与选择性修正》，《国际新闻界》2016 年第 2 期，第 68 页。

　⑤ 参见王斌、李宛真《如何戳破"过滤气泡"算法推送新闻中的认知窄化及其规避》，《新闻与写作》2018 年第 9 期。

常看的一些媒体（通常是和自己的意识形态相近的媒体），而没有报告另一些自己看过的媒体（和自己的意识形态相反的媒体）。在党派支持者身上，这种现象更加明显。这虽然能佐证算法没有让人完全陷入"信息闭环"之中，但也揭示了一个值得深思的问题：人们越来越把自己的媒介偏好和媒介消费当作是一种政治表达和宣示的手段。[1] Lee J. K.等人的研究虽然发现了社交媒体中获取、发布新闻等活动能促进社交网络的异质性，但分析结果也表明，网络异质性的提升并不意味着人们会变得更加开放和包容，对于政治的态度也不会更温和。[2] 一项针对微博用户的调查发现，社交媒体的使用频率越高，人们就越愿意就政治议题发表看法。[3] 然而，"尽管真理越辩越明，但若观点分歧严重到一定程度（如观点两极化），那么异见者之间将形成刻板印象，难以展开有效沟通"[4]。王喆认为，"特别对于极少发表自己意见、内秀的中国人而言，即便通过异质性网络接触到新鲜信息，恐怕也并不会真正参与到信息的讨论和再传播的过程中"[5]。

（三）对同质性和异质性的测量

通常而言，社交网络用户会基于现实关系网络、兴趣爱好等因素构建起自己的关注列表，这种关注网络在一定程度上会影响人的信息接收情况。因此，一些研究从用户的社交关系入手来分析用户间的相似度。依莱诺·科利奥尼等人提出了一个"普遍同质性"的计算方法，即某个用户的关注同党派人的连

---

① 参见 Matt Grossmann. *Partisan Media and Political Distrust*. December 2018，https://kf—site—production. s3. amazonaws. com/media_elements/files/000/000/273/original/Topos_KF_White—Paper_Grossman_V2.pdf，March 12th，2020.

② 参见 Jae Kook Lee，Jihyang Choi，Cheonsoo Kim，and Yonghwan Kim. "Social Media，Network Heterogeneity，and Opinion Polarization". *Journal of Communication*，vol. 64，no. 4，January 2014，pp. 714—715.

③ 参见 Michael Chan，Xuan Wu，Yinqi Hao，Rui Xi，and Tian Jin. "Microblogging，Online Expression，and Political Efficacy Among Young Chinese Citizens：The Moderating Role of Information and Entertainment Needs in the Use of Weibo". *Cyberpsychology Behavior and Social Networking*，vol. 15，no. 7，July 2012，pp. 345—349.

④ 王天娇：《"新媒体使用"概念的有效性——从媒介使用和媒介效果看网络信息渠道的异质性》，《国际新闻界》2020 年第 1 期，第 133 页。

⑤ 王喆：《社会政治议题网络讨论之认知失调与选择性修正》，《国际新闻界》2016 年第 2 期，第 61 页。

接数除以他的全部关注数量,数值比例在 0—1 之间。① 然而,"在第一次编码后,作者筛选掉了那些既关注民主党又关注共和党的使用者,而仅仅留下了关注单一党派的群体作为研究对象,这其实是人为的提高了使用者的政治敏感度、政治明确性"②。

与社交关系相比,用户在社交媒体上选择和传播的内容是对其意见、态度、情绪等更直接的反应。Itai Himelboim 等人选择了全球变暖、赤字问题、移民改革等十个具有争议性的话题,通过社会网络分析和聚类的方法分析了最近在 Twitter 上对这些话题发表了看法的 500 个用户,发现从集群角度看,同质化明显,不同集群中,自由派与保守派的比例差异显著。③ 也有研究直接考察了媒介内容的多样性程度。美国明尼苏达大学的计算机科学家们从个人层面上测量 MovieLens 电影推荐系统的内容多样性以考察过滤气泡的效应。他们使用欧几里得距离计算电影间的相似性,并将内容多样性定义为用户列表中任何两部影片的最大距离。④ 张一璐等在对 MovieLens 和音乐网站 Last.FM 的数据进行的研究中,以统计度相同的用户所选产品的信息熵值大小来描述用户兴趣的多样性。⑤ 郑雯等"对 2014 年上半年传播范围广泛的公共事件传播中的在线社群进行了潜类分析(Latent Class Analysis)统计建模,从经验上拟合出'公共事务冷漠群体''严肃政治关注群体''公共安全关注群体''高参与度群体'四类在线社群。结果显示,微博空间存在着较大的群体异质

①　参见 Elanor Colleoni, Alessandro Rozza, and Adam Arvidsson. "Echo Chamber or Public Sphere? Predicting Political Orientation and Measuring Political Homophily in Twitter Using Big Data". *Journal of Communication*, vol.64, no.2, April 2014, p.324.

②　庞云黠、苗伟山:《意见领袖的结构极化研究: 以新浪微博为例》,《传播与社会学刊》(香港) 2017 年第 42 期。

③　参见 Itai Himelboim, Stephen McCreery and Marc Smith."Birds of a Feather Tweet Together: Integrating Network and Content Analyses to Examine Cross—ideology Exposure on Twitter". *Journal of Computer—Mediated Communication*, vol.18, no.2, January 2013, pp.154—174.

④　参见 Tien T. Nguyen, Pik — Mai Hui, F. Maxwell Harper, Loren Terveen and Joseph A. Konstan. "Exploring the filter bubble:the effect of using recommender systems on content diversity". In Proceedings of the 23rd international conference on World wide web (WWW'14), New York, April 2014.

⑤　参见张一璐、倪静、郭强、刘建国《在线用户兴趣多样性的实证研究》,《计算机应用研究》2014 年第 11 期。

性，但互联网空间的碎片化过程仍然具有一定规律，分化与聚集趋势并存"①。

在虚拟与现实空间之间，"始终存在着社会成员从现实到虚拟，又从虚拟回到现实的'流动'"②。社交网络用户在线上的社交关系、地位会受到线下关系结构的影响，因此，不少研究都将用户属性纳入分析范畴之中。例如，郑志蕴等计算微博用户相似度时，统计了用户的性别、年龄、地理、关注数、粉丝数等属性。③ 廖望收集了 2010 年 3 月至 4 月间新浪微博上的转发信息，在非等比分层抽样的基础上，将转发讨论的"异质性"评价标准分为参与者的异质性、内容的异质性几方面。参与者的异质性由性别、地理位置、社会地位（被操作化为粉丝数）三方面的异质性来决定，内容异质性由观点异质性和有效评论比例衡量。该研究将观点异质性、性别异质性、地理位置异质性等定类变量操作化为 Simpson's D④，该指标测量了个案在不同类目中均匀分布的程度⑤，最小值为 0（最不均匀，最同质），最大值随着类目的增多逐步接近 1⑥。李卫东等在讨论回声室效应的形成因素时，认为其首先表现在个体微观层面，个人自身属性和其社会网络属性共同影响信息窄化和意见强化行为，自身属性为个体媒体活跃程度变量，社会网络属性包括中心性、局部聚集系数、与意见领袖的距离等变量。个体信息窄化与意见强化行为最终导致群体层面的回声室效应。⑦

本研究认为长期、深度的社交媒体使用会导致用户的异质化，一些"与众

---

① 郑雯、黄荣贵：《微博异质性空间与公共事件传播中的"在线社群"——基于新浪微博用户群体的潜类分析（LCA）》，《新闻大学》2015 年第 3 期。

② 戚攻：《从社会学理论域考察网络社会群体》，《探索》2001 年第 2 期。

③ 参见郑志蕴、贾春园、王振飞、李钝《基于微博的用户相似度计算研究》，《计算机科学》2017 年第 2 期。

④ 参见 E. H. Simpson. "Measurement of diversity". *Nature*，April 1949. 转引自廖望《新浪微博转发讨论的异质性和结构平衡性——以大学生使用者为例》，《中国网络传播研究》2011 年第 5 辑，第 42 页。

⑤ 参见 William P Eveland，Jr，Myiah Hutchens Hively. "Political Discussion Frequency，Network Size，and'Heterogeneity' of Discussion as Predictors of Political Knowledge and Participation". *Journal of Communication*，vol.59，no.2，July 2009，pp.205－224. 转引自廖望《新浪微博转发讨论的异质性和结构平衡性——以大学生使用者为例》，《中国网络传播研究》2011 年第 5 辑，第 42 页。

⑥ 参见廖望《新浪微博转发讨论的异质性和结构平衡性——以大学生使用者为例》，《中国网络传播研究》2011 年第 5 辑。

⑦ 参见李卫东、彭静《社交网络平台信息传播的回声室效应仿真实验分析》，《现代传播（中国传媒大学学报）》2019 年第 4 期，第 148—149 页。

不同"的用户会不断产生。但若因此而对社交媒体的使用持完全的乐观态度为时尚早。因为受到情绪、立场、社交媒体的技术逻辑等多种因素影响，这种异质性功能带来的不是简单的多元化结果，而是伴随着有方向的社会分化和用户间鸿沟加深，个体陷入"用户气泡"之中的过程。

三、研究设计

(一)研究设计与假设的提出

根据对相关文献的梳理可以发现，上述研究总体在不同程度上存在数据规模不足、对长时段影响效果和动态变化缺乏把握、容易忽略非活跃用户及隐性传播行为等问题。本研究选取新浪微博作为社交媒体的代表以及数据获取的来源。微博作为 Web2.0 时代的产物，拥有海量的用户规模，为公众提供了信息发布和传播的空间，具有多元性、互动性强等特征，是中国最重要的公共信息平台之一。本研究根据微博使用程度对微博用户进行层级划分，考察不同使用程度的用户层在微博使用中的"异质化"问题和机理。之所以对不同使用等级进行"分箱化"的处理，主要原因有：(1)用户的个体随机性扰动。本研究的主旨是关于社交媒体的社会壁垒和社会分层，在将个体进行社会学意义上的分层和微观个体"中观化"切分后，更有利于噪音的过滤、结果的稳定、机制的呈现。(2)研究中涉及直接的对于群组、层级内部的整体计算。例如"意见引领层级"，它们的个体差异性很大，但又在社会传播中具有统一集成的功能与作用，其作用往往也在作为一个局部统一体时显现得更为清晰。

针对不同使用度的微博用户层级，本研究提出如下相关联的问题和假设：

1.用户相对于整体平均状态的异质化。随着用户层组对微博使用程度的加深，显现出朝向"平均分布"的远离，差距越来越大。微博的使用，不是在生产"文化工业"的信息扩散中、用户彼此连接和影响中的同质化，而是在生产不断增长的异质性。子假设表述为：

H1：用户卷入和使用微博的程度越高，则相对于微博整体内容分布之间的差异越大，两者具有线性正相关。

2.用户相对于本层级的平均状态的异质化。即使用户层组相对于微博整体的平均内容来说差异越来越大,但这种差异性的增长伴随的是层组内部在加强回音室和"巴尔干化"的壁垒内部趋同?亦或依然加速个体化的分裂和隔离?本研究的假设是,用户层组不仅发生着远离微博整体的异质化,层组内部的差异性鸿沟也在持续不断地加深。各用户层的"离散化"程度不是匀质的,用户对微博的使用度越高,其对于本层的离散度越高。或者说,这种异质性生产不仅体现为用户层组的中观差异,也显现为个体化"气泡"出现和层组内部趋于增大的"鸿沟"。子假设表述为:

H2:用户卷入和使用微博的程度越高,则层组的离散化、异质化程度越大。

H2.1:用户卷入和使用微博的程度越高,则与本层级平均状态的异质程度越大,两者具有线性正相关。

H2.2:用户卷入和使用微博的程度越高,则本层级内部的不同用户个体之间异质程度越大,两者具有线性正相关。

3.用户相对于最大众化层和最异质化层的趋同化方向和差异。随着用户对微博使用程度的加深,用户层组间出现了有方向的社会分化:用户越来越远离最大众化层,与此同时趋近于最异质化层级。微博的使用在制造反大众化、反主流化的媒介后果。子假设表述为:

H3:用户卷入和使用微博的程度越高,则与最大众化层的异质程度越大,与最异质化层级的差异越小,两者具有线性正相关。

4.用户相对于使用度最高层和使用度最低层的趋同化方向和差异。使用度较高的层级可以被称为"范本阶层"。在使用程度提高的过程中,用户的结构演化朝着"范本阶层"的方向前进,与使用度最高层越来越相似。子假设表述为:

H4:用户卷入和使用微博的程度越高,则相对于使用度最高层的差距越小,相对于使用度最低层的差距越大,两者具有线性正相关。

5.用户陷入异质化的"信息茧房"之中。多种影响因素的综合作用会导致用户的差异化并不意味着社交网络具备更多丰富性和包容性。本研究假设,随着用户使用程度的增加,用户不仅越来越多元,也越来越"窄化",陷入一种"用户气泡"中,社交网络的异质化作用同时表现为层级个体和整体相对于平均状态的远离。子假设表述为：

H5：用户卷入和使用微博的程度越高，相对于整体平均分布的差别越大，每层用户在全部类别上的分布因此越为窄化。

H5.1：卷入和使用微博的程度越高，每层用户在全部150类上的分布越窄化，两者具有线性正相关。

H5.2：卷入和使用微博的程度越高，每层用户个体与整体平均分布的差别越大，用户的类别分布越窄化，两者具有线性正相关。

H5.3：卷入和使用微博的程度越高，每层用户整体与整体平均分布的差别越大，用户的类别分布越窄化，两者具有线性正相关。

（二）数据获取、准备与计算方法

首先，课题组运用开源网页文本抓取工具"八爪鱼"，用 python 和 selenium 编写的动态网页抓取程序，抓取新浪微博的用户资料及其发布的帖子。数据采集过程中，首先从新浪微博首页全部内容板块中抓取了部分帖子，从这些样帖整理得到 26489 个用户。由于发布者广泛涉及各层面，同时为避免极端数据的影响，提高数据有效性，在最初整理用户的过程中去除了粉丝数最高和最低的 5％，由此具备了较好的覆盖面和代表性。本研究采集了这些用户的 URL 信息，并在此基础上，进一步采集了他们的用户名、性别、所在地、粉丝数、关注数、发微博数、成长值、信用等级、注册日期、官方等级等多种信息。根据用户 URL，对用户发布的帖子内容进行抓取，由于对每个用户抓取到的帖子数量不一致，统一对每个用户随机选取 1000 条帖子，最终获得微博数量 26489000 条。接下来，根据主题对帖子进行 K-means 聚类分析。K-means 算法是一个反复迭代过程，目的是使聚类域中所有的样品到聚类中心距离的平方和 J(C) 最小。其基本思想是以 K 个对象为中心聚类，按距离最近准则将数据对象分配给与其最相似的聚类中心所代表的类，迭代直到得到最好的聚类结果。[①] 本研究采用 Word2vec 将帖子内容转化为向量。通过 K-means 聚类，可将样本帖子聚为 150 类，并得到每个用户在不同类型上的帖子的分布概率，

---

① 参见王千、王成、冯振元、叶金凤《K-means 聚类算法研究综述》，《电子设计工程》2012 年第 7 期。

由此便可采用 150 维的向量表示每一个用户。

　　针对用户的微博使用程度,采用以下指标进行考察。(1)用户的发微博数量:通常而言,用户所发微博越多,活跃程度也越高,并且该指标也是用户表达和交换信息欲求的表现;(2)用户的成长值:微博成长值与用户的活跃程度、完成微博成长任务等使用行为的情况有关,因此也是用户的使用程度的体现;(3)用户的官方等级:与用户活跃天数、发微博数、连续登陆天数等行为有关,同样反映了用户的使用程度;(4)用户的粉丝数:微博用户的粉丝数量既与线下的社交网络、社会资本有关,也是使用效果的一种量化指标,意味着活跃的使用行为或较大的影响力。

　　此外,本研究主要以交叉熵为主要指标衡量用户的异质程度,也就是用户的个体分布与群体、整体分布间的差异。"交叉熵方法是一种衡量两种概率分布相似程度的快速算法,其收敛性优于遗传算法、Pareto 优化算法等优化排序算法。"①同时也结合了对余弦相似度的计算来测量文本相似度。

四、实证分析结果

　　第一,社交媒体的使用在整体上对用户的内容分布,产生了异质化的作用,使其与整体用户群的一般状态越来越不同。随着用户卷入社交媒体的程度加深,不仅用户自身会更加不同,与其相似的同一层级用户也会逐渐背离大众的整体倾向。而从反面来看,用户与整体平均分布的交叉熵的增大,也伴随着微博使用程度的提高。如下表所示,用户层级升高与异质性的相关程度在发微博数、成长值、官方等级、粉丝数四方面的 p 值都小于 0.05,都得到了具备显著性的正相关结果。其中,用户相对于整体平均状态的交叉熵的皮尔逊相关系数在 2 个子指标上都达到 0.9 以上;用户所在层全部帖平均状态相对于整体平均状态的皮尔逊相关系数在 3 个子指标上都超过 0.9。

　　这似乎显示,"浸淫"在社交媒体中未必使得每个人都成为"单向度的人"。例如,对于达到了较高的社交媒体使用程度和话语影响力的用户来说,他们使

---

①　于海、赵玉丽、崔坤、朱志良:《一种基于交叉熵的社区发现算法》,《计算机学报》2015 年第 8 期。

用社交媒体的目的通常比普通用户更广泛,除了获取信息、表达自我、维护人际关系以外,越来越多的人在充分利用社交媒体来进行制造影响、推广营销、学习知识等行为,对用户个体而言,这更可能产生积极的使用效果。

表1　用户相对于整体平均状态的交叉熵的相关性分析

子假设	子指标		发微博数	成长值	等级	粉丝数
用户相对于整体平均状态	皮尔逊相关分析	相关系数	0.8910	0.9011	0.9857	0.8884
		显著性	0.0000	0.0000	0.0003	0.0000
	斯皮尔曼相关分析	相关系数	0.8998	0.8626	0.9429	0.8487
		显著性	0.0000	0.0001	0.0048	0.0000
用户所在层全部帖平均状态相对于整体平均状态	皮尔逊相关分析	相关系数	0.9260	0.9694	0.9692	0.8707
		显著性	0.0000	0.0000	0.0003	0.0000
	斯皮尔曼相关分析	相关系数	0.9432	0.9636	0.8929	0.8315
		显著性	0.0000	0.0000	0.0068	0.0000
用户与整体的交叉熵相对于用户指标级别	皮尔逊相关分析	相关系数	0.9463	0.8864	0.8837	0.8637
		显著性	0.0000	0.0000	0.0000	0.0000
	斯皮尔曼相关分析	相关系数	0.9869	0.9294	0.9213	0.8586
		显著性	0.0000	0.0000	0.0000	0.0000

注:数据经四舍五入处理

第二,用户对社交媒体的使用度越高,相对于本层级平均状态的差异越大。差异的增长不仅体现在用户远离层级整体,还表现为层级内部个体间的鸿沟在加深,层级内结构越发失衡。在发微博数、成长值、官方等级、粉丝数四个指标上,用户相对于本层平均状态的交叉熵变化的结果都为显著正相关,皮尔逊相关系数分别约为0.9003、0.9625、0.9530、0.9339,均大于0.9。层级内部个体间的交叉熵结果也均为显著正相关,除微博等级以外,层级增长与层内个体的平均余弦相似度在其他三个指标上都为显著负相关。结果显示出层级整体和内部都在发生异质化,但用户相对于本层整体的偏离比层级内部"反平均化"更为明显。

表 2　用户相对于本层级平均状态的相关性分析

子假设		子指标		发微博数	成长值	等级	粉丝数
用户相对于本层级平均状态的交叉熵		皮尔逊相关分析	相关系数	0.9003	0.9625	0.9530	0.9339
			显著性	0.0000	0.0000	0.0009	0.0000
		斯皮尔曼相关分析	相关系数	0.9073	0.9636	0.7857	0.9234
			显著性	0.0000	0.0000	0.0362	0.0000
层级内部个体之间	平均交叉熵	皮尔逊相关分析	相关系数	0.8642	0.8990	0.9301	0.7492
			显著性	0.0000	0.0002	0.0024	0.0000
		斯皮尔曼相关分析	相关系数	0.8459	0.8545	0.7857	0.6966
			显著性	0.0000	0.0008	0.0362	0.0000
	平均余弦相似度	皮尔逊相关分析	相关系数	−0.8585	−0.7985	−0.9509	−0.7969
			显著性	0.0000	0.0011	0.0036	0.0000
		斯皮尔曼相关分析	相关系数	−0.8684	−0.7418	−0.7714	−0.7660
			显著性	0.0000	0.0037	0.0724	0.0000

注：数据经四舍五入处理

第三，随着用户对微博的卷入和使用程度加深，在发微博数、成长值、官方等级、粉丝数四个指标上用户都与最大众化层级越来越不同，平均交叉熵呈显著正相关；与最异质化的层级渐趋相似，平均交叉熵呈显著负相关；同时，用户与最大众化层的平均交叉熵减去与最异质化层的平均交叉熵的差值越来越大并与用户层级显著正相关。除用户粉丝数以外，其他三个指标的皮尔逊相关系数绝对值在上述三个计算层面均达到 0.9 以上，其中，微博等级指标的相关性最高，上述三层面的皮尔逊相关系数分别约为 0.9774、−0.9890、0.9807，接近完全相关。这种反主流化、反平均化的结果显然与文化工业理论的观点存在差别。

表 3　用户相对于最大众化层和最异质化层的交叉熵相关性分析

子假设	子指标		发微博数	成长值	等级	粉丝数
用户相对于最大众化层	皮尔逊相关分析	相关系数	0.9321	0.9658	0.9774	0.7360
		显著性	0.0000	0.0000	0.0001	0.0000
	斯皮尔曼相关分析	相关系数	0.9496	0.9727	0.8929	0.6585
		显著性	0.0000	0.0000	0.0068	0.0000
用户相对于最异质化层	皮尔逊相关分析	相关系数	−0.9488	−0.9662	−0.9890	−0.6998
		显著性	0.0000	0.0002	0.0000	0.0000
	斯皮尔曼相关分析	相关系数	−0.9576	−0.9727	−0.9643	−0.6127
		显著性	0.0000	0.0000	0.0005	0.0000
相对于最大众化、最异质化层的交叉熵的差值	皮尔逊相关分析	相关系数	0.9365	0.9673	0.9807	0.7327
		显著性	0.0000	0.0000	0.0001	0.0000
	斯皮尔曼相关分析	相关系数	0.9530	0.9727	0.8929	0.6541
		显著性	0.0000	0.0000	0.0068	0.0000

注:数据经四舍五入处理

　　第四,随着用户卷入和使用微博程度的加深,用户具有"趋顶部""反底部"的趋势。本研究将发微博数、成长值、官方等级、粉丝数中任一方面达到最高或相当高层级的用户称为"范本阶层"或"范本用户",他们通常具有较强的内容生产能力、表达欲望或话语影响力。如表格内容所示,随着层级升高,用户与使用度最低层用户的异质程度越来越大,其中发微博数、成长值、官方等级三个指标的皮尔逊相关系数都超过了 0.9,分别约为 0.9649、0.9404、0.9728,这说明社交网络的使用可能使用户具有较强的"反底部化"趋势。同时,用户的发微博数和粉丝数越多,就与范本阶层越相似,平均交叉熵变化呈显著负相关,但在成长值和官方等级两方面的相关性不具备显著性。用户与使用度最高层的交叉熵减去与使用度最底层的交叉熵的差值,在四个指标上均与用户升级显著正相关,成长值和等级指标上的皮尔逊相关系数高于 0.9。

　　由此可见,社交媒体的异质性作用具有系统性和方向性,用户会向着范本阶层"趋顶化",但"反底部化"的倾向则更为明显。这或许与用户在社交媒体中成长为真正的"范本用户"的难度有关。有研究发现，"微博意见领袖想要提高其影响力，首先要在具备粉丝规模的基础上，通过提高微博内容的原创性和丰富性使粉丝能够真正接受其微博内容；其次要注重在线上加强与粉丝的互动和线下的知名度"①。本文的"范本阶层"与网络意见领袖有很大的交叉重叠部分，因此，想要跻身有影响力的范本阶层也绝非易事。微博数量、成长值、等级、粉丝数上的"升级"对于"反底部"具有明显效用，但对于帮助用户"趋顶化"则相对困难一些。

表4　用户相对于使用度最高和最低层的交叉熵相关性分析

子假设	子指标		发微博数	成长值	等级	粉丝数
用户相对于使用度最低层	皮尔逊相关分析	相关系数	0.9649	0.9404	0.9728	0.8907
		显著性	0.0000	0.0000	0.0002	0.0000
	斯皮尔曼相关分析	相关系数	0.9793	0.9364	0.8571	0.8600
		显著性	0.0000	0.0000	0.0137	0.0000
用户相对于使用度最高层	皮尔逊相关分析	相关系数	−0.8577	0.3724	0.1634	−0.8544
		显著性	0.0000	0.2594	0.7263	0.0000
	斯皮尔曼相关分析	相关系数	−0.8815	0.3727	0.1429	−0.8754
		显著性	0.0000	0.2589	0.7599	0.0000
相对于使用度最低和最高层的交叉熵的差值	皮尔逊相关分析	相关系数	0.8954	0.9865	0.9423	0.8813
		显著性	0.0000	0.0000	0.0015	0.0000
	斯皮尔曼相关分析	相关系数	0.9212	0.9909	0.7500	0.8632
		显著性	0.0000	0.0000	0.0522	0.0000

注：数据经四舍五入处理

第五，随着四个指标上用户使用程度的增长，各层在150个帖子类别上的信息熵逐渐增大，也即帖子的离散程度减小，分布逐渐窄化，信息熵结果与用户在四方面的等级升高都具备显著相关性，皮尔逊系数分别约为0.9003、

① 杨长春、王天允、叶施仁：《微博意见领袖影响力评价指标体系研究——基于媒介影响力视角》，《情报杂志》2014年第8期。

0.9625、0.9530、0.9339。同时,每层个体和整体相对于全体平均分布的交叉熵,都与该层信息熵显著正相关,除了发微博数以外,皮尔逊相关系数都超过0.9,其中成长值和官方等级的皮尔逊相关系数分别约为0.9952、0.9938;斯皮尔曼系数分别约为1.0、0.9643,接近完全正相关。

这意味着,社交媒体使用带来的"用户气泡"在同时生产异质性和信息茧房,一些用户跳出同一化的陷阱,给社交网络带来一定的多元性的同时,用户整体却也变得窄化,用户仍然在退缩到茧房中。

表 5　每层相对于全体平均分布的交叉熵与各层信息熵的相关性分析

子假设	子指标		发微博数	成长值	等级	粉丝数
每层用户在全部类别上的分布的信息熵	皮尔逊相关分析	相关系数	0.9003	0.9625	0.9530	0.9339
		显著性	0.0000	0.0000	0.0009	0.0000
	斯皮尔曼相关分析	相关系数	0.9073	0.9636	0.7857	0.9234
		显著性	0.0000	0.0000	0.0362	0.0000
每层个体相对于全体平均分布的交叉熵与该层信息熵的相关性	皮尔逊相关分析	相关系数	0.8948	0.9952	0.9938	0.9693
		显著性	0.0000	0.0000	0.0000	0.0000
	斯皮尔曼相关分析	相关系数	0.9370	1.0	0.9643	0.9553
		显著性	0.0000	0.0	0.0005	0.0000
每层整体相对于全体平均分布的交叉熵与该层信息熵的相关性	皮尔逊相关分析	相关系数	0.8948	0.9952	0.9938	0.9693
		显著性	0.0000	0.0000	0.0000	0.0000
	斯皮尔曼相关分析	相关系数	0.9370	1.0	0.9643	0.9553
		显著性	0.0000	0.0	0.0005	0.0000

注:数据经四舍五入处理

总体结果如下:

表 6　结果汇总

用户使用程度	使用程度子指标	发微博数	成长值	官方等级	粉丝数
相对于整体平均状态的异质化	用户相对于整体平均状态	√	√	√	√
	用户所在层全部帖平均状态相对于整体平均状态	√	√	√	√
相对于本层级平均状态的异质化	相对于本层平均状态的交叉熵	√	√	√	√
	层级内部个体间的异质程度	√	√	√	√
	交叉熵及余弦相似度	×	×	—	×
相对于最大众化层的异质化和相对于最异质化层的趋同化	与最大众化层的平均交叉熵	√	√	√	√
	与最异质化层的平均交叉熵	×	×	×	×
	上述交叉熵值的差值	√	√	√	√
趋顶反底的"范本异质化"	与使用度最底层的交叉熵	√	√	√	√
	与使用度最高层的交叉熵	×	—	—	×
	上述交叉熵值的差值	√	√	—	√
异质化"信息茧房"	各层分布的信息熵	√	√	√	√
	每层个体相对于全体平均分布的交叉熵与该层信息熵的相关性	√	√	√	√
	每层整体相对于全体平均分布的交叉熵与该层信息熵的相关性	√	√	√	√

注:上述相关性以皮尔逊、斯皮尔曼相关系数检验结果为准,两者的显著性结果也都一致。显著正相关记为"√",显著负相关记为"×",无统计显著性或显著性结果不一致记为"—",p 值小于 0.05 即为存在显著性。

五、结语

以法兰克福学派的文化工业理论为代表的一些经典论述认为人们生活在被资本和技术裹挟的现代生活中,日益变得同质化和标准化。社交媒体由其所处的大环境塑造,在新兴媒体引发的热情期待遇冷以后,一些学者指出其背后存在的工业逻辑及其弥散同样会使人走向同质化。这些思想各有其深刻之处。然而,在中国,以微博为代表的社交媒体作用于社会和用户的方式及后果都颇具复杂性,因此考察社交网络的影响时有必要借助实证研究以期获得更多精确度和容易被忽略的发现,避免泛泛而谈。

　　本研究为了得到具备一定普适性,且能反映出动态变化的结论,没有聚焦某一个事件或话题,而是以较大规模的微博用户及其发布帖子为对象,从六个层面上考察社交网络的异质性生产作用。研究结果发现随着微博使用程度的加深,用户在系统地、有方向地变得异质化,多元性产生的同时,整体也在变得窄化,用户陷入"用户气泡"之中。詹姆斯·柯兰等在《互联网的误读》中写道"社交媒体是个人解放的媒介,而不是集体解放的媒介"[①],这或许能就社交媒体影响的复杂性给予我们更多启示。"用户气泡"的形成是社会、技术、人性等因素共同作用的结果。关于社交媒体影响的讨论需要更为辩证、多维、立足于当代情境的视角。

　　(徐翔,同济大学艺术与传媒学院教授;张铃媛,同济大学艺术与传媒学院硕士研究生)

"User Bubble": The Heterogeneity Production on Users in the Use of Social Networks
—Empirical Analysis Based on K－means Clustering

Xu Xiang　Zhang Lingyuan

Abstract: The rapid development of social networks is profoundly shaping the "digital survival" of human and society. There are still a lot of controversies about whether social networks make people homogeneous, standardized or diversified, heterogeneous. This study takes Sina Weibo users and their contents as sample objects, obtains the distribution of sample users and their posts in different topic categories through k-means clustering algorithm, and divides users into different levels according to the degree of

---

① [英]詹姆斯·柯兰、娜塔莉·芬顿、德斯·弗里德曼著,何道宽译:《互联网的误读》,中国人民大学出版社 2014 年,第 206 页。

Weibo usage. We find that the higher the level of Weibo usage, the more heterogeneous the users will be compared with the overall users, the level which users belong to, the most popular level, and the level which has the lowest usage respectively. Users become more and more similar with the most heterogeneous level and the highest usage level following the rise of the Weibo usage's level. In addition, users are not only more and more diverse, but also more and more "narrowed", as a result, users are trapped in their "user bubble". Under some conditions, the trend of heterogeneity almost shows linear growth. In general, the results are statistically significant.

Keywords: User Bubble; Information Cocoon; Heterogeneity; Social Networks; K-means Clustering Algorithm

基于报道文本的上海市国家级
非物质文化遗产传播实证研究①

赵路平　凌玉菁

摘要:本文以上海市入选国家级非物质文化遗产名录的 55 个项目作为研究对象,基于慧科新闻数据库 2019 年度关于这些项目的报道文本进行内容分析和计量分析,同时辅以深度访谈等方法,研究上海市国家级非物质文化遗产信息传播在主体、内容、渠道与效果等方面的特点。研究发现,本地主流媒体在上海非遗传播中扮演了主要的角色,基层社交媒体在传播中的优势开始显现;非遗传播在项目上、空间上和时间上都呈现出一定的不均衡性;非遗信息呈现方式较为单一,应景性的报道、活动赛事类的消息占据主导地位;受众对非遗的兴趣在代际间逐渐消退,对非遗传承传播的参与度有待进一步提高;信息比较零散、碎片化,难以形成有影响力的文化品牌。基于新闻报道文本探讨新媒体环境下上海市国家级非物质文化遗产传播的现状与问题,对于更好地

①　本文系上海市哲学社会科学一般课题"智慧城市背景下的上海非物质文化遗产传播策略与效果评估研究"[项目编号:2018BXW004]的阶段性成果。

保护和传承非物质文化遗产，促进江南文化传播，有着重要意义。

关键词：国家级非物质文化遗产；传播；文本；内容分析

一、研究背景

2003 年 10 月 17 日，联合国教科文组织通过《保护非物质文化遗产公约》，将非物质文化遗产（Intangible Cultural Heritage，以下简称"非遗"）定义为"被各群体、团体，有时为个人所视为其文化遗产的各种实践、表演、表现形式、知识体系和技能及其有关的工具、实物、工艺品和文化场所"。非物质文化遗产是人类智慧的结晶，是民族古老记忆的延续，在促进文化的多样性和激发人类的创造力等方面具有重要的价值。

上海非遗得益于得天独厚的历史、地理和人文环境，融合古今、交汇东西，呈现鲜明的近现代工商业文明特征，在以农耕文明为主体的我国非遗体系中独具特色。① 近些年，上海市政府在非遗保护、传播方面做了大量工作，成绩斐然。以往，非物质文化遗产主要以报纸、广播、电视等传统媒体作为主要的传播渠道。近些年，伴随媒体深度融合的脚步，手机客户端、社交媒体等为非遗传播提供了崭新的平台。本文基于报道文本研究目前上海市国家级非遗传播的现状与问题，探讨媒体如何发挥优势，在非遗传播中发挥最大的效能，能够推动全社会更好地通过传播促进非遗的传承与保护，有助于赋予中华传统文化新的时代内涵，进一步提升城市的文化软实力。

二、文献综述

1.国内外非遗传播的研究与实践

非物质文化遗产因其地域性、传承性、动态性、多元性等特点在信息传播

---

① 《十八大以来上海非遗保护成绩斐然，国家级非遗项目已达 55 项》，《上观新闻》2017 年 9 月 27 日。

上有其独特的规律和要求。目前,国内外学者对非物质文化遗产传播的研究主要集中在以下几个方面:

第一,如何利用不同形式的媒体和技术对非遗进行传播

探讨在新媒体环境下,如何利用数字出版、移动媒体、网络媒体、社交媒体、自媒体、影像、纪录片、电视、动画等对非遗进行传播是当前学者们研究的热点,尤其关注虚拟现实(VR)、增强现实(AR)等新技术在非遗传播中的运用。Ann Marie Sullivan(2016)[①]等讨论了如何在新媒体、全媒体环境下对文化遗产尤其是非遗进行传播;李鹏飞(2018)[②],彭聪(2019)[③],陶赋雯(2014)[④],王芳雷、孟醒(2018)[⑤],李娟(2018)[⑥]等,分析了非遗如何利用影像的方式,如纪录片、短视频、动画、动漫等传播;崔晋(2017)以"太平泥叫叫"交互展示为例,探讨了增强现实技术在非遗传播中的应用[⑦];黄永林、余欢(2019)将非遗传播与互联网、物联网、大数据与人工智能等具体技术结合,认为智能媒体技术能够促进非遗的有效传播和高质量利用。[⑧] 薛可、龙靖宜(2020)归纳总结了我国非物质文化遗产在数字传播中表现的新特征,例如可塑性、流变性、无界性、共享性和交互性,并针对非遗的数字传播提出了应对策略。[⑨] 此方面研究较多,不赘述。

---

① Ann Marie Sullivan. *Cultural Heritage & New Media: A Future for the Past. John Marshall Review of Intellectual Property Law*, Vol.15, 2016.

② 李鹏飞:《文化空间再造——新媒体非物质文化遗产纪录片的媒介传播与文化传承》,《文化艺术研究》2018年第4期,第1—6页。

③ 彭聪、赵昆:《非物质文化遗产文化活态的传播创新——以安新芦苇画短视频呈现为例》,《出版广角》2019年第1期,第49—51页。

④ 陶赋雯:《非物质文化遗产影像传播探究》,《福建论坛(人文社会科学版)》2014年第8期,第70—76页。

⑤ 王芳雷、孟醒:《蒙古族非物质文化遗产动画传播的美学意涵》,《当代电影》2018年第8期,第174—176页。

⑥ 李娟:《非物质文化遗产"刘三姐歌谣"的动漫传播策略》,《传媒》2018年第22期,第72—74页。

⑦ 崔晋:《增强现实技术在非物质文化遗产中的传播应用——以"太平泥叫叫"交互展示为例》,《传媒》2017年22期,第80—82页。

⑧ 黄永林、余欢:《智能媒体技术在非物质文化遗产传播中的运用》,《华中师范大学学报(人文社会科学版)》2019年第6期,第122—129页。

⑨ 薛可、龙靖宜:《中国非物质文化遗产数字传播的新挑战和新对策》,《文化遗产》2020年第1期,第140—146页。

第二，不同地区或种类的非遗传播现状、经验等

这方面的文献基本以个案研究为主，对某个地区或某个类型的非遗传播策略、问题等进行较为深入的分析。比较有代表性的研究主要有曹德明（2018）主编的《国外非物质文化遗产保护的经验与启示》一书，对欧洲、美洲、西亚、北非等国外非遗的保护包括传播的经验进行非常全面的梳理，为我国的非遗传播提供了非常有益的启示、借鉴①；杨红（2017）从基本理念和技术手段双向入手，探索了不同部门类非遗适用的展示方式②。在学术论文中，剪纸、武术、妈祖信俗、采茶戏、侗族大歌、皮影戏等音乐、舞蹈、戏剧、民俗、体育类非遗项目较受研究者关注；在地域上，北京、陕西、云南、海南、浙江、黑龙江、山东、西藏、蒙古等非物质文化遗产传播也都有学者涉猎。

第三，非物质文化遗产传播总体特点、规律研究

这些研究关注非遗物质文化遗产传播的总体特点以及多元化策略，也探讨非遗传播与城市形象、旅游开发、品牌塑造、公共服务体系建设等问题之间的关系。另外，也有研究涉及传承人的传播行为、用户体验、跨文化传播等。如张武桥、黄永林（2015）认为中国非物质文化遗产的对外传播要形成传统节日文化品牌、丰富交流形式、整合媒体资源、提升中华文化在网络价值观中的主体地位。③ 杨志芳等学者（2017）认为中国非遗的跨文化传播需要政府、媒体、民间共同参与，以尊重他国的方式来减少文化间的抵抗和冲突，促进文化间的理解和认同。④

在实践方面，1992 年联合国教科文组织正式启动"世界记忆"项目，借助互联网数字虚拟技术在其门户网站上提供了大量可供无偿下载的技术出版物和手册等。20 世纪 90 年代初，美国国会图书馆推出了"美国记忆"计划，音乐、艺术、民俗、文学等大量非物质文化遗产内容通过互联网提供免费的开放获取服务。20 世纪 90 年代后半叶，俄罗斯下诺夫哥罗德州立大学、俄罗斯科学院、俄

---

① 曹德明：《国外非物质文化遗产保护的经验与启示》，社会科学文献出版社 2018 年。

② 杨红：《非物质文化遗产展示与传播前沿》，清华大学出版社 2017 年。

③ 张武桥、黄永林：《移动互联时代的非物质文化遗产对外传播研究》，《广西民族研究》2015 第 5 期，第 145—151 页。

④ 杨志芳、赵姃、许国山：《论中国非物质文化遗产跨文化传播》，《广西社会科学》2017 年第 1 期，第 196—198 页。

罗斯文学研究所等机构也开始启动一系列民俗的数字化保存和传播项目。我国从本世纪初开始在数字化环境下的非遗保护、传播方面做了大量工作,近十多年来,随着国务院出台《关于加强非物质文化遗产保护工作的意见》(2005)、文化部将"中国非物质文化遗产数字化保护工程"列为"十二五"时期规划项目(2010)、国务院颁布《中华人民共和国非物质文化遗产法》(2011)等政策的出台,推动了我国非物质文化遗产的保护与传播工作。2011年国家图书馆开始启动"中国记忆"项目,其中包括采用新媒体手段对蚕丝织绣、中国年画等非物质文化遗产的再现与传播。

2.上海市非物质文化遗产的传播研究与实践

在研究方面,聚焦上海非物质文化遗产的成果较少,研究的主题也比较分散,其中比较重要的研究是上海社科院每年推出的《上海文化发展系列蓝皮书》,权威发布上海文化发展包括非遗领域的热点和重点问题,概括、展望上海文化发展的新趋势、新特征。非遗的传承模式、保护措施、新媒体传播策略等也是研究者涉及较多的话题。在上海非遗传播领域,主要从上海城市时代非遗的保护和传播、上海市非遗的整合传播、上海市非遗在网络传播中新媒介的表现形态等角度展开论述,涉及的非遗项目主要包括浦东花篮灯舞、叶榭舞草龙等。如陈勤建(2010)认为上海城市时代非遗的保护和传播,要对文化生态进行适度的修复和营构,对过去的传统加以改造和创新。[①] 李名亮(2015)认为上海非遗整合传播已有所作为,但仍存在非遗传播的路径散乱、缺乏整合等问题。[②] 许姣(2015)以上海为个案,探讨如何利用新媒介有效地开展非物质文化遗产传播。[③]

在实践方面,2015年12月,上海出台了《上海市非物质文化遗产保护条例》,以"政府主导,社会参与;科学指导,分类保护;合理利用,融入生活"为指导思想。加强保护工作机制建设,建立项目和传承人名录体系,启动国家级非

---

①　陈勤建:《孕育现代化和活态遗产和谐共荣的生活世界——以上海为例的城市时代非物质文化遗产保护与传播的思考》,《文化遗产》2010年第4期,第1—7页,157页。

②　李名亮:《非物质文化遗产的整合传播路径探索:以上海为例》,《装饰》2015年第4期,第140—141页。

③　许姣:《上海非物质文化遗产网络传播的新媒介表现形态研究》,大连理工大学硕士学位论文2015年。

遗项目记录工程,提升保护工作的数字化水平,设立市级保护专项资金,开展社会宣传和青少年教育工作,实施非遗人群研培计划,探索非遗资源合理利用并积极推动非遗保护的国际交流。

总体来看,对于非物质文化遗产的传播,世界各国以及联合国教科文组织已经做了大量工作,但总体传播路径、策略方面的研究较少,尤其针对上海市非物质文化遗产传播方面的研究数量更少,研究方法基本以个案研究为主,缺乏多元的理论视角,研究的深度和系统性有待进一步提高。

三、研究方法

1.案例选取

2017 年,上海市非物质文化遗产保护协会出台了《上海市非物质文化遗产保护工作蓝皮书》,首次以区为单位将非物质文化遗产代表性项目按国家级、市级、区级来划分,其中上海市国家级非遗项目共 55 项,包含 10 个类别,详见表 3-1。这些国家级非遗项目因其宝贵的历史和文化价值,不仅是国家、上海保护和发展的重点,也是大众传媒在非遗领域关注的重点对象,因此本文选取这 55 项国家级非遗项目作为研究案例,试图在此基础上,描述当前上海市非遗传播的现状与特点,并发现其中存在的问题。

表 3-1　上海市国家级非物质文化遗产名录及分类

类别	上海市国家级非物质文化遗产项目
民间文学	吴歌、谚语
传统音乐	江南丝竹、码头号子、琵琶艺术、锣鼓艺术、道教音乐
传统舞蹈	龙舞、狮舞、滚灯
传统戏剧	昆曲、京剧、越剧、沪剧、木偶戏、淮剧、滑稽戏
曲艺	苏州评弹、锣鼓书、独脚戏、浦东说书、浦东宣卷
传统体育游艺与杂技	精武武术、绵拳
传统美术	剪纸、顾绣、黄杨木雕、竹刻、灯彩、面人、草编、玉雕、木雕、上海绒绣

类别	上海市国家级非物质文化遗产项目
传统技艺	徽墨制作技艺、民族乐器制作技艺、乌泥泾手工棉纺织技艺、木版水印技艺、金银细工制作技艺、印泥制作技艺、酱油酿造技艺、传统面食制作技艺、素食制作技艺、中式服装制作技艺、毛笔制作技艺、石库门里弄建筑营造技艺、古陶瓷修复技艺、上海本帮菜肴传统烹饪技艺
传统医药	中医诊疗法、中医传统制剂方法、针灸、中医正骨疗法
民俗	端午节、元宵节、庙会

2.数据采集与处理

本文基于慧科新闻检索数据库①，采集 2019 年 1 月 1 日至 12 月 31 日上海市 55 项国家级非物质文化遗产项目在报刊、网站、社交媒体、论坛和博客上的新闻报道。经过数据清洗、去重处理，共获得有效样本 905 条，其中报刊文本 181 条，网站（包括门户网站和新闻客户端）文本 539 条，社交媒体（包括微博微信）文本 161 条，论坛文本 16 条，博客文本 8 条。针对这些文本，主要采用内容分析法，确定类目和分类单元，使用日期、媒体名称、传播主体的地域分布、内容（信息类型、信息主题）、传播效果（浏览次数、点赞、评论、转发）等指标，对各类目出现的事实和数量进行客观的评判和记录，并进行信度计算，在此基础上对这些报道的主体、主题、体裁等进行分析。在传播效果部分还辅以半结构性访谈，采用配额抽样的方法，邀请 10 位上海市民，其中女性 5 人，男性 5 人，年龄跨度在 20 至 70 岁，涉及媒体、政府机关、高校、企事业单位等多个职业领域。每位参与者的访谈时间在 20 分钟左右，主要围绕"你对上海市国家级非遗传播的评价"展开。在此基础上，让受访者回忆最近看过的一次非遗报道、最近参与过的一次非遗活动，并对其进行详细描述。

---

①　慧科数据库收录了1600家中文平面媒体，1984家国内重要的新闻网站，602个全国性BBS、各省地方性 BBS,微博、微信等热门社交媒体，因此本文选择了慧科数据库作为数据来源。

四、研究发现

1.传播主体以本地为主,信息的地域化特征明显

非物质文化遗产本身地域性的特点决定了其在信息传播方面也呈现出地域化的特征。特定地区的文化从信息到受众方面既为非遗传播提供了资源优势,同时也带来了一定的局限。

从报刊来看,传播主体主要分布在上海(60.2%)、北京(17.7%)两地,传播数量排名前五的报刊媒体都来自上海地区,详见表 4-1。上海周边地区如江苏(4.4%)、安徽(4.4%)、浙江(2.2%)等也有少量分布。《新民晚报》是涉及非遗信息最为广泛的传播主体,该报报道了 17 个非遗项目,包括木偶戏、元宵节、码头号子、龙舞、浦东说书等,覆盖了传统戏剧、民俗、传统音乐、传统舞蹈、曲艺等 8 个不同类别。《松江报》和《奉贤报》作为上海市的区级媒体,其中《松江报》关注的主要对象是松江地区的顾绣、锣鼓艺术和龙舞;《奉贤报》关注的主要对象是奉贤当地的滚灯。

表 4-1 信息传播数量排名前十的报纸

媒体名称	报道数量(条)
解放日报	20
新民晚报	20
文汇报	19
劳动报	13
东方城乡报	12
青年报	11
松江报	9
联合时报	7
中国新闻社	5
奉贤报	4

从网站看,主要集中在上海(46.4%)、北京(40.4%)、广东(9.3%),东方网

是发布上海市国家级非物质文化遗产信息最多的媒体,东方网和搜狐网涉及非遗项目最为广泛,这两家网站关注的非遗项目涵盖了所有 10 个类别,但两者的关注重点稍有区别:东方网重点关注传统美术(23 条)、传统音乐(16 条),搜狐网则重点关注传统技艺(14 条)、传统美术(12 条)。详见表 4-2。

表 4-2　信息传播数量排名前十的网站

媒体名称	报道数量(条)
东方网	81
今日头条	59
搜狐网	55
文汇网	31
凤凰网	25
腾讯网	21
上观新闻	20
新民网	20
网易	17
一点资讯	17

从社交媒体来看,微信和微博上的非遗信息传播主体主要集中在上海(60.2％)、北京(34.2％)、浙江(3.1％)。其中,微信公众号上有 86.6％的非遗报道是来自上海本地,上海浦东新区发布的报道最多,占比 28.9％。

2.网络成为最主要的传播渠道,信息向两极扩散

本文样本主要涉及 5 种传播渠道,即报刊、网络、社交媒体、论坛和博客,其中网站是传播上海非遗信息最多的渠道,报刊次之。详见表 4-3。

表 4-3　上海市国家级非物质文化遗产信息在不同传播渠道上的数量分布

非物质文化遗产项目	报刊文本数量	网络文本数量	社交媒体文本数量	论坛文本数量	博客文本数量	非物质文化遗产项目	报刊文本数量	网络文本数量	社交媒体文本数量	论坛文本数量	博客文本数量
吴歌	2	2	0	0	0	灯彩	3	9	4	0	0
谚语	4	21	1	1	0	面人	1	1	1	0	0
江南丝竹	S	29	4	0	0	草编	2	23	4	0	0
码头号子	1	3	2	0	0	玉雕	2	5	1	0	0
琵琶艺术	7	19	8	0	0	木雕	1	2	1	1	1
锣鼓艺术	2	5	2	0	0	上海绒绣	11	40	9	1	0
道教音乐	3	3	0	0	0	徽墨制作技艺	1	7	3	0	0
龙舞	4	20	9	1	0	民族乐器制作技艺	4	17	1	0	1
狮舞	2	7	2	0	0	乌泥泾手工棉纺织技艺	0	4	4	0	0
滚灯	5	13	5	0	0	木版水印技艺	5	13	2	0	0
昆曲	3	17	3	0	0	金银细工制作技艺	5	10	2	0	0
京剧	4	9	1	0	1	印泥制作技艺	2	9	2	0	1
越剧	3	10	3	0	1	酱油酿造技艺	0	1	2	0	0
沪剧	10	26	4	0	1	传统面食制作技艺	0	6	1	0	0
木偶戏	2	8	2	0	0	素食制作技艺	0	5	1	1	0
淮剧	9	9	5	1	0	中式服装制作技艺	3	13	4	0	0
滑稽戏	1	11	2	0	0	毛笔制作技艺	1	1	0	1	0
苏州评弹	6	6	1	2	0	石库门里弄建筑营造技艺	2	3	0	0	0
锣鼓书	4	4	4	0	0	古陶瓷修复技艺	0	3	1	0	0
独脚戏	4	8	1	1	1	上海本帮菜肴传统烹饪技艺	2	12	2	0	0
浦东说书	6	12	3	0	0	中医诊疗法	6	10	3	0	0
浦东宣卷	4	3	3	0	0	中医传统制剂方法	1	3	1	1	0
精武武术	1	5	5	0	0	针灸	2	2	1	0	0
绵拳	1	3	5	1	0	中医正骨疗法	0	1	1	0	0
剪纸	5	12	11	0	0	端午节	2	4	1	0	0
顾绣	13	32	8	0	0	元宵节	8	22	5	4	1
黄杨木雕	2	5	3	0	0	庙会	0	4	3	0	0
竹刻	1	7	4	0	0						

同时,数据分析也发现,网络上关于非遗报道的信息呈现了以本地主流媒体为中心,向两极扩散的趋势。即一方面,受众范围广泛的商业门户网站和聚合类新闻媒体,如今日头条、搜狐、腾讯等成为本地原创内容扩散的重要渠道,也是全国、全世界公众了解上海文化的重要窗口;另一方面,面向区域受众的基层社交媒体在上海非遗传播中扮演越来越重要的角色,逐渐形成了地方文化传播的社交媒体矩阵,在形成和加强区域文化认同方面能够发挥重要作用。以浦东为例,浦东新区拥有8项国家级非遗项目,利用本身在非遗信息和社交媒体方面的资源,“浦东发布”“浦东工会通”“浦东文化”“浦东运动源”“上海浦东教育”等都结合自身特点发布非遗方面的信息,其中“浦东文化”是发布上海非遗信息最多的公众号,内容涉及传统舞蹈、传统戏剧、传统音乐、曲艺等类别,尤其是龙舞、淮剧、琵琶艺术、锣鼓书等多个项目。徐汇区微信发布数量为例第二,占比14.4％,“上海徐汇”“文化徐汇”“文明徐汇”“徐汇文旅”“徐汇政协”等也都成为发布本地非遗信息的重要渠道。

3.信息在项目上分布冷热不均,传统美术类项目最受瞩目

根据上海国家级非物质文化遗产在不同渠道里的传播热度,我们将上海市55项国家级非物质文化遗产项目划分为4级:

Ⅰ级:单一渠道报道数量大于或等于20条,为谚语、江南丝竹、龙舞、沪剧、顾绣、草编、上海绒绣、元宵节;

Ⅱ级:单一渠道报道数量大于或等于10条,为琵琶艺术、滚灯、昆曲、越剧、滑稽戏、浦东说书、剪纸、民族乐器制作技艺、木版水印技艺、金银细工制作技艺、中式服装制作技艺、上海本帮菜肴传统烹饪技艺、中医诊疗法;

Ⅲ级:单一渠道报道数量大于或等于5条,为锣鼓艺术、狮舞、京剧、木偶戏、淮剧、苏州评弹、独脚戏、精武武术、绵拳、黄杨木雕、竹刻、灯彩、玉雕、徽墨制作技艺、印泥制作技艺、传统面食制作技艺、素食制作技艺;

Ⅳ级:单一渠道报道数量小于5条,为吴歌、码头号子、道教音乐、锣鼓书、浦东宣卷、面人、木雕、乌泥泾手工棉纺织技艺、酱油酿造技艺、毛笔制作技艺、石库门里弄建筑营造技艺、古陶瓷修复技艺、中医传统制剂方法、针灸、中医正骨疗法、端午节、庙会;

从这样的级别划分上我们可以看出,像顾绣、草编、上海绒绣等传统美术类的非遗项目一方面因其在上海非遗项目中所占比例较高,另一方面因其易于展示和教学,在信息传播方面具有明显的优势。以发布上海国家级非遗信息最多的三家报刊《解放日报》《新民晚报》和《文汇报》为例,这三家媒体主要关注传统美术类的非遗项目,如上海绒绣、剪纸、顾绣,此外对传统戏剧中的京剧、曲艺中的浦东说书和浦东宣卷、传统技艺中的木板水印技艺、民俗中的元宵节也进行了一定数量的报道。

4.信息在时间分布上有高峰低谷,节庆性"应景"报道居多

从全年数据来看,2 月、6 月、11 月是非遗报道的三个高峰,详见图 4-1:

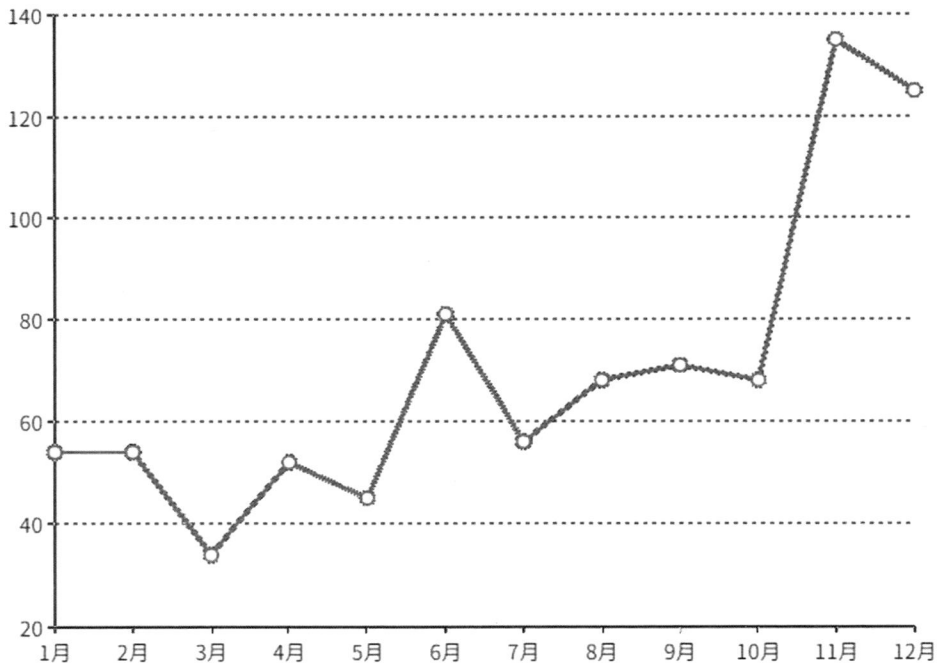

图 4-1　上海市国家级非物质文化遗产报道数量与事件分布

这些峰值的出现与 2 月份的春节、元宵节,6 月份的中国文化遗产日、端午节,以及 11 月份的中国国际进口博览会、长三角国际文化产业博览会等紧密相关。一方面,这些节日庆典、会议活动等大大促进了非遗的传播;另一方面,这种以节庆为契机的报道不仅导致了非遗传播在时间上的分布不均衡现象,也使得传播的内容在形式上多为动态化、常规化的应景报道,缺乏对信息的深

度挖掘和多元符号的表达。

5.信息呈现方式较为单一,以活动类消息为主

统计显示:报刊以消息类报道为主,占72%;网络媒体和社交媒体上则以图片新闻为主角,分别占比51%和61%。详见表4-4:

表4-4　上海市国家级非物质文化遗产不同类型报道数量

	报刊	网站	社交媒体	论坛	博客
消息	130(72%)	165(31%)	16(10%)	8(50%)	0
特稿	13(7%)	27(5%)	6(4%)	1(6.25%)	1(12.5%)
图片新闻	10(6%)	275(51%)	99(61%)	4(25%)	6(75%)
评论	5(3%)	13(2%)	4(2%)	2(12.5%)	0
人物专访	23(13%)	37(7%)	11(7%)	1(6.25%)	1(12.5%)
视频	0	22(4%)	25(16%)	0	0
合计	181	539	161	16	8

在报道主题上,针对上海市国家级非遗的报道可以分为6个类别:介绍普及、展演赛事、保护传承、实践教育、文化旅游以及评论演讲。"介绍普及"类主要结合项目的历史、发展、现状等,向受众科普;"展演赛事"类主要报道非遗项目在国内外举办的展览、演出、交流、比赛等;"保护传承"类包括政府对非遗项目颁布的保护措施,以及非遗传承人的具体事迹;"实践教育"类主要涉及非遗项目的培训活动,如校园与社区的教育教学等;"文化旅游"类主要包括非遗项目带动所在地区旅游业的发展情况,以及旅游宣传资讯;"评论演讲"类主要涉及名人名家对非遗的传播、传承、保护、创新等议题的观点和建议。统计显示:在各个传播渠道中,"展演赛事"都是占比最高的主题,报刊为44%,网站为38%,社交媒体为32%,详见表4-5:

表4-5　上海市国家级非物质文化遗产不同主题报道数量

	报刊	网站	社交媒体	论坛	博客
介绍普及	16(9%)	75(14%)	45(28%)	2(12.5%)	3(37.5%)
展演赛事	79(44%)	205(38%)	52(32%)	9(56.25%)	2(25%)

续表

	报刊	网站	社交媒体	论坛	博客
保护传承	60(33%)	114(21%)	26(16%)	1(6.25%)	2(25%)
实践教育	21(12%)	107(20%)	28(17%)	0	1(12.25%)
文化旅游	2(1%)	20(4%)	6(4%)	3(18.75%)	0
评论演讲	3(2%)	18(3%)	4(2%)	1(6.25%)	0
合计	181	539	161	16	8

6.受众阅读兴趣有待进一步提高，互动性不强

微信公众号的数据统计显示，浏览量在100以下的报道占23%，浏览量在100—1000的报道占43%，仅有5条报道浏览量在10000以上，占4%；67%的报道的点赞量都在10以下，83%的报道没有评论。微博的互动数据比微信稍好一些，41%的微博有评论，51%的微博转发行为，但84%的报道点赞量都在10以下。通过深度访谈和网络问卷调查也发现，受众对非遗的兴趣在代际间逐渐消退，老年人对上海非遗的了解和参与程度比年轻人要高；中年人往往缺少兴趣和时间去了解非遗，认为非遗的演变消亡应该是一个自然的过程，而非人为干预的结果；青少年在校期间普遍都接受过非遗方面的教育和实践，但随着年龄层次的增加，步入社会之后很少主动接触非遗。

五、问题与建议

基于上述实证分析并结合深度访谈，我们发现：

第一，当前在上海非遗传播中本地主流媒体扮演了最主要的角色，基层社交媒体在传播中的优势开始显现，长三角地区一体化联动有待进一步提高；第二，非遗传播在项目上、空间上和时间上都呈现出一定的不均衡性，这种不均衡性一方面与非遗项目本身的特点及其资源分布有关，另一方面也受制于对非遗整体宣传策略的力度；第三，上海非遗报道呈现方式较为单一，应景性的报道、活动赛事类的消息占据主导地位，利用网络化、数字化、智能化、影像化等新技术、新手段对非遗传播信息资源的开掘、包装、策划、宣传上还有较大提

升空间；第四，受众对非遗的兴趣在代际间逐渐消退，对非遗传承传播的参与度也有待于进一步提高；第五，缺乏对非遗传播路径和总体策略的设计、推进，信息比较零散、碎片化，难以形成有影响力的文化品牌。

非物质文化遗产在各社区和群体与社会、自然的互动中世代相传，并被不断地再创造，为这些社区和群体提供了归属感、认同感，体现着人类文化的多样性和创造力。受到全球化与现代化的冲击，非物质文化遗产在全球范围内都面临前所未有的生存危机，加强对非物质文化遗产的保护与传播已经成为世界各国的共识。加强非遗传播，不仅能够提升文化自信，继承发展、弘扬繁荣中国优秀的传统文化，也能提升国内外民众对上海城市文化的认同感，增强上海文化品牌的吸引力和凝聚力。因此，对非遗传播路径、策略的设计也应在这样的目标下展开。

第一，促进区域协同传播，做好江南文化的整合营销

江南文化是海派文化的基础和底色，是"上海文化"品牌的重要支撑，也是长三角地区人民共同的文化记忆。非遗因其传承性、动态性的特征，不仅成为江南文化中最具活力的组成部分，更成为实现长三角地区文化联结、认同的重要纽带。经济发展需要文化先行，长三角区域一体化的发展依赖区域内相通的历史文化"根脉"作为基石。目前，长三角地区在非遗传承、传播方面已经有了很好的合作基础，如近两年开展的"长三角非遗交流会""长三角非物质文化遗产节""长三角航海非物质文化遗产大展""长三角非物质文化遗产博览会"等，促进了长三角地区非遗文化的交流合作，也提升了整体的文化品牌和软实力。目前，对后期可以在传播领域深度合作，在长三角一体化的视阈下展开对上海非遗的数字化资源库建设并建立协同化的传播体系，将一体化保护、传承、创新、发展与一体化传播相结合，不同的城市、地区共同策划、资源整合、互通有无，形成联动机制，深入挖掘江南文化的宝贵资源，提升区域间的凝聚力、吸引力。

第二，以传承带动传播，积极发挥基层融媒体和自媒体的作用

非遗是"活"的文化，需要在传承中不断创新、发展，对非遗的传播也需要充分考虑非遗自身活态化传承的特点。此外，非遗作为特定区域的文化，一方面是对外打造"上海文化"品牌的重要抓手，也是对内促进地方文化归属感、认同感的重要依托。在非遗传播中除了要整合长三角的文化、媒介等资源形成

合力以外，还要进一步拓宽传播渠道，特别是重视个人、群体、基层组织和社会力量的发挥。目前，在上海非遗传播中，基层融媒体已经发挥了一定的优势，如浦东、徐汇等区。在今后的传播中可以进一步发挥基层融媒体以及自媒体的作用，充分发挥微博、微信等社交媒体精准性高、交互性强的特点，调动个人参与非遗传承、传播的积极性，让非遗真正走入普通人的生活中，成为人与人之间关系联结的日常活动和精神纽带。这种小众化、个人化、社会化的传播方式也有利于改变当前上海非遗传播中在时间、空间以及项目上冷热不均的情况。尤其针对传统音乐、曲艺、传统技艺、传统医药、民俗类的非遗项目亟需有针对性地制定传播策略，让不同类型、层次的非遗项目都能获得一定的传播空间，慢慢走入公众的视野。

第三，重视新技术采纳，做好影像的记录与传播

基于研究我们发现，目前上海非遗传播的形式和内容都相对比较单一，对新技术的采纳程度不高。针对这一问题，首先要加大对新技术的采纳力度，在非遗的数字化典藏、智能化开发、全球化传播的过程中，5G、3D、人工智能、算法推荐、用户画像、知识图谱、数字影像、虚拟现实、增强现实、动作捕捉、动漫游戏等技术都有很大的作为空间。在当前的一些非遗保护、展览中，这些技术也得到了一定程度的使用，以西藏"泽帖"为例，"泽帖"是西藏山南地区泽当镇一种独有的纯手工精羊毛哔叽纺织产品，面料要求高、技术难度大、制作时间长，一旦失传难再还原。通过三维动画技术可以把艺人制作过程中的全部文化状态和工艺流程完整地转化成全媒体的数字文化形态，人们想了解和感受"泽帖"的制作工艺，只要在网上点击即可全景再现手艺人制作的全过程，深切感受到藏族民间手工技艺的独特魅力。[①] 其次，要充分利用这些新媒体技术丰富非遗传播的内容和表现形式，做好传播效果的评估，重视受众的培养并积极收集、分析用户数据，在把握用户兴趣、需求的基础上为其提供更为个性化、多元化的信息，通过话题营销、精准营销增加用户粘性。最后，尤其要发挥影像包括短视频在传播上的优势。在目前上海非遗的宣传中，短视频在社交媒体传播中使用较多，占16％，在网站传播中仅占4％，短视频平台"快手"发布的

---

① 周亚、许鑫：《非物质文化遗产数字化研究述评》，《图书情报工作》2017年第2期。

非遗数据报告显示,90 后已成为短视频平台上非遗文化传播的主力军①,影像传播的真实感、沉浸感不仅能够给人们带来直观、感性的体验,也能够助力非遗在年轻群体中的传播,让非遗的传承发展后继有人,也打开了非遗传承人群走向市场的大门。

第四,做好跨界合作,推动非遗领域的文旅结合

目前,上海非遗在传播的内容和形式方面比较单一,要有所突破,提升传播效果就要在创意和跨界上面做文章。不仅非遗的传承、发展需要创意和跨界,推动古老的文化与现代技术、理念、风尚有机结合,在非遗的传播方面同样需要在开掘非遗文化宝藏的基础上,将创意和跨界融入对信息的挖掘与推广中。例如,将非遗植入热播剧中,在近几年大大提升了公众对非遗的关注程度,如《延禧攻略》中的缂丝、绒花、刺绣、点翠、昆曲等,非遗文化的植入不仅提升了作品本身的文化内涵,更赋予了传统文化新的生命力;上海市国家级非遗豫园灯会曾与王者荣耀游戏联名打造了“王者荣耀千灯会”,线下赏灯与线上游戏结合,激发了受众的兴趣,提高了受众参与度。此外,打造优质非遗 IP、发展非遗 MCN 等都让非遗文化越来越多地得到公众的发现与喜爱,也打通了非遗发展的产业链条。文化与旅游具有天然的耦合性,上海众多非遗项目如江南丝竹、琵琶艺术、沪剧、豫园灯会、龙华庙会等都具有很强观赏性和参与性,尤其在旅游方面的跨界融合能够大大促进非遗在文化、生活、产业方面与城市、社会之间有机联系。总而言之,创意与跨界贯穿在非遗开发、推广以及传播的所有环节里,跨行业、跨媒体、跨地区,只有不断地融合生活推陈出新,“将传统文化作为独特战略资源”,“努力实现传统文化的创造性转化和创新性发展,使之与现实文化相融相通”②,才能让传统的非遗文化焕发出新的光彩。

第五,重视传承教育,培养专业化的传播团队

2012 年,上海在全市中小学普遍推广“非遗进校园”活动。目前,上海已经搭建起了一个政府、学校、社区、社会组织、商业机构等共同合作参与的多元化非遗教育传播平台,为不同年龄、层次、需求、爱好的人们提供了接触、了解、参

①　石尔:《短视频平台聚焦非遗保护》,《南方都市报》2019 年 3 月 30 日。

②　《习近平谈中华优秀传统文化:善于继承才能善于创新》,新华网 2017 年 2 月 14 日。

与非遗传承的机会。在非遗信息传播中，对非遗的普及介绍相对较低，如前文所述，在 2019 年针对上海国家级非遗的报道中对这些项目的普及介绍类文章在报刊占 9％、网站占 14％、社交媒体占 28％；而在学校教育层面，尤其是大专院校中，非遗普及教育的师资力量相对也是比较缺乏的。因此，既要加强针对中青年的非遗教育，也要加强对非遗教育师资队伍的培育。在非遗传播中，还要让谙熟新媒体技术，具备互联网思维，熟悉市场营销又热爱、了解非遗的专业团队介入，借助开屏广告、传承人在线直播、短视频、电商等方式，提高信息传播的到达率。例如，李子柒作为自媒体人，在专业运营团队的合作下，借助 YouTube 平台，以短视频形式传播中国传统乡村文化，收获了超高的点击率，并实现了跨文化的传播。

中国经济的腾飞对整个社会文化的促动作用正与日提升，社会活力不断增强，文化需求日益旺盛。国家形象的改善和国际地位的提升，使国民兴趣由对外界的好奇转向对自身历史的重新认识，非遗等民族文化消费不再与落伍、陈腐、老迈等相联系，而是开始激发起人们的时髦感、时代感、先进性、民族自豪等积极联想。非物质文化遗产代代相传、不断创新，增强了人类的认同感和延续性，对国家和社会的经济发展做出了贡献，促进了全球文化的交流与合作。① 当前，随着我国对传统文化重视程度的提高，相关物质文化遗产和非物质文化遗产保护与开发政策相继出台，国家支持力度不断增强，传统文化的生命力重新被培养壮大，传统文化与当代社会实现良性对接，并在社会生活中发挥着越来越重要的作用。文化的创造、创新需要深厚的文化土壤，也需要宽松的社会环境，在保证基本规范的基础上，要推动建立多元化、多层次、多渠道的非遗传播体系，健全非遗创新的发掘、推广、培育、扶持、激励、保障等机制，让越来越多优秀的非遗走进大众、走进生活，真正做到源远流长。

（赵路平，华东师范大学传播学院副教授；凌玉菁，华东师范大学外语学院 2020 级硕士研究生）

---

① Petronela, Tudorache. *The Importance of the Intangible Cultural Heritage in the Economy. Procedia Economics & Finance*, 2016, 39, pp. 731－736.

An Empirical Study on the Communication of Shanghai National Intangible Cultural Heritage Based on the Report Text

Zhao Luping　Ling Yujing

Abstract: In this paper, 55 items included in the "Shanghai national intangible cultural heritage list" have been selected for case study (retrieved from Wise Search database during 2019). On basis of content analysis, quantitative analysis and in-depth interviews, the body, content, channels and the effect of Shanghai national ICH information communication are studied. The analysis reveals that the local mainstream media play a major role in Shanghai ICH communication, and the advantages of grassroots social media in communication begin to appear; the ICH communication shows a certain imbalance in topic, location and time; the presentation of ICH information is relatively simple, and news and reports that fit the event are dominant forms of presentation; the audience's interests in ICH gradually fade with new generations, and the participation in the inheritance and communication of ICH needs to be further improved; information is scattered and fragmented, making it hard to form an influential cultural brand.

Keywords: National Intangible Cultural Heritage; Communication; Content Analysis; Text

认同理论视角下的政治传播研究

——以中国在二十国集团的元首外交为例(2015—2019)①

乔丽娟　吴瑛

摘要:当前世界政治经济格局正面临转型,国际议程设置能力的竞争已成为国家间竞争的重要组成部分,也成为世界各国政治传播的重要内容。本文以肯尼斯·伯克的认同理论为基础,从修辞行为和修辞话语两个层面切入,分析了 2015—2019 年中国在二十国集团中开展的元首外交。研究发现,借助"同情认同""对立认同"和"误同"的认同策略,有助于促进中国与二十国集团的元首外交,推动国与国之间达成"同一",提升政治传播效果。

关键词:认同理论;元首外交;署名文章;同情认同

一、研究缘起及意义

"政治传播是指政治共同体的信息扩散、接受、认同、内化等有机系统的运

---

①　本文系 2020 年教育部人文社科研究一般项目"国家身份的建构与认同:中国负责任大国形象分析与反思"[项目编号:20YJAZH106]的阶段性成果。

行过程。"①在国际政治生活中,国家需要政治传播,将自身的战略构想、行动理念、价值观念公之于众,以在国际社会争取更多的同情者,并赢得行动的合法性。当前"国际社会"已被"全球社会"所取代,使国家的"社交网络"连线越来越多,也越来越复杂。一国需要与远亲近邻都保持良好的国际关系,塑造"好国缘"的形象②,由此世界各国越来越重视政治传播活动。

作为一国政治传播的重要形式,元首外交成为全球化时代外交发展的一个重要趋势,"现代外交最明显的特点是国家或政府首脑个人外交的作用日益增强"③。作为"一个国家实际上或形式上的对内对外最高代表"和"国家主权的实际掌握者或象征"④,国家元首存在"灯塔效应",可以引导受众对本国的感知,在外交领域的地位无可替代。

本文的研究对象是中国在二十国集团(G20)中的元首外交,采用最严格、最狭义的"法律说"——宪法确认的国家元首,即中华人民共和国主席。G20作为全球最主要的经济合作论坛,其成员国的国民生产总值约占全世界的85%,越来越多地参与到国际事务中,影响全球议程制定,为重塑国际秩序提供了巨大机遇与动力。

本文从修辞行为层面分析中国从 2015 年到 2019 年在 G20 的元首出访格局,从修辞话语层面研究中国元首出访期间发表的海外署名文章。修辞本身是为了更有效地传播信息,"修辞是一种有意识、有目的以取得理想的交际效果为指向的传播行为"⑤,因此从修辞层面分析元首外交即是分析所使用的政治传播策略,其研究意义如下:

首先,元首出访是元首外交的重要表现形式,主动性明显。研究元首出访格局,可以反映一国的外交意图,是衡量国家、地区之间关系友好与否的晴雨

---

①　荆学民、苏颖:《中国政治传播研究的学术路径与现实维度》,《中国社会科学》2014 年第 2 期,第 79 页。

②　赵启正、冯春海:《"国缘"建构的媒体影响力评估》,《新闻战线》2014 年第 2 期,第 77 页。

③　[英]R·P·巴斯顿著,赵怀普等译:《现代外交》,世界知识出版社 2002 年,第 5 页。

④　浦劢:《政治学基础》,北京大学出版社 1995 年,第 259 页。

⑤　陈汝东:《论修辞研究的传播学视角》,《湖北师范学院学报》2004 年第 2 期,第 90 页。

表①，也是判断国际形势的"风向标"。其次，由于出访前后是当地民众比较关注中国的时间点，在此期间发声，关注度相对更高，话语影响更大。研究出访期间元首发表的署名文章，有利于探寻塑造国际舆论，提升话语权和外交影响力。

二、新修辞学认同理论

修辞学可以追溯到公元前 5 世纪的古希腊时期，修辞方式主要是辩论。西方古典修辞学的代表亚里士多德将修辞学定义为"一种能在任何一个问题上找出可能说服方式的功能"②，他的修辞学思想对西方文化与学术产生了深远的影响。西方传统修辞学把修辞看作"劝说"，"旧修辞学是争论的产物，受好斗的冲动所支配"③。

20 世纪初，随着现代语言学、社会学、心理学等学科的突飞猛进，颠覆了传统的意义观，新修辞学开始兴盛。修辞行为是只存在于修辞环境中还是在普遍的人的生存环境中，是传统与新修辞学的主要区别之一。"那种将修辞看作在话语的上面加调料的观念被淘汰，取而代之的是：修辞蕴藏于人类一切传播活动，组织和规范人类的思想和行为的各个方面。"④

肯尼斯·伯克（Kenneth Burke）是美国新修辞学的开创者与奠基人。伯克将修辞定义为"人使用词语形成态度或导致他人采取行动"⑤。"认同"（identification）的概念是伯克对修辞学定义的主要延伸。伯克认为人与人之间的距离、身体与身体之间的距离促使他们寻找一种"重叠的区域"（margin of overlap），这样他们就可以交流，"重叠的区域"可以作为寻求认同的手段，认同强调的是交往中分歧的解决以及相互理解的达成。

---

① 刘长敏、黄建达：《当代中国首脑出访与周边外交》，《世界经济与政治论坛》2011 年第 1 期，第 59 页。

② 亚里士多德：《修辞学》，上海世纪出版社 2006 年，第 23 页。

③ Richards, I. A. *The Philosophy of Rhetoric*. Routledge, 1936, p. 24.

④ Ehninger, D. *Contemporary Rhetoric：A Reader's Course—book*. Foresman Company, 1972, pp.8-9.

⑤ Burke K. *A Rhetoric of Motives*. University of California Press, 1969, p. 42.

伯克认为正是因为有分离和隔阂的存在，才促成了认同，使认同有意义。

如果两者间没有相互分离，修辞学家就没有必要声称他们之间的联合与统一。认同植根于分离，其实认同本身就蕴涵分离，"修辞就是一种努力来调和这种自然的与不可避免的分离状态，并且作为一种从某种程度上去跨越这种自然状态的方法"①。

G20成员国都有不同的文化、政治、语言等，它们是独立的个体彼此分离，然而在G20内部，作为成员国又彼此相连，基于共同体的理念处理全球事务。因为分离，国家之间有可能发生误解或冲突，而国家元首外交是促成认同的重要途径，是"为了增进理解，研究消除误解的良方"，是一种把"相隔绝的人们联系起来的工具"②。

伯克提出了三种方式来获得认同，即"同情认同"（identification by sympathy）、"对立认同"（identification by an antithesis）与"误同"（identification by inaccuracy）。"同情认同"以人们共有的情感为出发点，与对方建立关系，以取得和受众相同的利益和态度；"对立认同"是将和对方相同的敌人作为靶子，目标是在对立中实现凝聚，从而达到传受双方态度和观点的一致；"误同"是"将人们带到修辞情景中，最大限度地体现了伯克对于人与人的生存环境主体互相关联的问题"③。

三、研究问题与研究方法

为了确保本文数据的权威性和准确性，2015—2019年G20内部国家间元首国事访问的数据大多来自各国外交部官方网站。中国国家元首在国事访问期间发表的海外署名文章均来自经新华社翻译的外文稿，本文的研究问题如下：

问题1：2015—2019年G20国家元首互访网络中，哪个国家的中心性最高，中国的外交格局如何达成"同情认同"？

问题2：2015—2019年G20国家元首互访网络中，存在怎样的子结构与派

---

① 鞠玉梅：《肯尼斯·伯克修辞学思想研究》，中国社会科学出版社2017年，第33页。

② Ehninger, D. *Contemporary Rhetoric：A Reader's Course—book*. Foresman Company, 1972, p. 9.

③ Burke K. *A Rhetoric of Motives*. University of California Press, 1969, p. 6.

系？中国所在的凝聚子群如何实现"对立认同"？

问题 3:2015—2019 年 G20 国家中哪些与中国外交联系最为紧密？中国与其如何达成"误同"？

问题 4:2015—2019 年中国元首出访期间发表的海外署名文章如何运用"同情认同""对立认同"以及"误同"的策略与受访国达成"同一"？

围绕这四个问题,本文采取社会网络分析和话语分析相结合的方法:

（一）社会网络分析法

社会网络分析方法起源于 1930 年古典社会学家埃米尔·涂尔干(Émile Durkheim)和格奥尔格·齐美尔(Georg Simmel)等人有关社会结构的观点①,至 20 世纪 70 年代"新哈佛学派"出现后,才走向成熟,各种网络分析工具也应运而生,网络分析也逐渐渗透到各个学科领域。该方法将整个群体视为一个网络,重点分析网络各成员间的关系,探讨这种关系会对网络成员的行动带来什么影响,它更关注网络中各成员的关系数据,而不是属性数据。②

本文将 G20 国家元首间的相互访问关系看成是一个社会网络,每个国家作为"行动者"成为网络中的"节点"(node),而互访关系成为节点之间的"边"(edge)。由此,G20 中 19 个成员国加上欧盟国家,共 43 个国家构成了 43 个节点,互访关系形成一个 43×43 的多值有向图。本文对于有向图的定义是互访关系。比如 2019 年,中国元首对法国进行国事访问,则形成了一个从中国到法国的边。

统计时使用 Ucinet 和 Gephi 两款社会网络分析软件,将数据导入后,形成一个 43×43 的邻接矩阵,之后对数据进行对分处理和对称化处理,在此基础上进行整体网络(whole network)、个体网络(ego network)和凝聚子群(cluster)分析。研究通过分析不同的关系属性,可以明晰网络整体结构,探究各国在网络中的地位,找出网络中的关键节点以及特定的小团体等。

（二）话语分析法

以 2015—2019 年中国元首出访 G20 国家时所发表的署名文章为研究对

---

① 林聚仁:《社会网络分析:理论、方法与应用》,北京师范大学出版社 2009 年,第 4 页。

② 潘峰华、赖志勇、葛岳静:《社会网络分析方法在地缘政治领域的应用》,《经济地理》2013 年第 7 期,第 16 页。

象,使用 Wordsmith 4.0 语料库检索软件(语料库研究中最常用的工具之一,主要具备三大功能:检索、单词列表、主题词统计),采用主题词索引和搭配等方法进行计量分析。在生成的列表中经过人工筛选,剔除无关索引行后,得出所要数据,旨在客观展现中国元首海外署名文章的理论图景,提炼文字背后的逻辑理路和核心理念。

四、数据与论证

(一)"同情认同"

"同情认同"是伯克话语修辞观的核心,是最普遍的一种认同方式,基于双方共同的利益、态度或情感,使对方认同自己。在外交结构上,中国通过高频度的元首访问建立"同情认同"的基础,在元首海外署名文章中,不断突出双方的共同点,拉近与受众之间的距离,消解差异、构筑同一。

1.修辞行为的"同情认同"

伯克认为修辞除了关注口语与书面语,还应包括一些传统修辞学中所不包括的领域,诸如求爱、社交、教育等,虽然非语言因素本身不是修辞,但其意义中却体现了修辞。"比如一幢银行大楼,本身不是修辞行为,但体现出来的'安全'与'力量非凡'的意义却隐含了修辞,促使人们采取行动将自己的钱存入其中。"[①]"哪里有劝说,哪里就有修辞;哪里有意义,哪里就有劝说。"[②]按照伯克修辞范围的宽泛性,国家元首出访也隐含了修辞的意义,是一种修辞行为,是出访国交往主动性以及合作积极性的体现。

本文通过 Ucinet 软件中 MDS 功能创建出的多维标度分析图(把高维的研究对象转化到低维空间进行研究,按对象间距离的远近对其分类,以散点图的形式展示出来[③])和利用 Gephi 画出的网络结构图来展示 2015—2019 年

①　Burke,K. *Dramatic Form—And : Tracking Down Implications*. *Tulane Drama Review*,10,1996,pp. 54—63.

②　Foss, S. K., Foss, K. A., & Trapp, R. *Contemporary Perspectives on Rhetoric*. Waveland Press,1985,p.161.

③　吴瑛、李莉、宋韵雅:《多种声音一个世界:中国与国际媒体互引的社会网络分析》,《新闻与传播研究》2015 年第 9 期,第 6 页。

G20 国家元首出访的外交格局。

图 1　多维标度分析图

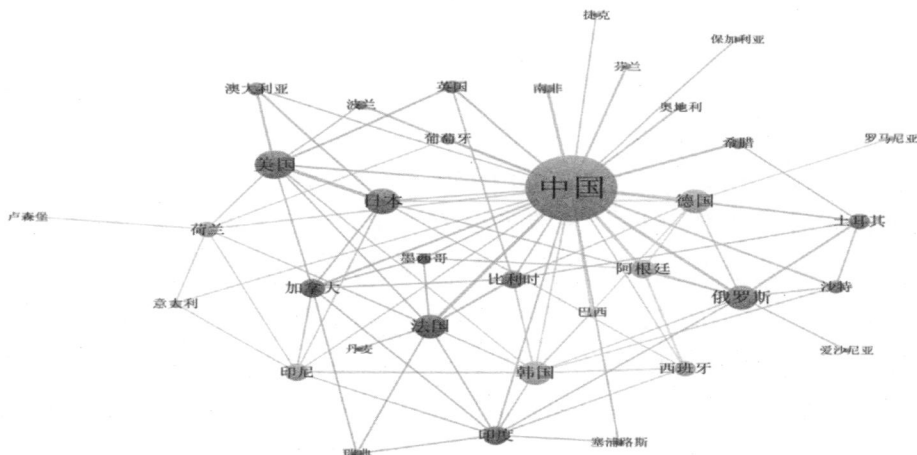

图 2　网络结构图

国家节点越处于分析图的中心，表明其在互访网络中越趋于中心地位。图 1 显示，处于最中心的是中国、美国、英国、韩国、澳大利亚，散布在这个中心之外的是日本、沙特、巴西、印尼、比利时与西班牙等，次外围则是俄罗斯、德国、希腊、南非、葡萄牙、意大利等国家，最外围相对离散的国家有爱沙尼亚、罗马尼亚、卢森堡、丹麦等。

认知是"同情认同"的基础，如果没有对事物的认识和理解的话，就不可能产生"同情认同"。① 博克认为要认同,先要认知,认同包含着认知。国家元首出访作为重大的外交活动,是提高两国相互认知的绝佳平台。中国处于多维标度分析图的中心位置,显示了中国在 G20 元首外交格局的重要性以及外交范围的宽广性。中国通过积极的元首出访,使元首熟悉彼此,建立元首间的"同情认同",加深两国的了解,建立起通往两国"同情认同"的桥梁。"国与国之间的关系,和人与人之间的关系一样,相互了解加深了,关系就能够逐渐发展起来。"②

社会网络分析中节点的程度中心性是指与该节点相连接的节点数量,是入度(in degree)和出度(out degree)之和,主要用来衡量该节点在整个网络的重要性和影响力。在本文的互访网络中,入度表示该国家被其他国家访问的总次数,出度则表示该国家访问其他国家的总次数,统计显示,入度居前五位的是中国、俄罗斯、韩国、美国以及法国,出度居前五位的是中国、德国、荷兰、美国与印度尼西亚。

中国的程度中心性、入度与出度在 G20 国家中最高。入度越高,反映出一国受网络中其他国家尊崇和欢迎的程度越高,出度越高,表示该国家在外交场合越积极主动。中国元首出访(修辞者)与被访国(受众)的同一目标是"达成双方的同情认同",因而寻求共同的利益、态度和情感,积极主动地参与话语建构,完成出访与被访的外交行为。从这一角度看,中国元首出访并不是单方面"劝说"似的直线性过程,"而是一种合作活动,在活动中说者与听者合为一体"③。

"国际政治中的权力不仅来源于对重要资源的掌握,还来源于网络之间的物质和非物质的联系,所处网络位置的不同,其影响力也就不同,而高度的中心性和接近中心性都可以转化为政治权力。"④过去,中国在国际外交舞台上多是被动反应,其他国家的对华政策在很大程度上决定了中国对外政策的立场

---

① 张欢雨:《评话语分析与修辞批评学的融合——基于"认同理论"的新闻修辞框架研究》,《复旦外国语言文学论丛》2014 年第 4 期,第 107 页。

② 吴建民:《扩大中美两国的共同利益》,《人民日报》2006 年 4 月 19 日。

③ 鞠玉梅:《肯尼斯·伯克修辞学思想研究》,中国社会科学出版社 2017 年,第 30 页。

④ Hafner－Burton E M, Montgomery A H. *Centrality in Politics: How Networks Confer Power*. Southern Illinois University Carbondale Open SIUC Conference Proceedings, 2010.

和方向。而如今，随着实力的崛起和能力的增强，中国变得更加积极主动，在国际议程设置上从失语，到话语稀缺，向主动设置议程转变。

2.修辞话语的"同情认同"

"你要说服一个人，只有用他的语言说话，使用相同方法，使用的手势、语调、顺序、形象、态度、思想与他别无二致，才可以说服他。"①不同文化间的通约性和相似性会影响本土受众对文本的感知，在习近平的海外署名章中，相似的历史经历、相容的价值理念不断被提及，以创造"亲近性"文本，建构"同情认同"。

（1）回忆的"同情认同"

主旨词频是体现字词在语料库中重要性的加权指标，词频越高代表字词的重要性越大。本次词频统计运用了统计软件 wordsmith，为了提高词频分析的准确性，已对所选署名文章中的所有字词进行筛选，并剔除代词等无实质含义的词，结果如下：

表 1　词频统计

Rank	Freq	Word	Rank	Freq	Word
1	228	合作	10	6	文化
2	33	一带一路	11	6	旅游
3	14	周年	12	6	科技
4	10	命运共同体	13	6	金融
5	8	人类	14	5	平衡
6	8	孔子学院	15	5	全球治理
7	7	稳定	16	5	气候变化
8	6	丝绸之路	17	5	新型
9	6	教育	18	5	国际关系

署名文章中 14 次提及"周年"一词，频率位列第三。集体记忆是通过各种形式得以建构起来的、带有群体性认知和情感特点的一套综合体系。它即传

---

① Burke K. *A Rhetoric of Motives*. University of California Press, 1969, pp. 41—45.

达了一种群体共同的认知,也在共享和传播一种群体的价值观和情感取向。[①]
习近平多提及较有意义的周年以唤起共同回忆,如"抗战胜利 70 周年""中非
合作论坛成立 15 周年""中南建交 20 周年""二十国集团领导人峰会启动 10
周年"等,使受众对历史的积极评价和情感得以转移到当下,指引着受众体验,
并借用情感认同力量来维持紧密关系。

除了提到两国的集体记忆,署名文章还 10 次提及习近平与受访国的交
集:"2013 年 3 月,我首次对俄罗斯进行国事访问,向位于克里姆林宫红墙外的
无名烈士墓敬献了花圈[②]";"我到过波兰,那次访问给我留下了深刻印象[③]。
找到某种能使一群人产生统一情感的刺激因素,情感就可以发生转移,通过回
忆习近平与受访国家之前的友好往来,唤起双方共同的记忆,增加中国元首的
亲切感,从而在实现回忆同一的过程中实现情感认同。

(2)利益的"同情认同"

统一的利益是实现合作与交往的基础,国家存在利益一致能够缓和甚至
消弭价值标准不同引发的质疑。从图表可看出,署名文章提及最多的是"合
作"一词,共出现 228 次。该词的高频率体现了中国与世界相联系、共命运的
认知,内化为中国"共同分享机遇、共同应对挑战"的双边、多边外交实践。为
了获取更多关于"合作"的数据信息,对该词丛(cluster)进行考察,对索引行进
行分析,诸如"16+1 合作"(中国与中东欧 17 国领导人的会晤机制)等表达多
次出现,如表 1 所示:提及频率第二高的词是"一带一路",共 33 次,与其相关
的丝绸之路也提及 6 次。在署名文章中,习近平多强调"一带一路"是由各国
共同开拓的,并非中国一家走出来的,如"早在两千多年前,古老的丝绸之路就
让远隔万里的中国和古罗马联系在一起"[④]。

"一带一路"多与"推进""开展""共建"等词联系,体现出中国遵循"共商、
共享、共建"原则,摒弃西方主导下的"排他性的全球化",推у"人人参与全球
化"的理念。在经济全球化 3.0 时代,世界各类经济体的利益处于相互渗透、绞

①　艾娟、汪新建:《集体记忆:研究群体认同的新路径》,《新疆社会科学》2011 年第 2 期,第 122 页。
②　习近平:《铭记历史,开创未来》,《俄罗斯报》2015 年 5 月 7 日。
③　习近平:《推动中波友谊航船全速前进》,《共和国报》2016 年 6 月 17 日。
④　习近平:《东西交往传佳话,中意友谊续新篇》,《晚邮报》2019 年 3 月 20 日。

| Concordance | Concordance Plot | File View | Clusters/N-Grams | Collocates | Word List | Keyword List |

Concordance Hits　15

Hit	KWIC	File
1	基础，中国——中东欧国家合作（"16+1合作"）应运而生，方兴未艾	2016捷克.tx
2	这为中国 - 中东欧国家合作（"16+1合作"）提供了充沛动力和	2016波兰.tx
3	以及中欧不断加强战略对接，为"16+1合作"汇聚了更为蓬勃的动	2016捷克.tx
4	平与发展作出积极贡献。　　　"16+1合作"和中欧关系发展离不	2016波兰.tx
5	的中东欧国家一道，为做大做强"16+1合作"共同努力。　　———	2016捷克.tx
6	⋯、搭平台、促合作，共同推动"16+1合作"逐渐步入成熟期和早	2016捷克.tx
7	⋯、造福人民的精神，务实推进"16+1合作"，为欧洲繁荣和中欧	2016波兰.tx
8	重尊重、互利共赢、包容开放，"16+1合作"保持快速发展势头，	2016波兰.tx
9	好未来。中欧应该顺应和平、发展、合作、共赢的时代潮流，沿	2016波兰.tx
10	来。中欧双方应当顺应和平、发展、合作、共赢的时代潮流，不	2016捷克.tx
11	回一直走在中东欧国家前列，在"16+1合作"中发挥了积极重要作	2016捷克.tx
12	举办国，始终积极支持和参与"16+1合作"，在投资、商务等领	2016波兰.tx
13	一道，提高双边关系水平，推动"16+1合作"以及中欧关系不断向	2016捷克.tx

图 3　"合作"的索引分析

| Concordance | Concordance Plot | File View | Clusters/N-Grams | Collocates | Word List | Keyword List |

Concordance Hits　28

Hit	KWIC	File
1	不久前在北京成功举行的"一带一路"国际合作高峰论坛，即	2017德国.tx
2	用。中国同中东欧国家开展共建"一带一路"合作以及中欧不断加强	2016捷克.tx
3	中捷双方应该以签署共同推进"一带一路"建设政府间谅解备忘	2016捷克.tx
4	更多新亮点。中方正在积极推进"一带一路"建设，欢迎芬方积极参	2017芬兰.tx
5	丝绸之路的重要枢纽，中葡开展"一带一路"合作具有天然优势。双	2018葡萄牙
6	发挥好双边、中非合作论坛、"一带一路"、金砖国家合作等机制	2018南非.tx
7	命运共同体，倡议中拉描绘共建"一带一路"新蓝图，得到拉美和加	2018阿根廷
8	强两国发展战略对接，共同推进"一带一路"建设。不断深化基础设	2018阿根廷
9	大伙伴关系。　　　第二，共建"一带一路"，做携手发展的伙伴。	2018葡萄牙
10	题第三方市场合作。加强两国在"一带一路"建设框架内合作，共同	2017德国.tx
11	用好各类合作机制，加强共建"一带一路"倡议同西班牙"亚洲发	2018西班牙
12	建交40周年之际，双方决定推进"一带一路"倡议同欧洲投资计划	2016捷克.tx
13	的地。双方应该以签署共同推进"一带一路"建设政府间谅解备忘	2016波兰.tx

图 4　"一带一路"的索引分析

合和混血的状态，"一带一路"建设是具有包容性和均势性的全球发展倡议，符合大多数国家利益。参与"一带一路"的国家（地区）间是合作伙伴关系，结成"利益共同体"，甚至达成"命运共同体"，让受众产生认同感。

（3）文化的"同情认同"

王义桅认为，如果强调自我表达，外交话语便太中国化，很难被国际社会所接受；如果一味按照西方的表达方式或习惯来表达，则容易失去自我。[①] 只有既保持"外位性"，把自己放在对方的角度去审视，看到对方文化中的我，又超越把他者文化当作知识理解与兴趣满足的局限，在对话与合作中建立互惠性理解，才可以进行有效的跨文化沟通。

署名文章无论谈及何种话题，都力求语言表达的本土化、国际化，致力于打破文化隔阂，在所选 14 篇文章中，18 次引用俗语、谚语或名言来促进文明交流互鉴，为深化国家交往与合作奠定基础。

在习近平海外署名文章中，一些反映共同价值理念的谚语和故事多次出现："中波两国都有一句谚语叫'患难见真情'"[②]；"中国人说，患难见真情。沙特有句俗语：向急于求助的人伸出援手是最大的善行"[③]。文章共讲了 24 个小故事：2015 年出访俄罗斯时讲了中国女记者胡济邦冒死报道战争的精神；2016 年出访波兰，提到傅拉都、戎格曼等人为中国抗日战争提供医疗支援的情谊；2019 年出访意大利，提到了马可·波罗的趣事等。

这些共同的谚语或寓意相似的故事，展示了双方文化和价值观中的共同之处，有助于实现认同。引用双方文化融通的语言精华可以让关键信息的传达更有效，可以部分程度上克服文化、语言差异造成的障碍，找到跨文化沟通的最大公约数，使受众产生共鸣。

（二）对立认同

对立认同是"通过分裂而达成凝聚的最迫切的形式"[④]，这种分裂指的是对立面，由于两者具有共同的"敌人"而形成联合。利用对立面的概念更能激发

---

① 王义桅：《中国外交如何争取国际话语权》，《人民论坛·学术前沿》2012 年第 12 期，第 62 页。

② 习近平：《推动中波友谊航船全速前进》，《共和国报》2016 年 6 月 17 日。

③ 习近平：《做共同发展的好伙伴》，《利雅得报》2016 年 1 月 18 日。

④ Attardo& Salvatore. *Linguistics Theories of Humor*. Mouton de Gruyter, 1994, p. 61.

受众的危机感，提高与修辞者的凝聚感。

1.修辞行为的"对立认同"

社会网络分析的凝聚子群（cohesive subgroups）是一种社会结构分析，用于提取网络中可能存在的"派系"（clique）或小团体（subgroup 或称 cliques）。所谓小团体就是团体中的成员关系特别紧密，以至结合成一个次级团体，形成了一个小的派系。[①] 小团体内部之间的关系十分紧密，而与外部关系较为薄弱。

社会心理学对凝聚子群的研究发现，子群内部存在着相似的目标、规范和心理，进行频繁的信息分享，进而产生相对紧密的合作关系。[②] 在国际关系研究中，子群可以用来分辨不同的利益集团，明辨在国际关系中哪些国家利益相关性较大，关系更加紧密。[③] 凝聚子群分析从国家互访网中析出了以下 5 个子群：

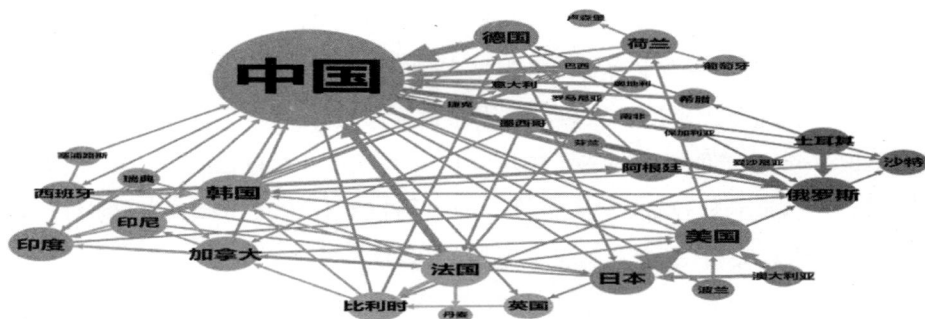

图 5　凝聚子群图

---

① 罗家德：《社会网分析讲义》，社会科学文献出版社 2010 年，第 32 页。

② 吴瑛、李莉、宋韵雅：《多种声音一个世界：中国与国际媒体互引的社会网络分析》，《新闻与传播研究》2015 年第 9 期，第 17 页。

③ 潘峰华、赖志勇、葛岳静：《社会网络分析方法在地缘政治领域的应用》，《经济地理》2013 年第 7 期，第 17 页。

表 2　凝聚子群分析

子群	子群成员
子群 1	中国、德国、意大利、捷克、墨西哥、巴西、罗马尼亚、芬兰、卢森堡、荷兰、奥地利、南非、阿根廷、荷兰、葡萄牙、希腊、保加利亚
子群 2	加拿大、韩国、印尼、印度、瑞典、西班牙、塞浦路斯
子群 3	法国、比利时、丹麦、英国
子群 4	美国、日本、波兰、澳大利亚
子群 5	俄罗斯、土耳其、沙特、爱沙尼亚

　　凝聚子群显示的最大的、也是最核心的是子群 1，主要由中国、德国、意大利、墨西哥等国家组成，这个子群中处于最核心也拥有最紧密关系的"主干网络"是中国。从与中国形成凝聚子群的国家来看，对象多元，不仅限于德国、意大利、芬兰等欧洲国家，还包括拉丁美洲的墨西哥、阿根廷以及非洲的南非等。中国不论大小强弱、社会制度异同、经济发展程度若何，均与其"添加好友"，外交辐射面广泛。

　　从子群 2 可以看出，加拿大较为重视与亚洲国家诸如印度与印尼的关系，西班牙也看重与韩国、印度的联系；子群 3 中，3 个西欧国家英国、法国、比利时与北欧的丹麦自成一派；子群 4 中，日本与美国的箭头最粗，可以看出美日元首之间互动的频繁性，也是"美日同盟再定义"的证据，澳大利亚也非常重视与美国的关系；子群 5 中俄罗斯与中东国家土耳其、沙特联系紧密，近些年来一直在观察中东地区时局、主动营造机会、塑造地区新议题。

　　为实现"消弭差异、达成同一"的修辞目的，除了正面引导，借助感情共鸣实现同情认同外，修辞者还需要树立一些共同的"敌人"，从反面证明两国合作交往共赢的重要性。[①] G20 国家基于相近的利益或目标形成凝聚子群，也是用于构建"对立认同"的方式，使子群的对立面得以凸显，以此形成子群内部国家的凝聚感和认同力。

---

　　①　陈昌凤、吴坤：《以同一求认同：中国领导人对外传播的修辞策略研究——习近平海外媒体署名文章的分析》，《兰州大学学报》2017 年第 4 期，第 128 页。

中国通过元首外交的形式在 G20 搭建了凝聚子群,派系或团体的搭建具有意识形态的性质,决定了认知的方向,为受众构建了一个有倾向的世界。群体成员在明确自己群体身份的同时,也间接认同了彼此的价值观和意识形态。对立面不是一成不变的,中国需要审时度势,不断地对周围的环境进行判断,从而选择适当的策略,不断地添加子群成员或者融入其他子群,构建新的"对立认同"格局。

2.修辞话语的"对立认同"

全球公共问题的兴起,要求开展元首外交时不能仅仅从国家利益出发,更要关注民众的呼声和全球社会的要求。一个国家能够较大程度上适应全球公民社会的要求,就能得到广泛的认同和支持,对于外交局面的拓展和国家行为能力的提高影响巨大。

当今世界,和平与发展虽然是两大主题,但恐怖主义的威胁、局部冲突的频发、气候变化、能源安全等也影响到了稳定与发展。署名文章 5 次提及"全球治理"与"气候变化"问题,将被访国放入应对全球主要问题与威胁的统一战线上,号召各国合作呵护人类赖以生存的家园。这种外交话语的表达方式,"既反映了全球化时代国与国相互依存的现实,也体现了中国与世界相联系、共命运的认知,使当代中国外交话语具有更大的包容性与合作性特点"①。

此外,署名文章 10 次提及"命运共同体",8 次提及"人类命运共同体",且多与"新型国际关系"一词共同出现:"为推进以合作共赢为核心的新型国际关系、打造人类命运共同体做出贡献"②;"共同畅想构建相互尊重、公平正义、合作共赢的新型国际关系,构建人类命运共同体的美好愿景"③。

人类命运共同体是"源于中国,属于世界"的价值观,超越西方思想以国别、种族、历史、宗教划分的传统界限,强调在追求本国利益时,兼顾他国合理关切,谋求本国发展时促进各国发展。该词将矛头对准阻碍人类共同进步与发展的问题,从而实现"国家利益观"与"共同利益观"、"国家发展观"与"国际

---

① 陈以定:《当代中国外交中意识形态建设与国际话语权建构——基于中国外交话语分析视角》,《学术界》2012 年第 7 期,第 80 页。

② 习近平:《推动中波友谊航船全速前进》,《共和国报》2016 年 6 月 17 日。

③ 习近平:《东西交往传佳话,中意友谊续新篇》,《晚邮报》2019 年 3 月 20 日。

合作观"的融合①。

(三)"误同"

"误同",是修辞中最深层的部分,涉及的是人类无意识的行为,是一种幻觉式的认同。"误同",隐蔽性强,效果更好,使受众在不知不觉中进入"埋伏"。

1.修辞行为的"误同"

在 2015—2019 年中国元首对 G20 国的国事访问次数排名中,尤为引人瞩目的是排名前二的俄罗斯和南非。习近平就任国家主席后,把对外出访首站选在俄罗斯(2013 年),并分别在 2015、2017 和 2019 年对俄罗斯进行国事访问。俄罗斯是世界大国、联合国常任理事国,在国际格局中影响巨大。

俄罗斯与中国的境遇相同,是"二战"历史观和战后国际秩序的共同维护者,同时都是"大国""互为邻国"以及"金砖国家",中国元首对俄罗斯的国事访问将这些相同的身份不自觉地投射到两国关系中,产生了"误同"。"误同"跳过了劝服受访国的过程,直接预设该国与中国本来就是一致的,从而使其在认知上越过进行判断的环节,产生一种非真实内心所想的立场。②

两国持续互动的元首外交有利于构建和平、稳定、安全的周边环境,共同开创强国睦邻新模式,超越"强国无善邻"的西方传统模式,维护双方的安全利益。在美国"退出巴黎协定"、英国"脱欧"、"逆全球化"成为一股潮流的大背景下,中俄"外交组合"成为全球治理、国际关系民主化的重要力量。③

在中国外交的整体布局中,发展中国家是基础,非洲是"基础中的基础",5年来习近平 2 次访问南非,足见对于非洲国家的重视。中国与南非频繁的元首外交在其他国家与非洲国家关系中绝无仅有,对中非关系和其他双边关系具有明显的示范作用和积极影响。

南非与中国同为金砖国家,同时中国是最大的发展中国家,南非是非洲的政治、经济、军事强国,相同相似的身份诱发两国的"误同"。因为有着共同的命运和发展诉求,两国不知不觉达成"共同体"的认知,"无意识地诱发合作的

---

① [加]约翰·柯顿:《G20 与全球发展治理》,《国际观察》2013 年第 3 期,第 15 页。
② 许峰、朱雯:《肯尼斯·伯克话语修辞观视角下的国家形象塑造——以习近平主席的外交演讲为例》,《理论月刊》2014 年第 8 期,第 65 页。
③ 刘兵:《首脑出访与中国外交》,外交学院硕士学位论文 2007 年,第 35 页。

行为可能比有意识地诱发合作的行为更有威力"①。

在"治理"全球化的形势下,发展中国家的合作,尤其是发展中大国的协商与合作,对世界经济和政治格局发展的作用日益明显,中国与非洲的"南南合作"正在成为不容忽视的力量。

2.修辞话语的"误同"

肯尼斯·伯克认为"误同"的"一等奖当归属简单的复数第一人称代词'我们'(we)"(陈昌凤、吴坤,2017)。在修辞过程中,"我们"一词能够让受众产生与作者拥有共同特点或拥有共同利益的幻觉,从而在潜意识中与作者产生共鸣。

在所选署名文章中,一共出现 37 次"我们",用来代指中国与被访问国家的关系:"我们要坚持平等互信、共对时代挑战"②;"让我们携起手来,并肩前行,昂首阔步,共同开创中南友好新时代"③;"在当今世界百年未有之大变局中,在人类社会发展的关键阶段,我们面临的挑战和风险更趋复杂"④。

"我们"一词将"我与他"的主客体思维变为"我与你"的主体间性思维,具有文化超越的力量。引导受众模糊权力地位、意识形态、国家利益等方面的界限,建构受访国民众对双方友谊与合作、中国外交理念的接受与认同,在潜移默化中完成了认同。

署名文章中,还 8 次提到诸如"一样""相近""相似""相同"等词:"中南都是发展中大国和新兴市场国家,秉持相同或相近的发展观、安全观、国际秩序观"⑤;"相近的发展诉求、相同的发展使命、相融的发展利益为中沙关系向纵深发展提供了持久动力"⑥。

这些词巧妙地拉近了中国与受访国的距离,对听者具有裹挟力量,有时甚至在没有被明确意识到之处发生作用,使对方感同身受,产生共情体验。自动地预设了听众的立场,使其跟随作者的步伐,一步一步地落入设定的"情感漩

---

① 鞠玉梅:《肯尼斯·伯克修辞学思想研究》,中国社会科学出版社 2017 年,第 111 页。

② 习近平:《推动中波友谊航船全速前进》,《共和国报》2016 年 6 月 17 日。

③ 习近平:《南非携手开创中南友好新时代》,《星期日独立报》2018 年 7 月 22 日。

④ 习近平:《在共同发展的道路上继续并肩前行》,《费加罗报》2019 年 3 月 23 日。

⑤ 习近平:《让友谊、合作的彩虹更加绚丽夺目》,《星报》2015 年 12 月 1 日。

⑥ 习近平:《做共同发展的好伙伴》,《利雅得报》2016 年 1 月 18 日。

涡",产生共鸣。①

五、结论

本文运用认同理论分析了中国 2015—2019 年在 G20 的元首外交,研究发现:在修辞行为层面,G20 国家元首互访网络中,中国的中心性最高,通过高频度的元首访问深化理解,搭建起"同情认同"的桥梁;G20 共有 5 个凝聚子群,中国处于最大最核心的子群,通过团体的搭建影响群体成员的认知方向,完成"对立认同";通过强调相似的命运和相同的诉求,投射到两国关系之中,建立"误同"。在修辞话语层面,海外署名文章不断突出双方利益、情感的共同点,塑造一致的"敌人",拉近与受访国之间的距离,消解差异、构筑认同。

随着当前世界力量对比发生变化,世界秩序经历转型,由西方建立并主导的国际政治经济秩序已不能完全适应变动的时局。② G20 作为重要的集团,承担着改革和完善现有国际治理体系的重要任务,G20 内部的国家也因希望提高自己的国际议题设置能力以及价值观吸引力而愈发重视通过元首外交实现政治传播。

作为 G20 的成员国,中国利用"认同"理念,从修辞行为和修辞话语层面在 G20 进行政治传播,将元首外交的"灯塔效应"与国家形象有机结合,"阐释共同信仰和理念、消弭差异、实现共识、促进合作"③,为中国外交打开更加宽广的空间,为创新国际关系理论贡献了中国智慧,为推动国际治理体系改革提供了中国方案。

(吴瑛,上海外国语大学新闻传播学院教授,博士生导师;乔丽娟,上海外国语大学新闻传播学院博士生)

---

① 蔡艳玲、李晓杰:《新修辞学同一理论在外交演讲中的应用——以习近平巴基斯坦演讲为例》,《外语与翻译》2016 年第 3 期,第 54 页。
② 吴志成、李冰:《全球治理话语权提升的中国视角》,《世界经济与政治》2018 年第 9 期,第 7 页。
③ 陈昌凤、吴坤:《以同一求认同:中国领导人对外传播的修辞策略研究——习近平海外媒体署名文章的分析》,《兰州大学学报》2017 年第 4 期,第 132 页。

The Political Communication Research Based on Burke. K's Identification Theory
— Taking China's Head-of-State Diplomacy as an Example(2015—2019)

Qiao Lijuan   Wu Ying

Abstract: The current world witnessed the transformation of political and economic pattern, the international agenda-setting ability has become an important part in international competition and significant component of each country's political communication. Based on Burke. K's Identification Theory, this paper explored China's head-of-state diplomacy in G20 from 2015 to 2019 from rhetorical behavior level and rhetorical discourse level. The adoption of "identification by sympathy", "identification by an antithesis" and "identification by inaccuracy" strategies has promoted head-of-state diplomacy between China and G20 countries, facilitated "identification" among countries and advanced political communication effects.

Keywords: Identification Theory; Head-of-state Diplomacy; Signed Article; Identification by Sympathy

"欺骗"的隐喻和拟人观念的变迁

——《维纳斯与丘比特的寓言》研究

栾懿

摘要:名画《维纳斯与丘比特的寓言》一直以其复杂主题和后世的多重解读而闻名,其中右下角的人面兽身女子引起了众多学者的注意,她隐藏在阴影中,被布龙齐诺巧妙地安置在"愚蠢"身后,所以她是一个被隐蔽的形象,也被赋予了隐喻的含义。在此,笔者试图厘清这一拟人像的身份,学界通常将这一拟人像视为"欺骗",但随着对这一形象的深入研究,其解读逐渐脱离拟人化。因这一形象与斯芬克斯图式的相似性,亦有学者将她视为斯芬克斯的化身。本文将通过画作与文本之间的互文性,对这一拟人像进行解读,并得出"欺骗"与斯芬克斯的双重释义。

关键词:维纳斯与丘比特的寓言;欺骗;斯芬克斯

20世纪90年代,学界展开了对《维纳斯与丘比特的寓言》(图 1:*Allegory of Venus and Cupid*)的充分讨论。自此以后,这幅画便因其奇异母题与传达的丰富寓意,在学界广受关注,但是关注并不意味着没有问题和盲点。布龙齐

诺（Agnolo Bronzino）的《维纳斯与丘比特的寓言》作为手法主义的经典画作，
受科西莫公爵（Duke Cosimo）所托，献给法国君主弗朗西斯一世（François I），
但因为画中的复杂隐喻，出现了多重解释与人物辨识的问题。本文将对画中
人面兽身女子（图2）进行分析，通过图像与古典文献的联系，来探讨这一拟人
像的真正内涵与寓意。

图1　布龙齐诺，丘比特与维纳斯的寓言，木板油画，　　图2　拟人像细节图（图右）
1540－1550，146.5cm×117cm，藏于英国伦敦国家美
术馆（图左）

一、《维纳斯与丘比特的寓言》中拟人像的双重解读

瓦萨里（Giorgio Vasari）在《艺苑名人传》（*Lives of the Artists*）[①]中对《维

_____

① 　《艺苑名人传》意大利文全称为《Le vite de' più eccellenti architetti, pittori, et scultori italiani,
da Cimabue insino a' tempi nostri》，因篇幅原因，故采用此译名

纳斯与丘比特的寓言》做过简要概述,这一概述成为后世学者产生分歧的源头。瓦萨里将这幅画描述为"送给法国国王弗朗西斯一世的极美画作,画中人物分别是裸体的维纳斯和亲吻她的丘比特,一边是'愉悦'(Pleasure)和'玩耍'(Giuoco),另一边是'欺骗'(Fraude)、'嫉妒'(Gelosia)和'爱恋情欲'(passioni d'amore)"①。由于瓦萨里没有细致地对形象进行逐个解读,他仅在法国对此画有短暂的观赏经历,对此画的记忆甚少,且这一写作内容很可能是当时布龙齐诺的赞助人——科西莫公爵(Duke Cosimo)授意的,所以瓦萨里的文字阐述与《维纳斯与丘比特的寓言》的画面有很大偏差,出现了指代不明且遗漏的图像。就瓦萨里的论断而言,由于文本年代久远,再版过程中可能出现词语遗漏,如果在 ed 和 il Piacere 之间插入一个动词,那瓦萨里对这幅画的解释便会截然不同——"一方面是快乐、闲暇运动和其他种类的激情,另一方面是欺骗、嫉妒和其他由爱产生的负面激情"②。若是这一推断成立,那么瓦萨里的陈述就不仅是对画中单个人物进行分析,而是将这个复杂的寓言解释为一个主题的两部分——"愉悦与痛苦"(Piacere e Dispiacere)。

　　大部分学者对画中维纳斯、丘比特或时间老人的身份并无异议,故这幅画的不同解读方式很大程度上取决于对"爱恋情欲"不同身份的辨识。例如画面左边捧着头痛苦嚎叫的人是"嫉妒"的拟人像;右边那位戴着铃铛脚镯,脚上扎着一根刺,扔着玫瑰花瓣的丘比特,被辨识为"快乐"或"愚蠢"。在丘比特身后,被遮蔽的人面兽身女子,通常被贴上"欺骗"的标签。本文探讨的便是画面右后方,藏在阴影中身着绿衣,人面兽身的女子。我们可以看到,在处理这一形象的过程中,布龙齐诺将完全不同类别的生物结构放置于一个女子身上——她长着一张女孩般白皙的脸,诡异地呈反向状态的人类双手,背部覆盖

---

① E. Panofsky. *Studies in Iconology*. Oxford University Press, 1939, p. 87. fece [il Bronzino] un quadro di singolare bellezza, che fu mandato in Francia al re Francesco; dentro il quale era una Venere ignuda con Cupido que la bacciava, ed il Piacere da un lato e il Guioco con altri Amori; e dall'altro la Fraude, la Gelosia ed altre passioni d'amore.

② E. Panofsky. *Studies in Iconology*. Oxford University Press, 1939, p. 87. fece [il Bronzino] un quadro di singolare bellezza, che fu mandato in Francia al re Francesco; dentro il quale era una Venere ignuda con Cupido que la bacciava, ed il Piacere da un lato e il Guioco con altri Amori; e dall'altro la Fraude, la Gelosia ed altre passioni d'amore.

着鳞片,狮子的爪子与后腿,还有一条蛇蝎般的尾巴。对于该形象,学界既有"欺骗"的隐喻式解读,也有"斯芬克斯"的神话式生物理解。

最初,和瓦萨里一样,潘多夫斯基(Erwin Panofsky)将这种有悖常理的生物形象辨识为隐喻性的"欺骗",认为她是下方两个面具的主人,而里帕(Cesare Ripa)把这两个面具理解为"两面派的欺骗"①,这既是对这一形象的暗喻,又符合上文双重主题的阐释。这个迷人的怪物穿着一件丝质的紫色长袍,她的手从右向左呈反向状态,分别拿着一个蜂巢和自己的尾巴。很明显,一方面她欺骗性地提供了"甜蜜";另一方面,她欺骗性地隐藏了即将到来的痛苦,即毒蛇的螫刺。这个比喻的结果是一个典型的文艺复兴式的奇思妙想,指的是几乎所有情爱活动的双重性质,即"愉悦与痛苦"。因此,潘诺夫斯基得出结论:"我们在这里看到的是一位艺术家设计出来的最复杂且表里不一的符号,但奇怪的是,它并没有被现代的观察者迅速理解。"②直至今日,这一古老符号的真正含义仍然"没有被现代观察者迅速理解"。

自从潘多夫斯基开启了图像学家的潘多拉之盒以来,人们对这幅画的各个形像和整体寓意提出了许多不同的解释。针对于本文所要研究的这一拟人像,早期学者大多遵循瓦萨里的寓言式认同——"欺骗",很少有人在文艺复兴神话、诗歌等古典文本中寻找其源头来分析布龙齐诺这一拟人像的真实身份。尽管对该形象的辨识在早期形成了固定传统,但后来学者认为人面兽身形象不只是一种隐喻,尤其是在文艺复兴的"想象力"(fantasia)③传统下,人面兽身的形象被辨识为斯芬克斯。布龙齐诺为这一拟人像营造了一个身着绿衣的迷人女性的表面形象,但是这件衣服并不能完全遮盖她的兽身。很明显,这一令人毛骨悚然的杂交动物④是布龙齐诺用个人想象力创造出的独一无二的形象,

---

① Cesare Ripa. *Iconologia*. Padua,1611,p.187.

② E. Panofsky.*Studies in Iconology*. Oxford University Press,1939,pp.86－91.

③ Cennino Cennini. *The Craftsman's Handbook*. Dove Publications.1960."fantasia"一词可译为"想象力"与"幻想"。琴尼尼认为想象力是艺术家必不可少的能力,只有将"想象力"与技艺结合起来,才能获得优秀的艺术。而"想象力"在杂交动物中得到了集中体现。这种半人半兽的杂交动物在文艺复兴时期的诗歌与绘画中尤为常见,"创造性"的人造复合动物被视为司空见惯的物象。

④ 《现代汉语词典》,商务印书馆,1564;杂交动物通常是指两个不同种、属或品种的动物进行交配或结合。在本文中,杂交动物指画家通过个人想象最终创造出了杂交动物形态,将其运用到艺术品中。

它更像希腊神话故事中的斯芬克斯形象。

二、"欺骗"的隐喻式解读

关于《维纳斯与丘比特的寓言》中人面兽身女子的解读，传统的艺术史学者大多认为她是"欺骗"，像瓦萨里和潘诺夫斯基都持这一观点。而布龙齐诺创作的这一杂交动物的图像志原型也可以从但丁（Dante Alighieri）、里帕、文森特·卡塔里（Vincenzo Cartari）的文本中找到记述。在此，人面兽身女子是本体，"欺骗"为喻体，"欺骗"是对画中形象的隐喻。值得注意的是，正如艺术史中的大多画作一样，布龙齐诺并没有对这幅画留下任何解释性的文字记录，但瓦萨里、潘诺夫斯基等学者都将这一杂交动物称为"la Fraude"，即"欺骗"的人格化。

"欺骗"这一形象第一次出现是在但丁的《神曲》地狱篇中，他描绘了一个生物，有着"欺骗"的面孔，但其余的身体部位却是一条蛇，它的尾巴有着不同的斑点和颜色，并附着蝎子的刺，这与《维纳斯与丘比特的寓言》中躲在暗处的怪物非常相似。在地狱的第七层，维吉尔向但丁宣布，他们必须乘在欺骗之兽格里昂（Greyon）的背上，飞到更深的火坑里去。"你瞧，那只翻山越岭，摧毁城墙和武器的尖尾巴野兽，瞧那个放臭气熏坏世界的怪物！……那个象征欺骗的肮脏的形象就上来了。它的面孔是正直人的面孔，外貌是那样和善，身体的其余部分完全是蛇身；它有两只一直到腋下都长满了毛的有爪子的腿；背上、胸部和左右腰间都画着花纹和圆圈儿。"[1]这一形象与《启示录》（Revelations）中极具攻击性的"蝗虫"非常相似，但丁在此引用了一段《圣经》经文："人们观察到它们有像男人一样的脸，像女人一样的头发，像狮子一样的牙齿……像蝎子一样带刺的尾巴，伤害能力可以足足延续五个月。"[2]在此，"欺骗"的真实性别与《维纳斯与丘比特的寓言》中的拟人像有些矛盾。这位可怕的杂交动物本质上是女性，但在外表上却是男性。鉴于多数寓言人物都具有女性特征，无论

① ［意］但丁著，朱维基译：《神曲》，上海译文出版社 2013 年。

② Dante Alighieri. *The Divine Comedy*: *Inferno Purgatorio Paradiso*. Everyman's Library, 1995.

是善是恶。我们可以假设，类似于瓦萨里的后期读者，经常在个人书目中逐句引用但丁的话语，自动地将但丁的"欺骗"拟人像变成女性。

但丁描写的怪兽是《维纳斯与丘比特的寓言》中更合乎逻辑的"欺骗"文本来源。布龙齐诺作为佛罗伦萨艺术学院（Accademia del Disegno）的成员经常聆听关于但丁、彼得拉克和米开朗基罗等作家与艺术家的演讲，他的滑稽诗《赞美厨房》（In lode della galea）便是对但丁《神曲》的再创造。① 而在但丁引文中的"欺骗"非常符合布龙齐诺所绘的人面兽身女子形象，布龙齐诺很有可能是在阅读了这一段落之后得出的创作灵感。

里帕的"欺骗"图像志与但丁的文本描述非常相似，"有两副面孔的女人，一张年轻美丽，一张年老丑陋…还长着蝎子尾巴"②。当然，里帕不是第一个借用但丁《神曲》中的"欺骗"置于个人文本的理论家。事实上，在瓦萨里将这一形象视为"欺骗"拟人像的十年前，即1556年，有一份几乎完全相同的文本出现——文森佐·卡塔里在其图像手册《众神的形象》（Magini colla sposizione degli dei degli antichi）中讨论了"欺骗"。瓦萨里非常熟知这一作品，并从中借用了许多段落置于其《艺苑名人传》中。③ 尽管未经确认，这极有可能为里帕描述"欺骗"提供了最为可靠的文本来源。

卡塔里将"欺骗"这一生物命名为拉米亚（图3：Lamia），"在利比亚的野外，有一些最残忍的生物——拉米亚，她有女子的脸和胸部，再漂亮不过了；从她们的外表便可以看出欺骗性格，尤其存于她们的眼里，充斥着优雅和渴望，无论谁看到她们，都会认为她们是温顺且平和的。然而，她们身体的其余部分覆盖着最坚硬的鳞片。这些野兽没有翅膀，也不会说话，除了嘶嘶声，她们无法发出别的声音。她们跑得如此之快，以至没有其他动物能逃脱她们，她们也以同样的方式追捕人类。拉米亚向猎物露出了白色乳房，通过暴露自己而吸

---

① Deborah Parker. *Towards a Reading of Bronzino's Burlesque Poetry*. *Renaissance Quarterly*，1997，p. 1021.

② Cesare Ripa. *Iconologia*. Padua，1611，p.188. Donna con due faccie，una di giovane bella，l'altra di vecchia brutta …e［con］la coda di scorpi one.

③ G. Smith. *Jealousy*，*Pleasure and Pain in Agnolo Bronzino's*。"*Allegory of Venus and Cupid*". Pantheon，1981，p. 250.

引猎物,趁猎物不备之时用爪子抓住他,并吞噬他"①。拉米亚在此是精神性的生物,是残忍的恶魔,以贪婪的人类肉体为食。

这一主题与《维纳斯与丘比特的寓言》中的"欺骗"拟人像非常相似,隐藏在黑暗背景中的生物即将去捕食,以人类的贪欲与色欲为食。虽然布龙齐诺选择不说明他的主题,但是卡塔里为此提供了答案。卡塔里在《众神的形象》中明确阐释了"欺骗"拟人像,既是对个人书写的表达,亦是对布龙齐诺画中人物的再现。正如布龙齐诺对"欺骗"这一形象的处理,通过人面兽身的外表来揭示"欺骗"的内在性质,创造了这一隐喻。尽管这一人物看起来温和且谦逊,但她的实际行为却恰恰相反,她双手中拿着蜂巢

图 3　博洛格诺·扎尔蒂埃里,拉米亚与哈比斯,文森特·卡塔里《众神的形象》书内插图,284 页

和自己的带刺尾巴,蓄势待发,这些暴露的行动都使得这一人物颇具攻击性。

在卡塔里的神话手册出版后,瓦萨里的亲密伙伴——费德里戈·祖卡罗(Federigo Zuccaro)在 1562 年绘制了《阿佩莱斯的诽谤》(图 4:*Apelles's Calumny*),其中便有"欺骗"这一致命拟人像。"欺骗"被描绘成半人半蛇的形象,阿佩莱斯于此遭受了"欺骗"的攻击,完全符合卡塔里神话手册中的描述。"欺骗"作为一个合成性形象,也早已广泛出现在文艺复兴时期的文本中。

在 1536 年阿德里安·威拉尔特(Adriaan Willaert)首次出版的《五场弥撒歌唱之书》(*Cantus Liber Quinque Missarum*)中,此书是献给亚历山德罗·德·美第奇(Alessandro de' Medici)的。弗朗西斯科·马科里尼(Francesco Marcolini)在此书内设计了一个书籍插图(图 5),因这一插图和布龙齐诺的画

---

①　Vincenzo Cartari. *Le Imagini Dei degli Antichi*. Venice,1571:296—97

图 4 费德里戈·祖卡罗，阿佩莱斯的诽谤，布面油画，144.6cmx235.0cm，藏于汉普顿宫

作都是美第奇家族赞助的，它通常被学者们认为是布龙齐诺创作的图式来源，二者是一脉相连的。[①] 马科里尼在插图中大胆地刻上了"VERITAS FILIA TEMPORIS"，象征着"真理是时间的产物"。与布龙齐诺的画作一样，这个符号表达了"时间老人揭露令人不快的真理"的思想。且在马科里尼的版画中，我们同样可以看到时光老人的形象出现在画面的顶端。然而，与布龙齐诺的画作不同，时光老人抓住了沙漏，而且用他强有力的胳膊举起了赤裸的"真相"。其中画面中间有一个未确认身份的拟人像，是一个有着蛇尾的裸体女人。尽管在印刷品中，这个生物没有被标识出来，但在 1573 年，朱塞佩·贝图西（Giuseppe Betussi）提到马科里尼的杂交动物代表了"la mezogna"，即"谎言与错误"[②]，这与文中所探讨的"欺骗"拟人像十分相似。这一版画清晰地呼应了《维纳斯与丘比特的寓言》的隐喻意象，时间老人通过揭露谎言来揭示真相。这一潜伏在阴暗处的杂交动物，具有另一重潜在的意义，作为"谎言"或"欺

① Charles Hope. *Bronzino's Allegory in the National Gallery*. Journal of the Warburg and Courtauld Institutes，1982.

② Betussi Giovanni. *Ragionamento sopra il Cathaio*. Florence，1573.

骗",曝光了画中主体人物的关系。

很明显,诗人和画家都把但丁的"欺骗"这一混合形象作为一种标准的肖像——虽然他们认为这种形象有时是男性的,但更多时候是女性的。在里帕的《图像学》首次出版之前,就已出现这一混淆。在16世纪,每个受过教育的意大利人都知道但丁"欺骗"的原型——具有欺骗性的人脸,亦有着蛇的身体和柔和的皮肤。而布龙齐诺作为博学的人文主义者,与科西莫宫廷内的诗人相交甚好,并对古典极其熟悉,故这一文本也是他创作的参考。在此情况下,我们探索"欺骗"拟人化形象,是在探讨一种艺术与文学理论之间的联系,但回到16世纪,这一含义很可能会被学者们赋予艺术性,是自然发生的艺术主题。而在20世纪,这一形象不仅仅被辨识为"欺骗"拟人化,对拟人观念的解读也逐渐转向更为贴切的艺术母题。

三、拟人观念的变迁——斯芬克斯的新解

随着学界对《维纳斯与丘比特的寓言》研究的深入,布龙齐诺笔下的人面兽身女子不仅仅只有"欺骗"拟人像的单一化解读方式。由于这一形象有着女性的脸庞、狮子的躯干,其人面兽身的特征与斯芬克斯的外貌十分相似,同时这幅画含糊不清的情色意味也与斯芬克斯的神话内容十分贴切,故这一形象的解读便从"欺骗"拟人像变迁为斯芬克斯。

斯芬克斯这一形象源于古埃及神话,后传入希腊,成为希腊神话中的一份子,并随着文艺复兴的装饰艺术盛行而得到发展。在原典中,赫拉派斯芬克斯驻守在底比斯附近的山顶上,她站在一块岩石上,摆出迷人的姿势,向任何经过她身边的人以谜语的形式发问:"什么东西早晨用四条腿走路,中午用两条腿走路,晚上用三条腿走路?"无论是谁,只要不知道如何解开谜语,就会惨遭杀害,然后被她吞噬。所以斯芬克斯的行为本质上是对无知之人的欺骗,暗含着"欺骗"这一层含义,亦是对"欺骗"拟人像的再深化。

无论是在外在形象还是在人物寓意中,古代文本中对斯芬克斯的描述与布龙齐诺笔下的人面兽身女子有着极高的重合度。斯芬克斯在16世纪的象

征文学作品中广泛出现。虽然在神话中斯芬克斯有着女人的脸和胸部、可飞行的翅膀、狮子的四肢与躯干，但在《维纳斯与丘比特的寓言》中，这一形象并没有翅膀。这一细节是被后世创造出来的，在 17 世纪以前的出版物中，从未出现过"斯芬克斯的翅膀"这一身体结构的描述。事实上，斯芬克斯一直被阿尔恰蒂（Andrea Alciati）在内的徽章学家证明是没有翅膀

图 5　马尔科尼，《五场弥撒歌唱之书》书内插图，藏于威尼斯

的（图6）。① 虽然上文中卡塔里没有提到斯芬克斯的蛇蝎尾巴，但其他 16 世纪的出版物中，斯芬克斯常被描述为有着鳞状附肢。在阿尔恰蒂的《徽志集》（*Liber Emblemata*）中，对斯芬克斯展开了叙述，"这是什么怪物？这是斯芬克斯。为什么它有着处女般的明亮的脸庞、厚厚的羽毛和狮子般的腿呢？"②斯芬克斯的徽志显然是无翅的。事实上，斯芬克斯这一形象一直保持无翅状态，直到 1621 年才出现翅膀（图7）。

阿尔恰蒂在其《徽志集》中将斯芬克斯视为一个危险的猫科动物，但有着人类的面貌，充满着来自无知国度的淫荡与欺骗。斯芬克斯与"无知"（Submovendam Ignorantiam）这一概念紧密联系，指的是一种需要被消除的无知状态。阿尔恰蒂写道："斯芬克斯的外在形象是导致无知的原因；有些人因轻浮的思想而无知。有些人因游手好闲的感官享受而无知；还有些人因傲慢骄傲而无知。"③这一"无知"理论是基于斯芬克斯而提出的，其中有三重寓意，

---

① Andrea Alciati. *A Book of Emblems：The Emblematum Liber in Latin and English*. McFarland Publishing，2004.

② Andrea Alciati. *A Book of Emblems：The Emblematum Liber in Latin and English*. McFarland Publishing，2004.

③ Andrea Alciati. *A Book of Emblems：The Emblematum Liber in Latin and English*. McFarland Publishing，2004.

图 6　匿名,斯芬克斯(无知),阿尔恰蒂《徽志　　图 7　匿名,斯芬克斯(无知),维吉利斯·
集》插图,1549(图左)　　　　　　　　　　　　　罗尼斯·特里的插图,1621(图右)

都可以从《维纳斯与丘比特的寓言》的人面兽身女子的形象中剖析出来。第一
重寓意是斯芬克斯的美貌使人无知,她具有少女的形态,但这只是假象,实际
上这一少女脸庞代表着快乐与淫荡,使人盲目。她将改变维纳斯与丘比特的
神性,取而代之的是兽性和堕落;第二重寓意则是这一形象身上覆满了羽毛,
公然宣告了这一形象灵魂的轻浮;第三重寓意则来自狮子的脚,它代表着骄傲
与无知,对事物持有错误的观点,会相信从不存在的东西。斯芬克斯藏在画面
的最后方,仿佛置身于戏剧之中,以胜利的姿态和凶猛的力量压迫着所有人,
画面中的所有人都要因无知、轻浮和骄傲而面临不可控的后果。而在结尾处,
阿尔恰蒂提出,人类的"无知"状态是可以消解的,"如果他知道德尔斐神庙
(Delphic)的座右铭——认识你自己①,那么他就是那个必须迅速切断这只可
怕的猫科怪物喉咙的人。因为人必定是用两条腿、三条腿、四条腿上站立的
人,所以审慎之人的最大荣耀就是认识人"②。

　　对于《维纳斯与丘比特的寓言》,无论是从视觉上,还是从寓意上最符合描
述的神话形象当属《塞贝斯的底比斯石碑》(图 8:*The Theban Tablet of*

---

　　①　nesce te ipsum
　　②　Andrea Alciati. *A Book of Emblems: The Emblematum Liber in Latin and English.*
McFarland Publishing,2004.

Cebes）中的斯芬克斯。此时，斯芬克斯与"欺骗"拟人像巧妙地连接在一起，而她第一次出现在历史语境中也是取自于这一文本。《塞贝斯的底比斯石碑》曾是标准的学校课本，最初在公元1世纪由希腊语写成。它既教授希腊语，也给读者讲解关于生活的隐喻。由于此书的双重用途，它在文艺复兴时期被大力复兴。在此书的开头，有一个坐在神庙入口处的天才，这位天才通过一幅画向聚集在一起的同伴展示了一个著名的谜语——由底比斯的斯芬克斯提出的谜语，具体分为三部分："什么是善；什么是恶；什么是既非善也非恶？"如果一个人破解了这个谜，他就战胜了这个可怕的怪物；如果破解不了，他就会被贪婪的斯芬克斯吞噬。紧接着这个天才指着一个端

图8　小汉斯·霍尔拜因，《塞贝斯的底比斯石碑》首页，29.5cm×20.2cm，1521，藏于巴塞尔博物馆

着杯子坐着的女人身影，说她是"欺骗"，她递给大家一大杯装满着"无知"的饮剂。在她旁边还有另外三个女性人物，象征着"观点"（Opinion）、"反对"（Oppenione）、"欲望"（Lust）、"好色"（Concupiscenz）与"性感"（Volupta）。而这部分则以赫米诺（Hermino）和西里奥（Celio）之间的对话形式呈现：

> H：我在大门的入口旁边看见一个审判台，一位女士坐在这个座位上，手里拿着一个杯子，看上去衣着考究，很有吸引力与说服力。她被称为"欺骗"，是一个奉承和欺骗全人类的人。现在她正在强迫所有进入生活的人尽可能多地喝她给他们的东西。
>
> C：那饮剂里有什么？
>
> H：错误和无知。

C：那他们每一个人都喝下错误了吗？

H：他们都有，但是一个人可能比另一个人喝得多。你在入口处是否看到另一群人，有着不同面孔和不同服装，看起来像妓女，他们是"观点""欲望"和"好色"。一旦普通人进入这里，这群人就会快乐地奔向他们，拥抱每一个人，并带领着他们一起离开。

C：去哪里？

H：有些会走向健康，有些则会走向毁灭。他们将奔向财富，并享受一种愉悦的生活。然而，事实并非如此，一旦他们恢复了理智，他们便意识到自己再也没有快乐了；一旦他们消耗了命运给的一切，就会遭受伤害，甚至被吞噬。现在他们必须为命运女爵（Dame Fortune）服务，不得不忍受一切，甚至低级庸俗地活着。为了取悦她，这些人必须做各种残忍的事情，偷窃、亵渎、假誓、背叛等。

C：我看到了那个地方和里面的人。

H：其中一个人，手拿着鞭子，要求受到惩罚。另一个人，她把头放在膝盖上，呈现出忧郁的状态。还有一个人，揪着自己的头发，她是痛苦的化身。

C：另一边还有两个人物，一个人野蛮、瘦弱且赤裸，另一个和她一样，狂野且瘦小。她们是谁？

H：她们是"哭泣"（Pianto）和"悲伤"（Tristezza）。每个人的命运都在她们的手中，在她们的陪伴下，他们将生活在痛苦中。后来，她们把他们关进不幸之家，在这里，他将最终结束他极度贫困的悲惨生活——除非他们碰巧遇到了忏悔者。①

这段对话显示了每个人的善与恶，如果一个人对当下发生的事情一无所知，那么无知就会杀死他。这幅画中的叙事内容就像斯芬克斯提出的黑暗要求，任何拥有智慧且敢于反抗斯芬克斯的人都得救了，无知的人则将被残忍杀害。斯芬克斯在此是堕落的化身，与"欺骗"的意义非常相似，她促使一个人过

---

① Hipparchus. *The Tablet of Cebes*. John Pindar, 1699.

着懒散和享乐的生活，并使一个人拥抱各种邪恶的形象和野蛮的行为。最终，这种无知的追求会导致惩罚或死亡。这些人物形象亦与《维纳斯与丘比特的寓言》有很多相似之处。《维纳斯与丘比特的寓言》最左边的"嫉妒"拟人像对应着《塞贝斯的底比斯石碑》中赤裸的、嚎叫的身影。"欺骗"利用人性的脆弱，欺骗他们奔向虚假的财富，使人堕入深渊。"哭泣"和"悲伤"可以看作是维纳斯和丘比特乱伦和无知行为的邪恶结果的预言者。而斯芬克斯则在旁边，静静地观看着这一切，审判着人类的罪恶，与时间老人揭下幕布揭露罪恶的预兆联系在一起。

　　斯芬克斯不仅在图式上与《维纳斯与丘比特的寓言》中的人面兽身女子相似，亦与神话的乱伦内容直接相关，即俄狄浦斯（Oedipus）因打败斯芬克斯后弑父娶母，这一神话影射了画中二者的关系。而对这一乱伦事件早在《奥德赛》中就有所描述："我见到奥（俄）狄浦斯的母亲、美貌的埃皮卡斯特，/她本人不明真相，犯下了可怕的罪孽/与自己的儿子婚配，儿子弑父娶母亲。"[①]这一神话故事中，斯芬克斯只是其中的配角，但这展现了弗洛伊德式的俄狄浦斯情结。[②] 儿子误杀父亲，而后迎娶母亲，展现了母与子的另类关系。而在《维纳斯与丘比特的寓言》中，丘比特作为维纳斯之子，二人做出了互相亲吻对方的举动，二者过分亲昵的状态展现了他们非同寻常的爱意。在后世的解读中，学者大多对维纳斯与丘比特的关系持乱伦的观点。而且以布龙齐诺的滑稽诗创作来看，他偏爱隐晦的性主题，在绘画中亦是如此。

　　斯芬克斯一向被作为淫荡女人的标志，哪怕在 17 世纪，"斯芬克斯"的古老含义仍然流行，甚至有所扩展。菲利波·皮奇诺里（Filippo Picinelli）写道："斯芬克斯代表一个放荡的女人，她有一张迷人的脸，摆出了处子之势，与这一姿势相对的是她无耻且放荡的身体。她有一对呈合拢状态的鸟类翅膀，与其说是为了奔跑，不如说是为了飞翔；在这一切外在因素准备就绪后，她将去逮捕她的非法猎物。这些是她窃取谦逊、贞操、名誉和生命的手段，她寻求的是灵魂，而不是身体本身。因此为了保护你自己，你必须及时预知这一女人的诡

---

① ［古希腊］荷马著，王焕生译：《荷马史诗·奥德赛》，人民文学出版社 2003 年，第 204 页。
② 亦称"恋母情结"。

计。"①斯芬克斯是放荡的标志,同时也是对画中不正当色情关系的反映。斯芬克斯开始寻求画外的目光,试图去逮捕观者,让观者沉迷于画中的奇异主题。正如《维纳斯与丘比特的寓言》中的寓意,我们要回归智慧和谨慎,不可过度沉迷于短暂的享乐,否则在阴影处的生物会静静等待,在一个合适的时机击倒这一切。

通过各个时期原典的论述,可以发现在《维纳斯与丘比特的寓言》中,人面兽身女子与斯芬克斯的视觉特征非常相似,二者都呈现为女性状态,有着女性的头部与胸部,而下半身则呈现为狮子的动物结构。而二者所传达出的道德意义也非常相似,斯芬克斯在此是"诱惑",一种生理和心理兼有的诱惑,她吸引着人去接近她,靠近她,使人接近于无知状态,再残忍地谋杀猎物;在《维纳斯与丘比特的寓言》中,这一人物也躲在暗处,以奇异而又美丽的身体结构静静地等待着人们发现她,感知她,并沉迷于她。

布龙齐诺画家与诗人的双重身份,加之他与佛罗伦萨宫廷内的人文主义者交游,长期对古代经典的研读使得他的画面充斥着各类隐喻,画中每个物象也有着不同的寓意。布龙齐诺在绘制这个隐藏在黑暗之中的人面兽身女子时,糅合了不同物种的结构,是"想象力"这一概念的集中显现。生物的复杂结构造成了其寓意上的复杂性。长久以来,该女子一直被解读为"欺骗"。但随着时间的变化,越来越多的学者开始关注《维纳斯与丘比特的寓言》,这一人物的拟人观念也随之出现变迁,而因该人物图像与寓意的高度匹配,被后世解读为斯芬克斯。这一转向并不是对传统的摒弃,而是在传统的基础上提出新解。而这幅画作为外交礼物的功用,让我们可以把整部作品看作是一部富有讽刺意味的宫廷作品,是对道德寓言的讽刺和嘲弄。

(栾懿,上海大学上海美术学院美术专业 2018 级硕士研究生)

---

① Picinello Filippo. *Mundus Symbolicus in emblematum universitate formatus*. Cologne,1694.

Metaphor of " Fraude " and change of anthropomorphic concept
—Research on " *Allegory of Venus and Cupid*"

Luan Yi

Abstract:*"Allegory of Venus and Cupid"* has always been known for its complex themes and multiple interpretations of later generations. Among them, the woman with human face and animal body in the lower right corner has attracted the attention of many scholars. Cleverly placed behind "Folly", so she is a concealed image, also given the meaning of metaphor. Here, the author attempts to clarify the identity of this anthropomorphic portrait. The academic community usually regards this anthropomorphic image as " Fraude", but with the in-depth study of this image, its interpretation gradually deviates from anthropomorphic. Because of the similarity between this image and the Sphinx scheme, some scholars regard her as the embodiment of Sphinx. This article will interpret this anthropomorphic figure through the intertextuality between the painting and the source text, and draw a double interpretation of " Fraude " and Sphinx.

Keywords: *Allegory of Venus and Cupid* ; Fraude; Sphinx

可见者与不可见者的交织

——梅洛-庞蒂艺术美学中的"深度"问题研究

苏梦熙

摘　要:"深度"是梅洛-庞蒂知觉现象学的核心概念,但关于这一概念的研究成果却不多。正是在"深度"概念的基础上,梅洛-庞蒂才建立起以视看为本质的身体哲学,纳入同西方现代艺术之间的对话,并借此超越西方传统哲学对绘画可见者的规定和看法。本文将分别从对"深度"的现象学描述、身体的运动逻辑、身体内部的拓扑空间及深度的生命伦理意义四方面来对此加以论述。

关键词:梅洛-庞蒂;知觉现象学;深度;现代艺术

作为海德格尔之后重要的现象学家之一,法国哲学家梅洛-庞蒂(Maurice Merleau-Ponty,1908—1961)开启了现象学新的研究路径。国内关于梅洛-庞蒂对现代艺术的分析已有不少研究成果,如苏宏斌《身体何以能够绘画?——梅洛-庞蒂绘画美学述评》、姜宇辉《画与真》、宁晓萌《表达与存在》、张颖《意义与视觉》、张尧均《隐喻的身体》等。但对于其重要的"深度"概念是如何在现代艺术分析中发挥作用的阐释成果并不多,在梅洛-庞蒂那里,"深度"是现代绘画从二维到三维、从构图到身体、从个体到世界进行转变的关键概念,是从现象学美学来理解艺术的新角度。梅洛-庞蒂认为现象学的任务不仅仅是纯粹地描述这个世界①、对可见者简单的列举描述,而追问的是可见者的存在本身。这也正是他最终走向西方现代绘画的原因所在,因为现代绘画令我们看到画家的视觉不再是对外部的注视,而是"指向万物在我们身体中秘密而躁动的生成"。这一生成凝结在"深度"中,展现为其现象学描述、身体逻辑、体验方式、伦理意义四方面。

一、深度的现象学"描述"

梅洛-庞蒂对绘画的关注首先来源于对"空间"本身的关注,在《知觉现象学》中,他就反对经验主义将空间作为事物容器的看法,认为空间不是装载的容器而是构成事物实存的条件,是物体同身体之间的联结。梅洛-庞蒂在将视野上下颠倒或偏斜的视觉心理实验中(被试者经过一段时间以后逐渐适应了视觉所接收的上下颠倒或偏斜的空间景象)证明,空间并不是理智构思的结果,而是身体体验的结果。诸如方向感等规定空间的概念不过是为身体所形成的习惯而赋予的知性结构,并随着身体习惯的改变而丧失有效性。他提出了多种被体验的空间:儿童的空间、梦的空间、病人的空间、原始人的空间,以及绘画的空间、黑夜的空间、音乐的空间。所有这些空间性都是"质的空间性",是不可测量的、不可被对象化的。

梅洛-庞蒂反对传统经验主义对空间的研究方法,他继承了胡塞尔所发明的现象学还原方法,认为首要任务应当是去"描述"空间②,描述空间就意味着描述深度——主体与空间的关系。深度的法语 profondeur 一词来自拉丁语

① "纯粹描述的要求是既不采用分析的方法,也不采用科学解释的方法",见[法]莫里斯·梅洛-庞蒂著,姜志辉译《知觉现象学》,北京:商务印书馆 2001 年版,第 3—4 页。

② "这就说明现象学的本质就是描述:它不解释,而是阐述。形式与结构成为意义的轨迹,意义在成为'表达'的意义之前,从根本讲就是这种经验本身。"见杜小真《梅洛·庞蒂和他的存在现象论》,《北京大学学报》(第一辑)1989 年,第 62 页。

profundus，可直译为深度或纵深。在拉丁文中，"pro"意指前方而"fundus"意指底部，无论是前方还是底部都是相对于主体自身来说，因此从字面含义可析出"深度"本义就是人类用于分辨自身同空间之关系的表达。对深度的研究自《知觉现象学》始便贯穿了梅洛-庞蒂中后期的研究历程，在他看来，深度与自然几何学所定义的宽度（物体之间可测量的距离）有所区别，这种宽度乃是逻辑对空间的预设符号而并非空间的实存，深度包含但不等于这种宽度。

自文艺复兴以来，西方绘画开始以符合几何法则的透视法来再现符合理性的经验世界。对于梅洛-庞蒂来说，透视法的运用就是逻辑对空间进行预设的典型例子：画家遵照静止的中心点来结构绘画时空，远近的对象以一定的比例大小显现，越到中心空间越收敛，最终形成远方的一个灭点。透视法实现的生理性基础很薄弱，因为人无法只以一只静止的眼睛观看事物，有时眼睛还会遭受到其他因素（诸如病变、药物影响等）的影响；透视法作为参与人类经验构成过程的理性法则虽然开启了许多条方向——短缩透视、斜透视等，但它仍然只是绘画空间的表达方式之一，从一开始，绘画自身就抗拒着这种固定的模式，这成了现代艺术奋斗的方向。

梅洛-庞蒂在后期指出，绘画语言有待于创造与再创造，他直面现代绘画对传统绘画的反叛，关注的是"现代艺术之父"保罗·塞尚（Paul Cézanne，1839-1906）成熟时期的作品。那时候塞尚还未走向后期的抽象，在梅洛-庞蒂看来，塞尚要通过本质直观来排除与绘画本质无关的现实性，把握的是绘画的"一种纯粹内在的被给予性"①。塞尚的目标使其成为梅洛-庞蒂的研究对象，因为描述深度就是本质直观的任务。要想描述深度，就要明白"不应该描述科学知识所认识的视大小和双眼的会聚，而应该从内部出发去描述视大小和双眼的会聚"，破除逻辑认识对空间的先入为主。从内部出发即是从"身体"的"内部"出发，这里产生了梅洛-庞蒂描述深度的两种思路，每一思路均指向现代绘画的变革：

第一，从主观的身体体验出发来看深度的构成。梅洛-庞蒂把塞尚对透视法的改革归因于其对真实视觉的忠实：眼睛所观物体并非就像摄影或自然主

---

① 参见［德］胡塞尔著，倪梁康译《现象学的观念》译文出版社 1986 年，第 50 页。

义绘画那样清晰和具象化,塞尚的拙朴画风因此得到了解释,在画面中,"一个圆倾斜时看上去像个椭圆,……实际上我们看到的是一个环绕着椭圆在颤动而又没有凝定为椭圆的形状",塞尚想要画的就是这样一个摆在他面前的有些倾斜的特定圆而不是几何透视中被普遍规定的圆。在塞尚对于轮廓线的描绘中,我们可以更多地体会到他对于真实视觉空间的塑造,塞尚曾说过,在那棵树与观者之间存在着一处空间,他的风景中不仅仅只有一座山、一棵树、一间房屋,还有包裹着观者自身与所见物体的虚空,空气中饱含着光线、露水与风,塞尚对于轮廓的态度是与他试图描画出空间中的真实这一意图息息相关的。

当真实的视觉体验投射在塞尚对对象轮廓线的描绘中时,物体就不是平铺在我们眼前,而是有所保留的,假如我们勾画出物象的轮廓,那么深度就会消失,趋于平面,假如我们不勾勒轮廓,那么物体就容易失去自存性(臣服于画作主题)。梅洛-庞蒂指出,塞尚用色调的细致变化再现了视知觉中正在显现的物象,并勾画了多重轮廓线,希望观者从色彩对比的动荡不安中抓住物象,既给予物象一定的存在感,又让人看到物象的不可穷尽。塞尚发明了与透视法不同的绘画空间的深度。主体将空间中的事物作为中心母题,不断地体验着事物并对事物作出反映,绘画成了这一体验过程的记录者,主体与母题之间的关系是变动不居的,在塞尚那里,这一关系表现为运动中的主体尝试接近母题的努力,因此,他的画对于母题实施变形,力图把风景中的景物与不断运动的主体描绘为一种平行的关系,以达到对母题本质的全面把握,并从中确定主体的位置所在。要谈论空间和深度之关系的话,我们大概可以作这样的比喻,如果空间是一个生命体的话,深度就是其生命体征。

第二,从身体内部中对象的不在场来看深度的构成。梅洛-庞蒂注意到,从真实视觉体验出发,当对象朝观者显现时,它尚有未显现的部分,这些未显现的部分是缺席的,不过这种缺席对时间有一种效力。它指出显现部分的可能性(将来)和对于显现部分的回忆(过去),就证明物象存在空间之时也是同时存在于过去和未来的。这种对同时性的描绘在现代绘画中早已出现[1],物象

---

[1] 在毕加索的许多幅女子肖像作品中,人物的正面与侧面可以并存,人物的脸或身体就像在折纸游戏中被画家折叠起来,并按照不同的角度打开和关上,见[美]列奥·施坦伯格著,沈语冰、刘凡等译《另类准则:直面20世纪艺术》江苏美术出版社2013年,第228页。

以碎片化的形式呈现出物象不可见的许多面,这意味着深度不仅仅是空间维度,还是时间的维度,事物的不可见性不仅仅是那些不可在一瞬之间被捕捉的面,还表征为事物的过去和未来。梅洛-庞蒂说明了时间与空间在深度中的不可分割及延续性,当我们说一个事物"存在"时,同时意味着它同所有一切在同一时刻共在。海德格尔关于"存在即在世界之中"正是梅洛-庞蒂时空观念的基础之一,海德格尔指出,"'在之中'是此在存在形式上的生存论术语,而这个此在具有在世界之中的本质性机制"。在世界之中意味着世界由于存在者的"在此"而对它揭示了自身,意味着与其他存在者的相遇,如果存在者本身是无世界的,那么它们永远无法相遇。海德格尔总结道,某个"在世界之内的"存在者在世界之中,或说这个存在者在世;就是说:它能够领会到自己在它的"天命"中已经同那些在它自己的世界之内同它照面的存在者的存在缚在一起。①

二、深度的身体逻辑

在世界之中存在的深度显现为对整体运动的把握,在后期著作《眼与心》及 1959—1961 年法兰西学院的讲稿中,保罗·克利(Paul Klee,1879—1940)对空间深度的理解成了梅洛-庞蒂的主要研究对象。立体派将物象打碎再拼贴的做法无疑取消了透视法,以马蒂斯为代表的野兽派直接以色块铺设在画布平面上,但深度问题并没有就此消失,克利指出,"今天的画家更倾向于在画面上创造一种平面效果。但是,如果平面的不同部分被赋予不同的价值,就很难避免一定的深度效果"。② 这样看来,他对深度的看法就很接近梅洛-庞蒂关于深度本质的探讨,即深度是具有多种可能性的、联结主体和客体的一种知觉力量,因此即便是在平面画作中,深度也会因为知觉对不同部分的体验而存在。

作为第一维度,深度既融合了空间又融合了时间,既然深度不可被取消,那么又该怎么在绘画中进行具体表现呢? 与同时代画家不同,克利没有排斥

---

① 参见［德］海德格尔著,陈嘉映、王庆节译,熊伟校《存在与时间》,生活·读书·新知三联书店1987年,第 68—69 页。

② 参见王美钦编著《克利论艺》人民美术出版社 2001,第 80 页。

透视法中基本的图—底关系，而
是想以此为基础来作出改变。在
早期的一些人物素描中，克利首
先放弃用缩减深度的方法来描绘
对象的位所，所造成的效果就是
事物不断向后退，但并不隐入背
景中，缺乏名称和指示的背景因
色彩而展现出一种原始混沌的感
觉；到了后期描绘建筑与风景的
绘画中，克利不再以具体可见的
三个面来呈现空间的三维，而是
在空间中建造不同位所的平面，
对象不再是居于具体位所的固定
物，而是漂浮在空间中，图—底关
系没有改变，但夹杂了使空间不
稳定的变动性。克利对空间维度

图 1　克利，空间中的无构成物，1929，私人收藏

的消除以空间自身的缺失（消除所有规则）为条件来揭示空间的深度（空间的
整体运动）。在《空间内的无构成物》（图 1）这幅作品中，克利展现了一个没有
具体维度的空间：从空间中大大小小的几何透视体来看，这好像是一个三维空
间，但是每个透视体的法则都是有所区别的，线条的运动指向不同的灭点。观
者很容易发现，克利用不同的色彩标注了不同的维度，而最明显越过维度的只
有躺在前景中的人物，最后一个维度中敞开的透视体没有灭点，而是被涂以完
全的黑色。空间的中心周围插着旗帜，指明了运动的方向。朝向黑色的运动、
躺着的人物，这些都不免使人联想到死亡，空间的运动正是以一种不可避免的
跨越既定维度的方式实现的。

　　为了构造绘画空间深度，克利发掘了线条的运动性。在《眼与心》中，梅
洛-庞蒂指出问题不在于消除线条，而是解放线条，并指出克利的线条之所以
重要的原因：过去惯常的看法认为线条不过是物体的属性、作为结构对象的一
部分而存在，但克利给予了线条自在性——"一条运动的线条，在空间中自由

且没有目的地进行散步"①。在克利成熟期的素描如《一个无足轻重却颇不寻常的家伙》《散步的一家人》中，克利往往用一根线条就构造出了一个甚至几个人物形象，这种对线条的灵活使用正体现了身体的运动逻辑。如果说，塞尚动荡的轮廓线使人与物体之间保持着一种相互开放的关系，克利的散步的线条更是以对身体逻辑的运用而综合了不同的知觉。梅洛-庞蒂指出，这种"散步的线条"在空间中行进，同时吞噬了散漫的空间和彼此外在的部分，开展出一种积极延伸到绘画空间中去的方式——这一空间既是物象也是人的空间性的基础。身体本就处于时间的绵延之中，身体的变动（视点的变化）在占据空间的同时也占据了时间，借由身体，线条的运动成为可能。克利的"让我们去想象一根线条"意味着画家依照自己的身体把线条从物象固定的一部分剥离下来，使它成为对某种预先的空间性的限制、分隔和调整，而借此绘画就可以通过振动或辐射表现出某种没有移位的运动。② 很显然，绘画并不是像动画的每一帧一样通过复制物象位置变化来展现物象的运动，而是通过身体与世界相联的运动经验来认知线条的运动，这种对运动的深刻逻辑（而不是感受）的运用使我们理解了线条的运动性。

　　通过现代抽象绘画的空间，身体的内部被揭示了，鹫田清一指出，梅洛-庞蒂所谓的"内部"不是从外部观察者的"外部立场"向意识的反思作用复归，它把一切都还原到（自然经验）内属主体世界这一第三层面，从内部出发就意味着回溯到经验的根本位相，而经验的根本位相包含了知觉的"两义性"③，一方面知觉中的透视每次都随着我们所占的位置完全偶然地产生和变化，另一方面我们的知觉每次又通过它达到事物本身。这证明身体是第三层面的事物：它并非是在世界内部的一个物质对象，因为它具有可交流的意识特性；但它又不同于意识，它是可触的肉身实在。作为深度的产生之地，身体内部所具有的中间性为理解深度指明了方向。

---

　　① Klee, Paul. *Notebooks：Volume 1：The Thinking Eye.* Trans. by Ralph Manheim London：Lund Humphries, 1973, p.105.

　　② 参见龚卓军《身体部署——梅洛-庞蒂与"现象学"之后》台北心灵工坊文化事业股份有限公司2006 年，第 38 页。

　　③ 鹫田清一指出现象学具有既拒斥经验主义和自然主义又拒斥主观主义和唯心主义的两义性。[日]鹫田清一著，刘绩生译：《梅洛-庞蒂：可逆性》，河北教育出版社 2001 年，第 44—45 页。

三、深度的体验方式

通过梅洛-庞蒂对深度的阐释，我们了解到深度不仅是融合时空的最原始的维度，它同时也是融合可见者与不可见者的存在第一维度。根据这一理论，我们了解到艺术家所面对的可见者与不可见者不仅是通俗意义上的——事物的可见面相和被遮挡不可见的面相，而且还是存在意义上的——用于描绘深度的可见的手段（线条、色调、明暗）与深度在身体内部不可见的秘密生成（克利散步的线条、塞尚的原始拙朴）。克利散步的线条使得身体内部向观者徐徐敞开，让我们有机会得以一窥主体观画的运动逻辑：身体一方面是艺术形式创生前的先验场域和混沌母体，一方面作为生成的过程本身再现了深度在绘画中的形成。

在梅洛-庞蒂的后期研究中，身体成为艺术形式的母体，艺术创造正是一个从混沌到清晰、从无序到有序的过程，也就是形式生成的过程。如果我们能顺利进入艺术家身体内部、理解身体的运动逻辑，我们就会明白，艺术材料的特质随着艺术家施加于物质的力而不断向去想象的观者敞开来。这样我们不难理解梅洛-庞蒂提到的塞尚的原始风景和克利的原始色彩，色彩之所以是原始的，是因为它展现了自我的特质，绘画正是这样将想象同实在结合起来而又不分彼此的显现。画家所描画的世界虽然遵守了一定的再现方法、他的线条虽然构成了可以辨识的形象，但那仍是与人们视觉有所差异的自然。梅洛-庞蒂指出有两片克利以最具象的方式画成的叶子，它们最初是难以分辨的，而由于克利想要"精确地"刻画它们，它们直至最后仍然是古怪的、让人难以置信的、幽灵般的。克利的植物之所以形式奇异，是因为它们是克利对植物的思索和想象之物，画家依靠想象体验着存在。而梅洛-庞蒂也是这样体验着克利的奇异的植物，这些植物是生成之线从混沌的宇宙中形成的有序之物，它们不是我们所熟悉植物的复制品，而是形式的生成过程，是画家从自己的身体中创造的另一个自然中的物，绘画在这一点上因此同自然平等。

身体不仅依靠线条的生成制造出了绘画的深度，还依靠心理的想象和体验试图进入他者的世界，梅洛-庞蒂后期对深度的认识没有再停留在对笛卡尔的批判之上,他慢慢意识到深度不再是主体所具有的探索世界的可能性。如斯坦博克(Anthony Steinbock)所说,梅洛-庞蒂的深度乃是一种对抗关系在主体中的整体体现:"它使那些确认了对自身的忠诚和与他者的差异性的、而不是无论如何都要解决对立关系中所产生的开放性和偶然性的事物共存。深度使我们永远被另一面的解体所威胁而无法突出其中任何一面,……它是存在与非存在之间的张力,统一化和多元化之间的斗争,相似和不同之间的相互作用。"①这种对身体整体性和中间性的探讨承接了前期对身体可逆性的考察,在梅洛-庞蒂的研究后期变得越来越普遍,最后构成物(主体)与被构成物(对象)的间隙变成了表里可以翻转的"褶子"(folds),意向性的线条变成了世界的纵深,散步的线条的生成性变得可见,身体则变成了《可见与不可见》中交错和交织的网。

　　再次考量胡塞尔关于"什么是红"的命题时②,梅洛-庞蒂指出我们是依靠视觉"沉入"了颜色,最终发现色彩只有在与周遭联系的维度中是不同的,同被它排斥、被它支配、被它吸引的其他色彩相联时才成其自在。在克利三十年代的色块格子画中,不同的色彩按照正方形并列在画布上,每一种色彩都因为处于其他关联的色彩之中而获得其本质,在 1959 年法兰西学院笔记中,梅洛-庞蒂慨叹克利的色块映射了作为拓扑学空间的身体——相邻和蕴涵的关系存于其中,这种空间的深度是不可见的关系本身,也是另一种生成。③ 现在我们知道,梅洛-庞蒂的空间多样性不是以无限的生成来决定的,而是由主体同在世界之中所相遇的存在者之交往和关系所决定的,因此也就显得更加主观更加封闭,但同时也更加内在和本质。

---

① Steinbock,Anthony J. "Merleau—ponty's Concept of Depth". *Philosophy Today* [Winter],1987,p.340.

② 对"红"的阐释正是这样,"什么是一般的红? ……我们直观它,它便存在于此,我们意指的是它,便是红的性质。……除了总地直观这一切之外,能够得到更多的红的本质吗?"见[德]胡塞尔著,倪梁康译《现象学的观念》,译文出版社 1986 年,第 50 页。

③ M. Wirth,Jason,Burke,Patrick. *The Barbarian Principle*:*Merleau—Ponty,Schelling,vand the Question of Nature*. Albany:State University of New York Press,2013,p.309.

四、深度的伦理意义

为何深度是始终无法展现的，因为生成的法则正是自然本身，而自然本身是无法展露的。在梅洛-庞蒂那里，身体的不知源于自然自身的不知。而身体同时也能从基于自我肉身的反思中感受到存在着"一种整体而绝对的视觉"。舒巴克（Marcia Schuback）指出梅洛-庞蒂对于自然的理解继承于谢林对于自然的定义：作为一个生成原则，自然无法超越形式出现，无言的自然超越了所有形式，自然的强大呈现为它的无能，只有在已出现的形式中所发生的消亡才能使自然拥有展现的力量。从绘画出发，梅洛-庞蒂指出艺术家的视觉同常人不同，他能够从真实的物象中看到常人看不到的阴影，甚至对光线的强弱程度有着极度准确的把握，这并不是因为其他，而是他们以自己的视觉作为宇宙的"镜子"（可参达·芬奇"镜子说"），映照出了宇宙自身想要表达的一切，身体正是这样成为了不知的全知者，并从消亡的终点变为发生的起点。

问题不再是从知者到不知者，而是从不知者到全知者。我们可以参照列维纳斯关于"光"的描述来看梅洛-庞蒂的身体在何处言说与停止言说。列维纳斯指出，光在照亮世界的过程中它不向外吸收什么，而是把自己奉献出来，作为一种"照明物"使对象进入艺术家的世界，这种含有明晰性的光不是上帝之光或者牛顿的光线，而正是我思（cogito）本身。[①] 光就是梅洛-庞蒂具有视看本质的身体，正是身体将我们面前的绘画形象照亮，并带入了自己的存在，梅洛-庞蒂的身体成为组成世界的最普遍的"元素"，他借此回到哲学的源头，并将身体置于先验地位。当我们用思想的光芒去照亮眼前的世界时，却不得不注意到，思考之眼虽然可以渗透形式，但这种渗透却不能使形式破碎而只能在形式上滑动，由身体所开展的言说始终外在于形式，在世界中的这个我在倾向于事物的同时，它也从这些事物退缩，主体同他者（客体）之间的这种永恒分离的关系是"观看"产生效力的根本原因[②]，也就是深度得以永恒存在的原因。换

---

① 参见［法］列维纳斯著，顾建光、张乐天译《生存及存在者》，远流出版公司1990年，第42—43页。
② "因为看就是保持距离"，见［法］莫里斯·梅洛-庞蒂著，杨大春译《眼与心》，商务印书馆2007年，第42页。

句话说,梅洛-庞蒂之所以强调深度,是因为身体永远不能取代形式,先验主体不是万能的,形式将自己置身于万事万物之中,用自身同世界之"关系"取代了主体对世界的"意向性"。

主体与形式之间的关系不是由历史所规定的,而是由两者之间情感的联结所决定的,梅洛-庞蒂在《知觉现象学》结尾引用了法国作家圣·埃克絮佩里《作战的飞行员》中的一段话:"你的儿子被大火围住,而你是那个要去救他的人,……如果面前有障碍,你也要用肩膀撞开它以穿过火的包围,此时你居于你的行为之中,你就是你的行为……你将自己看作替身,你的意义耀眼地展露。这就是你的责任、你的恨、你的爱、你的坦诚、你的创造,人不过是关系的纽带,对于人来说,只有纽带是重要的。"这一时刻你要去保全他,使他重新拥有自己,这一时刻言说转变成为行为,行为即是言说。从救儿出火海这一例子可以看到深度(关系)是无法对象化的,因为它不是我能明确保持距离、进行理性计算的对象,它是我们所投入其中的那种境遇,在此之前我们可能对于深度一无所知。深度需要我们通过行使某种基本的自由进入相互开放的关系之中,而这种自由比在各种可能事物之间做出自由抉择更为基本。[①] 深度占据着我们、包裹着我们,在作出某种选择和进行某种活动之时,我们与世界达成了一致,我们陷入混沌之中,说着世界的语言。最终深度忽略了理性的所有尺度,完全与爱、欲望、信任和无条件的奉献相关联。

根据梅洛-庞蒂对深度的现象学描述,我们可以了解到绘画空间不需要遵从思想(理性的自我)的各种要求,而是思想扎根于模糊的空间(自我的身体空间)之中,后者是源始的空间和可见者的深度——可见者的不可见性,它使视觉进行思考。在梅洛-庞蒂关于现代绘画的哲学讲述中,可见者绝非是固定的、僵硬的,它是生成之力相互交织的场域,不仅引人去想象它曾经的运动轨迹,还促使人与它一同前进。形式乃是一个从无序到有序的生成过程,它虽然只是空间其中一部分的显现,永远处于时间"未完成"的阶段,但它同时是可见的世界的一部分,是定在(Être là)之一次但却是永久的创造。形式体现出混沌母体所生的孩子的独立和自由,此刻发出神秘声音的不再是艺术家的身体,而

---

① 参见杜小真等主编《理解梅洛-庞蒂:梅洛-庞蒂在当代》,北京大学出版社 2011 年,第 262 页。

是不同形式之间的呼应。

通过对绘画深度和知觉理论的深入,梅洛-庞蒂因此看到了一种"生成"哲学的出现,埃洛阿指出,可见者从来都不是被完全给予的,绘画也可以被看作为无法完成的讲述,相伴随的正是一种"有待建立"(或称"尚未完成")的哲学,思想这一不断发生和运动的状态是永恒的,哲学也表征着自己的尚未完成。正如梅洛-庞蒂在《知觉现象学》的前言中所说的一样,不应该把哲学当作知识,意味着哲学是不断更新的对自己开端的体验,意味着哲学整个地致力于描述这种开端。从这一层面上来说,现代艺术与梅洛-庞蒂的身体哲学是何其相似,两者之所以"沉默地言说"①不是因为言说者暧昧不明,而是因为言说乃是身体万千行为的虚拟可能性、是想象和体验的运动过程。

(苏梦熙,复旦大学文艺学博士,广西艺术学院人文学院讲师。)

Intertwining the Visible and the Invisible
—Study on the "Depth" from Perspective of Merleau-Ponty's Aesthetics

Su Mengxi

Abstract: "Depth"(*Profondeur*) is the key concept of Merleau-Ponty's phenomenology of perception. On the basis of this concept, Merleau-Ponty develops ideology of body. It transcends the views and definitions of traditional philosophy to the visible. Through the dialogue between modern art and Merleau-Ponty's ideology of body, the depth of the body is formed, and the genesis of all things is revealed. This paper includes four parts: the phenomenological description of "depth"; the logic of movement of body; the topological space of the body and the ethical significance of life from the depth.

Keywords: Merleau-Ponty; Phenomenology of Perception; Depth; Modern Art

---

① "在某种意义上说,如果人们要彻底地揭示人类身体的结构系统,揭示它的本体论构架,揭示它是怎样自看和自听的,人们将会发现它的沉默世界的结构是这样的,语言的所有可能性已经在它之中被给予了。"[法]莫里斯·梅洛-庞蒂著,罗国祥译:《可见与不可见》商务印书馆 2016 年,第 191 页。

潘诺夫斯基图像学中的人文主题

郑二利

摘要:潘诺夫斯基研究文艺复兴艺术中的"人文"主题是从那些取材于古代神话的叙事性图像着手的。他认为这类图像的主题表达了人文主义观念"世界和人的发现"。潘诺夫斯基从事的图像"主题"研究,偏重于图像的符号功能,而非造型功能。他认为图像不是模仿之物,而是一种符号形式,与其他的符号形式,哲学、文学等共同建构了文化史。综合阐释图像,分析人类精神的自由创造,应是作为人文学科艺术史的要务。尽管潘诺夫斯基不赞成把文艺复兴与中世纪割裂开来看待,他小心翼翼论述艺术母题在古典时代、中世纪、文艺复兴之间的延续与变化,但是,他对文艺复兴时期艺术人文主题的阐述,还是有历史主义"宏大叙事"之弊。

关键词:图像学;文艺复兴;文化史学;人文主题

一

文艺复兴意味着"再生"。一般认为文艺复兴"再生"的艺术颠覆了中世纪的宗教艺术传统。实质上在整个文艺复兴时期仍然存在着大量的圣像画。而在众多的文艺复兴圣像画中，潘诺夫斯基更钟情那些取材于古代神话的叙事性图像。他孜孜不倦地解密这些作品，并认为这些作品蕴含着文艺复兴时期宏大的"人文"主题。潘诺夫斯基一方面结合母题演变梳理图像题材、风格、类型的变化，另一方面参照神话、哲学、文学、历史等分析图像的象征意义。其间，彼特拉克、薄迦丘、菲奇诺等的著作常被用来佐证图像的题材与象征意义。

潘诺夫斯基如何描述文艺复兴的"人文"主题？在《图像学研究》《视觉艺术的含义》中，潘诺夫斯基多次把文艺复兴艺术"人文"主题表述为"世界和人的发现"，这是引用文化史学家布克哈特与米什莱的观点。他说：绘画中"古典主题与古典母题的重新统一构成了意大利文艺复兴的特征，这种重新统一不仅仅是一个人文主义的事件，而且也是一个人类的事件。正是由于这个最重要的因素，文艺复兴才被布克哈特和米什莱称之为'世界与人的两大发现'"。①有意思的是，潘诺夫斯基似乎不是从众多的图像阐释中得出这样一个普遍的结论，而是直接引证了布克哈特、米诗莱的观点。当然，不能由此轻率推断潘诺夫斯基对文艺复兴艺术的研究证实了布克哈特的观点，更不能忽视潘诺夫斯基对文艺复兴艺术复杂性的认识。显而易见的是，潘诺斯基对文艺复兴艺术人文主题的认识，以及他提出图像学研究方法，明显受到了布克哈特文化史学的影响。

19世纪后期，文艺复兴文化备受学界关注，这与文化史学家布克哈特《意大利文艺复兴时期的文化》一书不无关系。布克哈特采用文化史学立场研究文艺复兴文化，认为文艺复兴与中世纪相对，预示了"现代"的诞生。相较于传统史学，文化史的研究方式具有革新性。文化史学依据"'经常的、反复出现的和典型的面相'，描绘出一个时代的整体画像。②布克哈特认为意大利文艺复兴不是古典文化的再现，而且体现出新时代的精神，即"人和世界的发现"。"人的发现和世界的发现"最早由法国史学家米诗莱1855年提出，他说："在热

---

① ［美］欧文·潘诺夫斯基著，戚印平、范景中译：《图像学研究：文艺复兴时期艺术的人文主题》，上海三联书店2011年，第27页。

② ［瑞士］布克哈特著，米德尔莫尔英译，刘耀春导读：《意大利文艺复兴时期的文化》，北京大学出版社2011年，第5页。

爱艺术的人看来,'文艺复兴'这个迷人的词的含义只是新艺术的到来;在学者看来,这个词的含义是研究古典文化之风的恢复;在法学家看来,它的含义是古代习惯法的结束。难道仅仅只有这些吗?若是如此,这么巨大的努力,这么一场大规模而复杂的强有力的革命就没有产生任何东西。能有什么比这更令人沮丧的呢?……这些专家忘记了两件小事(这两件小事确实在较大程度上属于那个时代,而那个时代又属于它全面的所有时代):世界的发现和人的发现。"①布克哈特在《意大利文艺复兴时期的文化》中,引用了米诗莱的说法。具体来看,"人的发现"强调人能客观地认知世界,同时"人们也给予了主观方面同等的重视;人成为一种精神上的个体,并以这样的方式认识自己"②。布克哈特把人以及人的精神视为历史研究的主题,主张历史研究应关注人性在不同历史时期的体现。在布克哈特看来,"历史学的总体任务是表现史学的两个方面:其一,历史事实及其所呈现出的历史变化,其二,历史事件背后的精神。"③显然,他对历史事件背后的精神更感兴趣,通过"审视人的过去、现在和将来"④把握人的精神。布克哈特认为人的精神贯穿于文化的整体性以及文化运动的实质中,及经济、社会、文化艺术、日常生活之中。

　　显然,文化史的主要兴趣点在于信仰和观念,而不是历史事件本身。对于信仰与观念的认识常常需要直觉、想象参与其中。毕竟,文化精神是抽象与模糊的,而历史事件是具体的、清晰的。布克哈特认为:"历史认识是一种'直觉'或'感知',历史认识离不开想象"。⑤同理,视觉艺术是历史文化的一种表现形态,而且与直觉、想象相关。

　　布克哈特的文化史研究,因其有"黑格尔历史主义"的因素备受争议。英

---

① 　[英]贡布里希著,李本正、范景中编选:《文艺复兴:西方艺术的伟大时代》,中国美术学院出版社 2007 年,第 9 页。

② 　Jacob Burckhardt. *The Civilization of the Renaissance in Italy*. New York：Random House,1954，p.100.

③ 　Albert salomon."Jacob Burckhardi：Trasending History". *Philosophy and Phenomenological Research*，Vol.6，N2,(Dec.1945),p.234.

④ 　[瑞士]布克哈特著,金寿福译:《关于世界历史问题的思考·导言》,载陈恒、耿相新主编《新史学》第四辑,大象出版社 2005 年,第 165 页。

⑤ 　[瑞士]布克哈特著,米德尔莫尔英译,刘耀春导读:《意大利文艺复兴时期的文化》,北京大学出版社 2011 年,第 2 页。

国学者贡布里希谈到："黑格尔对文艺复兴的解释很有影响，因为他确实巩固了认为按年代排列的时期具有明显的'时代精神'的观念。因此，文艺复兴并不仅仅被看作是一场复兴某些价值观的运动，而被看作是一个全新的时代，看作人类成长的一个新年轮。"①尽管如此，布克哈特对意大利文艺复兴文化的研究还是产生了广泛的影响。

　　文化史学既开启了史学研究的新方式，也启发了视觉艺术研究的新路径。在《意大利文艺复兴时期的文化》中，布克哈特把 15 世纪的艺术家阿尔贝蒂、达芬奇、阿蕾提诺等视为文艺复兴"时代文化精神"的体现。虽然布克哈特没有涉及视觉艺术品，但是他把艺术家及其精神作为历史研究的主题，在某种层面上已经把文艺复兴艺术作为文艺复兴精神的奠基性因素了。布克哈特的文化史思想及其"图像证史"的思路影响了德国一批图像学者，包括瓦尔堡、潘诺夫斯基等，他们把图像阐释与文化史研究相结合。纵观 19 世纪后期德国的艺术史研究，无论形式主义艺术史还是图像学研究，都与文化史学有渊源关系。这对以普通历史学为基础的艺术史学造成了极大的冲击。迈克尔·安·霍丽曾经谈到："李格尔、沃尔夫林、瓦尔堡、德沃夏克和帕诺夫斯基，他们在提出他们的观念时正值年轻的美术史学科经历了一场内部危机的时候，在一定程度上是由于普通历史学研究最初面临的方法论窘境而突然导致的这场危机。"②霍丽没有明确表述这场危机的始末，不过，这场危机应该与文化史学有关。

二

　　在《图像学研究》中，潘诺夫斯基把"人文主题"作为文艺复兴艺术研究的主旨，同时，"人文"也是意大利文艺复兴时期时代精神的体现。在《图像学研究》中，潘诺夫斯基讨论的意大利文艺复兴时期艺术，题材多取自古代的神话故事，而且是对古代神话故事的重构。潘诺夫斯基认为，文艺复兴时期艺术中

---

　　① ［英］贡布里希著，李本正、范景中编选：《文艺复兴：西方艺术的伟大时代》，中国美术学院出版社 2007 年，第 8 页。
　　② ［美］迈克尔·安·霍丽著，易英译：《帕诺夫斯基与美术史基础》，湖南美术出版社 1992 年，第 3 页。

的古典母题,很可能受过中世纪基督教文化影响被重新阐释,或已经与中世纪传统相融合。有意思的是,这些作品并不表现古典,也不反映中世纪,而是体现了新时代精神,即"世界和人的发现"。具体来看,文艺复兴新的时代精神,即表现人性、世俗性世界,寻求世俗世界与神性世界的沟通。

潘诺夫斯基谈到:"文艺复兴的人文概念一开始就具有两重性。它对于人的新兴趣,即奠基于对人性和蛮性(或野性)这一古典对比的复兴,奠基于保持人性和神性对比的中古遗风。……人文主义便是孕生于这种对比并存的人文概念之中。它与其说是一种运动,不如说是一种态度,这种态度可说是对人类尊严的信念,其基础是坚持人性的价值(理性与自由)和承认人性的界限(犯错与软弱)。"①潘诺夫斯基指出了文艺复兴人文精神的复杂性,张扬人性,坚持理性、自由,同时又存在伦理的危险,犯错或软弱。这也是文艺复兴艺术介于人的价值与限度之间、世俗世界与神性世界之间的原因。

在潘诺夫斯基讨论的文艺复兴艺术中,涉及到的主题有人性的觉醒、时间、爱情、真理、死亡等。这些母题在古典的诗歌、绘画、雕塑中已有深入的讨论与表现。中世纪时,古典母题与古典主题发生了分离,延续下来的古典母题用来表现基督教神学理念。文艺复兴重构艺术母题,在古典与中世纪之间实现了和解,在基督教神学与古典文化之间寻求平衡。潘诺夫斯基在《盲目的丘比特》一文中,梳理了爱的寓意图像的变化。古典时期带着双翼的爱神丘比特,象征爱情的多变、不确定、易受伤等特征。中世纪盛期,人类之爱的对象与宗教形而上融合在了一起,在《玫瑰传奇》中,女性是神秘的花朵,在《神曲》中,贝雅特丽彩是启示和信仰。而在中世纪晚期、爱神的道德破坏性常常被放大,爱神的属像成了"盲目者"。有些原典甚至把爱神描绘成可耻的、盲目的恶魔形象,认为丘比特是道德沦丧的罪魁祸首,而被遮住双眼。另外,潘诺夫斯基在文艺复兴作品中找到了其他盲目的属像,如莎士比亚戏剧中盲目的命运、盲目的死亡等,据此,潘诺夫斯基认为,盲目的丘比特与"命运""死亡"关系密切,象征恐惧的情感。值得注意的是德国、弗兰德斯、法国、意大利这些地区的爱

---

① ［美］欧文·潘诺夫斯基:《作为人文学科的艺术史》,载自曹意强等著《艺术史的视野》,中国美术学院出版社 2007 年,第 4 页。

神属像并不完全相同,它们会沿袭地区的传统,意大利是长着利爪的蒙眼小天童,德国是蒙眼女性属像,法国、弗兰德斯是头戴王冠的蒙眼青年男子属像。显然,这些爱神图像,都是在模仿古典图式的基础上,重构了新的文艺复兴图像,彰显时代精神。在潘诺夫斯看来,"丘比特的盲目在 14 世纪具有非常明确的含义,通过遮眼布简单地蒙上或摘除,丘比特可以从'神性之爱'的拟人像转变为遭人禁忌的'情欲'拟人像,或者从后者转变为前者;第二,人们所熟悉的文艺复兴类型的丘比特,是裸体的'盲目持弓少年'而这个人造小恶魔的降临是出于教化目的"①。14 世纪之后,通过对古典原型的有意模仿,丘比特形象常被表现为裸体少年或小孩,眼睛有时候还蒙着。丘比特被描绘为象征世俗之爱的裸体小天童形象,他回到了"世俗生活世界",这时围绕丘比特的争议,诸如丘比特是否应该盲目等,已经转移到了人文主义的水平,即圣爱和俗爱之争,而且许多寓意画与"新柏拉图主义"之爱有关。因为当时正值"新柏拉图主义"理论盛行,其中关于爱的理论是世俗时尚中的热点话题。

潘诺夫斯基一方面对图像进行图像志考查,另一方面他还基于哲学、神学等阐释图像的时代文化精神。在研究皮耶罗·迪·柯西莫的《普罗米修斯神话》时,潘诺夫斯基参考了薄伽丘的《诸神谱系》、卢克莱修的《物性论》、维特鲁威的《建筑十书》。在《诸神谱系》中,薄伽丘把"普罗米修斯的火把照亮太阳的四轮马车的车轮",解释为"给无知者心灵注入知识的明净",②据此潘诺夫斯基断言皮耶罗《普罗米修斯神话》的视觉焦点是"人性的觉醒"。皮耶罗的嵌版画《石器时代的人类生活》《伏尔甘的发现》《作为人类导师的伏尔甘与埃俄罗斯》,这些用来装饰房间的嵌版画,同样表现"人性的觉醒"主题:象征人性从最初的与兽为伍转向文明世界,最初的伏尔甘,在树林中与动物为伍;后来的伏尔甘,以人的形态指出通往文明的道路。潘诺夫斯基认为,皮耶罗的构图体系是"进化论"式的,"与卢克莱修一样,皮耶罗将人类的进化视为凭借天生能力与技巧的发展过程。画中所赞美的不是圣经中耶和华之类的创造者,而是古

---

① [美]欧文·潘诺夫斯基著,戚印平、范景中译:《图像学研究:文艺复兴时期艺术的人文主题》,上海三联书店 2011 年,第 120 页。

② [美]欧文·潘诺夫斯基著,戚印平、范景中译:《图像学研究:文艺复兴时期艺术的人文主题》,上海三联书店 2011 年,第 47 页。

典神祇与半人半神，它们体现或揭示了人类进步中不可或缺的自然原理"①。在瓦萨里的记述中，潘诺夫斯基找到了皮耶罗专注于原始生活的原因，画家本人过着"任其自然"的生活方式，画中"是一位碰巧生活在世故的文明时期的一个原始人的潜意识追忆。皮耶罗不仅重新建构了史前世界的外貌，同时还重温了远古人类的情感，即正在觉醒的人类创造生活时的兴奋，以及穴居人与野蛮人的激情与恐惧"。② 显然，皮耶罗的绘画关注人性觉醒与人类进化、人类技术的关系而非基督教"神性"的关系，属于典型的"世俗画"。

　　此外，提香笔下的两个维纳斯分别象征圣爱与俗爱。值得注意的是，与中世纪神学观念不同，提香并不刻意把"俗爱"描绘为"恶"，而是传达出对俗爱的"尊敬和赞赏"。米开朗基罗作品的"世俗"（如死亡）主题，结构了世俗世界与天国世界、肉体与灵魂、自然与神灵、理性与知性之间的关系，体现了"新柏拉图主义"哲学对世俗世界与天国世界的探索。总之，那些拥有"人文"主题的文艺复兴艺术在尊重"古典"传统的基础上，融合了中世纪基督教文化精神，以及异教文化的其他因素，阿拉伯文化、东方占星术等，通过重构图式体现了文艺复兴张扬的"人性"精神。尽管潘诺夫斯基确立了文艺复兴时期艺术的主旨，但是这并不表示图像学研究是简单、容易的，相反，它是相当复杂和困难的。在阐释图像的过程中，不仅需要借助渊博的原典知识阐释主题，还需要对图像进行形式分析。为了综合地阐释图像，潘诺夫斯基常常旁征博引、引经据典，利用文学、哲学、神学、占星学等方面的知识。毕竟，图像的意义是隐晦的、象征的，难以言说的。到了 16 世纪后期，有些作品已成谜团，只有结合原典，才能取得有效阐释。有意思的是，潘诺夫斯基要求阐释者拥有渊博的知识，并凭借综合直觉能力，去把握"特定时代人类心灵的基本倾向"，这是"新柏拉图主义"提倡的知性"直观能力"的体现。

————————

　　① ［美］欧文·潘诺夫斯基著，戚印平、范景中译：《图像学研究：文艺复兴时期艺术的人文主题》，上海三联书店 2011 年，第 61 页。

　　② ［美］欧文·潘诺夫斯基著，戚印平、范景中译：《图像学研究：文艺复兴时期艺术的人文主题》，上海三联书店 2011 年，第 64 页。

三

　　潘诺夫斯基的图像"主题"研究,偏重于图像的符号功能,而非造型功能。经他阐释过的文艺复兴时期绘画,都呈现出丰富的象征意义。如果说布克哈特的思路是"图像证史",那么潘诺夫斯基是以文化史为依据的综合性图像阐释论。图像学把图像视为符号,认为图像与哲学、神话、文学等符号形式共同建构了文化史。潘诺夫斯基研究思路受卡西尔符号哲学思想的影响,认为人类的文化是由符号生成与塑造的。卡西尔认为"人类精神的每一种真正功能都与'认知'一样地具有这一决定性特征。它不单纯地摹写,而是体现出一种本原性的、赋予形式的力量。它不是被动地表示出某种事物在场这一单纯的事实,而是包含着一种独立的人类精神力量,通过这种能量,现象的单纯在场获得了一种确定的'意义',获得了特殊的、观念化的内容"①。在卡西尔看来,艺术不是摹写,而是一种符号形式,是体现人类精神力量的符号形式,是人类精神的客观化和自我显现。艺术作为一种符号形式,表现了人类对世界的理解,它与神话、宗教、科学等其他符号形式共同形成人类精神劳作的成果。文化的核心是人类的自由和精神创造。潘诺夫斯基赞同卡西尔符号哲学思想,并把其运用到了艺术研究中。Silvia Ferretti 认为:"潘诺夫斯基接受了符号形式的哲学的传统。"②即便讨论文艺复兴透视理论,潘诺夫斯基同样采用符号哲学视角。美国学者克里斯托芬·伍德谈到:"潘诺夫斯基把透视定性为符号形式(卡西尔式的艺术史表述),在符号形式中,精神性意义附属于确定的物质性符号并且被适当的给予符号。"③

　　基于符号哲学的视角,潘诺夫斯基认为图像不是模仿之物,而是特定历史时期文化的符号形式。图像符号表现的精神性意义,应是图像阐释的核心内

---

　　① Ernst Cassize. *The Philosophy of Symbolic Form*. Vol.I. New. Haven: Yale University Press. 1953, p. 78.

　　② Silvia Ferretti. *Cassirer, Panofsky, and Warburg*. translated by Richard Pierce, Yale university press, p. 143.

　　③ Erwin Panofsky. *Perspective as Symbolic Form*. Translated by Christopher S. Wood, Zone Books · NEW YORK,1991, p. 14

容。通过图像符号综合分析人类精神的自由创造,应是作为人文学科艺术史的要务。图像学理论提出时,正值沃尔夫林形式主义艺术史发展得如日中天。形式主义艺术史提倡风格研究,主张建构艺术风格发展史。沃尔夫林认为艺术品的风格尽管有个体差异,但是不同时期的艺术品具有风格的一致性,这是时代精神和民族心理作用的结果。沃尔夫林提出:"我们已阐明了一种美术史的目的,这种美术史把风格设想为一种表现,是一个时代和一个民族的性情的表现。"①沃尔夫林继承了德国柏林大学的传统,"1834 年柏林大学任命德国学者弗朗士·库格勒为第一位艺术史教授,与此同时,也坚定了柏林大学艺术史研究的新方向从研究艺术家转向研究艺术品的内在因素,如题材、风格、形式等"②。之前的艺术史研究,是瓦萨里、温克尔曼等的模式,重点关注艺术家传记、艺术内容演进。库格勒开启了题材、风格、形式研究的新方向。库格勒与布克哈特过从甚密,据说,布克哈特的《意大利艺术品指南》,就是在库勒格的指导下完成的,把风格、题材、形式贯穿于意大利艺术研究中。沃尔夫林师承布克哈特,他把风格研究提到了艺术史的首要地位。在沃尔夫林看来,传统艺术史应让位于形式研究,因为形式是艺术的本质。沃尔夫林主张"无名艺术史",不以传统历史时序为主线,而是建构风格分析模式。有意思的是,沃尔夫林与潘诺夫斯基一样,同受布克哈特文化史学的影响,把艺术史与时代文化精神联系在一起。不同的是,沃尔夫林只关注图像的造型功能,他认为时代文化精神通过风格得以呈现,而潘诺夫斯基重视图像的符号功能,把图像的"主题"研究与时代文化精神结合在了一起。相比较,瓦萨里、温克尔曼等建构的传统艺术史框架,虽然关注艺术家生平、艺术内容,但是却没能在阐释图像符号功能方面有所建树。而此时盛极一时的形式主义艺术史,由于忽略图像符号功能,其弊端也暴露无遗。

潘诺夫斯基批评沃尔夫林只重视图像的形式风格,忽略了图像的意义。他认为时代精神只能通过图像的"主题"呈现,不能脱离图像的主题意义谈图

①　[瑞士]沃尔夫林著,潘耀昌译:《美术史的基本概念:后期艺术史中的风格发展问题》,北京大学出版社 2011 年,第 39 页。

②　刘耀春,刘君:《西方文化史和艺术史谱系中的〈意大利文艺复兴时期的文化与社会〉》,载自[英]彼得·伯格著,刘君译《意大利文艺复兴时期文化与社会》,东方出版社 2007 年,第 7 页。

像表现的时代精神。为此,他建构了解释图像意义的体系。"在 1930 年的作品《十字路口的赫耳枯勒斯》里,他把古典主题的各种演化解释成哲学观念变异的征象。这种解释法即图像学方法,后来在《图像学研究》又得到了发展。"①1939 年,潘诺夫斯基出版专著《图像学研究》,专著序言系统梳理了图像学的操作方法,即图像阐释的三个层次。

第一层次,前图像志分析,解释者要依据实际经验、风格史的知识解释作品描绘的题材,即解释作品描绘了什么事实、自然;第二层次,图像志层次,解释者要依据原典知识(故事、寓言等文献)解释作品表现了什么约定俗成的故事或寓言等;第三层次,图像学层次,解释者要依据对人类心灵基本倾向的把握,结合文化史知识,解释作品的文化象征意义。潘诺夫斯基首次架构了图像科学。他用一套周密的逻辑体系从学理上对图像解释过程进行了阶段性划分,并为不同阶段提供了解释的依据。潘诺夫斯基认为要胜任图像学的工作,解释者必须具备丰厚的历史文化知识,包括神学、宗教、哲学、科学等。而他对文艺复兴时期艺术的研究,就是采用图像学方法完成的。

四

潘诺夫斯基对文艺复兴艺术"人文"主题的研究是他标志性的理论成果。图像学得到盛赞的同时,也饱受争议。

图像学似乎等同于图像符号学,几乎完全放弃了对艺术审美属性的关怀。德国艺术史家汉斯·贝尔廷说:"图像学提供一种在不同的人文学科之间相互作用的迷人解释",但是它"缺乏一种对艺术作品基本属性,即究竟什么使艺术成其为艺术的讨论"②。图像学强调图像自身的传统与其所处的历史文化语境,多少会忽略艺术家个性与图像主题意义之间的隐秘关联。在潘诺夫斯基

---

① ［美］欧文·潘诺夫斯基著,戚印平、范景中译:《图像学研究:文艺复兴时期艺术的人文主题》,上海三联书店 2011 年,第 3 页。
② ［德］汉斯·贝尔廷等著,常宁生编译:《艺术史终结了吗?》,湖南美术出版社 1999 年,第 25 页。

看来,艺术史家就是要"为那些可能会死灭的东西赋予生命",①当然恢复传统
艺术品的生机,的确需要考虑艺术家的"主体性"。而且,图像"主题"很难预
设,就像贡布里希所说,图像的意义是难以捉摸的。

　　另外,潘诺夫斯基把文艺复兴艺术的人文主题描述为"人的发现和世界的
发现",多少有"宏大叙事"之嫌。尽管,潘诺夫斯基小心翼翼论述艺术母题在
古典时代、中世纪、文艺复兴之间的变化与关联,而且潘诺夫斯基不赞成把文
艺复兴与中世纪割裂开来看待。但是,在潘诺夫斯基的表述中,14—16 世纪的
意大利艺术基本被认定为属于"现代"主题。或许个中缘由,还在于太过强调
文化史的一致性,也是本质主义思想作祟的结果。英国文化史家彼得·伯格
对布克哈特的批评,也同样适用于潘诺夫斯基。他说:"精神史,它是一种强调
'时代精神'的历史方法,认为时代精神体现在所有活动中,包括艺术尤其是哲
学中。这一派的史学家,包括雅各布·布克哈特(仍然是伟大的文艺复兴历史
学家)和荷兰的赫伊津哈,从思想而非日常生活着手,强调一致性而忽略差异
和社会冲突,并认为不同的活动存在某种模糊的联系。"②潘诺夫斯基与布克哈
特存在同样的问题。即"深受黑格尔历史哲学的影响,认为一个时代纷繁复杂
的历史现象都是某种'时代精神'或'民族精神'具体展现。布克哈特认为意大
利文艺复兴时期时代的精神是个人主义,其他的一切都只是这种近代精神的
各种表象而已"③。布克哈特不推崇实证史学,而强调历史的艺术性和直觉性。
他大量采纳传记、文学著作作为历史依据,他的历史主义有过度诠释的嫌疑,
也有历史决定论的傲慢。同理,图像学也被诟病有过度阐释之嫌,特别是效仿
潘诺夫斯基的后学者们,缺乏深厚的学养,过度"依赖"直觉阐释图像,常常出
现对图像的误读,这些后果也让潘诺夫斯基本人感到不安。正因此,后来的研
究者,英国的贡布里希、美国的米歇尔等才会重提和修正图像学。当然,正如

　　①　[美]欧文·潘诺夫斯基著,戚印平、范景中译:《图像学研究:文艺复兴时期艺术的人文主题》,
上海三联书店,2011 年,第 28 页。
　　②　[英]彼得·伯格著,刘君译:《意大利文艺复兴时期文化与社会》,东方出版社 2007 年,第 4 页。
　　③　[瑞士]布克哈特著,米德尔莫尔英译,刘耀春导读:《意大利文艺复兴时期的文化》,北京大学
出版社 2011 年,第 12 页。

彼得·伯格评价布克哈特是伟大的文艺复兴历史学家,潘诺夫斯基无疑也是伟大的图像学者,他在图像学方面的成果令世人瞩目。

(郑二利,天津工业大学人文学院副教授)

The Humanistic Themes in Pannofsky's Iconology

Zheng Erli

Abstract: Panofsky's studies on "humanistic themes" in the art of the Renaissance was based on the narrative images drawn from ancient myths. He believed that the theme of such images expressed the humanistic concept of "the discovery of the world and of man". Panofsky's research on image theme focused on the symbolic function of image rather than function of modeling. He thought that image was not an imitation, but a symbol form, which constructed the cultural history together with other symbol forms, philosophy, literature and so on. The task of art history as a humanistic discipline included interpreting the image synthetically and analyzing the free creation of human spirit. Although Panofsky was not in favor of the separation of the Renaissance and the Middle ages, he carefully discussed the continuity and change of the artistic motif between the Antique era, the Middle ages and the Renaissance, his exposition on the humanistic themes of the Renaissance still had the disadvantage of the "grand narrative" of historicism.

Keywords: Iconology; The Renaissance; Humanistic Themes

"顾爷"微信公众号软文广告的内容生产分析①

王焱 李卓佳

摘　要:"顾爷"公众号软文将其垂直化题材定位于"绘画艺术的科普",使用"艺术漫谈＋商业广告"的创作模式,艺术漫谈是重点,商业广告只是文末点缀。"顾爷"的软文多为"故事型软文",擅长通过充满悬疑的开头、对经典文艺作品的改写、对同类故事的集结等具有创意的故事,引出广告信息。"顾爷"的软文语言插科打诨又坦诚在理,直白粗鄙又戏谑嘲弄;其视觉语言亦具有很高的辨识度和戏剧性。"顾爷"善于运用"神转折"结构,即"问题——铺垫——再铺垫——转折"的模式串联广告。"顾爷"通过垂直化题材、创意性故事、个性化语言、神转折结构等内容生产策略,凸显了软文的文学性对受众的吸引,弱化了软文的商业性对受众的压迫,从而为商业营销开辟了一条高效触达的道

①　本文系国家社科基金艺术学重大项目"'微时代'文艺批评研究"[项目编号:19ZD02]、广东外语外贸大学 2017 年特色创新(师生共研项目)"微信时代文学生产方式的变迁"[项目编号:17SS05]的阶段性成果。

路,那就是打动消费者,而不是打扰消费者。

关键词:顾爷;微信公众号;软文;广告;文学性

腾讯于 2020 年 3 月 18 日发布的"2019 年第四季度及全年业绩"显示,截至 2019 年 12 月 31 日,微信及 WeChat 的月活跃用户数量达 11.65 亿。① 超 11 亿人的活跃用户宣告了微信时代的到来。2012 年微信公众号平台的推出,是微信发展历史上的一次革命性时间,它为微信赋予了海量的内容资源。2015 年,是微信公众号爆发性增长的一年,大量极具创意的写手们开始进入公众号平台,各行各类优质公众号不断涌现,资本也正式进入这个行业。② 而这一年,也是 PC 和 APP 等互联网新媒体出现流量大面积流失的一年。这意味着,在激烈的、此消彼长的流量争夺战中,微信保有了更高的媒介份额,占领更多的受众注意力。

微信公众号凭借其拥有的巨大流量和曝光度,开始吸引广告成规模地投入。商家通过在公众号上投放广告进行品牌营销,公众号运营者则通过商家支付的广告费用实现收益。公众号上的广告有多种投放方式,而公众号软文是商家进行品牌推广最重要的利器之一。据 2017 年发布的《自媒体人生存状态调查》显示,软文在整个自媒体主要收入来源中占 24.5%,仅次于流量所得的 31.7%,位居第二。③

何为软文? 吴晔指出:软文"比较普遍的说法是指企业通过策划,在报纸、杂志或网络等媒体上刊登的可以提升企业品牌形象和知名度、促进企业营销的一系列宣传性、阐释性文章,包括特定的新闻报道、深度文章、付费短文广告、案例分析等,'软文'因此又被称为'广告文学'"④。软文的这一定义,突出了软文的文学性特征,在广告研究的论文中被广泛引用。相比于以往的硬广,软文的特点就在于它商业性的柔软与审美性的凸显,即"将广告内容嵌入具有

---

① https://mp.weixin.qq.com/s/R0IQoT7Sisl_zBZUKNHeAw
② 黄永轩等:《公众号思维》,广东经济出版社 2017 年,第 39 页。
③ 新榜:《插座学院? 自媒体人生存状态调查》,http://xudanei.baijia.baidu.com/article/747694,2017 年 1 月 5 日。
④ 吴晔:《对当下媒体"软文"的思考》,《新闻战线》2008 年第 2 期。

审美属性的泛文学文本之中","通过广告的软着陆,减少受众的抵触心理"①,激发受众的购买欲。

软文发展至公众号软文,又呈现出不同于传统软文的特点。中国严格意义上的软文始于 20 世纪 90 年代,最有代表性的就是以脑白金为首的保健品行业的系列软文,如《两场科学盛宴》《不睡觉,人只能活五天》等,激发了全民购买的浪潮,取得了巨大的商品价值。此类软文的内容虽然仍集中于商品的功效,但由于采用了故事性的文学外壳,因此能够深入人心。然而,当消费者发现这些商品并没有兑现软文对于功效的承诺,加上消费者对于软文日渐老套恶俗的创作模式审美疲劳之后,这些软文已经被商家冷落。

新的时代催生了新的广告形式,微信媒介的诞生使得软文产生了新的蜕变,那就是软文的文学性得到了进一步的强化。微信媒介"人人都是通讯社、人人都有麦克风"的自媒体特征,使得软文的写作者由以前的广告专业人士,扩展为所有公众号内容生产的创作者,于是大批具有较高文学素养又极具创意的写手们成为软文的潜在生产者。"顾爷"就是其中的典型代表。

"顾爷"微信公众号运营者顾孟劼,原是一名设计师兼漫画家。2013 年,顾孟劼凭借其在微博平台发布的一系列漫谈绘画的作品迅速走红。2014 年,顾孟劼开通个人微信公众号"顾爷"。"顾爷"以调侃的笔法和故事加工的方式,漫谈世界名画家及艺术史,诙谐风趣,俘获了大量的粉丝。其出类拔萃的关注度和持续的优质内容产出能力,自然也吸引了需要进行品牌推广的商家的注意。为了兼顾产品的推广效果和用户的阅读体验,"顾爷"的软文创作在尽可能保证原有文章完整性的同时,通过巧妙的引入,让广告与内容无缝连接。这种软文营销模式,深得受众喜爱,产生了良好的商业效应,自然也得到了商家的青睐。

"顾爷"作为微信公众号软文营销的成功案例,具有重要的研究价值。本文将在文艺学、广告学、媒介学、营销学等多学科的视野中,从题材、创意、语言以及结构四个方面,对"顾爷"软文广告的内容生产进行考察。该研究有助于揭示新的媒介形势下文学性所产生的外部商业效用,并呈现软文创作模式的变革趋势。

---

① 微信软文:《为受众炮制的糖衣》,"社会科学报"2018 年 10 月 26 日。

一、垂直化题材

分析"顾爷"公众号之前,我们必须要了解微信媒介的一些特殊属性。不同于传统媒介,微信在传播者和受众之间采取了"关注"的连接模式。即受众在了解或阅读传播者发布的内容过后,主动选择订阅的模式。受众对传播者"关注"之后,才会在平台提供的特定窗口浏览到传播者发布的内容信息。这也表明了受众的地位正在发生极大的变化。从传统的被动接受到如今的主动选择,受众主观能动性大大提高,在一定程度上成为了驾驭信息的主人。为了给用户带来更好的使用体验,微信官方平台还明令出台规则,禁止传播者通过奖励诱导关注和分享的行为。这一规则使得传播者获取粉丝的途径,更多来自于公众号自身独特的魅力和符合读者兴趣的优质传播内容。得益于"关注"这一机制,受众可以自由订阅符合自身审美趣味和阅读需求的微信公众号。与此同时,也让定位准确的微信公众号收获了一群有着相近偏好的粉丝。且由于这种订阅是完全自主选择的,订阅之后的粉丝忠诚度也会相对较高。

因此,一个优质公众号首先要考虑的,应是设定清晰的内容题材,以此形成独特的传播氛围,才能吸引具有相同特质或相似需求的人群。这种坚持同一类话题的作品输出方式,通常称之为垂直化题材。

"顾爷"的垂直化题材可谓独树一帜,它把公众号的运营题材定位于"绘画艺术的科普"。它这样介绍自己:"我是一个写书的⋯⋯(有时也写广告⋯⋯)我并非科班出身,也不是资深谈家,艺术纯粹只是我的兴趣和爱好,我在这里写下我对艺术的一点个人看法,希望您能看得高兴,哈哈一笑之余,如果还能给您增添一点茶余饭后的谈资,那就太好了。""顾爷"虽不是艺术专业人士,但它坦诚、幽默,擅长对艺术的专业知识进行通俗化、趣味化的转化。"顾爷"的目标受众,是那些对绘画艺术有了解的兴趣但又对专业艺术知识望而却步的读者,而这恰恰是一个有着庞大人口基数的群体。艺术科普这一垂直化题材的确立,让其吸引了众多粉丝,从而获得了可观的阅读量和评论数量。

有了良好的流量基础和口碑效应作铺垫,公众号的商业化路径便顺理成章,顾爷开始为广告主撰写营销软文。为了更好地照顾粉丝的阅读体验和让粉丝最大程度接受广告产品，"顾爷"撰写的软文都会遵守公众号一贯的运营主题，即对绘画艺术进行普及。如为 CHAUMET 珠宝所打造的软文《女王范》，是对名画《拿破仑一世加冕大典》中冠冕的分析；为山本耀司定做的软文《一口气看懂日本艺术》，是对浮世绘的艺术风格和传统精神的分析；为 Oral－B 电动牙刷所打造的软文《以牙还牙》，是对梵高自画像中梵高表情的分析；为桂格燕麦所打造的软文《天堂的味道》，是对法国画家米勒乡村题材绘画作品的分析。

"顾爷"的软文一直坚持同一题材的创作，这使得顾爷在内容生产的类型上具有了鲜明的审美风格，这也是"顾爷"内容生产的创造力稳定与成熟的标志。"顾爷"依托具有鲜明审美风格的垂直化题材聚集粉丝。粉丝们阅读"顾爷"的推文，就像是在看一本正在连载的书，期待它的更新。有学者指出："微信公众平台发布软文广告始终需要遵循的原则就是与公众号的定位和风格相一致，否则广告效果不会好，还会伤害公众账号的影响力和形象。"[①]正因为如此，"顾爷"坚持用同一类型题材连接文本和广告。

"顾爷"使用了"艺术漫谈＋商业广告"的创作模式，艺术漫谈是重头戏，商业广告只是文末的点缀，从而有效抑制了广告文本对文学文本的挤压，缓解了文学性与商业性的冲突。其对文学性更大程度的保全，给读者带来了不被打扰的愉悦阅读体验。在每一篇广告的末尾，"顾爷"都会俏皮地配上一个跪拜的表情，写上一句"广告做完了，我会死远点"，以一种类似主动认错的姿态，释放受众对广告的抗拒心理。受众对这样的姿态也是充满好感的，有读者留言"别死太远了啊，让我们够得着打一顿"，嗔怪的背后是理解和友好。

受众在阅读"顾爷"软文的时候，并未感觉到这是一篇对阅读产生压迫感的商业广告，而是把它当作一篇提高艺术素养的有趣文章在阅读。即便受众在文章的末尾看到了广告，一般也不会产生排斥心理。在评论区，读者纷纷表示"虽然知道是广告，不过还是'涨姿势'啊！"因为受众已从艺术漫谈的阅读中，获得了艺术素养的提升以及审美趣味的满足，因而能够对"顾爷"植入广告

---

① 董春艳:《微信公众平台软文广告的传播效果研究探析》,《传播与版权》2016 年第 11 期,第 87—89 页。

的营利需求报以理解和回馈，甚至出于粉丝对意见领袖的忠诚心理，对营销的商品趋之若鹜。如此，"顾爷"的软文化营销于无形，更能深层次地触动用户，从而产生良好的品牌宣传效应。

二、创意性故事

罗伯特·麦基在《故事经济学》中讲到，随着自吹自擂和夸大承诺的"推"式策略逐渐失去吸引力，越来越多的广告从业者转向"拉"式叙述[①]，而故事正是"拉"式叙述的一大杀手锏。故事因悬疑的开头、跌宕的情节、激烈的冲突与强大的代入感而引人入胜。"顾爷"的软文多为"故事型软文"，他非常擅长通过故事引出广告信息，以牵引受众的注意力。考虑到受众短平快的接受特点，"顾爷"的推文一般比较简短。因此他的软文故事并不像一般的故事一样，以曲折起伏的情节取胜，而是以创意取胜。

创意一，充满悬疑的开头。"顾爷"有一篇为天猫制作的名为《五百年前的阴谋》的软文，讲述了有关波提切利的名画《三博士朝拜》的故事。软文的开头赫然打出"内幕"，吊足了观众的胃口。《三博士朝拜》刻画的是耶稣诞生时，三位来自东方的占星师不远万里赶来献上祝福的故事。"顾爷"侦查到，这张画"很奇葩"的地方，就在于本是主角的耶稣、圣母玛利亚和三博士竟然成了画面中的背景，而围观的"看热闹的群众"却成为了画面的主角。原来这是当时在佛罗伦萨做生意的拉玛，为了讨好佛罗伦萨一手遮天的美第奇家族，于是向美第奇家族最喜爱的画家波提切利定做了这幅画，并在这幅画中将美第奇家族当时的族长以及他的爷爷、爸爸和叔叔都当作群众画在了画中，故而群众成为画中更醒目的存在。行文至此，谜底解开，"顾爷"笔锋一转写到，这是"史上最早的一次成功营销案例"，实现了多方共赢，从而引出了"业内最擅长借势的公司"——天猫品牌。这类故事型软文巧妙利用了受众的好奇心，让受众获得了推理和解谜的愉悦。

创意二，对经典文艺作品的改写。这在"顾爷"为阿里旅行所制作的名为

---

① ［美］罗伯特·麦基、托马斯·格雷斯：《故事经济学》，天津人民出版社 2018 年，第 2 页。

《(AD)一亿元》的软文中表现得非常典型。该文虽不属于"顾爷"一贯的绘画科普的垂直化题材,在"顾爷"的软文中比较少见,但也显现出了"顾爷"一贯的创意和文学性色彩。它借鉴了马克·吐温的经典短篇小说《百万英镑》的思路,采用了第一人称的写作手法。作家小顾因赚钱接了很多广告被网友嫌弃变得贫困潦倒,却意外收到超级富豪给的一亿元的钞票。接着,小顾凭借这一亿元巨钞所营造的虚假富豪信用,得到了免费的吃、穿、房、车,"到哪都不用付钱和排队",还通过以他的名义为某网站筹款的方式,赚到了属于他自己的一亿元,并在承诺时间里将一亿元完好地还给了帮助他的那位富豪。"小顾"把一亿元还给富豪后,富豪非常赞赏"小顾"的信用,并在自己旗下的酒店推出了"信用住"的服务,帮助更多同样有信用的人,顺势引出阿里旅行"信用住"的广告。这类故事型软文既符合受众对经典叙事模式的期待,又以后现代的改编方式成功地解构了这种期待,给受众带来了既熟悉又新异的阅读体验。

创意三,对同类故事的集结。"顾爷"有一篇为益达所作的名为《天性》的软文。文章围绕人类寻求吃的突破,讲述了三个故事,分别是:夏娃亚当偷吃禁果被上帝罚出伊甸园;孙悟空吃桃吃丹大闹天空;英国贵族因爱喝茶导致鸦片战争。这三个故事分别来自《圣经》《西游记》和真实存在的历史事件。这些原本都是老生常谈的故事,但"顾爷"通过一个新奇的视角,巧妙地将这几个故事串联了起来,让其焕发新意,得出"人类为了吃,可以不惜一切代价""爱吃是人类天性"的结论,鼓励人们"不要因为那些世俗的原因(怕胖、怕羞、怕麻烦)而磨灭你的天性,喜欢吃什么,就去尽情的吃吧"的新奇观点,最后引出广告。这类故事型软文让多个小故事,共同服务于一个新奇的主题,能够取得结论看似怪诞却颇有说服力的效果。

三、个性化语言

"顾爷"广告软文的语言是极具个性的,它的语言不仅包括文字语言,还包括视觉语言,"顾爷"非常擅长采用图文并茂的形式,进行软文创作。

在文字语言上,"顾爷"总能以一种看似插科打诨实际上又比较坦诚在理的方式,讲述某个与绘画艺术有关的话题。语言直白甚至有些粗鄙,网络流行语使用得非常熟练，对事件的叙述勾勒具有漫画般的场景感，对神圣光晕的解构和对自我的嘲弄毫不留情，喜剧效果非常突出。比如在前文提及的名为《天性》的软文中，"顾爷"用一种戏谑调侃的方式，一种充满现代意味的语言，把"夏娃偷吃禁果被赶出伊甸园"的故事，描述为"夏娃连同她的老公，一块儿被伊甸园开除，从此丢了'铁饭碗'"。在名为《以牙还牙》的软文中，"顾爷"漫不经心地解释了为何梵高在他的推文中频频出现："熟悉我的朋友一定在问：'怎么又是他?'没办法，这家伙'槽点'实在太多，已经成为我的签约艺人了"，将梵高这样一个令人崇敬的悲剧人物，变成了一个"槽点"密布的喜剧人物。在名为《卢浮宫的秘密》的软文中，"顾爷"写到："卢浮宫怎么玩？以下纯属非常不官方的个人观点……去过的朋友可以尽情吐槽，没去过的，也不妨看看……"一方面瓦解了自我叙述的权威性，另一方面又瓦解了人们对卢浮宫的美好幻象。

"顾爷"解读的对象，多为西方的经典绘画艺术，这在一般受众的心目中，是正襟危坐、高冷在上、神秘神圣的。而"顾爷"却以一种搞怪搞笑、轻松跳脱、既卑微又无畏的姿态，将它们拉下神坛，与受众亲昵接触。这更能够让读者在欢快的、无障碍的阅读感受中，产生强烈的共鸣。

在视觉语言上，"顾爷"的个性优势就更明显了。顾孟劼原是一名漫画家，因发布"有聊绘画系列"而被网友熟知。在他的软文中，很容易看到他作为漫画家的影子。他的软文通常采用组合拳的形式，以文字描述和图片为主，再辅之以一些自己创作的漫画。在"顾爷"创作的漫画中，出场的主角一般是一个带着墨镜、顶着爆炸头、配络腮胡子的漫画头像，穿着各种带有违和风格的服装，一副傻傻丧丧、茫然无措的表情，做出跪拜、抓耳挠腮、蹦跳等丑态的动作，配上各种自我作弄的文字，比如"我脑子有点乱""吓 shi 我了""我会死远点的"。这些玩世不恭、自黑自嘲的漫画的出现，使得"顾爷"软文的视觉形象具备了较高的辨识度，其实也是"顾爷"调侃一切的叙述姿态的映射。

给图片中的人物配的画外音也同样令人捧腹。比如在上文中提到的《天性》一文中，"顾爷"在孙悟空偷吃人参果、偷吃蟠桃和偷吃仙丹的三张图画上，分别配上"我就要吃!"的三连文字，紧扣"吃"的故事主题，突显了美猴王的叛逆和顽劣；而在维多利亚女王忧心英国和清朝经济往来"只出不进"时，给女王的照片配文"得想个办法赚回来",让严肃的历史氛围一下变得轻松起来。在《什么成就了莫奈》一文中,"顾爷"为几张图片设计了如下画外音的对话:"老莫,这是你第几幅干草堆了?""记不清了,第6000幅?""你觉得这画能卖得掉吗?""呵呵……说不定……"这时出现了一副咆哮的表情图片,配上带有闪电符号的文字"说不定有天我红了呢"。"顾爷"用一种非常直观的、夸张的、戏谑的方式,勾勒出了莫奈在绘画中捕捉光影的执着,以及当年时运未展之时的无奈与不甘。即便是一张平常无奇的图画,一旦加上巧妙俚趣的配文,便能产生意想不到的戏剧性,搞笑指数立刻蹿升。

四、神转折结构

确立了题材类型、叙事方式和语言表达之后,如何将文章内容和广告产品进行无缝连接,则是软文创作的最后一步,也是最关键的一步。"神转折"结构是"顾爷"采用得最多的一种连接方式。"神转折"是新兴的网络用语,一般指事件在叙述的过程中,发生了一种突破常理、违背逻辑、颠覆三观的戏剧性变化,这种变化让读者始料不及、脑洞大开、产生意外惊喜。"神转折"其实是公众号软文广泛采用的一种广告连接方式,使用了"神转折"的软文,又被称为"脑洞软文"或"神软文"。

"顾爷"曾为支付宝撰写了一篇名为《梵高为什么要自杀》的软文。文章篇始首先抛出一个悬念"梵高为什么要自杀",他分析道:"因为他是'神经病'吗?可能是,但绝不是主要原因。"接着他依据《亲爱的提奥》中所收录的上百封梵高与弟弟互通的信件,为受众道出了梵高少为人知的另一面。他指出,梵高成为画家前,是一个相当成功的画商,"充分了解消费者的心理",愿意为什么样的艺术品买单。基于画商的灵敏商业嗅觉和对成功商业模式的熟悉,梵高对自己的商业模式有着完美的构想,对包括怎样依据当时社会的审美心理走向,如何在个人风格、辨识度、品牌上打造自己,如何炒作印象派画家为自己造势等问题上,都有着缜密的思考。一个对未来有着如此清晰规划的人,为什么会没等到自己爆红的那一天,就结束了自己的生命呢? 文首抛出的悬念在此得到进一步的强化。文章分析了梵高的经济状况,"穷"是梵高活不下去的重要原因。梵高的生活来源主要靠弟弟提奥的接济，提奥每个月会给梵高的账上打 200—500 法郎的生活费。按照当时的物价水平，一天的住宿 1 法郎就够了，一天的吃喝 1 法郎也够了，加上购买绘画器材和风化场所等的开销，怎么算一个月也不会超过 100 法郎。但梵高却"穷到连买张床的钱都没有；穷到请不起模特，画来画去只能画自己"。那么问题来了，梵高的弟弟给了他那么多钱，自己却如此穷困潦倒，"梵高的钱究竟上哪了"？

这似乎到了揭开谜底的时候了，但文章却突然笔锋一转，"神转折"突然降临。神转折的出现，也就是广告的引入时间。"这个问题别说我答不上来，相信就连梵高自己也搞不清楚。可惜，当时没有支付宝，不然滑几下手指就能轻松理财了"，"如果真有支付宝，也许梵高就不会自杀"。受众这时幡然醒悟，原来前文对梵高死亡原因的层层铺垫，就是为了引出"使用支付宝，理财更便捷"这一广告。这篇软文的传播效应非常好，点击量和转发量超高，用"顾爷"自己的话说"已经传遍网络了"①。

严格来说，这篇软文也有些"挂羊头卖狗肉"的意味的。因为整篇文章看完，其实篇首提出的"梵高为什么要自杀"的悬念并没有得以解决，前面看似有理有据的分析，不过是文末广告的一根华彩的引子。受众沉浸于文章的悬念和叙事铺垫中，对广告神转折的出现猝不及防。但受众并不因此而反感，反而有些甘之若饴。虽然受众并没有获得对某一问题的确定答案，但他们收获了对艺术史的一些轻松的、非常规的知识，而且还能获得幽默的喜剧体验。

根据幽默理论之一的失谐理论，当规则性或习惯性的期盼突然被打破时，会出现失谐状态。失谐状态可以让人从持续的理性活动中得到解惑松弛，因此产生幽默的效果。② 幽默的失谐理论很好地诠释了"神转折"的喜剧效果。"神转折"结构的软文广告一般会采用"问题——铺垫——再铺垫——转折"的模式，通过前文的引导，让读者步步深入，最后突然转折，引出广告。

对于这样一种结构，读者似乎并没有因受到欺骗而心生恼怒，反而沉浸于对这篇文章会不会出现神转折以及将会如何进行神转折的猜想中。在"顾爷"

① 顾爷：《梵高为什么要自杀》https://mp.weixin.qq.com/s/0－－o_9j6uviBxnWHBPrF_A。

② 张惺：《认知失谐理论在广告劝服中的应用》，《新闻界》2011 年第 7 期，第 33—36 页。

软文的评论区,常常见到这样的带着"甜蜜的抱怨"的留言:"我现在每天都和朋友赌你发的广告最终是什么产品,今天我又输了 20 块钱","多看顾爷的广告,多做脑力训练,有利于预防老年痴呆","顾爷广告特色:不到最后你永远不知道卖的是什么,到了最后你已经忘了前面说的是什么","我一直想一直想,这次是什么广告呢","顾爷的广告来得太急就像龙卷风,来不及躲,也来不及逃","我要是以后能猜出来顾爷你在打什么广告,估计我也是大师了"。从评论区的受众反馈和互动热度可知,受众对神转折结构是带着一种赏玩和狂欢的心态的,广告也通过神转折达到了很好的营销传播效果。

虽然品牌营销是软文的本质诉求,但"顾爷"通过垂直化题材、创意性故事、个性化语言、神转折结构等内容生产策略,凸显了软文的文学性对受众的吸引,弱化了软文的商业性对受众的压迫。而与此同时,它又通过"润物细无声"的传播方式,显著提升了广告的到达率与接受度,产生了良好的广告效应。在审美愉悦的驱使下,一些受众还会在自己的社交圈分享"顾爷"的软文,主动为品牌营销助力。所谓"不像广告的广告才是好广告","微信之父"张小龙曾也指出,微信平台上好的商业应"存在于无形之中","应该是不骚扰用户,并且是只触达他需要触达的那一部分用户"。① "顾爷"软文的内容生产策略深度契合微信的媒介特征,它通过文学性为商业营销开辟了一条高效触达的道路,那就是打动消费者,而不是打扰消费者。

(王焱,广东外语外贸大学中国语言文化学院教授;李卓佳,广东外语外贸大学中国语言文化学院文化学院 2015 级本科生。)

Analysis on Content Production of Soft Advertisement of
Gu Ye WeChat Public Account

Wang Yan   Li Zhuojia

Abstract: The soft advertisement of Gu Ye public account positions its

---

① 微信张小龙:《好的商业化应该是不骚扰用户》,https://tech.qq.com/a/20160111/035538.htm。

vertical theme as painting art popularization and uses the creation mode of "random talk on art + commercial advertisement". Random talk on art is the key point, and commercial advertisement is the embellishment at the end of the article. The soft advertisement of Gu Ye are mostly "story—type ", which is good at eliciting advertising information through creative stories such as suspicious beginnings, rewriting classic literary works, and gathering similar stories. The language of Gu Ye is both ridiculous and reasonable, straightforward and bantering; its visual language is also highly recognizable and dramatic. Gu Ye is also good at using "Magical Turn" structure, that is, the "problem — foreshadowing — reforeshadowing — turning" mode to connect advertising. Through the vertical theme, creative story, personalized language, "Magical Turn" structure and other content production strategies, Gu Ye highlights the appeal of literariness in advertisement to the audience, and weakens the oppression of commercial promotion, and thus has opened up an efficient path for the commercial marketing, which is to touch consumers, not to disturb them.

Keywords: Gu Ye;WeChat Public Account;Soft Advertisement;Literariness

城市"老漂族"微信使用与人际交往透视

张宵阳

摘要：本文在老龄化、城镇化和数字化的生活背景下，聚焦"老漂族"这一社会典型流动人口群体，探究"老漂族"微信使用与人际交往的影响。本文首先分析了亲情的牵引和代际文化的差异、地域的分割和交往情景的改变、家庭角色的转变和社会角色的重构是影响"老漂族"人际交往的因素，同时也从接入障碍、使用障碍、媒介素养障碍三个方面得出"老漂族"微信使用障碍的形成路径。最后提出微信使用带来"老漂族"人际交往方式的变革。主要表现在：第一，"老漂族"微信使用突破人际交往的时空束缚：微信使用突破传统人际交往的空间概念，消解信息传递的时效性质；第二，"老漂族"微信使用促进社交方式的创新与发展：符号化自我呈现创新"老漂族"人际交往方式，让互动仪式感表现更加强烈；第三，"老漂族"微信使用促进新人际关系的建立和拓展。

关键词："老漂族"；微信；人际交往；符号互动

一、引言

近年来，我国老龄化程度持续加深，人口结构老化给经济发展带来重要影响。同时城市老年流动人口日益扩大，"老漂族"由于亲情的牵引呈现出流动的状态。互联网和信息技术的发展使得手机支付、线上社交等数字化生活场景持续下沉，微信成为典型线上社交应用。"老漂族"作为老龄化、城镇化、数字化社会图景中的典型社会群体，他们既脱嵌于家庭又脱嵌于社会，身体和心灵受到"双重漂泊"。考察这一群体如何运用微信勾连网络空间和现实空间，如何在异地建立新的人际关系，有利于为"老漂族"使用中介化的新媒体解决人际交往困境提供有效的建议。

二、影响"老漂族"人际交往的因素

（一）亲情牵引和代际文化差异

血缘亲情的牵引是老年人流动的主要原因。随着年龄的增长，老年人逐渐从社会核心力量向边缘力量转变。老年人的社会关系的情感构成逐渐势弱，家庭内部的亲密关系逐渐占据主导地位，血脉亲情成为老年人心中不可忽视的牵挂，家庭内的亲密关系也逐渐从水平的夫妻关系，变为垂直的亲子关系甚至祖孙关系。亲情的牵引具有多面性，这一方面促进了代际之间的亲近距离，提升精神空间的幸福感，同时也减轻了儿女的生活压力。

虽然，亲情的牵引促进"老漂族"亲密关系的获得，提升了家庭幸福感，在家庭内部寻找到了自身价值，但是家庭内部的人际关系也具有复杂性。由于"老漂族"生活情境与子孙的生活情境因社会环境的改变存在一定程度的差异，这也使得沟通符号在意义生产和交换的过程中存在误读和理解偏差的可能性，呈现出不同的演绎版本。"老漂族"在家庭互动中所扮演的角色随着互动主体的变化而反复切换，这一角色变化的过程容易造成"老漂族"角色的失调。由于生活习惯差异，价值观、消费观、育儿观等差异，"老漂族"在生活中极易与家庭成员尤其是子代家庭成员产生分歧，造成家庭关系紧张，造成"老漂族"的家庭归属感不足，文化失落感较强，家庭适应较为困难。

亲情的牵引具有多面性，一方面拉近了代际之间的亲近距离，提升"老漂族"精神空间的幸福感，同时减轻了儿女的生活压力；另一方面，在享受天伦之乐的同时，由于代际之间的消费习惯、饮食习惯、生活习惯等方面的迥异，极易在沟通的过程中产生冲突和矛盾。家庭内的代际互动关系是"老漂族"人际交往的重要组成部分,家庭代际关系的和谐沟通和亲子互动的有效交流是化解"老漂族"人际交往受阻的破冰之举。

(二)地域的分割和交往情境的改变

流动人口由于主动或被动的原因,离开熟悉的生活环境,来到陌生的城市生活。由于生活空间的变化和社会基础设施的不同步匹配,使得流动人口对城市生活适应感不足,成为城市边缘群体。"老漂族"作为城市边缘化群体,地域空间成为他们符号交换和意义生产的主要情境,由于学习能力和记忆能力的下降,新的人际交往方式往往很难学习和使用。因此情境的变动打破了"老漂族"基于地域的交往行为,地域的分割容易造成"老漂族"人际关系的断裂,产生较大的城市适应压力,容易使得这一群体获得更多的消极情感,产生精神孤独感。

由于交往情境的改变,原有的基于趣缘的亲密关系也因"老漂族"的身体缺场而疲软,"老漂族"不得不在新的环境中建立加入新的兴趣小团体。随着我国老龄化、城市化程度加剧,流入城市的老年人口规模也越来越大,"老漂族"的人际交往需求也随之成为社会关注的焦点,积极老龄化不仅是国家的号召也是老年人群体的心声。时代的进步,使得老年人的文化素养逐步提升,对自我的认识也更加深刻,越来越多的老年人愿意克服社会偏见,积极发挥主观能动性,主动创造交往情境,实现人际交往和互动。老年模特队、老年合唱团、老年交响乐团等专属于老年群体的兴趣课程正如火如荼地开办,老龄市场的发展前景更加明朗。老龄市场的壮大给"老漂族"的人际交往提供了更广阔的社交情境,构建新的人际关系,增加人际互动,弥补"老漂族"精神上的空虚感,提升城市归属感。

虽然各种各样的兴趣团体充实的"老漂族"的生活,但异乡归属感的缺乏和回归熟人社交的情感诉求使得大部分老年受访者表示,漂泊和迁移终究是短暂的,在满足自身需求和家人需求后回家才是"老漂族"的核心的诉求。

(三)家庭角色的转变和社会角色的重构

随着"老漂族"逐渐退出职场舞台,步入老年生活,老年人在社会上的角色和家庭中的角色逐渐发生转变。曾经"老漂族"由于经济条件和社会地位在家庭中掌握更高话语权,退休后相比退休以前,经济上的变化造成家庭话语权的旁落。"老漂族"的社会角色从家里"权威"逐渐向家庭"附庸"转变。虽然受访者们常称自己为"保姆""佣人",称子代和孙代为"老板",但言语中仅是调侃意味,"老漂族"已然接受社会角色的转变,并逐渐适应家庭结构的转变。

由于工作年龄的限制和要求,退休成为老年人不可避免的身份转折点。寻求新的社会角色,成为老年人增加自我认同感,摆脱适应困境的主要途径。由于丰富的工作经验,广阔的人脉资源,具有较好文化背景的"老漂族"广受认可,职场的成就感和被需要感较强,自我认同感也得满足。退休后,由于远离职场,他们很难获得家庭外部人员对自身的评价,无法形成较为全面的自我认知,日常生活琐碎使其原有的社会价值逐渐下降。人际交往圈层越来越低,互动内容的范围越来越局限,职场角色消失造成"老漂族"角色扮演的真空状态。"老漂族"的角色重构是其经过一系列外在因素的作用和影响变化后,为更好地适应社会发展所做出的角色转变,从而更好地进行人际交往和社会互动。

三、"老漂族"微信使用障碍的形成路径

截至 2019 年 6 月,我国非网民规模为 5.24 亿。其中,城镇地区非网民占比为 37.2%,农村地区非网民占比为 62.8%,非网民仍以农村地区人群为主。由于"老漂族"特殊的身体条件、健康状况、认知能力、记忆能力、学习能力正在下降,对媒介的使用必然与其他群体存在差异,流动的地域使身体存在在场和缺场两种特殊状态,因而拟划分为微信使用的接入障碍、微信使用的使用障碍、微信使用的媒介素养障碍三个部分进行讨论。

(一)微信使用的接入障碍

随着互联网的普及和移动智能设备的广泛应用,手机成为人们日常生活中使用最频繁的移动智能设备,随着媒介技术的发展,手机功能也更加全面,媒介使用场景更加广泛。在罗杰斯的创新扩散理论中,老年人作为接受新事物的"后期跟进者"和"滞后者",对微信的认知多存在批判性思考,在接受正面评价引导的同时也更容易产生更多疑虑。"老漂族"的主观因素影响其微信的接入,使其忽视了自身的一些潜在需求。除此之外,客观因素也影响着其微信

接入。由于经济条件和朴实的生活习惯,老年人的手机更新换代频率远远低于中青年群体,手机的智能程度和网络覆盖情况都影响微信的接入。地域的流动使得"老漂族"流量套餐使用受限,无线局域网的接入也受到家庭情况的影响。因此在物质条件上存在微信采纳的接入沟。有些受访者表示,手机流量有限,为了不超流量,只会选择必要的微信功能使用。还有一些受访者家中未接入宽带,给微信功能的使用制造了阻碍。

(二)微信使用的使用障碍

在中国老龄化进程加速的背景下,"积极老龄化"和"数字化养老"都要求老年人发挥自身的主观能动性,保持学习,与时俱进,实现继续社会化,制造老年生活幸福感。"老漂族"对微信的采纳和积极使用使得横亘在老年群体和年轻群体中间的数字鸿沟正在逐渐缩小,亲密关系的"数字反哺"也在不断缩小微信功能使用的差异。但"老漂族"由于天然的数字生活背景的差异,和"老"这一天然的年龄属性,作为微信这一媒介工具的使用者,由于感官能力的迟缓,学习记忆能力的下降,其操作的熟练度和灵敏度都极具特殊性。在老龄化程度加深、数字化生活下沉的今天,日益扩大的老年人口的媒介使用障碍必须引发我们深省和改进。

首先,"老漂族"对于感官方面的功能使用障碍表达较多。微信字体的大小、扬声器声音的大小、键盘的便捷性和灵敏度成为他们首要关注的问题。这些基础功能普遍是子代在微信教学过程中已经设置好的。"老漂族"对于感官功能使用障碍主要有两个方面。一是种种因素导致字号、声音等设置发生改变,他们不具备复原的能力。二是最大程度的功能设置仍不能满足"老漂族"的感官需求。这两个方面阻碍了"老漂族"在人际交往中的意义的交换和自身身份的认同,日益扩大的这一特殊群体更应得到媒介行业重视和关怀。

其次,除了感官功能的使用障碍外,"老漂族"由于自身的数字能力不足主动放弃使用一些功能外,外部力量的介入也阻碍了其功能的使用。不少"老漂族"的家庭成员对"老漂族"微信功能的使用缺乏信心,为保护老人的个人财产和个人隐私安全,在微信教学的过程中仅选择一些主要功能进行演示,包括语音通话、视频通话、抢红包、发表情等。甚至由"老漂族"家庭成员阻断一些功能的使用,如微信银行卡的绑定、第三方购物等功能服务。除了学习微信功能的使用，"老漂族"还要学习一些网络话语的含义。由于不同年龄群体的语言环境和社会生活都带有明显的时代烙印，在新媒体环境下其意义的生产也存在理解的差异。代际差异也成为了微信使用的阻碍因素之一。

（三）微信使用的媒介素养障碍

在互联网时代，信息爆炸式增长，在密集的碎片信息中辨别虚假信息和寻找有效信息十分考验老年人媒介素养。由于老年人已完成社会化，对新事物的学习能力滞后且思想较为保守，虽然对于新媒体使用秉承较为谨慎的态度，但仅凭丰富的生活阅历和社会经验难以分辨网络虚假信息和网络诈骗等，甚至不考虑信息出处而全盘接受虚假信息，并主动传播。"老漂族"由于地域的流动性，对新旧两地信息的关注较多，老年微信群和朋友圈相关信息的转发常引发其重点关注，且多为熟人传播，在"老漂族"心中熟人信息更具有权威性和准确性，因而"老漂族"成为了未经验证的信息传播的温床。同时，"老漂族"由于具备年长的年龄属性，对医疗健康信息更加重视，公众号作为老年人心中的权威媒介平台，其提供的健康知识在老年人心中具有相当高的权威价值，但是"老漂族"缺乏对信息甄选和鉴别的意识。"老漂族"信息辨识能力不足，信息处理能力较为薄弱。在社会增强老年人媒介素养教育的同时，家庭内部也应当积极进行老年人的数字反哺工作。

四、城市"老漂族"微信使用对其人际交往的影响

（一）微信使用突破人际交往的时空束缚

美国传播学者卡斯特曾提出世界正从地方空间转向流动空间，流动空间是信息社会的支配性空间形式。也就是说互联网时代的社会交往颠覆了原有的时空秩序，重构了社会空间的时空关系，让缺场的流动空间从在场空间中凸现了出来。相较于传统的在场线性人际交往，微信作为线上媒体创造出更大范围的信息分享方式，为人们的信息传播提供了广阔空间。微信使用让"老漂族"有效地解决了血缘、地缘、趣缘等人际交往的断裂和隔阂，在兼具公众化和私人化的拟态环境中，缺场互动突破了空间界限和时间界限。

1.缺场社交颠覆传统人际交往的空间概念

以往老年人的人际交往的前提大多是基于地缘开展的,人际交往大多是同步交往,即双方身体同时在场,且可以相互触碰。但面对面的人际交往时间和空间限制较为严格,使得社交范围较为有限。麦克卢汉提出"媒介即人的延伸"。随着微信成为当下老年人社交的典型应用,微信也在延伸"老漂族"的社交空间,线上再现了"老漂族"的社交场域。微信的身体缺场社交不断弥合"老漂族"身处异地所造成的人际交往地域的断裂,使得老年的社交需求得到满足,新环境的社会适应压力和心理压力逐渐减轻。一方面,人们借助社交媒体进行交往的时间成本大大节约,另一方面远距离交友的需求得到满足,远距离的亲密关系得以重建和维系。基于旧人际关系的微信社交其实也是对既有三次元世界中社交网络的复制和移植。

2.微信社交消解信息接收的时效性质

老年人由于身体情况欠佳、学习能力放缓、记忆能力下降等诸多原因,常常会发生未能接听电话等情况。由于传统面对面人际交往的信息接收具有时效性,一旦错过接收信息的时间点,就会造成信息传播的失败。微信即具有时空同步的即时视频功能,同时也具有信息保存的文字、语音聊天、图片视频分享功能等。相比于短信沟通,微信的语音信息功能更加便捷,相比于电话沟通,微信发送的语音信息、图片信息、视频信息又具备信息储存的功能,保障受众在任何时间都可以收听和反复播放。

(二)微信使用促进社交方式的创新与发展

符号化是微信人际交往的典型特征之一,信息传递依托于文字、语音、图片、视频等语言文本及非语言文本。"老漂族"由于身体缺场,不能完成身体在场情境下的直接接触和语言互动。微信的存在使得信息传递的方式和途径更加多样化,"老漂族"的主体也被赋予了符号化的形象内涵,微信中的意义生产和符号互动是"老漂族"自我呈现的过程。

1.符号化自我呈现创新交往方式

美国社会学家戈夫曼提出"前台后台理论",即"戏剧理论",他认为身体缺场情况下的"自我"呈现,并不是真正的自我,而是一种经过乔装打扮后的选择性表露。老年人由于特殊的条件限制,通常并没有像部分年轻人一样在社媒体上展现"失真的自我"和"理想的自我"。老年人选择性的自我呈现多发生于文本的组织方面。

"老漂族"的表情包具有典型的群体特征。中老年表情包的出现往往伴随着高饱和高对比度的真人照片、各种盛开的花朵、使用渐变色和正楷字体的文字符号等典型带有 20 世纪八九十年代的特征。这些典型的符号标签更容易成为老年群体整体身份认同的标签。戈夫曼认为，个体的自我呈现是在情境中被建构起来的，群体的仪式感加速了群体凝聚力，使得个人依附群体价值。仪式产生具有虚拟在场、对外设限、相同的关注点和情感上的分享这四个必要条件。在社交媒体无时空限制的虚拟在场时空中，表情包的使用基本上是在一个私密的虚拟空间进行的，例如一对一聊天和微信群，这是在虚拟空间上对"他者"设置的限制。此外，表情包是建立在特定的会话语境之下，为了表达某种信息或情绪并在发出者看来能够替代语言。互动仪式所依赖的"情感上相互交流"这一条件，也在编码和解码过程中完成。由于"老漂族"具有较为相似的生活经历和情感体验，因此表情包的发送者和接受者对于表情包的解码是相同的，这就形成了情感共享。

由于代际差异，表情符号在演绎的过程中由于不同的社会阅历解码也不尽相同。在解码不能引发共同的情感交流时，会产生信息传递的偏差。在家庭代际关系中，"老漂族"由于数字生活经验较子代和孙代较为匮乏，对于表情包的使用较为单一，在传递高饱和度色彩配合炫彩文字的表情包时，祖孙三代对于这一符号的理解和体验均不尽相同。但值得欣慰的是，在家庭代际关系中家庭成员给予了"老漂族"更多体贴和理解，使这一特殊的符号特征成为"老漂族"身份认同的标签。

2.互动仪式感表现更加强烈

柯林斯认为仪式是生产意义符号的过程，把社会场景作为仪式产生的出发点。社会进步、科技发展的过程也是仪式解魅的过程。仪式感从传统社会中的高度仪式性渐渐向现代社会的低度仪式性迁移，传统社会的仪式场景，是及时在场、有机整合、高度一体的，但在新媒体传播中仪式的传播空间距离被大大拓展，人们通过身体之间的虚拟连接，实现了更大范围的社会共同体的建构。作为互联网原住民，新媒体传播的仪式已变得再寻常不过，情感的凝聚力量逐渐式微。由于"老漂族"是互联网时代的数字难民,即信息匮乏者,老年人的互联网信息传播的仪式还没有实现"解魅",因此,微信功能使用的互动仪式感较年轻人也更加强烈。

如今,"老漂族"的微信中至少有一个家庭群聊,家庭群聊的建立,不仅仅是一种媒介技术的操作,而是突破地域空间的割裂,在虚拟的空间通过对家庭成员的召唤,实现家族的线上团结。由于家庭成员的排他性和家庭成员的虚拟在场,微信群聊内容基本聚焦家庭内部的共同话题,在微信群聊的过程中家庭的情感得到升华,在仪式的互动中家庭情感得到加深。因此家庭群聊这种媒介行为具有强大的仪式感和凝聚力。

抢红包也给"老漂族"的人际交往增加了互动性和趣味性。微信构建了人际交往的虚拟情境,一对一聊天或是群聊意味着主体的共同在场,红包在作为符号的传递过程中,所产生的高度专注的情感互动,会激发每一个成员的情感,增强了凝聚力量和情感联系。此外,视频通话、转发点赞朋友圈等行为都具有一定程度的互动仪式感。

(三)微信使用促进新人际关系的建立与拓展

"老漂族"由于生活背景和社会交往方式与年轻人不同,他们更习惯于面对面的接触,通过深入了解结交朋友,对于虚拟环境中的新朋友添加较多保持怀疑和警惕。通常老年人的网络人际交往是现实人际交往的延伸和延续,将现实人际关系突破时空的界限在网络虚拟情境中再现。

由于"老漂族"添加微信好友较为谨慎,微信群的开放空间逐渐成为亲密关系的社交通道。微信群成为"老漂族"创新互动的一个重要社交工具。笔者根据虚拟民族志的调查方法,深入到三个老年微信群进行观察,三个微信群分别为劳动公园广场舞 1 群、十全十美朋友群、幸福业主群。根据聊天记录显示,每天的早间问候成为微信群里的一大景观。据统计,2020 年 1 月,十全十美朋友群共收获早间问候语文字信息 49 条、表情包早间问候 98 个。虚拟空间的早间问候已成为一种日常仪式,早安问候不仅代表了线上的集合报到,同时也是一个人符号化的自我呈现。很多受访者表示每天早上会花大量时间来选择早安问候的形式和内容,同时也会认真阅读其他成员的信息内容,如果有特别满意的文字或图片还会保存,成员之间也会相互夸赞,有时经过了一段时间的了解,会互相加好友。受访者表示被人夸赞和认可特别有满足感,自信心得到提升,自我价值得到实现,激励第二天早安打卡更好的呈现。自我认同感的实现让日常问候上升为一种情感力量,前台多种符号的自我表达让后台的"老漂族"也更具社交魅力。多种多样的微信群成为了"老漂族"新人际关系拓展的渠道。

五、结语

尼葛洛庞帝曾提出在数字化时代,"年轻人是富有者,而老年人是匮乏者"。虽然网民结构不断向老年群体偏移,但从宏观网民结构看来,老年群体在互联网使用过程中仍然是弱势群体。数字化浪潮正在改变老年人的生活,线上社交在老年人群体中也越加普及。地域的割裂造成"老漂族"旧的人际关系正在断裂,新的人际关系尚未建构。由于地域的流动性,"老漂族"较其他普通老人而言,具有远离熟人社会、语言障碍、文化不适、缺乏归属感等突出的问题。因此,老漂族的人际交往困境较普通老年人要更加突出。"老漂族"远距离亲密关系的建立,使得微信这一中介化媒介具有重要意义,"老漂族"微信使用所带来的人际交往互动仪式感更加强烈,线上的团结使得情感力量更加凝聚,身份认同感和高度的群体归属感较普通老年人要表现得更加强烈。我国老龄化趋势不可逆转,老龄化问题的解决有待国家、社会、社区、家庭的共同努力。数字化的生活背景也要求我们给予老年人更多的关心和关怀。

(张宵阳,辽宁大学新闻与传播学院传播学硕士研究生)

The perspective of the use Urban Elderly Immigrants WeChat and interpersonal communication

Zhang Xiaoyang

Abstract: In the context of aging, urbanization, and digitalization, this article focuses on the typical floating population in the society, and explores the impact of the use of WeChat on the interpersonal communication. This article firstly analyzes that the traction of affection and differences in intergenerational cultures, the division of regions and changes in communication scenarios, the transformation of family roles and the reconstruction of social roles are factors that affect the interpersonal communication of the elderly immigrants, and then figures out the formation path of the olderly immigrants from the acless obstacles, use obstacles, and media literacy obstacles. Finally, it is proposed that the use of WeChat will bring about changes in the way of "Elderly immigrants" interpersonal communication. Firstly, the WeChat use of "Elderly immigrants" breaks through the time and space constraints of interpersonal communication: WeChat uses a spatial concept that breaks through traditional interpersonal communication to eliminate the time-sensitive nature of information transmission; Secondly, the WeChat use of "Elderly immigrants" promotes innovation and development: symbolizes self-presentation and innovation of the "Elderly immigrants" interpersonal communication method, which makes the interactive ritual feel stronger; thirdly, the WeChat use of "Elderly immigrants" promotes the establishment and expansion of new interpersonal relationships.

Keywords: Elderly Immigrants; WeChat; Interpersonal Communication; Symbolic Interaction

谁是作者:人工智能时代著作权的认定与保护①

王莉

摘要:人工智能环境下,著作权的载体、传播方式均发生巨变,现行的著作权法规及有关合理使用制度所构建起的平衡状态被打破。明确权利归属即"谁是作者"成为著作权法律问题的溯源。依国际司法判例,判定作品原创性(Originality)是明确著作权(Authorship)的先决条件。"人工智能"是作者吗?算法科技背后的新闻媒体、优质自媒体信息版权如何保护? 国际国内在相关著作权保护上都出现新动态与相应方法,但并未形成统一共识。依据我国国情而言,需要建构"作者—技术终端—运营商—行业与社会—辅助制度"的多方协同治理体系。

关键词:人工智能;著作权;认定与保护;算法

---

① 本论文为 2020 年度浙江省教育厅公派访学计划[项目编号:FX2020048]的研究成果。

随着互联网推动数字化的普及以及计算能力的进一步提高，机器的人类智力模拟和深度学习功能越来越强大。与此同时，算法科技在各大商业、资讯平台的应用，让真正的人工智能时代来临，也给网络信息版权的保护提出新的命题。智媒时代"谁是作者"悬而未决。

一、明确著作权归属是智媒时代发展的必然

"著作权"也称作"作者权（Authorship）"，是大陆法系的概念。大陆法系的著作权法将作品更多地视为作者人格的延伸和精神的反映，区别于普通的财产，更注重对作者的人身权利或称"著作精神权利"的保护，这包括对作者的名誉、声望及维护作品完整性提供法律支持。法国、德国包括我国《著作权法》均约定其永久性保护或有限保护原则；而在英美法系国家，"著作权"常称为"版权（Copyright）"，主要是为了阻止他人未经允许复制作品、损害作者经济利益而由法律创设的权利，侧重对作者经济权利的保护，版权转让较为自由。正如大法官金斯伯格所言："18世纪和19世纪早期的版权案主要涉及信息性工作，如地图、参考书和日历，与那些涉及作者权的个人有关的'创造性'作品牵连甚少。"[1]直至19世纪，在浪漫主义运动的影响下，一些法院开始认为版权作品也是创作主体精神个性的体现，进而推动了版权法变革。1886年，《保护文学和艺术作品伯尔尼公约》签订，大陆法系和英美法系的主要国家加入之后，"著作权"与"版权"概念差异变小，渐进达成一些法律共识。

我国《著作权法》的制定综合汲取了大陆法系与英美法系版权法的规则与观念，同时承认"著作人身权"和"著作财产权"。但也有人认为，这种"著作权二元制"约定在司法实践中存在分歧，提出"著作人身权行使应服从著作财产权受限制的创设目的及著作财产权交易的特定目的，永久保护著作人身权不

---

① ［1］See，Eg，Sayre v Moore（1785）1 East 361n，in Oguamanam C．Book Review：*Law*，*Knowledge*，*Culture*：*The Production of Indigenous Knowledge in IP Law*．Social Science Electronic Publishing，2013．

符合著作人身权本性"。① 这意味着,伴随着社会经济发展模式的转变,著作人身权与财产权之间的体系性矛盾已然出现。尤其在智媒环境下,著作权的载体、传播方式均发生巨大改变,现行的著作权法条及有关合理使用制度所构建起的平衡状态被打破。在现有合理使用与法定许可的豁免下,根源性的问题是追问著作权的归属,再行决定是否符合合理使用及法定许可条例,抑或侵权。明确权利归属是讨论所有著作权法律问题的溯源,也是自媒体行业发展实然对现行法度秩序的重构的起点。

二、著作权判定的溯源
——"谁是作者"与"独创性"(Authorship and Originality)

"谁是作者"的问题成为新媒体时代版权认定的根源性问题。一部作品,尤其是网络作品如何确认"原作者"? 1858 年,英美法系国家澳大利亚曾发生过一起"麦克莱恩诉穆迪"案。原告声称克莱德报关单和装运清单,包括一份克莱德河的海关和航运常规摘要信息遭到版权侵犯,对方系统复制并出版了这个资料汇编中的重要信息。被告安德鲁·穆迪当时是澳大利亚蒙纳什大学法学院的一名教授,他认为原告并非汇编作品的作者,且原告所主张的版权没有充分证据可予确认,因此原告所诉版权侵权不成立,法庭驳回了被告的上诉。类似的情况还发生在澳大利亚"Telstra 诉电话黄页公司案"中。原告起诉被告复制其编制的电话号码簿侵犯其版权,然而联邦法院 FFC 却认为电话号码薄并非原告的版权所有,理由是"它并非人类创造的结果,而是由计算机生成的"②。澳大利亚关于版权保护的两条重要原则是:作品须为原创而非复制;设定最低作者贡献(Minimum Authorial Contribution),也称"原创性阈

---

① 张强:《我国著作人身权与著作财产权协调的法律原则》http://blog.sina.com.cn/s/blog_4d21605b0102wtcz.html。

② Jani McCutcheon. *The Vanishing Author in Computer — Generated Works*: *A Critical Analysis of Recent Australian Case Law*. 36 Melb.U. L.Rev.9152013,pp. 924—927.

值"(Originality Threshold)。① 美国联邦最高法院早在 1991 年的 Feist 案中认定电话号码簿不属于美国《版权法》保护的作品,强调作品受版权保护"最低限度的创造性"(Minimum Amount of Creativity)原则;英国则早在 1911 年即将"原创性"(Originality)作为版权法的法定要求,提出受版权保护作品的"集体作品"包括:1)百科全书、字典、年鉴或类似作品;2)报章、评论、杂志或相类的期刊;3)合著作品或汇编作品。② 加拿大在进行类似判例裁决时也做出一些调适,表示尊重编目者的劳动付出,提出"最低限度的技能与判断"(Minimum amount of skill and judgment)原则。

　　以上情况同样适应于自媒体作品,在确立著作权保护主体时,现有法规会首先考量原作者的创造性付出,确认其是否具有原创性(Originality)再行讨论著作权(Authorship)。2013 年,德国颁布了新版权法,规定搜索引擎和内容聚合服务商在未经媒体授权的情况下,不得随意使用抓取内容;西班牙 2014 年底通过的新《知识产权法》,要求谷歌等新闻聚合服务商向出版商支付版权税;英国习惯法传统中甚至提出了"高作者权(High Authorship)"和"低作者权(Low Authorship)"的概念。同时,不能把为制造事实(如抄袭、不经允许的转载、汇编、链接等)而付出的劳动视为原创性的劳动。③ 2019 年,欧盟通过最新《数字单一市场版权指令》(*Directive on Copyright in the Digital Single Market*)以保护版权方著作权。

　　尽管我国不是判例法国家,但与英美法系国家相通之处在于,为了最大化实现法律公正,司法实践上会兼顾稳定性与灵活性原则,判例日渐发挥重要作用。如我国《著作权法》第 5 条中所规定的"时事新闻"不适用保护条款,而在 2011 年《南方都市报》诉搜狐侵权案中,法院判定搜狐及旗下焦点网在其网站上转载的两篇文章,含有明显智力加工成分,不属于单纯时事新闻,因而受到

---

　　① Lindsay D. *Protection of compilations and databases after IceTV: authorship, originality and the transformation of Australian copyright law*. Social Science Electronic Publishing,2018,38(1), pp. 17—59.

　　② Copyright Act 1911 (UK),s 35(1).

　　③ Lindsay D. *Protection of compilations and databases after IceTV: authorship, originality and the transformation of Australian copyright law*. Social Science Electronic Publishing,2018,38(1), pp. 17—59.

著作权保护；又如我国《著作权法》第 22 条对合理使用做出列举式规定，然而新闻聚合 RSS 由于具有强烈的商业利益目的，且导致著作方网络流量的巨大减损，其未经许可对其他新闻网站进行深层链接的行为构成侵权，因而无法使用合理使用作为抗辩。此时，著作权认定维度回归到"原创性"，即在不满足原创性条件下的劳动不受保护且承担侵权责任。此外，利益平衡依然是知识产权的基础理论。鉴定作品身份并保护其著作权，首先是基于"人类创作的需要"。我国最高人民法院《关于审理侵害信息网络传播权民事纠纷案件适用法律若干问题的规定》第 1 条也规定："人民法院审理侵害信息网络传播权民事纠纷案件，在依法行使裁量权时，应当兼顾权利人、网络服务提供者和社会公众的利益。"既考虑版权保护，也避免妨碍公共知识利用与传播。

三、人工智能时代的著作权判定——Authorship 在机器和人之间

伴随着计算机、人工智能科技的发展，网络作品著作权在人和机器之间发生了微妙的联系。人工智能是由人类设计研究的，基于数据分析和运算方法的信息程序产品，它具有较强的适应特性及深度学习、升级能力，可以生成人工智能作品如音乐、文学作品、新闻报道、研究报告等。那么，这些作品是否构成著作权作品主体？目前国际上对此似乎存在一些共识。如美国版权局提出，对于机器生产的作品或仅因机器程序随机或自动生成而没有人类作者创造性投入或干预的作品不予登记。倾向于将编程者（研发者）列为版权人，将其作品（如软件）列为作者；在英国，计算机生成的作品的版权归属于"负责创作作品所必须的人"；日本著作权法将著作物定义为"思想和感情的创作性表现"，在人类几乎不加入创作意图的情况下由人工智能创作作品时，难以成为受保护的权利对象。[①]

我国新《著作权法》还未将人工智能（机器人）列入知识产权的主体范畴。华东科技大学法学院教授熊琦认为，人工智能创作的作品能否受著作权保护

---

① 《人工智能创作作品该不该有著作权？》[EB/OL].［2016－04－18］. http://www.xinhuanet.com//world/2016－04/18/c_128905901.htm

主要有两个评判标准："第一是人工智能所生成的内容是否达到了最低限度的创造性；第二，人工智能所生成的内容是单纯的机械计算和程序推演，还是属于人工智能设计者的行为。"①

事实上，人工智能的内容生产有两种可能性。其一，具有预设性的模式化程序生成。如一款音乐编曲智能机器或一款绘画智能机器，由于操作者事先设定好了音符、节奏、色彩、空间、平面构图关系这些事项，机器的内容生产是在人的主观意志操控下完成。此时，机器仅充当了一个达成创意目标的工具，著作权自然属于机器的操作者。

然而，现实的情况是，计算机算法和学习机器正在成为创造力的新源泉。因而出现了第二种情况，机器实质上参与了创作，某些时候甚至超越了人类作品创作。在这一过程中人处于辅助性地位，有时甚至不需要人的参与。因而它们实质是一种"创造性机器"。如果将其创造成果毫不设限地向市场公开，既不利于人工智能研发的知识产权保护，也将大大贬损人工智能之于教育、医学、技术等领域的可再生资源生产能力。

在国外，有学者提出"作者身份"（Authorship）应该重新被定义，包括"人类作者与非人类作者"，这固然有一定的现实渊源，但普遍的担心是，"非人类作者"并不能承担相应的法律责任，"非人类作者"被恶意操控引来的后果难以追责、隐私侵权等问题都会给司法带来巨大困扰。由此，对其著作权归属可有两种思考路径：

其一，不认定人工智能的著作权，而是依雇佣关系认定著作权人。人工智能究其本质还是一种基于特定人类经济关系的研究与创造，因此，讨论的焦点需要回归到委托作品归属问题。1987 年修订的《美国版权法》第 101 条将委托作品视为雇佣作品的一种。同时，该法第 201 条第（b）项规定："就雇佣作品而言，雇主或指示创作作品的其他人被认为是本法上的作者，享有著作权之各项权利，但双方签署书面文件另有约定的除外。"《英国著作权法》也有相关规定。这表明，基于雇佣关系进行的创造性劳动，雇主享有著作权。推此及彼，人工智能机器即是"受雇佣者"，而项目投资者和程序员是"雇佣者"，也就是著作权

---

① 冯玉莹：《人工智能相关的著作权问题》，《法制博览》2018 年第 28 期，第 152—153 页。

人，依法享有与之相关的所有特权和责任。①

其二，或可承认人工智能系统在私法意义上的法律主体地位。"基于联结主义理念下的人工智能包含着人工神经网络系统，一定程度上具备了意思表示能力。法律可制定较高标准，授予其特殊的法律主体资格。并设立相应的人工智能担责制度。"②

由于各国国情不同，在坚持法律为人服务、权责一致的原则下，可逐步考虑在著作权法上确定特殊的人工智能的主体地位，但这会是一个很漫长的过程。在此之前，尚可依雇佣关系认定著作权人予以保护。

我国 2020 年 11 月修定的《著作权法》将著作权主体限定为人，包括公民、法人或非法人组织。在第三条第（八）（九）条明列受著作权法保护的作品也包括计算机软件、符合作品特征的其他智力成果。这实质是对当下新兴算法科技、人工智能作品开放了版权保护权限。譬如算法广泛应于我国媒体内容推送、智能化修图、人脸识别、社交推送等多元社会生活领域。算法背后的技术方法性质的编码智力行为及其代码呈现也是一种创造性行为，符合计算机软件著作权、专利权的多重保护范围。2020 年修订的《专利审查指南》第九章第六条专门提出"涉及人工智能、'互联网＋'、大数据以及区块链等的发明专利申请，一般包含算法或商业规则和方法等智力活动的规则和方法特征"的专利保护实施细则。算法研发人员从软件开发到推出应用还可适用技术保密的相应条款予以保护，或按我国现行《著作权法》通过认定软件著作权、方法专利、软件专利的方式予以保护。

四、人工智能时代著作权（Authorship）保护的新动态与方法

人工智能时代的来临，算法科技在各大资讯平台全面发力，海量数据抓取背后主流媒体、优质自媒体的信息版权如何保护？传播科技现实挑战了版权

① See Jie H. *The Dilemma and Solution concerning Application of Copyright Exceptions to Artificial Intelligence's Creation*. Electronics Intellectual Property，2019.

② 赵磊、赵宇：《论人工智能的法律主体地位》[EB/OL]．[2018－12－15]．http://sh.qihoo.com/pc/930ecc7ae6104cf88? cota＝4&tj_url＝so_rec&sign＝360_e39369d1&refer_scene＝so_1

法的预设传统及其基于地域基础的法律框架，使其成为一个全球性问题。国际方面，此前所签订的《TRIPS协定》(1994年)和《WIPO版权条约》(1996年)仅着重对国际知识产权平等的司法解释；美国《数字千年版权法》提出的"避风港"技术中立原则只可作为运营商在面对侵权诉讼时的抗辩，ICANN(The Internet Corporation for Assigned Names and Numbers，互联网名称与数字地址分配机构)目前也只能使用域名控制的方式应对侵权者。由于国际上专家、学者各方意见和利益的不一致，版权保护在适用国际通用协议中存在诸多程序障碍且没有得到统一的意思表示。

前文提及，欧盟在世界版权保护中做出表率，颁布了2019《数字单一市场版权指令》，其中提出"链接税"，规定互联网平台对新闻内容的展示或链接均需向版权方付费；"上传过滤器"，即要求网络服务商承担"内容"审查义务，为将来欧洲乃至全球的网络及自媒体行业发展示明了方向。但由于立法基于权利人利益保护的立场，一些人也对此表示担忧，认为有违于在线内容共享平台的初衷，影响公众表达自由，需要在权利人与公众利益之间制定精细化规则。

我国现行有关著作权保护的立法包括《著作权法》、《计算机软件保护条例》、《信息网络传播权保护条例》、《互联网著作权行政保护办法》、最高人民法院《关于审理涉及计算机网络著作权纠纷案件适用法律若干问题的解释》等。还没有针对新闻媒体、自媒体版权保护的专门立法。2021年《最高人民法院关于审理侵害知识产权民事案件适用惩罚性赔偿的解释》进一步提高了著作权侵权违法成本，但诉讼成本高、取证困难的问题依然存在，而版权集体管理制度的利益分配和争议解决机制尚不健全，网络自发的版权组织又难免出现"维权黑洞"，版权保护法规上与国际接轨的期限尚不可知。这种情况下，如何确认并强化"谁是作者"，最大化保护作者合法权益？我国目前采用的主要保护路径包括：其一，技术强化"作者"版权保护，对于具有重要创新性的知识产品，通过数字保护技术如数字水印技术、付费墙、"版全家"为代表的数字版权申请平台、基于区块链(Hyperledger－Fabric)的"版权数字证书"、防止新闻作品侵权的"新闻注册系统"(News Registry)、授权稿源库等方式进行身份嵌入，以减少侵权行为发生；其二，呼吁网络运营商、运营平台应承担更多的版权保护责任，而不局限于被动的"避风港"原则，一些平台已经做出表率。2016年知乎诉微博营销账号成为我国互联网平台"代维权"第一案;2019 年百家号开始采用"机器＋人工＋外部投诉"等多渠道监督方式接受全天候维权投诉。其三,行业仲裁和维权公益平台正逐步完善,在发生侵权纠纷时,首先由仲裁机构依行业标准进行调解,作者也可以向公益维权平台提出申诉;伴随着大数据技术的发展,云平台可通过智能分析、智能识别,有效收集各类电子化证据,网络仲裁也将成为一个新的发展方向。总体来看,我国著作权相关法规正在逐步完善的基础上建构"作者—技术终端—运营商—行业与社会—辅助制度"的多方治理体系。

(王莉,博士,副教授,湖州师范学院传播系,浙江大学访问学者)

Who is the Author? Recognition and Protection of Copyright in the Age of Self-Media

Wang Li

Abstract: Under the environment of artificial intelligence, the carrier and the mode of transmission of copyright have undergone great changes, and the balance established by the current copyright laws and the relevant fair use system has been broken. To clarify the ownership of rights, that is, "who is the author" has become the source of the legal issues of copyright. According to the international judicial precedent, judging the originality of the work is the prerequisite to clarify the copyright. Further, AI has opened a new era of we media. Is "AI" the author? How to protect the information copyright of news media and high quality we media behind algorithm technology? There are new trends and corresponding methods in the copyright protection both at home and abroad, but there is no unified consensus. According to China's national conditions, we need to build a multi—party collaborative governance system of "author—technology terminal— operator— industry and society—auxiliary system".

Keywords: Copyright; Artificial Intelligence; Recognition and Protection; Algorithm

《人类世》：生态政治的审美再现

刘阳鹤

摘要：《人类世》是直面生态政治问题的一次影像艺术实践，该影片以非虚构的纪录片形式，为我们审美化地再现了人类技术、消费社会与自然环境之间的种种现实遭遇，无一不透露出某种强烈的生态伦理关切。本文将以加斯东·巴什拉、米歇尔·塞尔和蒂姆·莫顿的生态思想作为参照，分别从物质的抵抗、自然契约和"超物"三个角度进行思考，以期突显出纪录片《人类世》中的艺术化表达策略，及其伦理、政治内涵。

关键词：《人类世》；生态政治；物质的抵抗；自然契约；超物

2018 年 9 月 13 日，《人类世》(*Anthropocene：The Human Epoch*)在第 43 届多伦多国际电影节上全球首映，该影片时长 87 分钟，由加拿大纪录片导演珍妮弗·贝赫沃尔(Jennifer Baichwal)、摄影师尼古拉斯·德佩西(Nicholas de Pencier)以及爱德华·伯丁斯基(Edward Burtynsky)三人联合执导，旁白解说员为瑞典演员艾丽西亚·维坎德(Alicia Vikander)。次年，本片荣获了第七届加拿大电影奖"最佳长纪录片奖"及"最佳纪录片摄影奖"等奖项。此外，我们还有必要了解如下基本内容：《人类世》剧组摄制者足迹遍布了六大洲，涵盖了英国、意大利、美国、中国、俄罗斯、澳大利亚、瑞士、肯尼亚等 20 个国家（或地区），成片后依据影像内容被剪辑为七个主题单元：1.Extraction，包括萃取冶金、大理石开采、锂元素提取；2.Terraforming，包括为开采露天矿而改造地球表面、砍伐森林、城市化；3.Technofossils，意为"技术化石"，指人类技术社会产生的各类垃圾废弃物；4.Anthroturbation，指人类活动对土壤和/或地壳的干扰，如采矿、打隧道等；5.Boundary Limits，意为"边界限制"，指通过采矿、炼油拓展地球表面及大气的边界限制；6.气候变化，包括海平面上升、威尼斯被淹、海洋酸化等；7.Extinction，意为"物种灭绝"。

上述七个主题单元大致勾勒了纪录片《人类世》的概念框架和题材概况，基于此我们有必要再对"人类世"议题的兴起进行简要回顾：2000 年 2 月，荷兰大气化学家、诺贝尔奖获得者保罗·克鲁岑（Paul J. Crutzen）在墨西哥库埃纳瓦卡的国际地圈－生物圈计划（IGBP）科学委员会会议上公开提出了术语"Anthropocene"一词，之后于 5 月与该术语的发明者美国生物学家尤金·斯托默（Eugene F. Stoermer）在《全球变化通讯》（Global Change Newsletter）第41 期共同发表了一篇题为"人类世"（The "Anthropocene"）的短文，他们提议使用"人类世"来描述当前的地质时代，以强调人类在地质学和生态学中的中心地位。[1] 此后，克鲁岑于 2002 年又在《自然》杂志发表了《人类地质学》（Geology of mankind）一文后，"人类世"便开始在各个领域产生广泛影响，尤其是近十年以来，它已经波及社会科学、人文科学及艺术等诸多领域，而人类活动作为一种影响和改变地球气候及生态系统的地质力量，似乎已在一些观念中为人们所普遍接受。如果着眼于纪录片领域，我们会发现诸如《难以忽视的真相》（Davis Guggenheim，2006）、《人类世》（Steve Bradshaw，2015 年）、《塑料战争》（Frontline，2020）、《人类星球》（Jeff Gibbs，2020）等作品，都在很大程度上直接呼应了人类世时代所出现的生态危机问题。从根本上看，它们反映的既是政治问题，也是道德问题。

作为直面生态政治问题的一次影像艺术实践，《人类世》以非虚构的纪录

---

[1]　Paul J. Crutzen Eugene F . Stoermer. The "Anthropocene". Global Change Newsletter，No.41，p.17.

片形式,为我们审美化地再现了人类技术、消费社会与自然环境之间的种种现实遭遇,无一不透露出某种强烈的生态伦理关切。美国电影批评家、理论家比尔·尼科尔斯(Bill Nichols)在《纪录片导论》中着重探讨了纪录片中的伦理、社会和政治问题。他不但认为伦理问题是纪录片制作的中心,而且还进一步认为"重视伦理就意味着重视政治及意识形态,诸种负面结果也在重视之列"①。正是出于对伦理的重视,《人类世》才使我们意识到自己实际上早已置身人类世的生态现实之中,并应重视对不良政治、人类中心主义意识形态进行批判性反思。从纪录片的呈现方式及其价值层面来讲,我们从尼科尔斯那里可以得知:"非虚构电影的纪录片价值就在于它们是如何以视觉和听觉的方式表现主题的,这些主题所涉及的概念均由我们的书面语或口语所提供。"②总体上来看,《人类世》通过具体可感的视听语言向我们逐一艺术化地表现出了"人类世"主题下的种种概念。与此同时,影片中所呈现出来的书面语(如旁白解说词)或口语(如受访者的证词)也为我们的影像批评提供了不可或缺的文字凭据。本文将以法国哲学家加斯东·巴什拉(Gaston Bachelard)、米歇尔·塞尔(Michel Serres)和美国哲学家蒂姆·莫顿(Timothy Morton)的生态思想作为参照,分别从物质的抵抗、自然契约和"超物"(Hyperobjects)三个角度进行思考,以期突显纪录片《人类世》中的艺术化表达策略,及其伦理、政治内涵。

物质的抵抗:一种巴什拉式的生态视角

近些年来,人类世的相关议题已逐渐将巴什拉的哲学思想纳入了考量范围,我们可以先通过社会学家丹尼尔·切尔尼罗(Daniel Chernilo)的文章《人类世争论中的人类问题》来切入本节的要点,他在文中指出:"加斯东·巴什拉早在 20 世纪 30 年代末就率先提出了一个论点,发展真正的科学方法要求人类放弃他们(天真的)人类中心主义:只有在人类抛弃了自己是宇宙中心的自

① Bill Nichols. *Introduction to Documentary*, *Second Edition*. Indiana University Press, 2010, p. 214.

② Bill Nichols. *Introduction to Documentary*, *Second Edition*. Indiana University Press, 2010, p. 99.

恋观念时,现代科学才能得以出现。"①诚然,与人类世相关的话语实践始终都与去人类中心主义保持着密切的联系,因而考察巴什拉哲学思想中的生态维度或许就取决于:我们如何看待他对物质世界——既包括自然对象,又包括技术对象——所进行的思考,以及如何在当前这样一个已被高度技术化的工程世界中来重新想象所谓的"自然"。在巴什拉看来,与水、火、空气三种元素不同的是,"土地(earth,或陆地、地球)的最首要特征就是'抵抗'(Resistance)。……相比之下,陆地物质的抵抗直接作用于人,且持续不断。从一开始,这种抵抗就是我们意志客观而明确的同伴"②。简而言之,也就是:物质对人类意志的抵抗。

图 1　挖掘机与大理石的对抗　　　图 2　米开朗琪罗《大卫》雕塑仿制品

　　人类社会的发展,始终都在与地球上的诸种物质进行抵抗。在纪录片《人类世》中,我们可以看到当今人类社会通过各类技术干预地球(或陆地)的诸多影像依据,尤其可能会留给我们深刻印象的是:在单元一"Extraction"大理石开采的片段中,描述了意大利卡拉拉矿山的采矿现场。当采矿工人驾驶着代表人类技术力量的挖掘机与硕大的大理石进行角力时,物质的抵抗就在这一工程施工的现场被非常戏剧性地表现了出来。戏剧性之处在于:挖掘机自不量力地被大理石的反作用力支配,以致机身后半部分腾跃在了空中(图 1)。值得注意的是:

　　该片段的背景乐意大利歌剧给人一种浑厚高昂之感,其与施工时的动态

　　①　Daniel Chernilo. *The question of the human in the Anthropocene debate*. *European Journal of Social Theory*,2017,Vol. 20(1),p. 52

　　②　Gaston Bachelard. *Earth and Reveries of Will An Essay on the Imagination of Matter*. translated from the French by Kenneth Haltman,The Dallas Institute Publications,pp. 7—8

影像之间在节奏上的完美匹配,也为该片段在声音—影像艺术的表现力上增色颇多。然而,大理石随后会被挖掘机、装载机所征服,在它们被运往艺术工作室后,便进入了下一轮抵抗环节,即与雕塑艺术家手中的雕刻工具相抵抗。最终,手借助电动雕刻刀等雕刻工具,通过与大理石石材的角力为其赋予了艺术形象,比如影片中所着重展现的雕塑作品:米开朗琪罗《大卫》的仿制品(图2),由此我们不难想到它们将会作为艺术商品在消费市场上被高价售出。

从开采大理石石材到制成商用雕塑艺术品,整个过程无疑都伴随着物质的抵抗活动。无论是挖掘机驾驶员还是雕塑艺术家,他们均在与物质材料的相互抵抗中体现出了"人类意志的愿望"①。具体到此片段的影像表达则可被理解为:一部分人为了满足其他人的审美需求而投身到与物质世界相抵抗的工作之中,前者和后者之间的供需关系向我们揭示出该过程终会指向某类消费者意愿的满足。也就是说,消费意愿从根本上驱动了人类与物质世界的"交往",这里的"物质世界"并非人们通常所认为是惰性的,诸种层面的物质(如影片所示,大到地壳岩层中隧道的开掘,小到金属锂元素等的提取)始终在以它们的方式直接或间接地对人类活动产生抵抗作用。

除上述情形外,单元二"Terraforming"中关于尼日利亚拉各斯某木材加工厂的工作现场,也为我们提供了与意大利卡拉拉大理石开采现场技术差距极大的例证。实际上,纪录片制作者在影像的叙事上进行了精心设计,他们更具针对性地在该片段之前呈现出了加拿大不列颠哥伦比亚某处林场被采伐、切割、装车等的工程技术干预现场。相较而言,在涉及尼日利亚某木材加工厂的片段中,我们可以看到工厂里的工人们几乎更多是在靠人力进行木材的推动、搬运,木材的切割、打磨也只是用了相对简陋的机械设备。在工程技术落后的尼日利亚,即便人们只能徒手与物质世界(木材)进行抗衡,但最终的抵抗结果仍是将森林里砍伐而来的原木经过加工,然后出售给木材需求方,如下便是影片中受访者所提供的证词:"这个源自森林的产(行)业是从布什总统开始的。我们赞助了森林里的一些人,为我们砍伐原木。"根据受访者的这些证词,

---

① Roch C. Smith. *Gaston Bachelard*: *Philosopher of Science and Imagination*. *REVISED AND UPDATED*, Albany: State University of New York Press, p. 90.

我们同样得到的是：人类城市化进程中逐渐扩张的消费意愿助长了这一切，尤其是发达地区对欠发达地区，甚至是落后地区在原材料上的需求等。

无论是大理石的开采、雕刻，还是木材的砍伐、加工，"物质的抵抗"似乎喻示的是自然界与人类技术社会之间的互动关系，它俨然已经成为了我们审视两者关系的中介力量，这是因为我们不能再回到以往人类主体支配自然客体（即"人类中心主义的"）的主—客关系模式当中，而是应该从其间的"关系本体"出发来思考生态问题的症结所在。就巴什拉而言，他不但在审美领域围绕水、火、空气、土地四元素对自然对象进行了大量的文学性书写，同时也在代表着科学理性的技术领域更多地"关注理性借助于物质使自己具体化为技术世界的存在形态"①。技术性对象在巴什拉那里指的是人类根据工程设计而创造出来的，比如单元二中出现在德国伊梅拉特露天矿区的大型工程机械：世界上最大的挖掘机，以及单元一中美国密歇根通用锂电池装配工厂生产的锂电池等。

可以说，纪录片《人类世》恰恰就是在处理"自然对象"和"技术对象"之间的开采、转化、塑造、生产、消费等过程，这些过程以高度艺术化的声音—影像形式②极富渲染力地向我们呈现了出来，这既给我们带来了视听上的震撼效果，也使我们能够从新的视角了解到自己置身人类世境遇的方方面面。毫无疑问，人类当前所置身的复杂生态（即是自然的，也是技术的），势必会要求我们能在全球范围的危机时刻迅速形成某种政治介入的力量。至于巴什拉生态思想的建构如何可能，及其能否为危机时刻提供理论上的支撑，并转而在生态教学法（或生态政策）上得到应用实践等，这些问题仍有待研究。不过，我们可以把目光转向他曾在索邦大学教授过的学生，即去年刚去世的法国哲学家米歇尔·塞尔，他已为我们提供了直接而具体的可行性方案，即我们需要在修订"社会契约"的基础上再与世界签订一份"自然契约"（The Natural Contract）。

---

① ［日］金森修著，武青艳、包光国译：《巴什拉：科学与诗》，河北教育出版社2002年，第52页。

② 除纪录片本身在视觉和听觉上的艺术化形式表达，片中在各个单元亦穿插着各类艺术制作及现场表演，举例如下：1.俄罗斯西伯利亚诺里尔斯克地区节日演唱会现场；2.意大利卡拉拉某艺术工作室大理石雕过程；3.尼日利亚拉各斯救赎基督教会（RCCG）数万人祈祷、唱歌、跳舞狂欢现场；4.肯尼亚内罗毕丹多拉垃圾填埋场单人说唱艺术表演；5.瑞士哥特哈德铁路隧道开幕式演唱及表演；6.中国香港某名贵工艺作坊象牙雕刻过程等。

自然契约:基于塞尔方案的政治分析

加拿大环境哲学家托马斯·海德(Tomas Heyd)、法国环境人文科学研究学者贝特朗·纪尧姆(Bertrand Guillaume)在《人类世的自然契约》一文中曾论述道:"塞尔提出的自然契约概念确实提供了一个宝贵的社会政治新视角,为我们看待和对待非人类世界的方式实现迫切需要的深刻转型提供了支持。"①也就是说,在社会政治实践的层面上,塞尔的自然契约为我们打开了重新审视非人类世界的方式。结合纪录片来看,《人类世》恰恰也是在呼应这样一个深刻的转型,它为我们主要再现了非人类世界的存在形态,以及它们与人类社会之间的互动方式(往往是具有政治色彩的),甚至是处处缠绕的经济利益关系,这些都在非虚构的影像叙事中得到了最大化的视听表现和话语陈述,其中值得探讨的是本片围绕"象牙"所展开的影像叙事,其首尾呼应的叙事策略也基本上暗含了纪录片制作方的某种生态政治立场,正如解说员艾丽西亚在最后的旁白中所言:"重新审视并构想我们的下一步行动,这是改变的开始。"

图 3　中国香港某名贵工艺品作坊牙雕大象　　图 4　肯尼亚政府销毁非法象牙

接下来,我们将主要对与象牙有关的影像进行分析,这些片段主要分布在纪录片的开头、结尾,并包括单元七"Extinction"中活生生的大象在肯尼亚佩杰塔自然保护区吃食、嬉戏的活动影像,以及镜头突然切换到中国香港某名贵

①　[加]托马斯·海德、[法]贝特朗·纪尧姆著,杨珺译:《人类世的自然契约》,《国际社会科学杂志》(中文版)2018 年第 4 期,第 72 页。

工艺品作坊而化为静物以供观赏、消费的工艺形象——牙雕大象（图3），还包括后续工艺品店主的个人陈述和牙雕工艺过程。总体来看，这些片段释放给我们的信号主要是政治干预性的。我们可以看到：纪录片开头、结尾展现的是肯尼亚政府销毁非法象牙（图4）的筹备、倡议、实施火烧的全过程；肯尼亚总统在内罗毕国家公园销毁象牙仪式上的致辞；安博塞利国际公园工作人员就象牙市场交易问题的慷慨陈词；中国香港工艺品店主受访时谈及的"象牙被禁"转而用合法的猛犸象牙等情形。这些都指向了一种生态政治实践的具体手段，即为保护将要灭绝的物种而进行立法，并增强国际间有关生态动物保护的政治协作。

在塞尔那里，自然契约强调的是：人类社会与自然的共生和互惠，它要求我们把驾驭和占有放在一边，转而崇尚关照、互惠、凝视与尊重。[①] 在这样的契约下，自然成为了一个法律主体，它应该享有与人类主体一样被法律保护的权利。在纪录片中，我们也看到了被法律保护起来的肯尼亚佩杰塔自然保护区，其中受访的一位肯尼亚国家警察说了这样一段话："我们在保护野生动物，同时我们也觉得自己是敌人。因为我们是人类，而人类是偷猎者。"由此可见，即便是自然的守卫者，人与自然的敌对关系仍然是他们内心深处的一个道德负担，这更加突出了自然契约在法律程序上的紧迫性，从而能尽快推动全球范围内的各个社会对地球自然生态做出法律意义上的承诺。在《人类世》中，肯尼亚总统在象牙销毁仪式上的致辞便是非常典型的一次政治行动，他在致辞中这样说道：

> 我们来自一个真正有福气的国家。祝福我们，但请带着责任而来！肯尼亚拥有这些大自然因信任而给予全人类的巨大财富。所以我们的职责就是去保护它们，这也是我们今天来到这里的根本原因。在过去的10年里，我们看到了非洲象被灾难性毁灭。新一代的偷猎者，携带着新的武器，将象牙贩卖到世界各地的新市场，他们是灭绝非洲象的巨大威胁。在

---

① Michel Serres. *The Natural Contract*. Translated by Elizabeth MacArthur and William Paulson. The University of Michigan Press，p. 38.

摧毁象牙之前，我们一次又一次地拒绝了那些认为我们的自然遗产可以卖钱的人。女士们，先生们！在你们面前，最大的一笔象牙，将以这种方式被摧毁，偷猎和贩卖野生动物的行为，现在是国际犯罪的一个分支，与其进行的斗争将会在各个国家和各大洲的联盟中获得胜利。事实是很清楚的：象牙是属于大象的。

以上是致辞的全部内容，肯尼亚总统的这番言论已向非洲象做出了一个政治上的承诺，并通过打击象牙犯罪的实际行动以另一种毁灭的方式"火烧象牙"警示了人们：禁止交易！毫无疑问，这样的政治干预是在阻止人们对地球上的濒危动物造成灭绝性的伤害，而他对大自然负有责任从而做出行动的强调，以及主张国际间的共同协作，在某种程度上也正是对塞尔生态主张的一种呼应。然而，我们还应注意到致辞中主客关系的描述仍然是二元模式的：主体保护客体，主体对客体负责。对于塞尔来说，他更希望看到的是我们的生态意识能够超越于此模式，应进一步认识到我们人类社会与自然是共生互惠的伙伴关系。因此，塞尔的自然契约最终是要将人类社会与自然生态结为一体的："无论是私有的还是共有的，自然界将永远不再是我们的财产，而是我们的共生有机体（symbiont）。"①也许可以说，从塞尔开始，我们所应秉持的生态意识就务必需要从所谓"拯救自然"的生态学范式，逐渐转向"与自然界共生"这样的生态理念。基于此，美国生态学者凯瑞·怀特塞德（Kerry H. Whiteside）早在 20 世纪 90 年代中期，就已将塞尔的"自然契约"路径视作是："为彻底而全面地生态化政治（ecologized politics）提供了理由。"②当然，这不但要求我们在生态思想上做出转变，还要求我们在生态政治的行动上能真正有所助益。

总之，改变始于行动，这是纪录片发出的呼吁，人类世的现实也着实越发迫切地要求我们进行各种各样的有益行动，而生态政治将会在很大程度上有助于我们解决全球范围内的生态危机。尽管如此，纪录片中也有一些单元展

①　Michel Serres. *The Natural Contract*. Translated by Elizabeth MacArthur and William Paulson. The University of Michigan Press，p. 44.

②　Kerry H. Whiteside. *The Resurgence of Ecological Political Thought in France*. *French Politics and Society*，Vol. 13，No. 3（Summer 1995），p. 45.

现出了与此主张看似相抵牾的情况:他们满足于接纳自己的工作并热爱它们(俄罗斯诺里尔斯克地区矿工、乌拉尔山贝雷兹尼基钾盐矿矿工),并为自己对世界的贡献感到自豪(智利阿塔卡马沙漠锂工厂员工、肯尼亚内罗毕垃圾场拾荒者)等,他们对于职业的奉献与热爱当然是出于生存的考虑,其中也有社会环境、家庭继承、职业理想等因素。但这并不一定意味着他们对于生态问题是无动于衷的,特别是他们作为各个社会角色还参与了这个以"生态保护"为主旨的纪录片录制,然而这些人的工作性质的确也无法扭转自身被动地成为大自然资源的索取者和占有者。那么,我们可能会问:如何在具有生态保护意识的个体层面上来解决这一矛盾,这兴许会被认为是自然契约难以避免的生态伦理问题:也就是说,对于那些不得已而为之的生态保护主义者而言,个体行动如何可能,他们能改变什么,若不能,他们又当如何化解自身的生态伦理负担?

实际上,正如我前面已经谈到的,从塞尔的观点出发,"生态保护"的生态学范式已经破产,我们必须由此转变为"与自然共生"的生态思维来重新审视自己的未来行动,塞尔似乎避开了在生态保护的范式下去看待个体自身的生态伦理问题,而是想通过自然契约使整个社会的直接参与者去影响到个体的行动,从而探索并建构一种生态政治意义上的宏大叙事:事关人类与自然和平共存的全球政治。[①] 然而,令人遗憾的是,近年来全球化进程的逐步衰退,特别是 2020 年 3 月起各国在 COVID-19 全球大流行中均付出巨大代价之后,塞尔所提出的解决方案或已陷入前所未有的政治困境,如何走出这样的困境似乎也将成为未来践行自然契约的第一道屏障。

面向"超物":莫顿与人类世的艺术

自 2009 年以后,作为"面向对象本体论"(Object-Oriented Ontology,缩写 OOO,"思辨实在论"运动的一个分支)运动的重要思想家之一,蒂姆·莫顿

---

① Christopher Watkin. *Michel Serres*:*From Restricted to General Ecology. French Ecocriticism*:*From the Early Modern Period to the Twenty-First Century*. Edited By Daniel A. Finch-Race and Stephanie Posthumus. Peter Lang GmbH,2017. p. 167.

的生态思想转变了人们看待自然世界的方式，他称之为一种"无自然的生态学"。在 2010 年出版的《生态思想》一书中，莫顿创造了"超物"（Hyperobjects）这一术语，并在三年后以此为书名出版了《超物：世界终结之后的哲学与生态学》，他在该书中认为"超物指的是相对于人类在时间和空间中大量分布的事物"①，他一开始在导论中便以"可能是什么"的语气向读者例举了很多"超物"：比如黑洞、油田、沼泽地、生物圈、太阳系、地球上所有核材料的总和（或仅仅指钚，铀）、人类直接制造的耐久产品（泡沫，塑料袋）、资本主义所有运转机器的总和。在莫顿看来，"超物"已经对人类的社会空间和心理空间产生了重大影响，也在改变人类的艺术以及审美维度的经验。② 面对人类世问题，莫顿认为我们已经进入了"超物时代"（The Time of Hyperobjects），而艺术也相应迎来了新的阶段，即不对称阶段（Asymmetric Phase），这是对黑格尔艺术三阶段（即象征、古典、浪漫）的一个补充。他说之所以被称为"不对称阶段"，是因为在人类的理解过程中，人类与非人类平等地面对彼此进行匹配，非人类存在物不再是被人类支配的一方，而是有其自主性、能动性，有其充满无限的内在空间。③ 人类存在于非人类存在物之中，黏附在它们之上，与其共存，因而也使得人类在心理上、社会上、审美上、政治上都受其影响。

图 5　正在加固加高的中国孤东海堤　　　图 6　威尼斯水淹后夜行中的市民

---

① Timothy Morton. *Hyperobjects*：*Philosophy and Ecology after the End of the World*. University Of Minnesota Press，2013，p.1.

② Timothy Morton. *Hyperobjects*：*Philosophy and Ecology after the End of the World*. University Of Minnesota Press，2013，p.2

③ ［美］蒂莫西·莫顿著，王爱松译：《从现代性到人类纪：不对称时代的生态学与艺术》，《国际社会科学杂志》（中文版）2014 年第 4 期。

在《人类世》中,有色金属矿的冶炼萃取,锂元素的加工,锂电池装配工厂的机械化运转,煤矿,以塑料、混凝土等为主的垃圾废弃物,土壤中的氮和磷元素,炼油厂,油田等,都可以被视为莫顿意义上的超物实体。通过影像叙事中的个体陈述及其情绪状态,我们便可以观察到人们与这些实体"打交道"时的各种反应,进而判断出他们在心理、社会、审美,以及政治上的不同体现。除上述列举之外,莫顿主张我们应当将日常生活是否意识到"全球变暖"(Global Warming)视为衡量一个人是否被卷入"超物时代"的第一个依据,这也促使我们得以形成与非人类存在物共存的"生态意识"。实际上,莫顿更愿意用作为实体的"全球变暖"来指代一种"超物",而并不同意用单元六的标题"气候变化"(Climate Change),这是因为在他看来相对于"全球变暖",占优势地位的"气候变化"一词,在社会和政治话语中的影响更显而易见,后者已使我们适当的关切程度有所降低。他认为,"气候变化"这个术语会使人们认为它本身是一种否认,是对空前全球变暖的应激创伤反应。所以,莫顿进一步指出,我们迫切需要适当程度的震惊和焦虑来关心特定的生态创伤。① 在单元六"气候变化"中,我们可以从旁白的口中,以及三个影像片段中得知它包含了极端天气事件(威尼斯被水淹)、海平面上升(中国孤东海堤的加固加高,图5)以及海洋酸化(澳大利亚大堡礁珊瑚白化)等生态创伤现象,这些影像着实使我们能够从视觉和听觉上感受到震惊感和焦虑感,其中值得注意的也有威尼斯被水淹后一些民众略显轻快地趟水夜行的放松场景(图6)。无论是震惊、焦虑,还是放松,这些无疑都是超物对我们心理施加影响的种种明证,类似的情形在纪录片中能够找到大量的例证来进行分析。

在超物时代,艺术更多地指向了人类与非人类之间的协作,莫顿特别定义了他所谓不对称阶段的这一艺术属性。就《人类世》而言,透过莫顿的视角,我们可以说,纪录片的制作过程就是在人类与非人类之间的互相协作之间才得以完成的,除人之外参与该过程的非人类存在物有:摄影器械、交通工具、视频处理软件、动物、舞台、象牙、火、天气等。另外,莫顿在《超物》一书中还简单讨

---

① Timothy Morton. *Hyperobjects*:*Philosophy and Ecology after the End of the World*. University Of Minnesota Press ,2013,p.8—9

论到了"化石"(fossils),正好也能对应到《人类世》单元三"技术化石"(Technofossils)中所体现的问题上。虽然莫顿没有用"技术化石"这一术语,但他所指的"化石"恰恰指的就是纪录片中所谓"在技术领域人类创造或改变的物料",比如混凝土、建筑物及其材料、玻璃、陶瓷,以及塑料等,这些终将废弃的技术物使我们能够意识到,我们已经改变了地球未来的化石,正如纪录片中旁白所言:它们将在生物圈中持续存在,并最终被包裹在地球的岩层中。事实上,我们通过《人类世》可以看到很多与地球岩层有关的影像呈现,尤其是在纪录片的首尾,这就是在反复向我们展现人类世艺术(纪录片)创作背后的地质科学背景,我们从中看到的更多是对人类现阶段生态危机的现实再现,而并没有在地质勘探的意义上科学化地呈现人类世问题。

综上所述,加斯东·巴什拉、米歇尔·塞尔、蒂姆·莫顿的生态思想为我们看待纪录片《人类世》提供了不同的理论视角,我们没有理由忽视该影片再现当今人类社会生态问题的现实意义及其美学价值。不管怎么讲,《人类世》的非虚构价值,就在于它基本上较为全面地表现出了人类世时代的生态现实,既为我们视觉上的生态感知带来了最具渲染力的审美震惊效果,也促动着我们得以通过诸种"奇观化"的工业景观拍摄风格、人们对自然反作用于人类社会的应对方式,以及各类受访者及解说员所提供的个人化陈述,去理解不同国家、不同社会、不同身份在人类世复杂境遇中所表现出来的生态立场、政治情绪,以及伦理选择。面对这些,我们不可能还表现得无动于衷,人类世时代要求美学应当去面对"全球变暖"引起的气候变化问题,莫顿对此问题的思考是其生态思想的重要面向,因为这是人类社会自工业革命时代以来对地球施加影响的最显著现象,也是本世纪以来人类世语境下绕不开的首要话题。值得注意的是,最后纪录片也如实地表达了人类世工作小组(AWG)仍在为人类世时代的到来寻找地质学证据,虽然人类世作为一个地质科学问题还未获得最终的定论,但这并不妨碍我们在美学层面可以通过"艺术"积极地介入到生态危机的议题中来,而人类世艺术的目的兴许就在于激发我们从政治、伦理的维度去重新思考我们的未来。

(刘阳鹤,同济大学人文学院博士研究生)

Anthropocene: The Human Epoch:
Aesthetic Representation of Eco—politics

Liu Yanghe

Abstract: *Anthropocene: The Human Epoch* is a video art practice that faces up to the issues of Eco — politics. In the form of a non — fictional documentary, it aesthetically represents the various realistic encounters between human technology, the consumer society and the natural environment, all of which have laid bare certain strong eco—ethical concerns. This paper will take the ecological thoughts of Gaston Bachelard, Michel Serres and Timothy Morton as references, and reflect respectively from the perspectives of *The Resistance of Material*, *The Natural Contract* and "*hyperobjects*", in the aim of highlighting the artistic strategies of expression in this documentary, as well as its ethical and political connotations.

Keywords: *Anthropocene: The Human Epoch*; Eco—politics; The Resistance of Material; The Natural Contract; Hyperobjects

边缘与游离:非虚构写作者的
职业身份认同研究①

刘蒙之　　刘战伟

摘要:非虚构写作(Non-fictional Writing)成为一股异军突起的力量,近年来引发新闻传播学界和业界的广泛关注和讨论。文章聚焦于非虚构从业者主体,基于身份认同的理论视角,探索中国非虚构从业者的自我认同与社会认同问题。研究发现对于非虚构从业者而言,职业归属维度上,"新闻记者"还是"文学作家"之间产生认同分裂;文本边界维度上,"新闻作品"还是"文学作品"之间出现认同互斥;职业性质维度上,"全职工作"还是"业余兼职"之间出现认同匮乏;经济基础维度上,"全部收入"还是"补充收入"导致认同消解。诸多的因素导致非虚构写作者在身份认同上出现职业辨识的模糊、职业认同的缺失与职业神圣感的落魄。

关键词:非虚构写作;自我认同;身份认同;边缘游离

① 本文系教育部人文社科规划基金项目"记忆与认同:'中国记忆'的影像建构——基于中国纪实影像生产的研究"[项目编号:19YJA860031]的阶段性研究成果。

在当下的传媒与文学领域,非虚构写作(Non－fictional Writing)成为一股异军突起的力量,引发新闻传播从业者的关注和讨论。非虚构写作的从业者主要包含两大领域的从业者:一个是"文学"领域,从事纪实文学的创作,坚持非虚构的基本原则;另一个主要来源是"媒体",大量媒体人或者从媒体离职的人士从事着非虚构写作,尤其是传统纸媒里的特稿记者。纵观当前非虚构写作的主要平台和知名的从业者,基本上都是媒体人,或者从传统媒体离职,创办网络属性的新兴非虚构写作平台。不管是传统媒体还是网络媒体的非虚构写作平台,均聚集起大批从事非虚构写作的人士。大众在阅读这些非虚构写作者的作品时,只看到他们的作品,并看不到也不了解这些从事非虚构写作的人。作为一个个体,更多着眼于眼前的写作和生活,似乎没必要追问身份认同的问题。但是作为一个群体,要以明确的身份和面目从事非虚构写作,身份认同就是一个无法回避的重要话题。

事实上,在他们产生广泛影响的作品与背负的职业盛名背后,不少非虚构从业者存在着身份认同和职业发展的焦虑与困境。过去新闻传播学领域的身份认同研究主要集中于专业媒体雇佣的职业记者,注意力一直聚焦在职业新闻记者的角色上,而非那些随机应变、饱含技能、相对自由的非虚构写作者。学术研究缺乏对媒体行业的非虚构写作者的身份认同研究,这些非虚构写作者为传统媒体、网络媒体、自媒体等供给稿件内容,成为媒体内容生产中的中坚劳动力,却极少成为学界的关注焦点和研究对象。因此,探究非虚构写作者的择业动机与职业困境尤为必要。笔者从 2017 年先后对国内传统媒体和网络媒体的非虚构写作平台的负责人和非虚构写作者进行了若干次的深度访谈,在此基础上结合调查数据和个案访谈的资料展开本文的研究。

一、关键概念与文献综述

本研究采用欧洲心理学家 Henri Tajfel 创想的"社会身份理论(SIT)",旨在研究互联网时代"非虚构写作者"的"职业认同"。"职业认同"指的是一个人或者群体对自己所从事职业的认同程度。在社会身份理论看来,一个人的社会身份（social identity）是"个体对特定社会群体的归属感，以及对该群体成员普遍拥有的情感或价值理念的认同的结合"；"具体到对个人的影响核心表现在'情感'和'价值'两个不同的维度上对'自己人'（in－group）和'局外人'（out－group）的区隔"①。在现实的研究中，不管是心理学还是传播学在对某一个人或者群体开展职业认同或者身份认同研究的时候，必须从情感和价值两个维度进行分析和阐述。

　　作为一种新兴的写作体裁，学界针对非虚构写作者群体的身份认同研究到目前还没有。与之相关的，学者在身份认同方面的研究主要聚焦于记者和作家这两个群体。甘丽华以《中国青年报》记者群体为例，研究发现"一种普遍的'思想和行为的分裂'导致媒体和记者'半官、半商、半文、半武'的身份尴尬"②。赵云泽等人基于背景的新闻从业者调查和云南、山东媒体调研数据，对当下新闻记者职业地位的下降和职业认同的错位进行了分析，认为在当下的中国，"记者的职业地位在社会中显著下降，多种原因中最重要的就是记者'自我认同'的贬斥与'社会认同'的错位"③。张志安和沈菲则针对国内调查记者的衰落，通过调查问卷的形式就调查记者的媒介身份认知及影响因素展开研究。结果发现："调查记者的媒介角色偏向分析解释、报道事实/提供信息及舆论监督，即'调查/解释'和'信息传播'这两种角色总体上。"④

　　周勇对中国新闻工作者心理焦虑的实证分析调查发现，"面对工作环境的压力，中国新闻工作者群体普遍存在焦虑情绪"⑤。陆晔对新闻从业者媒介身份认知的研究表明："对于大多数新闻从业者来说，选择从事新闻工作，更多地是出于对大众传播媒介所能够担负起重要的社会道义责任的向往，同时也出

---

　　①　常江：《身份重塑：数字时代的新闻从业者职业认同》，《编辑之友》2019第4期，第91—97页。

　　②　甘丽华：《记者职业身份认同的建构与消解——以〈中国青年报〉记者群体为例》，《新闻记者》2014年第8期，第40—46期。

　　③　赵云泽、滕沐颖、杨启鹏、解雯迦：《记者职业地位的殒落："自我认同"的贬斥与"社会认同"的错位》，《国际新闻界》2014年第12期，第84—97页。

　　④　张志安、沈菲：《媒介环境与组织控制：调查记者的媒介角色认知及影响因素（上）》，《现代传播》（中国传媒大学学报）2012年第9期，第39—45页。

　　⑤　周勇：《转型期的困境与压力——对中国新闻工作者心理焦虑的实证分析》，《国际新闻界》2009年第8期，第55—61页。

于自身的兴趣爱好。至于对名利的追逐，显然并不是选择新闻业的首要因素。"①新闻传播学术界对新闻记者的身份认同进行了大量著有成效的研究，为后续的非虚构写作从业者身份认同研究提供了大量的经验、方法、路径。

与非虚构写作联系紧密的一个领域是文学，相对新闻从业者，学界针对作家的职业认同研究比较少。贺仲明和马玲丽研究知青作家群体，"知青一代有强烈的'身份认同'意识。在一定程度上，'知青文学'参与了这一身份的建构"②。李惠、高锐研究延安时期作家身份认同，发现"延安时期作家文艺创作立场转变中，包含着浓郁的民族革命情结和对民主政治理想追求中的自我塑造……，而非纯粹的政治意识形态规训所使然"③。杨青通过对我国少数民族文学与世界华文文学的核心理论话语进行比较研究，发现"两者之间存在极大的相似性，如'身份认同''文化焦虑''他者''后殖民''离散与漂泊'等"④。针对作家群体的身份认同研究，主要聚焦于少数作家群体身份认同的研究，不管是研究的深度还是研究的规模都比较浅显。

通过文献的梳理总结发现，学界对记者职业认同的研究都聚焦于新闻媒体的记者和作家，对非虚构写作群体，尤其是媒体离职之后从事非虚构创作的人缺乏关注，相关的研究几乎处于空白区。非虚构写作是一个与新闻和文学都存在交集的领域，但是又不能完全地归类为新闻或者文学，以至游走在新闻和文学的灰色地带，表现出一种边缘游离的境地。在非虚构写作者的内部，存在着职业化的迷茫和困惑。一方面来自新闻业的职业身份和认同，另一方面来自文学领域的职业身份和认同。现实对于非虚构写作的研究主要聚焦于非虚构写作这一新兴写作方式本身，缺乏对非虚构写作者个人和群体的研究。作为一个新兴的职业群体，不管是新闻业还是文学界都缺乏对这个群体的关

---

① 陆晔：《新闻从业者的媒介角色认知——兼论舆论监督的记者主体作用》，《中国青年政治学院学报》2003 年第 2 期，第 86—91 页。

② 贺仲明、马玲丽：《自我的建构与溃败——身份认同理论视野下的知青作家群》，《求是学刊》2017 年第 3 期，第 105—110、112 页。

③ 李惠、高锐：《延安时期作家身份认同的三个维度》，《南京师范大学文学院学报》2018 年第 2 期，第 60—66 页。

④ 杨青：《少数民族文学与世界华文文学核心理论话语对比——以"身份认同"、"他者"为中心》，《世界华文文学论坛》2016 年第 4 期，第 15—18 页。

注和研究,缺乏对其身份认同和职业认同的考量。在非虚构写作的领域中,常常会出现非虚构写作者职业身份边界的模糊不清,一度存在身份认同障碍与危机,这便是本研究展开的目的。

二、研究问题、方法与设计

(一)研究问题

相比专业新闻记者,作为媒体内容生产重要力量的非虚构写作(Non－fictional Writing)从业者,一直不受主流研究的关注,似乎一向只是"沉默的大多数"。本文选取的研究对象聚焦于非虚构写作(Non－fictional Writing),研究对象均为活跃在非虚构领域的核心群体,具体包含互联网非虚构写作平台,诸如"真实故事计划"、网易"人间 the Living"、凤凰"在人间 living"、腾讯"谷雨实验室"、澎湃"镜像"、界面"正午故事"、"中国三明治"、"地平线"、"商业人物";也包含传统媒体的非虚构写作平台,如《南方周末》《中国青年报》《南方人物周刊》《智族》《时尚先生》《人物》等。本文的研究问题主要聚焦于身份认同。非虚构作为一个新兴的职业,非虚构写作的从业者为什么选择非虚构写作?如何定义自己的身份? 同时,在从事非虚构写作的过程中,或者在选择非虚构写作的时候,会面临哪些身份认同的问题?

表1　各变量测量指标及信度(N＝108)

变量		测量指标问题	Cronbach's α
身份认同	R1	您倾向于认为自己是记者还是作家?	0.793
	R2	您认为自己的非虚构作品是新闻作品还是文学作品?	
	R3	从事非虚构写作是您的全职工作还是业余兼职工作?	
	R4	非虚构写作是您的全部收入还是业余零钱?	
	R5	您如何定义自己的职业身份?	
	R6	您如何看待非虚构这个职业?	
	R7	您倾向于用以下哪个身份定义非虚构创作者?	

续表

变量		测量指标问题	Cronbach's α
人口特征	R8	您的性别？	0.898
	R9	您的年龄？	
	R10	您的学历？	
	R11	您的职业？	
	R12	您的大学专业？	
	R13	您每月可支配收入为？	
	R14	您每月平均写作几篇非虚构作品？	
	R15	您现在的职业身份属性？	
	R16	您工作常驻的城市？	
	R17	您是否有过新闻媒体工作经历？	
	R18	您发布作品的平台？	

（二）研究方法

本文将采用问卷调查、深度访谈的方法，融合量化的数据和质化的文本，来详细研究中国非虚构从业者的身份认同。研究人员在 2019 年夏季首次针对国内的非虚构从业者展开系统的问卷调查，旨在考察我国非虚构从业者的基本信息与身份认同。国内非虚构从业者主要有以新闻记者、职业作家和高校学者为核心的专业群体，以及包含法律、医疗、教育等其他行业在内的非专业群体。研究采用李克特量表，对全国从事非虚构写作和传播的网络媒体和传统媒体的非虚构作者进行调查。

由于问卷调查只能采取非虚构从业者身份认同相关数据，在此基础上我们考虑对部分非虚构从业者进行深度访谈，从而更全面、更深入地研究其身份认同，就数据表现的一些特征进行深入探访。深度访谈主要分为两个批次，第一批深度访谈主要集中于 2017 年至 2019 年上半年。先后对王天挺、袁凌、柴春芽、卫毅、关军、蔡崇达、谢丁、陈徒手、阎海军、薛芳、刘珏欣、易小荷、田毅、周华诚等知名非虚构写作者（Non－fictional Writing）进行访谈，覆盖国内主流的非虚构写作者。

从 2019 年 7 月开始到 2019 年 9 月分别访谈了 20 位非虚构写作(Non—fictional Writing)领域的普通写作者,通过深度访谈获得第一手的研究资料。访谈主要通过微信、电话和面对面访谈,其中大约 6 成的访谈通过社交媒体微信的语音形式来开展。访谈对象中有三分之一是自己微信中的非虚构写作者,其他的三分之二主要通过微信好友或者其他朋友介绍认识。访谈得来的深度数据为我们分析非虚构从业者的身份认同提供了深刻的文本证据。

表 2　非虚构从业者基本信息描述分析(N＝108)

基础指标						
名称	样本量	最小值	最大值	平均值	标准差	中位数
性别	108	1.000	2.000	1.537	0.501	2.000
年龄	108	2.000	6.000	3.509	1.115	3.000
学历	108	1.000	5.000	4.120	1.002	4.000
职业	108	1.000	11.000	6.000	3.357	7.000
专业	108	1.000	8.000	3.620	2.794	2.000
月可支配收入	108	1.000	6.000	2.315	1.330	2.000
月写平均作品	108	1.000	4.000	1.222	0.646	1.000
行业身份属性	108	1.000	4.000	2.370	1.287	2.000
是否有媒体经历	108	1.000	2.000	1.435	0.498	1.000
工作常驻的城市	108	1.000	9.000	5.306	3.675	7.000
非虚构收入占比	108	1.000	5.000	1.769	1.243	1.000

三、何以认同？非虚构写作中的归属分歧与职业认同消解

在前期调研中,发现大量非虚构写作群体存在身份认同的困境。不少人存在困惑,自己作为一个非虚构写作者,应该归属于"新闻记者"还是"文学作家"？抑或是其他身份？创作出来的非虚构作品是"新闻作品"还是"文学作品",抑或是"田野调查""社会调查"或"真实故事"？从事非虚构写作的主体是"全职工作"还是"兼职工作",或者是其他工作性质？非虚构写作在从业者收入结构中属于"全部收入"还是"补充收入"？身份认同、作品归属、工作性质与

收入结构是衡量非虚构作者身份认同的重要指标，这些问题事关非虚构从业者职业认同，也是文章研究的重点。

表3　非虚构从业者"身份认同"相关指标数据统计分析（N＝108）

频数分析结果				
名称	选项	频数	百分比（%）	累积百分比（%）
作为非虚构写作者，您倾向于认为自己是记者还是作家？	新闻记者	40	37.04	37.04
	文学作家	42	38.89	75.93
	高校学者	11	10.19	86.11
	其他身份	15	13.89	100.00
您认为自己的非虚构作品是新闻作品还是文学作品？	新闻作品	22	20.37	20.37
	文学作品	37	34.26	54.63
	田野调查	3	2.78	57.41
	社会调查	7	6.48	63.89
	深度分析	4	3.70	67.59
	真实故事	30	27.78	95.37
	其他题材	5	4.63	100.00
从事非虚构写作是您的全职工作还是业余兼职工作？	全职工作	18	16.67	16.67
	业余工作	74	68.52	85.19
	其它性质	16	14.81	100.00
非虚构写作是您的全部收入还是补充收入？	全部收入	16	14.81	14.81
	补充收入	51	47.22	62.04
	其它收入	41	37.96	100.00
合计		108	100.0	100.0

（一）职业归属："新闻记者"还是"文学作家"

记者？作家？这是摆在诸多非虚构作者面前的一个问题。作为一个从事非虚构写作的人，他的身份是什么？是一位记者？还是一位作家？自记者这个职业诞生以来，记者和作家之间常常交错难分。研究调查数据显示：37.04％的"非虚构作者"认为自己是"新闻记者"，38.89％的"非虚构作者"认为自己是"文学作家"，此外，10.19％的"非虚构作者"认为自己是"高校学者"，数据表明大多"非虚构作者"对自己的身份主要定义为"新闻记者"和"文学作家"，其中后者以微弱优势占据上风。不过，在是否有记者经历与身份认同的交叉分析中，曾经从事过记者行业的受访者更倾向于认为自己是"新闻记者"，有记者经历的 49.18％的人认为自己的"记者"，没有记者经历的 21.28％的人认为自己是记者，相关性显著。近现代以来，不管是国内还是国外，记者和作家之间常常隔着一层窗户纸，捅破了这张纸就进入到另一重身份，很多爱好写作的人士，投入记者的行业，成为知名记者；亦有大批记者，在新闻的行业里遍览人生百态，最后转身从事文学写作成为顶级的作家。

表 4　非虚构从业者"职业身份"相关指标数据统计分析（Ｎ＝108）

X\Y	A.记者	B.作家	C.学者	D.其他	小计
A.有	30(49.18％)	18(29.51％)	7(11.48％)	6(9.84％)	61
B.没有	10(21.28％)	24(51.06％)	4(8.51％)	9(19.15％)	47

　　人类历史上最早的一批记者，大都是作家出身，著名作家萧乾另一个重要的身份就是记者，并且参与过"巴黎和会"的报道。非虚构写作领域写出了著名的"中国三部曲"——《江城》《甲骨文》《寻路中国》的《纽约客》驻北京记者何伟就是一位"作家型记者"。回顾文学发展史，不难发现很多记者成了知名的大作家，诸如马里奥·巴尔加斯·略萨、莫言、金庸、库尔特·冯内古特、加西亚·马尔克斯、杜鲁门·卡波特、乔治·奥威尔、略萨·巴别尔、阿列克谢耶维奇，这些从记者转型作家的人，撰写了大量非虚构文学杰作，在文学领域取得非常卓越的成就，不少人获得诺贝尔文学奖。

　　"尽管在此之前，不少诺奖得主都有过记者经历，比如略萨、莫言、凯尔泰斯·伊姆雷等，但阿列克谢耶维奇仍旧被称为'首位获得诺奖的记者'，原因就在于她与别人不同，她不仅仅是记者出身，同时她的写作与新闻写作息息相关，被媒体称为'将新闻与文学结合'。"[①]不过，相比少数取得巨大文学成就而

①　常江、杨奇光：《在新闻与文学之间：聚焦白俄罗斯女记者获诺贝尔文学奖》，《新闻界》2015 年第 22 期，第 12—21 页。

转型成功的记者，大批从媒体机构离职的记者，转型从事非虚构写作，他们创作了一些业内小有名气的非虚构作品，但是这些作品不足以支撑他们获得良好的职业认同和经济收入，也不足以支撑他获得较好的身份认同和社会地位。

在媒体机构从事非虚构写作的在对外交流的时候还可以称自己为记者，但是对大批离开媒体机构的人来说，他们存在着或多或少的身份认同和虚无的归属感。说自己是一个记者，但是他已经离开了媒体，且不再享有记者证和采访权。说自己是作家，似乎自己的作品还不足以支撑自己为自己带上作家这一稍有神圣的头衔和身份。"记者"身份的剥离与"作家"身份的排斥，成为很多非虚构作者的身份困境和精神焦虑。调查者 MO3 表示："非虚构写作者不同于作家、小说家，保证持续的内容产出具有很大的不可控因素。如果没有社会给予的身份认同，在了解事实真相的时候会面临很大的考验与阻力。"

调查者 M04ZHP 表示："大众对非虚构职业的看法，目前还仅限于'记者'，记者有采访资格，在报社编制、固定薪酬和保险，这是其他非虚构作者所不具备的。非虚构写作有一定的门槛，读者群体还是倾向于阅读 PGC 的产品，对素人出身的 UGC 的重视程度有待提高。"受访者 S03QK 以"新闻记者"定义自己的身份，"在关注人以及叙事这类非虚构写作者特别关注的元素之外，我更加关注一篇作品背后传达的问题意识和社会机制。我觉得这是记者这个职业最真挚的东西，非虚构更多讲究的是去写一个好故事，需要有好的情节、出人意料的转折，但我觉得除却这些，问题意识相当重要，因为它更多的关注与当下现实联结的东西。我不是说所有的非虚构者没有记者的问题意识。但好的非虚构作品，从我看到的，都是曾经做过记者的人写出来的"。

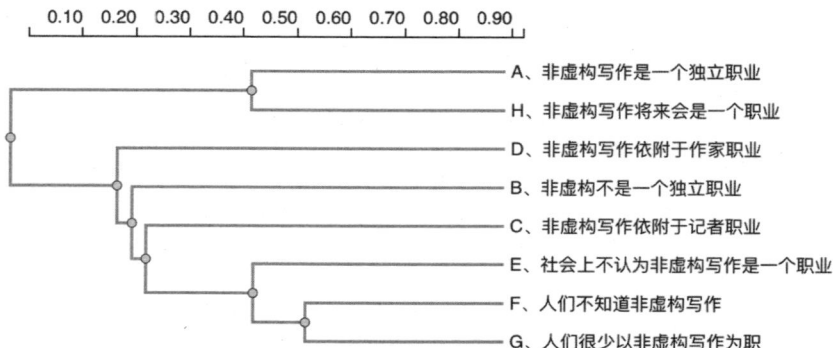

图 1　非虚构写作职业认同表征聚类树状图（N＝108）

受访者 S04ZZM 也认为自己的身份是媒体"新闻记者"："我是受新闻科班教育的，所以我一直以来都觉得我是一名记者，然后这个身份是不会变的。因为作家在我心里面是一个比较高一级别的一个身份。它甚至说不能算是一个职业，因为能称作'什么家'的，诸如科学家，作家，然后语言学家之类的，我觉得像这样的话，就不是个职业了，它是一个比较厉害的身份。所以我写非虚构，还是认为自己至始至终肯定就是一个记者。我知道，像是美国很多写非虚构的记者，他们最后都成为作家了，也许这两个身份之间会有一些关联。但是，现在我还是 23 岁的一个学生，我对自己的职业认知是一名记者。"

受访者 S01LMZ 也认为自己的身份是"非虚构作家"："身份的认同到底是记者还是文学作家，我觉得主要有两个认同的标签，但实际上还有很多其他的标签。从我自己来说的话，我觉得我就是非虚构作家，我既不是新闻记者，也不是文学作家。你如果看非虚构写作的形成历史和概念内涵，他不是传统的记者，因为他做的不是新闻，他也不是文学作品，他不是报告文学，也不是过去那种现实主义文学。非虚构写作是一种新的写作实践，新的身份。特征是之前的新闻记者身份和文学作者身份都不能够囊括的，所以如果让我说，我认为自己就是一个非虚构作家。""记者"与"作家"的身份之争，不同的个体有不同的观点，彼此之间争议不断，可以预见的是这一"身份认同"的模糊会一直持续。

（二）文本边界："新闻作品"还是"文学作品"

何为"非虚构写作"（Non－fictional Writing）？"穿越于文学与新闻之间，属于'两栖'文体，它既溢出了现实主义文学的经典理解，也溢出了传统新闻的外延和边界，是文学和新闻杂交的产物。"[①]"非虚构写作的实践由来已久，从 19 世纪末开始的现实主义文学的实践在某种程度上来说已经采用了非虚构写作的手法。"[②]作为真正名义上一种新兴写作形式，最早可以追溯到 20 世纪美国的文学界，当时的美国作家饱受虚构文学的困扰，开创了非虚构写作这一新的写作类型——新新闻主义（New Journalism），卡波特的的作品《冷血》（*In*

---

① 张涛甫：《非虚构写作：对抗速朽》，《新闻记者》2018 年第 9 期，第 37—41 页。
② 严康：《理解作为流动文本的非虚构写作：基于对新媒介技术环境下社会实践的考察》，安徽大学硕士学位论文 2019 年。

Cold Blood）被公认为开创了非虚构写作的热潮,其独特之处在于采用新闻写作的方式进行纪实文学创作。作品属性界定的调查数据显示:20.37%的人认为自己写作的是"新闻作品",34.26%的人认为自己写作的是"文学作品",27.78%的人认为自己写作的是"真实故事",此外,还有一定小比例的从业者认为自己撰写的作品是"社会调查""深度分析"或者"田野调查"。

在中国非虚构的语境中,有学者认为"大致有两个脉络,一个集中在文学领域,出现了一批如《中国在梁庄》的作品;二是集中在新闻领域,借助移动互联网平台,非虚构式的新闻报道如《太平洋大逃杀亲历者自述》等'10万+'文章。笔者把前者命名为文学性非虚构作品,后者是新闻性非虚构作品,两个领域有所重叠,但又属于不同的文化圈子和写作逻辑,前者主要是专业作家或和文学有密切关系的写作者完成,后者基本上是新闻人、媒体人完成,很多有在传统新闻媒体工作的经验"①。

受访者M02LJQ表示:"深度调查在国内当下的环境里近乎死亡。而非虚构写作的形式,勉强算得上是深度调查的一个变种。今后的非虚构会分化成至少三种形态。一是深度调查的新闻写作模式,一是单纯刺激性的故事会模式,还有一种是纯文学模式。非虚构写作类型的路,还有很长。"受访者S04ZZM将自己的作品定义为"新闻作品":"我觉得我写的肯定是新闻作品,而不是文学作品,我写的也许是人物专访,也许是社会报道,但他绝对不会是文学作品,因为我觉得文学一定是有比较浪漫的一些东西在里面,然后还会有想象力。文学不完全是现实生活的一面镜子,它可能是会反映现实生活中的某些问题,但他不会是把我们的社会完完全全镜子式地给你呈现出来的那样子。所以我觉得我写的是新闻作品,肯定,绝对的。"

受访者S01LMZ将自己的作品定义为"非虚构作品":"新闻作品或者文学作品没法囊括,我认为自己写的是非虚构作品,它既不是文学作品,也不是新闻作品。在美国非虚构写作是除了诗歌、戏剧、小说之后的'第四类写作',我觉得这也是两个都不认可的原因。"总体上,对于非虚构作品的认知界定上更偏向于新闻作品。聚类树状图显示,虽然写作者偏向文学性,但是非虚构从业

---

① 张慧瑜:《移动互联网时代的非虚构写作》,《新闻与写作》2018年第12期,第102—104页。

者更看重"真实性""客观性"和"深入挖掘"等新闻特征。

非虚构写作在以欧美为代表的西方国家起步比较早，发展也相对比较成熟，已经涌现了一大批知名作家和经典非虚构作品。在中国最早是《人民文学》开创了"非虚构写作"（Non－fictional Writing）专栏，引发了中国社会对非虚构写作的关注。此后，作家、记者、自媒体和诸多行业的大众群体开始关注并从事非虚构写作，近几年出现了李海鹏、杜强、南香红、卫毅、关军、梁鸿、蔡崇达、王天挺、谢丁、袁凌、陈徒手、李宗陶、周华诚等一批知名非虚构作家。

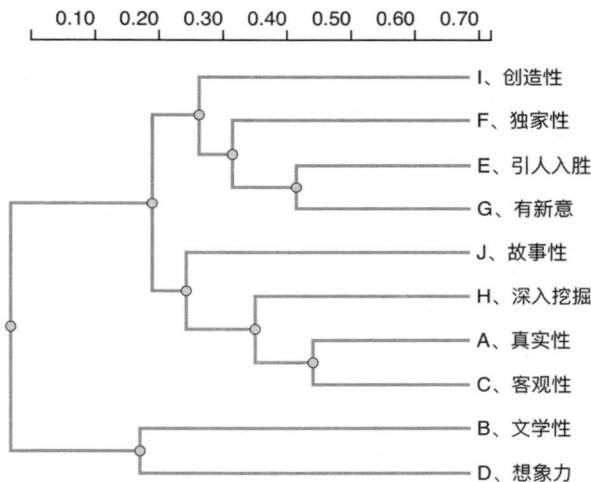

图 2　非虚构写作文体表征聚类树状图（N＝108）

"文学范畴的非虚构写作需考虑文学创作的规律，而新闻领域的非虚构写作则应强调新闻规律。"[①]作为一种游走在"新闻"和"文学"边缘的新兴问题，非虚构写作一直备受争议。对于这样一种融合文学和新闻写作手法的问题，到底应该归为文学还是新闻？业界一直没有一个确定的答案。冯骥才认为"非虚构文学不等于非虚构写作，它要达到优秀的虚构文学的高度，就需要文学的力量与价值，就要关注文学的思想、人物、细节、语言"[②]。2010 年《人民文学》设立非虚构写作专栏，旨在号召一向躲在书斋里苦思冥想的作家走进田野，走

---

① 范以锦、匡骏：《新闻领域非虚构写作：新闻文体创新发展的探索》，《新闻大学》2017 年第 3 期，第 56—61 页，第 149 页。

② 冯骥才：《非虚构写作与非虚构文学》，《当代文坛》2019 年第 2 期，第 45—47 页。

进社会,多观察社会发展和变化,从而创作更多具备现实主义特质的作品。此后,一大批作家走出书斋或者象牙塔。非虚构作家梁鸿走出大学的象牙塔,通过一系列田野调查和实践考察先后写作了《中国在梁庄》《出梁庄记》这两部描述当代农村和农民生活现状的现实主义纪实文学作品,在文学届引发了巨大的反响。

不过,还有一批人,他们原来在新闻媒体从事新闻报道工作,很多时候以撰写特稿和深度调查报道为主。随着传统媒体的衰落,大量传统媒体裁撤了深度报道,这些擅长深度调查和特稿写作的新闻记者,主动或被迫离开了专业媒体机构。没有记者证和采访权的他们,以"非虚构写作"的名义继续从事着纪实写作事业。但是,对于他们而言,所从事的非虚构写作应该属于新闻作品还是文学作品,却是一个备受争议的话题。"非虚构写作作为一种创新性的体裁,与文学和新闻的边界一度非常模糊。"[①]一方面非虚构作品注重调查和采访,非常看重事件的叙事完整,对文学的写作技巧相对不那么看重,文学文本的审美趣味较低,从而导致其文学格调不足。此外,作为一种新闻体裁,非虚构写作关注社会边缘题材较多,容易陷入猎奇和选题边缘化的陷阱,同时采用文学的写作技巧和想象的手法常常会陷入新闻真实性和客观性不足的泥沼之中。

（三）职业性质:"全职工作"还是"业余兼职"

从事"非虚构写作"的群体中,有着大量业余写作的主体,研究调查数据显示:"业余工作"的比例为 68.5%,占据三分之二以上,"全职工作"占比仅为 16.67%,可见非虚构写作从业者大多为兼职工作。苦于"记者"还是"作家"之辨与"新闻"还是"文学"之争的模糊不清,非虚构写作的从业者也缺乏一个清晰的身份归属。非虚构写作群体中,很多人属于传统媒体的记者,这些传统媒体的记者,依靠记者的身份进行采访和调查,从事非虚构作品的创作,他们的作品很大程度上发布在自己所属的媒体。但是,相对一般新闻作品,非虚构写作的调查和写作周期非常长,这些记者一方面从事着日常的新闻报道,然后在

---

① 刘勇:《新闻与文学的交响与变奏:基于对"非虚构写作"的历时性考察》,《现代传播(中国传媒大学学报)》2017 年第 8 期,第 161—162 页。

业余的时间从事非虚构写作的调查和创作。

中国非虚构写作的兴起，一个大的背景是传统媒体的衰落。"非虚构打破了写作的专业化、圈子化，鼓励非职业作者借非虚构讲述自己的故事。"①一部分离职的传统媒体从业者，继续从事着非虚构写作，受制于非虚构写作的周期比较长，这些人大多有自己正式的工作，然后利用业业余时间从事着非虚构写作。"非虚构写作的兴起也预示新的写作时代到来，人人都有可能成为观察与记录这个时代的作家，人人都有表达与尊重自己真情实感的权利，多元互补的写作正在成为事实。"②写出《中国在梁庄》《出梁庄记》的梁鸿本身并不是专职作家或者记者，而是中国人民大学的一位教授，在大学授课和研究是她的本职工作，在完成本职工作的任务之外，梁鸿利用业余时间从事非虚构写作的调查和写作。中国人民大学新闻学院的一位博士，曾就职于中央电视台新闻中心，作为一名离职的媒体和在校博士生，她的主业是博士学业和学术研究，在完成主业之外的业余时间，利用自己在电视台积累的调查经验和能力，从事新闻事件的深度调查，然后进行非虚构作品的创作。

非虚构写作从业者缺乏全职专业群体，大多是兼职工作的业余群体。访谈对象 GJ 坦言："中国的非虚构写作带有明显的个人写作（而非职务写作）的特征，很多平台都是挖掘民间讲述的 UGC 模式，即使'正午故事'这种职务写作，也乐于强调作者自己的个性特征。不过民间写作的热闹总会给我一些遗憾，就是我们国家的非虚构写作是瘸腿的，基于大量采访、素材搜集的深度作品太少了。如果我们的阅读视野里全是民间作者写的身边事，却没有《太平洋大劫杀》这种，几乎是难以想象的。"③

受访者 S15WX 表示："我目前没有打算说以非虚构写作来作为全职性工作，一个是时间需要比较长吧，这个文笔的练习时间太久了，还有一个就是据我所了解这个行业的从业者收入似乎不是很理想，如果说过上理想的生活的话，恐怕就更难了。我感觉非虚构作品的成本比较高，写一篇文章需要的时间

---

①　张慧瑜：《移动互联网时代的非虚构写作》，《新闻与写作》2018 年第 12 期，第 102—104 页。

②　许道军：《非虚构写作的兴起、假想敌与对立面》，《当代文坛》2019 年第 4 期，第 74—78 页。

③　刘蒙之、张焕敏：《关军：真实的故事比想象的更有天然的质感》，《非虚构何以可能：中国优秀非虚构作家访谈录》，中国社会科学出版社 2018 年。

很久，然后买单的用户又不多，受众比较有局限性。"

大量非专业的非虚构从业者，他们都有自己的本职工作。互联网非虚构写作平台"真实故事计划"、网易"人间 the Living"、凤凰"在人间 living"、腾讯"谷雨实验室"、澎湃"镜像"、界面"正午故事"、"中国三明治"、"地平线"每天会发表大量非虚构作品，这些非虚构作品的作者除了少数专业从事写作的作家和记者之外，大量作品是爱好文学的普通大众，他们有的在法院工作，有的是医院的医生，有的是公安局的干警，有的是图书馆的管理员，等等，他们爱好纪实文学，在完成本职工作的前提下，利用业余时间将自己生活中的所见所闻作为素材从事非虚构写作的创作。

（四）经济收入："全部收入"还是"补充收入"

一份不能给予从业者稳定收入保障的职业，注定是不可持续的，也是走不远的。研究调查数据显示：非虚构从业者"全部收入"来自非虚构写作的比例仅为 14.81％，大部分为"补充收入"。收入结构方面，从"您每月可支配收入"来看，样本中有超过 3 成的样本为"5001—10000 元"。还有 32.4％的样本为5000 元及以下。10000 以下占比为 65.74％，高于 10000 元的占比为34.26％，非虚构从业者收入水平相对比较低。非虚构写作收入占比结构方面，10％以下占比 65.74％，11％～30％占比为 12.04％，31％～50％占比为 6.48％，51％～80％占比为 11.11％，100％占比为 4.63％，大部分非虚构从业者的收入占比不足一成，真正以非虚构写作作为全部收入的占比仅 4.63％，可见这份工作的收入情况非常不乐观。

经济收入能否独立支撑个人和家庭生活是衡量一份工作或者一项职业是否独立的基本标准。在我们的调查中，只有极少数非虚构写作的作者全职从事非虚构写作或者相关工作，全部依靠非虚构写作的收入为生，这类人的比例非常低，大部分人都是利用业余时间从事非虚构写作，无法为自己带来能够满足基本生活需要的经济收入。根本原因在于非虚构写作行业生态不健全，职业的独立性比较低，缺乏基本社会认同，从事全职工作的人数极少，能够获得的经济收入也非常有限。

非虚构写作与新闻媒体的调查报道和特稿写作有一定的交集。众所周知，传统的调查报告和特稿写作要求非常高，常常要耗费大量的时间进行调查和采访，很多时候一篇万字的特稿背后的采访文本大多五六十万字，甚至从百万字的采访资料和文献资料中写出一篇万字以内的调查报道也是屡见不鲜。对于非虚构写作者而言，要创作一篇优秀的非虚构作品，除了一定的运气成分以外，还需要大量专业的采访和调查，然后在这个基础上对资料进行整理和展开写作。

　　非虚构写作时间周期比较长，很多时候没有半个月没法完成一篇基本的非虚构作品，大多非虚构作品的采访写作时间周期更长，这就导致非虚构作品的产出量非常小，即使一篇作品有 5000 元的稿费，一月两三篇稿子也仅有万把元的收入，在北上广等一线城市算是非常有限的收入。事实上，网络平台的稿费是比较高的，除了极少数单篇作品能够达到 5000 元的稿费，大部分作品的稿费也就是一两千元。在这背后对作品的事实核查和写作水平要求都比较高，没有多少非虚构作者能够进行稳定的创作。

表 5　非虚构写作从业者经济收入状况频数统计(N＝108)

频数分析结果				
名称	选项	频数	百分比(%)	累积百分比(%)
您每月可支配收入为?	5000 元及以下	35	32.41	32.41
	5001—10000 元	36	33.33	65.74
	10001—15000 元	17	15.74	81.48
	15001—20000 元	12	11.11	92.59
	20001—30000 元	4	3.70	96.30
	30000 元以上	4	3.70	100.00
非虚构写作的收入占您年收入的比例为?	10%以下	71	65.74	65.74
	11%～30%	13	12.04	77.78
	31%～50%	7	6.48	84.26
	51%～80%	12	11.11	95.37
	100%	5	4.63	100.00
合计		108	100.0	100.0

　　受访者 S16CH 认为："非虚构写作在我国推行也有些年头了，但一直未能

跻身主流文学或者新闻体系。我不知道全国有多少人是专职非虚构写作并以此为谋生手段的,似乎经济收入都不咋理想。就目前的体量来说,非虚构写作的市场很小,好像也就几个大网站有非虚构写作专栏,另外再加上几家阅读量寥寥无几的公众号在做。那么问题来了,非虚构写作的前景是什么?"受访者S01LMZ认为:"非虚构写作收入不稳定,即使现在国内做到一流的非虚构作家也很难以它为职业啊,不像美国有非虚构图书奖,有比较好的生态,比较成熟的市场以及稳定的读者。因此一个优质的非虚构作品一旦产生,就会给作者带来一种稳定的经济收入、稳定的社会地位和稳定的生活状态,这个中国是不具备的。从事非虚构写作的话呢,实际上在中国是很难去靠市场来生存的,这是目前的一个现实状况。"

不能稳定和连续地开展非虚构作品创作,就无法保证稳定的收入。不能高速批量地进行非虚构作品的创作,就无法保证较高的收入。事实上,大量的非虚构创作者一个月一般也就创作两三篇非虚构作品,单篇稿费在一两千元,合计稿费在5000元上下。但是,能够保证每个月都产出三篇非虚构作品的创作者少之又少。一方面受制于选题的范围,不同于一般的新闻消息每天层出不穷,非虚构写作的选题相对比较难以寻觅。另一方面,优秀的非虚构写作离不开深入全面的采访和调查,这就需要时间和精力,一个作者身边能够写作的题材是非常有限的,这就需要出差去其他地方进行采访和调查。大多并非专业记者的非虚构创作者没法报销出去采访的交通、住宿和餐饮费用,这就导致要么创作成本非常高,要么自己无力承担采访调查的经济成本而无法稳定高效地进行创作产出。因此,真正能够依靠非虚构写作获得稳定收入的创作者少之又少。

四、讨论:游离的身份认同与职业地位的贬斥

(一)职业辨识度的模糊:"记者""作家""知识分子"的影子

"职业角色的转变像是一条河流,不能够被割裂地看待,一个新职业角色不会完全取代旧职业角色,更准确地说,新旧角色并立,是转型期中国新闻界

的现实情况。"①非虚构从业者的身份定位一直游离在不同职业之间。在这个共同体的身上，留下了"记者""作家""知识分子"等不同职业的影子。

作为"记者"影子的非虚构作者，他们已经脱离了原始的媒体组织，或者从来没有进入过媒体组织，没有记者证，没有采访权，但是他们在从事写作工作时，却常常像记者一样进行采访和写作，遵循着记者的那一套规则，成稿几乎很少在文学杂志上发表，反而是供稿给新闻媒体。除了《人民文学》等极少数开设非虚构专栏的文学杂志，大多从事非虚构传播的平台和机构都具有较强的媒体性质。

作为"作家"影子的非虚构作者，他们不屑于文学写作中小说作家的虚构与编造，崇尚纪实文学，恪守真实性的写作基本原则，游离在作家群体的边缘，却未能划入作家的群体。"我心目中理想的非虚构写作，应当是知识分子性的写作，面对某种社会问题或现象，作者需要注入自己的关注、关怀和问题意识。"②作为"知识分子"影子的非虚构从业者，自觉应该在社会发展进程中扮演记录者和推动者的角色，却常常受商业逻辑的驱动，追求阅读量、转发量和影视 IP 的转化。"IP 孵化升温也让非虚构创作受到商业因素影响。不少非虚构文学比赛都为脱颖而出的优秀作品争取到了版权交易机会。相较之下，非虚构创作为投合市场热度，追求主题新鲜、情节刺激而疏于承担社会责任、疏于人文关怀成为潜存问题。"③

事实上，从事非虚构写作的群体中，有的是媒体离职的新闻记者，有的是爱好写作的律师，有的则是公安机关的干警，有的是医院的医务工作者。全职从事非虚构写作的作者凤毛麟角，大多非虚构写作者都是在自己本职工作之外，利用业余时间和自己的工作优势，用文字和影像记录着发生在自己身边和行业领域内的真实故事。兼职身份背后显露出的一个重要问题就是非虚构写作者职业辨识度的模糊，没有一个明确的职业归属和身份定位。一个游离在

---

① 陈阳：《当下中国记者职业角色的变迁轨迹——宣传者、参与者、营利者和观察者》，《国际新闻界》2006 年第 12 期，第 58—62 页。

② 王维佳、刘大先等：《我更愿意看非虚构作品，现实生活的"狗血"超越了作家们的想象力》，腾讯网 https://new.qq.com/omn/20190404/20190404A02H3U.html，2019—04—04。

③ 周苿：《非虚构写作：我们为什么如此渴望真实?》，中国作家网 https://new.qq.com/omn/20190702/20190702A0GJKW.html，2019—07—02。

不同群体边缘的群体,身份辨识的模糊带来的最大威胁就是工作的不稳定性和不确定性,以及职业认同的缺失和迷茫。

（二）职业认同性的缺失："社会价值"的存疑与"职业发展"的瓶颈

新闻强调真实性,文学强调艺术性。将两个本然存在极大冲突的事物粘合在一起,难免会产生冲突和矛盾。非虚构写作前面的定语是"非虚构",顾名思义就是不能有任何虚构的成分,文本中的时间、地点、人物、细节、背景等每一个要素都务必保证真实客观,不能有一丁点虚构的成分在里面。在某种程度上,非虚构与新闻业的新闻专业主义之间有不小的交集。要求写作者要尊重事实本身,严格按照客观事实的发展进行记录。另一方面,作为一种写作形式,非虚构写作不能是新闻消息倒金字塔结构的流水账式文本,而是允许存在文学的写作技巧,要具备一定的故事性和可读性。看似很简单的事情,在实际的操作中却存在许多的障碍和问题。

所谓的非虚构实则有大量的虚构和想象成分在里面,现实中大量非虚构作品存在着诸多类似的问题。很多作者急于求成,或者为了追求故事的离奇和传播力,往往丢掉了真实性这一非虚构的基本底线,而大量采用虚构文学的方式进行小说式创作。此时,真实性和文学性的矛盾和冲突成为一个伴随式的病灶。受访者 M04ZHP 表示:"美国那边还是有一定的氛围,读者群、作者群有一定的基础吧。大家也认可非虚构这种形式,非虚构作品也频频被改编成影视,成为影视的一个比较稳定的来源。那咱们这现在还是不行,还是需要更多的作者去多写,多作影视作品的改编。"①

大量虚构的非虚构作品的出现,导致社会对非虚构作品的真实性存疑。游离在不同行业边缘的非虚构写作从业者,在追求发展的道路上面临较为严重的职业瓶颈。非虚构写作难、产出量小、发表难度大、收入水平一般,不管是"社会价值"还是"职业发展"都处于相对的劣势,导致非虚构从业者群体的"自我认同"与"社会认同"均比较低。一篇优秀的非虚构作品具备极大的文学、纪实和商业价值,但是这样的作品凤毛麟角。非虚构从业者是要写作优质作品,

---

① 朱雅云、陈怡含、吴蒙雨、张冬梅、胡文嘉:《对话|非虚构一线作者:在当下我们如何做非虚构创作》,RUC 新闻坊,http://dy.163.com/v2/article/detail/CCMU2IHF05259I38.html,2017－02－17。

还是写作快消品文章；是要做"内容流水线工人"，还是做"精品内容匠人"，这是职业共同体需要直面与探索的现实困境。

（三）职业神圣感的落魄：大众视野中的"盲区"与"孤岛"

作为一种职业，不管是"作家"还是"记者"，在大众的心中都抱有一定职业的神圣感。现实生活中很多人在童年时期都有一个当作家的小梦想，尽管近年来随着市场经济和拜金主义观念的崛起，"作家"这一身份存在些许的污名化，但总体上作家在社会上具备一定的职业神圣感，依然有众多的人前仆后继地奔向作家这一职业或者身份。此外，"记者"作为一种职业，受专业主义理念和新闻理想主义的支撑，也成为大众心中具备一定职业神圣感的象征，记者代表着社会前行大船的瞭望者、社会现状的记录者、舆论监督的啄木鸟等具备理想化叙事的职业。

"社会观察家""公共利益的看门狗""社会的守望者""啄木鸟"等形容词的背后其实隐含着更为丰富的含义，同时为我们建构记者身份认同提供了重要的指引方向。[①] 尽管由于诸多主观和客观的原因，社会大众也存在对记者这一职业的污名化，诸如"防火防盗防记者"，网上也出现了各类对记者职业的调侃和戏说。但是这些并不妨碍新闻专业成为当今人文社会学科中的显学，每年依然有大量的高中学子报考新闻传播学科，依然有大量的本、硕、博毕业生投入新闻事业中。

相比而言，提到非虚构写作，似乎难以称之为一个职业。除了极少数文学圈和媒体圈的人了解非虚构写作这样一种新兴的写作题材，除了在小圈子里有点小名气的非虚构作家，社会大众对非虚构写作认知少之又少。一个职业能够为其从业者带来一定的神圣感，则可以称之为一个理想的职业。显然，非虚构写作无法为从业者带来职业神圣感，甚至连最基本的职业身份和生活保障都无法给予。

一个人不管是作为作家，还是作为记者，他都可以理直气壮地向他人介绍自己的职业和身份，但是作为非虚构写作者就相对尴尬。说自己是作家或是

---

① 强建国：《记者职业身份认同的建构与消解研究》，《新媒体研究》2016 年第 8 期，第 132 页、136 页。

记者,显然都不是很合适,说自己是非虚构作家,对方很有可能会投来疑惑的眼神,还需要自己进一步解释。鉴于此,中国非虚构文学需要建立自己的体系,构建理论与创作相辅相成的生态系统。同时,还需要借鉴西方创意非虚构文学理念和经验。

表6　附录－受访者一览

编号	姓名	身份	时间	地点
S01	LMZ	教授	2019.08.21	北京
S02	LN	记者、博士生	2019.09.03	北京
S03	QK	自由撰稿人	2019.09.03	香港
S04	ZZM	硕士研究生	2019.09.03	北京
S05	CCY	记者	2018.09.04	西安
S06	GJ	主编	2017.09.02	西安
S07	YL	记者、主编	2018.06.12	西安
S08	CTS	主编	2017.12.09	北京
S09	XD	记者	2018.03.15	北京
S10	WY	记者	2018.09.24	北京
S11	ZZB	导演、编剧	2017.12.07	北京
S12	YHJ	媒体人、导演	2018.02.29	北京
S13	ZHC	作家、影像记录者	2018.09.19	北京
S14	LZV	记者	2019.08.23	北京
S15	WX	职业运营经理	2019.09.04	北京
S16	CH	作家	2019.09.06	北京
M01	ZKA	记者	2019.08.28	西安
M02	LJQ	自由撰稿人	2019.08.29	上海
M03	QU	记者	2019.08.28	杭州
M04	ZHP	博士研究生	2019.08.31	上海

（刘蒙之,陕西师范大学新闻与传播学院特聘教授,副院长,博士研究生导师;刘战伟,中国人民大学新闻学院传播学博士研究生）

Marginalization and Dissociation: A Study of the Professional Identity of Nonfiction Writers in China

Liu Mengzhi　　Liu Zhanwei

Abstract: In recent years, nonfiction writing has become a rising force, causing widespread concern and discussion in the field of journalism and communication. This paper focuses on the main body of nonfictional practitioners, and explores the self-identity and social identity of Chinese nonfictional practitioners from the perspective of identity theory. It is found that for nonfiction practitioners, there is an identity tension between "journalist" and "literary writer" in the dimension of professional attribution, and in the dimension of text boundary, "news work" and "literary work" are mutually exclusive, "full-time job" or "part-time job" are lack of identity in professional nature, "total income" or "supplementary income" leads to the dissolution of identity. Many factors lead to the identity of Chinese nonfiction writers in the form of professional identity, the lack of professional identity and the decline of professional sense of sanctity.

KeyWords: Nonfiction Writing; Self-identity; Identity; Nonfiction Writer

疫情下在线教育的仪式价值解构与重构

李鑫斓　张华

摘要："仪式"一词是广义的,除了早期在宗教范畴内带有意义的行为和人类社会中的正式事件,还涵盖非正式的人类交往传播行为。教育中单纯的知识传播行为和仪式活动,既发挥着信息传递的价值,也是价值观认同与共享信仰表征的推动力量。而在疫情之下,互联网技术使得在线教育的时空不再是同一性要素。在时空被割裂的教学中,信息传播的仪式价值被强化,线上仪式的效果通过参与本身得到重构。

关键词：在线教育;仪式;仪式价值

传统意义上的教育在利用课堂讲授等信息传播方式向学生传递知识的同时,也会通过举办各种仪式和活动与学生共享价值,形成凝聚力,因此教育中的传播问题一直备受关注。在传统教学中,无论是以课堂教学为主要形式的信息传递,还是以各种文体活动为主要形式的学校仪式,都是在同一时空场域内进行信息的传递,仪式的举行在很大程度上依赖参与者的时空共享,这一传统方式也在全球各个国家延续多年。2020 年的新冠疫情将这一同时空场域的信息传递和仪式共享彻底瓦解,包括剑桥、斯坦福在内的众多学校均大规模开展在线教学。这一特殊的变化为研究者重新思考教育中的传播问题提供了不可多得的机会。

　　在传播学的研究领域中,将传播视为信息传递长期以来是研究的主流。在这种功能主义和行为主义主导的范式下,传播学研究取得包括效果研究在内的众多成果。詹姆斯·凯瑞提出传播的仪式观为传播学开辟了新的视角,成为传播学用以分析复杂传播现象和问题的理论工具。因此,在当下广泛实施线上教学的背景下,从传播学的仪式观角度探讨教育中的传播问题,兼具了理论的必然和现实意义。

一、仪式与仪式观之辩

1.“仪式”变迁

　　“仪式”一词由来已久,柯林斯曾指出,历史上最早关于仪式的社会学思考是由中国思想家孔子作出的,孔子及其追随者强调礼仪表现对社会秩序的重要性,仪式对于形成道德来说是必不可少的。[①] 20 世纪初期,法国社会学家涂尔干提出过类似的理论。涂尔干在宗教仪式观中指出,宗教现象可分为两个基本范畴:信仰和仪式。其中仪式是某些明确的行为方式和各种行为准则[②],初民在宗教仪式中体验到集体意识(或集体情感、集体兴奋、集体良心),从而形成道德共同体。可见仪式在早期便在中西方不谋而合地受到了重视,而对其解读更倾向于狭义的、具体的理解。在早期中西方视角下,仪式始终是正式的、重复的、规律的、不易改变的。

　　在欧文·戈夫曼眼中也是如此,但他将视角由宗教扩至人类日常,将仪式引入了更宽泛的社会领域,明确指出符号互动或社会互动是一种仪式。戈夫曼认为人们面对面时的行为反应不是自然而然发生的,而是长期训练(包括文化的习染)和准备的结果,也是有意识的仪式表演。其拟剧理论认为,社会生

---

　　① ［美］兰德尔·柯林斯著,林聚任、王鹏、宋丽君译:《互动仪式链》,商务印书馆 2009 年,第 13 页。

　　② ［法］爱弥尔·涂尔干著,渠东、汲喆译:《宗教生活的基本形式》,上海人民出版社 2006 年,第42—47 页。

活是一场戏剧，"表演风格是由礼仪活动和体面准则所维持的"。① 戈夫曼喜欢分析世俗中正式礼貌行为的细微差别，如举帽子、为别人开门、礼貌的介绍等，但在现代社会中，这些正式的生活仪式逐渐消失，取而代之的是更随意的社交。戈夫曼忽略了这些变化，他论证互动仪式时援引的案例素材日益消失或为其他新仪式所取代，新的社会交往形式涌现。② 柯林斯认识到了这一点，他在很大程度上承袭了戈夫曼的观点，并在涂尔干的宗教仪式观的启发下，提出了互动仪式链理论，说明了仪式如何能够在维护原有关系和符号的同时，又可形成新的社会关系和新符号。

柯林斯的这一观点更具有前瞻性，尤其在现代社会中，旧仪式可能失去其力量，因为仪式的力量是易变的。梳理相关学者的观点发现，"仪式"一词是广义的，除了早期宗教范畴内的带有意义的行为和人类社会中的正式事件，还涵盖非正式的人类交往传播行为。森福特（Gunter）和巴索（Ellen B. Basso）认为，从广义上讲，"仪式是一种战略行动，有助于促进社会团结，防止相互攻击，驱除可能影响共同体和谐的危险因素"③。在广义的仪式范畴里，人类活动通过仪式得以形成共同的认知，实现社会和谐发展。

2.传播的仪式观

在美国早期传播学领域，从信息传递的功效出发，以实用主义的视角过于注重传播效果始终是研究主流，传播学没有重视"仪式"，忽视了传播可能带来的深层意义问题。詹姆斯·凯瑞（James W. Carey）认识到了这一点，在1975年提出"传播的仪式观"（a ritual view of communication）。凯瑞以传统传播学的反叛者姿态出现，反对把传播视为信息传递过程，认为传播"不是分享信息的行为，而是共享信仰的表征"④，传播不仅仅是信息的扩散，更是社会结为一

① 刘建明：《传播的仪式观：仪式是传播的本体而非类比》，《湖北大学学报（哲学社会科学版）》2018 第 2 期，第 152—158、第 169 页。

② 刘建明：《传播的仪式观：仪式是传播的本体而非类比》，《湖北大学学报（哲学社会科学版）》2018 第 2 期，第 152—158、第 169 页。

③ 刘建明：《"传播的仪式观"与"仪式传播"概念再辨析：与樊水科商榷》，《国际新闻界》2013 年第 4 期，第 168—173。

④ ［美］詹姆斯·W.凯瑞著，丁未译：《作为文化的传播："媒介与社会"论文集》，华夏出版社 2005 年，第 7 页。

体的纽带。凯瑞是从仪式的视角出发看待传播现象，认为"仪式"是传播的隐喻，将传播视为文化，视为社会关系和社会生活得以维系的纽带。后来的学者循着凯瑞的文化研究取向和路径，对传播进行了延伸性研究。罗森布尔（Eric W. Rothenbuhler）在梳理这些研究的基础上，提出"仪式传播"的概念，包括"作为传播现象的仪式"和"作为仪式现象的传播"，并将"仪式"定义为"某种模式行为，一种自愿性的行动表现，造成符号化般的影响或参与真诚生活的过程"①。

　　从中外学者的研究历程来看，大多数学者认为仪式传播和传播的仪式观是两个相互联系的概念，也有部分学者认为二者有着明显的区别。樊水科认为凯瑞的"传播的仪式观"是一种隐喻或者视角，将"仪式"作为传播的隐喻，而"仪式传播"则是"对仪式的一种传播活动或行为"或"有传播特性或传播化的仪式"②，直接将"传播的仪式观"置换为"仪式传播"是有问题的，两个概念中的"仪式内涵并不一致"。而学者刘建明认为，樊水科误读了凯瑞的"仪式观"，"仪式传播"并非本土概念，不能简单从汉语语言结构逻辑出发解读概念。追溯到罗森布尔、森福特和巴索笔下的"仪式传播"，恰恰与凯瑞所说的"仪式观"意义上的传播是一致的，其"仪式"的内涵都是文化人类学的范畴。凯瑞和罗森布尔都认同仪式有着明确的宗教起源③，沿着涂尔干的路径，从道德社会学的角度审视传播问题。实际上，两个概念中的"仪式"（Ritual），采用的都是同一词，作者并没有作特别的限定，而 ritual 是一个宽泛的概念，泛指仪式行为和意义④，两个概念中的"仪式"是相同的，并不能将"仪式传播"中的仪式简单理解为狭义和具体的仪式活动。正如前文对"仪式"的梳理，其在研究演变中早已脱离宗教语境，延伸为广义含义，涵盖人类日常生活中的正式和非正式行

---

①　姜小凌、马佳仪：《〈朗读者〉的仪式传播研究》，《中国广播电视学刊》2018 年第 11 期，第 111—114 页。

②　樊水科：《从"传播的仪式观"到"仪式传播"：詹姆斯·凯瑞如何被误读》，《国际新闻界》2011 第 11 期，第 32—36 页、第 48 页。

③　[美]詹姆斯·W.凯瑞著，丁未译：《作为文化的传播："媒介与社会"论文集》，华夏出版社 2005 年，第 7 页。

④　刘建明：《"传播的仪式观"与"仪式传播"概念再辨析：与樊水科商榷》，《国际新闻界》2013 年第 4 期，第 168—173 页。

为。因此，"仪式传播"与"传播的仪式观"是一脉相承的概念，其中的"仪式"含义是相同的，"仪式"和"传播的仪式观"都应从更广义的视角进行理解。

二、教育的传递观与仪式观之辩

在传播学领域，凯瑞指出，传播的传递观强调讯息在空间内的传播。以社会心理学与行为主义为基础，目的在于实现对空间距离和人的控制。而传播的仪式观是指传播不只是分享信息的行为，而具有共享信仰的表征，强调文化共享的目的在于维系一个社会。也就是说，传递观意味着将信息像搬运物质实体般从甲地搬运到乙地；而在仪式观看来，人们接受信息时，更像是出席了一次仪式，人们在仪式中或许没有学到新东西，但特定的世界观得到了描述和强化。凯瑞认为仪式观才是传播的起源与传播的最高境界，这个境界就是建构并维系一个有秩序的、有意义的、能够用来支配和容纳人类行为的文化世界。[①] 教学中的传播行为很显然兼具了知识技能传授的信息传递和参与活动仪式的意义共享，但在过往的研究中，从信息传递的角度探讨教学效果是传播学介入教育领域传播问题的主要方式，对传播活动本身的仪式价值并强调意义共享的仪式活动的传播意义往往被传播学研究忽略。

根据人类学研究，仪式至少具有三方面的基本共同特征：（1）习惯性（重复性）行动；（2）形式化的行动；（3）具有超验意义的行动（transcendent value，超出仪式活动本身的象征意义）。[②] 在传统教育中，教学无疑具有重复性、习惯性、程式化、形式化和象征性等特点。通过明确规定的工作日、上课时间、课程顺序等重复性和程式化内容培养学生的习惯性，而向老师问好、制定奖惩内容等形式实则是建立学生对优劣的价值认知，通过奖状、奖品等象征"好学生"的物品和特定的奖励仪式强调秩序的建立和价值观整合。从共享和联合的角度来说，教育中最常见的知识传授、信息传播本身即是仪式。

---

① 陈力丹：《传播是信息的传递，还是一种仪式？——关于传播"传递观"与"仪式观"的讨论》，《国际新闻界》2008 第 8 期，第 44—49 页。

② 刘建明：《传播的仪式观：仪式是传播的本体而非类比》，《湖北大学学报（哲学社会科学版）》2018 年第 2 期，第 152—158 页、第 169 页。

　　而从传播的仪式观来说,叶澜曾提出重建新教学价值观,即重新认识教学在育人中的价值,以及为培养怎样的人服务的问题。学科、书本知识在课堂教学中是"育人"的资源与手段,服务于"育人"这一根本目的。[①] 在"尊师重道"的中国话语语境下,学生以谦逊的姿态汲取知识的养分,而在知识传授的背后往往暗含"文以载道"的教育观念。教师通过肢体动作、课堂互动、课下交流等多种方式,从各种角度传达价值观,并进行师生间价值观的碰撞与共享。课堂也是体现社会关怀和人文历史关照的场域,而最终它还服务于民主话语和社会整合。也就是说,教育不仅传递知识讯息,而且在价值观共享等方面扮演着重要角色。从该视角来看,詹姆斯·凯瑞所言传播的"仪式观"理论在教育学的研究中也有着类似的呼应。

　　因此教育中的知识传递和信息分享首先担任着知识传播的职能,属于典型的信息传递行为,同时这样重复性、习惯性、程式化的信息传播行为始终承担着塑造共识的教育价值,强化了参与者的身份认同,并实现了价值共享,因此具有信息传递功能的教学活动毫无疑问也是仪式,是传播仪式观在现实中的直接体现。教育中传播活动的仪式属性和传递属性,并非非此即彼的关系,也非彼此之间的取代和贬损,而是一种有益的补充,有利于从传播学视角出发思考教育中传播的现象,深入理解教育中的传播价值。

三、在线教育仪式离场与仪式观解构

　　2020 年新型冠状病毒疫情使得传统教育不得不强制按下暂停键,全世界众多学校均积极推动在线教育。从信息的传递价值来看,在线教育力图完成知识传授的功能,利用各种在线平台将知识内容本身进行了传递。空间乃至时间上的非共享形态,似乎没有瓦解信息本身的传递功能。那么这样的传播方式是否还具有仪式价值呢? 正如柯林斯前瞻性地意识到互动仪式理论在时空方面的争议:身体的聚集对仪式是必要的吗? 仪式能通过非身体聚集的互联网和手机进行吗?

---

① 叶澜:《重建课堂教学价值观》,《教育研究》2002 年第 5 期,第 3—7 页、第 16 页。

1. 在线教育仪式的游移

从狭义视角来看,仪式多指典礼的秩序形式。在线教育由于时空的分离导致一部分传统教育仪式被剥离,诸如开学典礼、毕业合影等诉诸某一群体集体记忆的仪式均因疫情而难以实现举办。而从广义来说,仪式是一切人类传播行为的隐喻。教育作为传播的一环,离不开话语逻辑和行为系统背后的价值观共享与社会共识塑造,但这些深层次意义的实现依托于身心在场的仪式共享。

在传统教育中,特定的物理时空对师生尤其是学生具有强制性,学校具体规定了学生应该做某些事,而某类行为则严令禁止,并通过各类仪式进行褒扬或贬损,进一步强化这种规制。这些秩序的建立和践行都基于学校这一物理场域,同时满足仪式最重要的特征:形成集会,与外界有界限、空间的物质安排,涉及行动,以及引导对共同目标的关注。仪式使每个人的注意力都集中到同一件事情上,并使其意识到他们正在做什么。但在在线教育中,互联网技术带来时空的二元分离,难以建立身体聚集的集会和空间的界限①,传统教育传播中蕴含的仪式逐渐离场,如学生课前起立问好和在课堂中举手回答问题等仪式不复存在。在传统教育仪式被剥离的背后,实则是仪式隐含的秩序建构和身份认同随之离场。

2. 在线教育仪式价值趋弱

从另一方面来看,虽有诸多传统仪式由于时空分离或便利性等问题存在离场的窘境,但在线教育仍有诸多仪式尚存,如规律的课程安排、上下课铃声、课间操等形式仍在尽可能延续传统仪式习惯。从媒介的人性化演进趋势来看,技术的发展使网络场景越来越趋向于模拟现实,线上教育中的众多仪式都在尽可能模拟和最大程度还原传统教育仪式,其目的是保障参与者的身心在场,毕竟在仪式传播语境下,教育参与者的身心在场是实现仪式体验的前提和必要条件。

在传统教育中,学校作为仪式传播场域,在物理空间上强制学生的身体在场,而教师的视线在一定程度上作为一种无形的规约,在上课期间制约学生的

---

① [美]兰德尔·柯林斯著,林聚任、王鹏、宋丽君译:《互动仪式链》,商务印书馆 2009 年,第 122 页。

精神在场,有效实现身心在场。师生在仪式参与中,实现身份认同,完成权力分配和秩序建构。例如在上课起立问好的仪式中,仪式传递的观念是懂礼貌、尊师重道等美德,同时标志着一节课的开始。这一仪式同时也是对权力的再分配,即将师生放置于一对多、教导与学习、约束与遵从关系中去,是一种社会秩序建构的过程。

当下在线教育瓦解了传统教育中时空共享的传播现实,师生脱离了时空束缚。课堂的物理空间由学校变为师生所处的各种现实场所,例如各自家庭环境或者其他任何可以上课的场所;时间的共享由同一性变为分散性,例如非直播类教学,时空秩序由严谨规范变为自由散漫。在时空共享被瓦解的情况下,传统教师的强制性要求和目光凝视的隐喻也随之弱化或瓦解,身心在场成为一种基于教师和学生双方的自觉和传统教育惯性的延续。也就是说,从在线上教育的形式上看,仪式尚存,但实则强制统一性被弱化,实际的仪式效果趋弱。

另一方面,学校依然会在线上开展升旗仪式或艺体实践类活动,实现知识传授之外的价值共享。例如学校要求学生在线上活动中打卡,或要求上传参加仪式活动的照片。现实中,学生可以通过摆拍等方式响应要求,但有多大程度上真正实现了教育者希望的价值共享和重复强化意义的效果却是值得思考的,换言之,仪式背后的实际内涵被剥离和弱化。伴随教育仪式内核的失灵,传统学校教育的秩序被打散,权力也被重新分配。在上课过程中学生将课程播放工具放在一旁不理会而做其他事情的情况,在线上教学中可能并不鲜见。教师受关注度和需要聆听度被分散的实质是教育仪式中的话语权力分散,也是师生身份认同感减弱的开端。在屏幕区隔下形象传递的伪"面对面"沟通的背后,是心理区隔的强化和对身份认同的背离。

综上,在信息传播共享的物理场域解构后,学校仪式逐渐离场,传统制约开始失效,秩序被打破,甚至身份认同在一定程度上开始出现被解构的现实。

四、在线教育的仪式价值重构

我国由于疫情控制得相对较好,很多城市的中小学逐渐复课,在保障学生老师身心健康和安全的前提下,课堂教学开始重新实施,一些有条件的地方也在逐渐恢复包括升旗仪式在内的活动。但由于疫情在全球范围内并未得到有效控制,全球防疫的效果最终取决于控制程度较差的国家成为较大范围内的共识,需要跨省乃至跨国学生流动的大学依然以在线教育为主,还有一些国家的中小学也暂时没有恢复学校教学的时间计划。随着在线教育的开展时间延长,在线教育作为学校教育替代品,其重构仪式价值也成为必然。

1.知识传授的仪式价值被强化

柯林斯认为仪式的力量是易变的,伴随时代的变迁,仪式不再是稳定的传统行为或固定的意义表达,而是在新的语境下存在游移和适应新环境的过程。在传统的课堂教学和知识传授被在线教育系统性替代后,在规定时间、规定频道或平台参与相对固定内容的分享,成为师生的重复性行为。进入网上教学平台,调整摄像头和麦克风,规整周边环境成为开始或参与每一堂课的"标准化程序"。在传统教育中,学生的积极发言是对老师授课内容的尊重;而在在线教育中,学生及时闭麦也是对教师授课的不打扰,其尊重的内涵仍在延续,只是形式发生了更迭。在不同的情景下,同样形式的仪式意义也发生了变革,如传统教育中教室出现非教学用品是不合适的,但在线上教育中,教师反而要利用异样物品提升学生的专注力,据人民网 4 月 25 日报道,辽河油田实验中学初三教师抱着猫当教鞭为学生讲课,并提醒学生,"别都看猫,得听课啊"。该教师在采访中坦言,上网课时学生容易困,抱猫是为了吸引学生注意力。在传统教学中,此类情况往往被认为是对仪式的破坏,但在网课中却成为学生对网课仪式新的期待。由此可见,教学仪式和教学理念正在被重塑。

在互联网文化对在线教育的加持与影响下,疫情期间还涌现出大量带有"李佳琦式"的主播风的教学方式,比如严肃课堂的举手提问或回答变为"听懂的扣 1""同学们,答应我,背它"等提示性话语仪式。这些在往常看似荒诞的做法,弥补了线上教育在话语权和互动性方面的不足,不仅通过寓教于乐的方式实现了知识的传递,而且通过这样的方式实现了线上教育与网络文化的交融,完成了师生之间对新时期文化的共享。这一看似简单的借用电商带货、直播的有趣方式,其实质是对当下师生所处的线上生活环境的再认,是通过"出圈"式传播对疫情期间幽闭在家被迫转移网上生存方式的幽默对待。所传达的是师生对彼此所处环境的共同认可,是积极应对疫情的幽默感和始终坚持知识传授的价值观的共享。

在线教育中,不仅有教师自上而下的主流文化传播,同时学生也自下而上将青年亚文化渗透进教师圈层,再经教师群体对主流文化与亚文化的碰撞和交融,实现了文化的共享与新的产出,比如在评价和反馈老师的教学时,"双击666""这个知识点我种草了"等表达也成为在线教学中的常见现象,构成了新的仪式要素。教师变为拥有共同话语逻辑的同圈层群体,师生身份被重构。这在某种程度上也可以理解为,线上教育为了适应新的技术环境下仪式价值的传递和共享,加速了某些传统仪式的重构和新仪式的塑造。

2.传统仪式线上表达的仪式价值

传统教学中大量存在的仪式和活动在线上教育开展的背景下,被大幅度压缩。一些被保留的仪式,如中小学在线教育中的升旗仪式,在线班会等,通过线上还原,其仪式的价值与内涵被重构。

在传统线下仪式中,学校和教师通常对参与仪式的学生的着装和姿态有严格的要求,其传递的讯息在于强调学生对仪式的尊重,以及对仪式中分享的价值观的认可。教师通过这一标准判断学生们对仪式的参与程度,而学生也正是通过参与的姿态、队形、着装等表达对这一价值观的认可和接受。而在在线教育中,时空的割裂和技术环境的变化,却带来讯息虚假传递的风险,如学生通过屏幕切换、镜头调整等技术手段,实现镜头框内端正坐姿,但镜头框外自由行动,老师无法确认仪式中分享的价值观是否有效地被接受和认可,因此传统仪式的线上表达形式势必是需要重构的。

在学校秩序无法以直接的方式实行对学生的管束时,学生的能动性和自由度被极大地提升,仪式本身所分享的讯息和观念被弱化。但从受者角度来看,学生坚守参与仪式这一行为,实际上正是教育仪式的延续,虽然从传递观角度来看,讯息的传递效果难以把握,但仪式本身对于学习的价值和意义得到强化。在此语境下,仪式在内容传递方面的价值弱化,但仪式的形式价值强化,即仪式本身的"仪式价值"被放大。正如涂尔干在宗教研究认为中,将人们集中起来,社会才能重新使对社会的情感充满活力。[①] 在这一过程中,仪式本

---

① ［法］爱弥尔・涂尔干著,渠东、汲喆译:《宗教生活的基本形式》,上海人民出版社 2006 年,第457 页。

身的目的已经不重要了,仪式的表演意义往往大于它的实际内涵。在线教育中对升旗仪式和课间操等仪式的延续,并非仅出于国家符号的认同或运动带来的强身健体的要求,而是通过对人们的心理聚集实现价值的时间连续。在没有强制力量制约下参与这样的仪式,其仪式价值本身就是对仪式中分享观念和身份的确认。这样的仪式在疫情期间并非独例,在网络空间中人们或自发,或有组织地参与对医护人员的致敬和对李文亮们的纪念,所体现的正是这样的仪式价值,其赖以实现的连接正是所有参与者的心理距离和情感互认。

柯林斯认为,使一个仪式成功或失败的核心特征,是相互关注和情感连接的状态。他同时强调身体的聚集使其更加容易,但由远程交流形成的仪式效果是会较弱的。[①] 但他忽略了在特殊情况下,比如目前的疫情中,很多原先仅在线下完成的仪式被迫使用线上的远程交流方式完成,虽然看似效果减弱,但在疫情这样的巨大环境变化下,在线仪式在一定程度上实则加强了师生之间的相互关注和情感连接,这也正是一个仪式成功抑或失败的关键点。

在疫情这样巨大的社会变化面前,大规模在线教育的开展,一定程度上恢复了对知识传承乃至整个社会有效运转的信心。即使在无法返校的情况下,师生们在线上实现了有序交流。无论信息传递的效果如何,这一行为实质上完成了不断重复和强化信心的仪式,是对一个社会能够有效运转的团结、信心等超验意义的强调。因此,线上授课看似只是延续信息传递和知识分享的过程,但在疫情的特殊环境下,其仪式价值得到了前所未有的增强。如果说在传统教育中,课堂授课的仪式价值更倾向于一种隐喻,那么在目前的在线教育中,知识传授和信息分享本身就已成为仪式,成为这个社会依然并能够持续良性运行的仪式表征,它向整个社会传递了更丰富的价值内涵。另一方面,传统学校教育中的仪式在网络化之后,由于其强制性的丧失,看似对参与者的约束力降低,但实则在一定程度上强化了自觉参与者对仪式本身的主动认可,即参与不是被迫,而是因为价值认可、情感连接,这也正是仪式最终需要达到的目的。

（李鑫娴,上海师范大学影视传媒学院研究生;张华,上海师范大学影视传媒学院副院长,副教授）

---

① ［美］兰德尔·柯林斯著,林聚任、王鹏、宋丽君译:《互动仪式链》,商务印书馆 2009 年,第 14 页。

Deconstruction and Reconstruction of Ritual Value of
Online Education under Epidemic Situation

Li Xinlan　Zhang Hua

Abstract: The term "Ritual" is broad, in addition to the early meaningful activities in the religious context and formal events in human society, it also covers informal human communication behaviors. The pure knowledge dissemination behavior and ritual activities in education not only exert the value of information transmission, but also the driving force of value identification and shared belief representation. Under the epidemic, online education and Internet technology make education time and space no longer the same element. In the teaching where time and space are split, the value of the ritual of information dissemination is strengthened, and the effect of online rituals is reconstructed through participation itself.

Keywords: Online Education; Ritual; Ritual Value

载体和内容:从疫情期间"报纸停刊"谈开去

王晓虹

摘要:新冠疫情期间,机构媒体暂停发行纸质版,全面转战新媒体平台,且战绩显赫,引发了关于媒介载体更迭的思考。本文从"载体—内容"维度考察了纸媒的消逝和新媒体的深度嵌入对人们生活的影响。指出载体和内容绝不是二个分离的事物,载体对内容的形态、呈现存在内在规束,甚至在一定程度上,载体对内容有着更大的导向性。

关键词:疫情;载体;内容;新媒体

一、缘起:疫情期间"报纸停刊"

新冠疫情期间,为配合防疫工作,减少人员聚集,国内多家报纸、杂志在 2 月初暂停发行纸质版。2 月 5 日至 2 月 16 日期间暂停发行报纸的《钱江晚报》反而迎来了旗下移动平台"二微一端"的爆发式增长。旗下小时新闻客户端以及官微、官博、抖音、快手等第三方平台号新媒体内容生产数量、用户数量和传播数据井喷。

据不完全统计，自 1 月 20 日起，《钱江晚报》官方微信每日推送 3 次，共推送 300 余条，实现近 200 个"10 万＋"稿件，阅读量超百万的稿件 5 篇。截至 2 月底，《钱江晚报》小时新闻 APP 客户端"抗疫"频道推出原创稿件五千多篇，频道总阅读量破 2 亿。在其他分发平台，抗疫相关稿件屡创千万以上阅读量。包括头条号在内的其他分发平台 100 万以上阅读量稿件有 80 多篇。其间用户数量增长迅猛，新媒体平台总用户量超 3000 万。①

包括中央主流媒体在内的其他机构媒体也在抗"疫"期间全面集中于新媒体平台发力。主流机构媒体的新媒体运营数据、用户数在疫情期间均爆发式增长。据不完全数据显示，疫情期间，全国机构媒体中超九成微博账号、约九成微信公众号、六成以上短视频账号和超七成第三方新闻平台账号均转向新媒体平台。②

以新冠疫情为节点，主流机构媒体和地域性机构媒体已深度转战新媒体移动平台，标志着传媒行业全面脱离纸质媒介已成为大势所趋。可能从今往后，以纸质为载体的媒体会消失，我们的后代可能只能在博物馆中看到报纸、杂志。

纸媒消失的苗头，从七八年前就已开始出现。2013 年 1 月，美国三大周刊之一的《新闻周刊》停止出版纸质版，推出数字版。2012 年德国三家报纸宣布破产，其中包括在新闻界享有较高声誉的《法兰克福评论报》；英国有着悠久历史的老牌媒体《卫报》也缩减了印刷版业务。

传播载体的更迭在引发业界担忧焦虑的同时，也促使业界应对变革。"尽管暂停报纸纸质版的出版发行，记者、编辑内容生产不但没有受到影响，反而加快了节奏。"浙江日报报业集团副总编辑、《钱江晚报》总编辑邓崴指出。"互联网时代用户习惯的改变，是一件不可逆的事情。对于媒体来说，其实也是一样，阅读习惯的改变，同样是一件不可逆的事情。"③在和媒体打了几十年交道

①　人民网：《这家报纸暂停出版，用户数何以井喷》，https://baijiahao.baidu.com/s？id＝1661097122332770798&wfr＝spider&for＝pc

②　数据来自新浪财经《2020 年主流媒体战疫报道网络传播效果评估报告》，https://baijiahao.baidu.com/s？id＝1662947400425172964&wfr＝spider&for＝pc

③　夏德元、吴飞、王晓虹：《如果"纸"不出，"报"该怎么办？》，《传媒评论》2020 年第 5 期，第 35—38 页。

的资深媒体人看来，数字技术替代纸媒是大势所趋。

二、关于纸媒消亡的两种声音

一般而言，关于纸媒消亡的讨论存在两种声音。一种是从经济效应层面出发，认为纸媒的死亡非常自然。这种观点主张要从商业经营角度来看待媒体行业，指出纸媒从诞生之日起就是为了赢利而生，强调大众传媒的性质首先是门生意。下面这段论述颇具这方观点代表性：

> 报纸是"在页面上塞满广告之后才拿新闻来填补空隙，而不是相反"。至于报业后来追求的社会责任和公共利益，只不过是在"黄色新闻"毁坏了世风引起公愤后，报业对公众舆论作出的一种姿态。主导大众媒介组织运作的一直都是商业逻辑，而不是其他。尽管纸质介质在人们日常生活中也许仍会存续相当长的时间，但是大众媒介组织以逐利为运营原则，关注的是投资回报，考虑的是生死存亡。①

从经济效应层面出发考虑的多为业界人士。他们更重视媒介行业的经济价值，从如何赢利、如何扩大规模的角度来讨论纸媒。

对于上述观点，有学者批判其过于工具理性，将媒介完全当成赢利工具，而全然否定其作为历史记载的公共意义："然而，我们要问的是，如此只以一种媒体的盈利与否、盈利多少，以是否以及有多少人在使用来衡量一种媒体的存在理据，是不是过于有失偏颇？人们的'工具理性'到了这等地步，也真是当得上是'经济动物'了吧。敢问，媒体曾经理直气壮的理想、责任和担当何在？承载人类思想进步的历史意识何在？"②

另一种观点从情感层面出发，认为纸媒有存在的价值。持这种观点的一方感怀报纸、杂志、书信对生活的意义，更多是对从前生活方式的缅怀。"如果

---

① 雷启立、邓建国：《传统纸质媒体是否会消亡》，《文汇报》2012 年 11 月 5 日。
② 雷启立、邓建国：《传统纸质媒体是否会消亡》，《文汇报》2012 年 11 月 5 日。

你们停掉这个以油墨与纸浆为载体、承载着历史的印刷版报纸，那将是一场国家灾难。你不可能用'在线'的方式还原新闻纸上的内容，互联网上充斥着色情与废话，我们需要在书报亭里看到智慧，我们需要在地铁里拿着报纸沉思。"①伦敦市长鲍里斯·约翰逊捍卫纸媒的存在价值。

笔者认为，从发展趋势来看，纸媒走向消亡几乎必然，就像我们现在不可能再用竹简、布帛、莎草纸来记录新闻或消息。慢慢的，以纸张记录新闻的样态也会逐渐消失，新闻会变成由虚拟的网络数字技术来记载。

对此，很多欢呼纸媒死亡的人认为报纸的消失对新闻内容没有什么实质性影响，报纸的死亡只是一种载体的更新，没有什么好大惊小怪的，只是换一个载体刊登新闻而已。持这类观点的人下意识中可能存有这么一种自动性观念：

内容和载体没有什么关系，内容和载体是分离的。内容不管在什么地方都可以展现，只是载体不一样而已；不同的载体对呈现的内容没有什么影响；内容不依托载体，内容不受载体限制；内容不管在什么载体上都能传达出始终如一的意义。

对此，笔者是持否定态度的。

三、仪式与权威的消逝：电子化的崛起和纸质载体的消失

纸质是有仪式感和权威感的载体。

随着数字技术的全面胜利，纸质载体开始消失。报纸、纸质书籍、纸质日记、纸质书信的消失，这一切给我们生活带来了许多体验上的改变。媒介载体的改变对生活方式和生活体验带来巨大影响，改变了个体体验到的仪式感、节奏感、时间感、空间感等。

二十年前用纸写信是个充满仪式感的过程。写一封信要从买信纸、信封开始，挑选信纸和信封要花费很多时间。写信是个重要时刻，把来信读个几遍，仔细想明白了才会开始落笔。然后前往邮局买邮票，粘在精心挑选的信封

---

① 　张喆：《伦敦市长撰文捍卫〈卫报〉称停掉纸媒是国家灾难》，《东方早报》2012 年 10 月 30 日。

上。随后才是寄信和等待回信，其间充满憧憬和期待。读信是整个仪式的高潮，甚至许多年之后，仍然会将信翻出来反复阅读。

写信过程充满仪式感，情绪体验深刻而持久，整个过程节奏感缓慢，可以品味其中的每一个细节，并不着急完成。这种体验是数字移动技术无法带来的。微信微博传递速度快捷，即时可达，却恰恰消除了生活的仪式感和美感。

仪式感还和权威性有关。过去人们拜师学艺需要举行隆重的拜师仪式，目的之一即为了体现师父的权威，强调师徒关系的重要性。通过仪式确立的权威对师徒今后的授与学都有相当助益，徒弟对师傅的敬重，周遭人对师徒关系的认可，师徒两人从此荣辱与共，都与这种公开的仪式有很大关系。

人们借助新媒体技术快速获取珍贵的权威信息（这里的权威不是指政治权利层面的权威性，而是指信息价值的宝贵性），到底是好还是坏呢？从一方面看，这确是好事，新媒体技术打破了传统媒介时间与空间的限制，可以在短时间内将大量宝贵信息传递给更多人。但是从另一个角度来看，通过新媒体技术快速传递权威信息的同时也取消了信息的权威性。

以往我们需要花费很多力气、时间、心血才能获得宝贵的经验信息，通过微信微博，可以毫不费力的得到，人们是否还会珍视这一信息的宝贵呢？如此容易获取的经验还值得珍惜吗？如果是历经千辛万苦得到的经验是不是更值得被珍视而创造出不同的意义呢？唐三藏西天取经，历经九九八十一难，这一行为才如此伟大。如果通过数字技术将真经传递，几秒即可得，那人们还会如此珍视取得的真经吗？

人们普遍认为内容很重要，仪式和形式却没那么重要，但其实仪式和形式有其非常独特的价值和意义，它赋予了内容某种赋加值，其中最重要的价值就是对事物的珍视，对他人的敬意，和在此基础上建立起的权威感。

载体和仪式有关，载体是仪式过程中的一个重要组成部分。仪式包含尊重、敬意和诚意，选择不同的载体可以体现个体对他人的内在态度。我们现在常在不该重仪式的地方讲究仪式，而在该重仪式的地方忽略了仪式。试想，逢年过节表达庆贺的方式中，是用纸写信有诚意，还是打电话有诚意，还是发个微信有诚意？前两个或许还难分仲伯，但是第三个肯定是最无诚意的。选择最快捷方便载体的同时也传达出个体不愿花费时间和精力的内在态度。

　　所以,载体的选择和使用绝不仅仅涉及传递的信息,而是与人的内在态度、人际关系的亲疏、生活的节奏感等方面都有着更深层的联系。

四、一种存在方式:疫情中的移动智能媒体

　　疫情期间,出于防控需要,报纸停刊,全面转战新媒体平台,手机升级为人们生活中最普及的媒介。

　　个体对手机的绝对依赖使得手机已在某种程度上具备了一定的具身性。疫情宅家期间,人们早上醒来第一件事就是摸出手机查看疫情最新消息,上厕所、吃早饭时手机常不离手,人们不管去哪里都随身携带手机,不少人一离开手机就感到失魂落魄,手机已俨然成为我们身体一部分。

　　在某些程度上手机已具备了器官的功能:它具有记忆功能,为我们储存大量容易遗忘的信息;它具有听觉功能,可以录音和播放;它具有视觉功能,能够拍照录视频;它具有语音功能,可以通话。手机储存了我们过往的所有重要信息,照片、视频、存款、消费记录、通讯录、备忘录等,如果手机不幸遗失,会直接影响到生活和工作,使我们陷入巨大恐慌。从功用层面看,手机已具备器官特征。

　　叔本华认为,我们只有通过身体,才能把世界看成表象。"把太阳看成为我的眼睛所看见的太阳,把地球看成为我的手所感触着的地球。"[①]客体是通过作为身体的个体而存在,我们对世界的认识是通过"以身体为媒介而获得的"。如今,手机作为一种电子器官,是我们认识世界的通道,我们借助手机去接触这个世界,世界经由手机成为可以被我们感知的表象。

　　胡塞尔所指出"在身体对物体的观看中,物体总是从某个角度、作为离我有一定距离的东西向我显现"[②]。外部世界如此纷繁杂乱,离我们如此遥远,我们通过手机这个中介,去近距离地认知外部世界。从这个意义层面而言,手机已经成为人类与世界的中介。

---

　　① ［德］叔本华著,石冲白译:《作为意志和表象的世界》,商务印书馆1982年,第150页。
　　② Husserl E. *Analysen zur Passive Synthesis*. The Hague, Netherlands: MartinusNijhoff, 1966, S298.

　　疫情期间，个体对疫情状况的把握，对防疫知识的了解，无一不是通过手机这一中介完成。今日头条、抖音这类算法新闻 APP，只要通过个体 15 分钟以上的使用，就能深度把握个体喜好，从而不断推送个体偏好的新闻类型和新闻内容，从而导致个体不断地被动填塞大量同类信息，造成类似"成瘾"状态，当个体长期沉浸在某类大量特定倾向的信息中时，会不断地被强化某种倾向，比如疫情带来的巨大的恐慌感、失控感、丧失感，让人沉浸其中无法自拔，从而导致恐惧和无助的情感不断被激发。

　　假设另一个人，在疫情期间，对疫情的消息不那么感兴趣，而对娱乐八卦、搞笑幽默内容比较感兴趣，那么，他可能会看到一个完全不同的外部世界。算法新闻会向他大量推送娱乐新闻、明星八卦、家庭搞笑短片、喜剧片等内容。曾经有人做过尝试，在腾讯 QQ 的用户信息里若把年龄设置为成人，腾讯新闻首页就会出现大量成人新闻，像是色情、娱乐八卦、犯罪新闻等。但是，如果把年龄设置成 10 岁左右，就会打开一片新天地，新闻首页会推送海洋、宇宙、动植物科普等适合少年儿童的新闻内容，你将会接触到一个完全不同的外部世界。瓦雷拉指出"认知不是一个预先给予的心智对预先给予的世界的表征，而是在'在世存在'施行的多样性作用的历史基础上的世界和心智的生成"①。认知过程不独立于历史与情境，而是作为与历史、情境的交互作用的结果，其过程充满多样性和可能性，因此，经由手机这个中介，在疫情期间，不同取向的人会感知到完全不同的信息，从而对外部世界建立起不同的认知图景。

　　20 世纪 80 年代末，意大利神经科学家里佐拉蒂发现了镜像神经系统，这一发现意味着，个体或许可以通过想象来激发身体动作。② 媒介的虚拟现实技术可以激发个体的想象，启动镜像神经系统，从而影响身体运作。疫情期间，借由手机作为中介，个体深度沉浸于某种特定虚拟现实中，通过不断想象疫情过程中的悲惨情节而激发身体的不适，也不是不无可能。关注疫情负面事件

---

　　① Francisco J Varela，Evan T Thompson，Eleanor Rosch.*The Emboied Mind : Cognitive Science and Human Experience*.Boston，MA：Massachusetts Institute of Technology Press，1991.

　　② ［美］格雷戈里·希科克著，李婷燕译：《神秘的镜像神经元》，浙江人民出版社 2016 年，第 9—35 页；转引自刘海龙、束开荣《具身性与传播研究的身体观念——知觉现象学与认知科学的视角》，《兰州大学学报》2019 年第 2 期，第 80—89 页。

的个体可能会遭遇更多身体上的不适，而关注积极正面事件的个体可能会体验相反的身体感受。

至此，智能移动媒介作为一种具身性电子器官，已远超出提供信息的范畴，而是以一种存在方式嵌入我们的生活。过去，我们仅意识到，媒介从内容层面可以改变我们的所知，现在，媒介从身体层面可以影响我们所感。意识观念触发肉身改变，现实与虚拟交织，我们不需要真实地去经历，却可以借由智能媒介实实在在地发生身体上的变化。

卡斯特提出"网络社会"概念，一举打破了传统将网络社会和现实社会二元对立的观点，通过重新建构符码对文化、思想、意识的建构意义，将网络社会的文化定义为"真实的虚拟文化"。卡斯特认为技术就是社会。新媒体技术的瞬时性打破了传统时间与空间概念，由此也形塑了网络社会中的"无时间之时间"的特征。同样，网络空间技术的高速、瞬时特征改变了时空向度、空间维度，在网络化逻辑中脱离了文化、历史、地理的意义，在网络中，空间组织了时间，形成"流动的空间"。①

疫情时期，个体借由手机可以同时置身于多个场景，在"流动的空间"场景中穿梭、移动、交织、拼贴，在"无时间之时间"中实现即刻的互动。手机作为移动网络时代中的媒介已深度嵌入大众的日常生活，全面渗透在每个人的社交、工作、学习等各方面。

新媒体技术打破了实体空间和虚拟空间的两元对立关系，疫情期间这种交织尤为显眼。比如健康码，手机通过定位功能，记录个体出行轨迹，比对疫情高风险地理空间信息，真正意义上实现空间移动和健康状况的连接。宅家期间，我们通过手机买菜、点外卖，他者通过手机获取我们的地理位置，并实现线上线下的物质交换。这种线上线下的运作关系虽然在疫情之前也存在，但在疫情期间表现的尤为突出，甚至成为个体赖以生存的方式。

疫情期间虚拟空间与现实空间的互动还创造出许多复合型场景。梅罗维茨提出"媒介、场景、行为"三者相关命题，指出媒介并不是通过传递的内容来

---

① ［美］曼纽尔·卡斯特著，夏铸九等译：《网络社会的崛起》，社会科学文献出版社2001年。

影响人们，而是通过改变、创造出新的场景来改变人们的生活。[①] 媒介通过整合、叠加多个场景而创造出全新的场景，在新的场景中相同的内容将产生全然不同的意义。

疫情期间，人们通过视频会议工作，学生通过视频会议上课。一个个云端会议空间即是一个个场景，新媒体技术在云端创造了无数个类似场景。身处不同空间的个体同时在云端相聚，借由音频和视频来"隔离"或者"进入"某个场景，同时在多个场景中不断来回切换。

过去，人们只能在某个时间点身处一个场景，移动智能媒体普及后，我们可以同时身处几个场景。疫情期间，我们一边照看着家中的孩子，一边开着视频会议，一边在微信上与人聊天。我们一脑多用，不断在不同场景中切换，我们既在任何一个场景，又不在任何一个场景。可以说，时间空间已不仅仅是碎片化，而是呈现同步叠加、多层化。

是什么决定我们真正身处何处？是我们的注意力和关注点，是意志决定我们真正身处何处。当我们真正关注聆听某个云端会议，我们才真正身处这个会议之中，否则只是虚拟在线。只有个体真正关注的才是真实所在。注意力决定虚拟空间位置，这听上去似乎有些魔幻，但在智能移动时代，这成为了现实。

时间和空间已不再是一个可以清晰描述的命题，个体不能再说我此时此刻身处何处。实体空间是唯一的，虚拟空间是叠加多层的，且可随时切换的，虚拟空间随意志力的转移而转移。

于是，在智能网络时代，连时空问题都变得不再确定，时间和空间被彻底解构。从这个层面而言，智能网络时代，对时空既是无限的链接也是最终的解体。而对网络时空的解体并不是通过媒介传递的内容，而是通过媒介载体技术本身。

所以，新媒体并不是通过内容来实施影响，而是通过媒介载体本身发挥作用。

---

① ［美］约书亚·梅罗维茨著，肖志军译：《消失的地域——电子媒介对社会行为的影响》，清华大学出版社 2002 年。

五、结语

2020 年新冠疫情肆虐全球，为了减少接触性感染，众多媒体停刊纸质版，宅家期间，人们史无前例地高度依赖手机生活。伴随纸质媒体的停刊，移动智能媒体开始完全掌控人们的生活方式，媒介载体的更迭形成一种鲜明对照。我们不禁发问：载体和内容到底哪个更为重要？

以往，人们普遍认为内容更重要，内容直接决定人们的认知。但是，本文通过分析指出，载体比内容更重要，载体起着决定性作用。纸质的消亡和移动智能媒体的深度嵌入，不仅仅是媒介形式的转变，而是一种生活方式的更迭，不仅是实体空间向虚拟空间的转变，更意味着时空体验感的转变，从过去确定的实体时空转向不确定的叠加多层化的虚拟时空。重要的是，新媒体并不是通过传递的内容，而是通过载体技术本身来实施影响。

（王晓虹，复旦大学新闻学院）

Carrier and content: Let's talk about the "newspaper suspension"
during the epidemic

Wang Xiaohong

Abstract: During the New Crown Epidemic, institutional media suspended the publication of a paper version, and switched to a new media platform in an all－round way, and the record was outstanding, which triggered thinking about the change of vector carriers. This article examines the impact of the disappearance of paper media and the deep embedding of new media on people's lives from the "carrier－content" dimension. It is pointed out that the carrier and the content are never two separate things. The carrier has internal regulations on the form and presentation of the content. Even to a certain extent, the carrier has a greater direction for the content.

Keywords: Epidemic Situation; Carrier; Content; New Media

影戏观的嬗变与中国电影
理论批评的"出场学派"

——从《影戏杂志》(1921—1922)到《电影杂志》(1924—1925)

马聪敏

摘要:本文以早期中国电影杂志先驱《影戏杂志》,以及 1924 年 5 月出版的《电影杂志》为研究对象,通过对其中的论述性文章以及杂志创办者的创刊理念等的细读剖析,梳理 1920 年代上半期"影戏观"的嬗变。从"影戏原质观"到"影戏真旨观"的影戏本体论的变迁,从"影戏智识论"到"影戏专业论"的影戏摄制论的变迁,从以西片为参照系的文学式的批评到以西方和历史为参照系的艺术式的批评的嬗变,从为电影正名到独立的体系化的电影观念的出现,20 世纪 20 年代上半期的"影戏观"嬗变为中国电影理论批评的出场描绘了一条原生性、本土性理路。

关键词:影戏杂志;电影杂志;影戏观;中国电影理论批评;出场

一、从《影戏杂志》到《电影杂志》

(一)《影戏杂志》出版日期勘误

中华民国十年(1921)二月三日《申报》第四张及二月十一日《申报》第五张刊有"《影戏丛报》出版"的消息一则。①《影戏丛报》作为中国最早的专业电影期刊,其内容"广搜美国著名最新杰作",与中国本土内容无涉。《影戏杂志》作为目前能看到的中国最早的铅印专业电影期刊,关于其出版日期,学界一直颇有争论,说法有如下几种:(1)1920 年 1 月。2004 年 6 月出版的《上海图书馆馆藏现代中文期刊总目》中说《影戏杂志》创刊号出版时间是 1920 年 1 月。(2)民国九年即 1920 年秋。守白在《"导演"二字之创译者》一文中说:"当民国九年之秋,余友顾肯夫陆洁诸君创刊影戏杂志于沪上……"②(3)1921 年 4 月 1 日。黄志伟于 2005 年在《文汇报》上发表的一篇名为《中国最早的电影杂志创刊于何时》的文章认为《影戏杂志》第一期的出版时间为 1921 年的 4 月 1 日。其证据是作者在 1921 年 4 月 1 日的《申报》发现了《影戏杂志》的出版广告。此后有颇多学者接受并沿用了《影戏杂志》创刊于 4 月 1 日的说法。③ (4)1921 年 6 月。有学者根据《影戏杂志》第一卷第一号后的"本会启事""因此在登报预告后,差不多过了两月,才得出版。"推断"《影戏杂志》应是在登报两个月后

① 消息称:本报筹备手续已有年余,同志数十人不惮心力,耗费巨金,广搜美国著名最新杰作,敬烦名画家但杜宇先生一手绘图。笔墨新奇,实为从来所未有,文字亦清雅可诵,并倩画家手录。选用百磅道林纸精印。封面鲁克彩色套印,尤为富丽,洵美术界空前之奇观也。内容如下:影戏人物汇志(一)爱理司(二)哀的坡罗(三)苛别脱(四)罗兰(五)威理姆(六)哀笛司(七)琵琶(八)鲁克(九)破拉得(十)却别令(十一)路司(十二)哀能(十三)摩志不流(十四)甲克(十五)奇离(十六)麦克郡。席耐志之甲庄趣事;却别令之犬吠声;鲁克之刚跌下;鲁克之遇夫;琵琶为美国第三美人;康可铃之杰作;康可铃之本来面目;梨达美兰之目中人;马上姻缘;威廉姆之空谷旅行记;鲁克船长之儿;槛栏语之仇敌相见;破拉得之皇帝梦;梅白尔之捕牛;仙女劫;世界第一跑马;怪党之入海取箱;罗兰之黄金岛;席耐之海水浴;何鲁其之夫妇;希腊画家之艳史;海滩摄影之风味;旅店大盗之两侍者;非的睡态;鲁克之真相;劳工向电车示威;却别令之离婚妻;十三党;多宝箱;威廉姆夫妇之蜜月游;爱月迟之亲手;影片放映室之全景;洋装。一册实洋(二角)不折不扣外埠邮费加一。《影戏丛报出版》,《申报》,中华民国十年二月三日星期四第四张。

② 守白:《"导演"二字之创译者》,见《申报》中华民国十四年十月二十四日。

③ "《影戏杂志》的创办与当时很多电影刊物一样,也颇有些一时兴起的意味。它于 1921 年 4 月 1 日创刊。"见丁姗姗《影戏杂志》:中国电影刊物的初始探索》,《当代电影》2011 年第 9 期。

才最终刊出，即 1921 年 6 月前后。"①（5）1921 年秋。"《影戏杂志》不定期。16
开本，1921 年秋由中国影戏研究会创刊于上海。"②（6）1921 年 12 月。"《影戏
杂志》月刊，1921 年 12 月创刊，1922 年 5 月 25 日出至第 1 卷第 3 期后停刊。
顾肯夫、陆洁、张光宇编辑，中国影戏研究会发行。"③

　　据笔者查证，《影戏杂志》的出版广告并非是在 1921 年 4 月 1 日的《申报》
上初次刊登，中华民国十年三月二十八日即 1921 年 3 月 28 日星期一《申报》
第四张十三页刊出《〈影戏杂志〉第一卷第一号出版了》的广告④，同日报纸第十
六页《致谢》中有"志谢顷承新民书馆惠赠《解放画报》第八期一册又承中国影
戏研究会惠赠《影戏杂志》第一期一册印刷精美体裁新颖特此志谢并作介绍"⑤
的内容，可见 1921 年 3 月 28 日，《影戏杂志》第一卷第一号已完成印刷，并已
将一册惠赠于《申报》，并于 3 月 28 日及 4 月 1 日于《申报》刊登出版广告。⑥
1921 年 4 月 6 日始，中国影戏研究会成员即忙于拍摄电影《阎瑞生》⑦，4 月 7
日左右，即《影戏杂志》第一卷第一期"发行不十日，而印刷所毁于火。纸板原
稿。无新旧皆遭焚如"⑧。影戏《阎瑞生》的拍摄周期延续几近三月，7 月 1 日

---

①　刘琨、孙晓天：《明星消费、民族想象、现代启蒙——关于〈影戏杂志〉的三点研究》，《当代电影》
2013 年 1 期。

②　黄志伟：《中国最早的电影杂志创刊于何时》，《文汇报》2005 年 9 月 6 日。

③　《上海电影史料》1992 年 10 月第 1 辑，见黄志伟《中国最早的电影杂志创刊于何时》，《文汇报》
2005 年 9 月 6 日。

④　刊载内容与 4 月 1 日刊载内容相同，《〈影戏杂志〉第一卷第一号出版了》，《申报》1921 年 3 月
28 日，第四张第十三页。

⑤　《申报》1921 年 3 月 28 日，第四张第十六页。

⑥　至于其"本会启事"中所言"因此在登报预告后，差不多过了两月，才得出版"，据笔者推断，当
指其曾在 1921 年 1 月底 2 月初于报纸上刊登出版预告，1921 年 2 月 4 日（农历 1920 年正月二十七）至
2 月 10 日（农历 1921 年正月初三）《申报》休刊一周，加之正值年节，广告费用水涨船高，《影戏杂志》出
版预告或登载于其他报纸。

⑦　"阎瑞生谋害莲英案喧传社会无人不知现闻由中国影戏研究社将全案事实编为影戏业已开始
摄演所有案情均系实地拍摄扮演人员多富有影戏经验者此案本极离奇又经该社多人研究参加材料必大
有可观全片制成共费五万元长约万余尺不日即可出演届时必可轰动一时也又该社以外人影片所摄中
国人均囚首鹄面极形不堪殊有玷国体兹拟多摄有价值之影片轮往外洋以介绍我国人真面目云。"《阎瑞
生活动影戏将出现》，《申报》，1921 年 4 月 6 日，第 16 页。

⑧　《影戏杂志》第一卷第二号，1922 年 1 月。

始于夏令配克大戏院上映①，中国影戏研究会同仁忙于《阎瑞生》一片的拍摄与发行，客观上并不具备 6 月出版《影戏杂志》的可能。可见，《影戏杂志》第一卷第一号最迟于 1921 年 3 月 28 日出版，第一卷第二号及第三号分别于 1922 年 1 月 25 日及 5 月 25 日出版，出版三期后停刊。②

（二）从《影戏杂志》到《影戏半周刊》

《影戏杂志》停刊后，1923 年 6 月左右，顾肯夫、陆洁、周志伊等前编《影戏杂志》的同仁们，创办《影戏半周刊》，"每星期一、四为发行日，不日即将出版"③。后有消息云："前影戏杂志社顾肯夫、陆洁、周志伊等近共同创办一影戏半周刊，筹备多日，刻已就绪，定于本月九日（星期一）（即 1923 年 7 月 9 日，笔者注）出版其第一期特刊，印二万张广赠各界云。"④《影戏半周刊》1923 年 7 月 30 日出至第七期，内容日佳，但"影戏事业对外可以表扬祖国之艺术文明对内亦足以兴实业浚民智"，更倾向于电影实业的顾肯夫们于 1924 年 1 月底新创大中华影片公司。"兹闻有冯镇欧、俞蕙东、顾肯夫、卜万苍、陆洁诸君在本埠白克路新创一大中华影片公司。由顾君主任导演，陆君主任剧材，卜君主任摄影。顾陆二君对于提倡我国自制影片鼓吹甚力，中国第一种影戏出版物《影戏杂志》即为顾君主编陆君佐之。"⑤大中华影片公司成立后，所摄《人心》一片，即由顾肯夫导演，陆洁编剧，卜万苍摄影，梅熹、王元龙、张志云、徐素素等主演。1925 年 1 月大中华影片与宝塔影片公司合并后，董事会及职员皆有调整，所摄

---

① "十四日，中国影戏研究社社员多人，携带最新式摄剧机在江湾赛马场摄取阎瑞生剧中赛马一节。饰阎瑞生者为陈寿芝，饰吴春芳者为邵乐平，化装表情并皆佳妙。又是日第八次比赛，李大星得第一，该社亦摄入片中，故将来该片如输入外洋殊足争中国之光云。"《影戏社摄取阎瑞生剧》，《申报》1921 年 5 月 16 日，第 16 页。"中国影戏研究社近摄制《阎瑞生》影片，定于七月一日起假座夏令配克影戏院开映。"《申报》1921 年 6 月 29 日，第 16 页。

② "其故则由于成本太钜。收支不能相抵。盖报纸杂志之命脉。全恃广告。而影戏公司之广告。类多不能如期付款。售书所入。不敷纸印之费。遂不得不归诸停顿。此关于影戏之各种杂志。所以均不能永其年也。"见《关于电影出版物之调查》，载徐耻痕编纂《中国影戏大观》，上海合作出版社 1927 年版。

③ "前编影戏杂志之顾肯夫、陆洁、周志伊等近创办一影戏半周刊每星期一、四为发行期，不日即将出版社址在山西路三十二号。顾君另集数同志创设一影戏学会专事研究影戏学术云。"《新创之影戏学会及半周刊》，《申报》1923 年 6 月 25 日。

④ 《申报》1923 年 7 月 4 日。

⑤ 《申报》1924 年 1 月 29 日。

新片《战功》导演为徐欣夫，陆洁任编剧。1925 年 8 月，大中华影片公司与百合影片公司合并为大中华百合影片公司①，顾肯夫离开大中华影片公司，于 1925 年 10 月自组公平影片公司，摄制电影《公平之门》。

（三）晨社与《电影杂志》

"晨社任矜苹君近为提倡中国影片起见，特发行一种电影杂志，由电影界人士担任编辑及撰述，月出一册，定价二角，全用道林纸印刷，计五十余张，照片文字并重，第一期定本月十号出刊。"②《电影杂志》由晨社③发行，第一卷第一号 1924 年 5 月 10 日出版，主任编辑分别是来自大中华影片公司的顾肯夫、商务印书馆活动影戏部的朱瘦菊、明星影片公司的程步高。《电影杂志》"每期一厚册，有中外最新电剧照片、插图数十幅，彩色精印，富有美术思想，兼以材料丰富，若剧评、本事、小传、葛雷兹斯成功史、罗克自述史、影剧动作术、摄影学、化装学，以及关于电影之各种文学等……而无线电传递之电影消息尤为迅速，以是研究电影者咸推为参考善本。又该社于中国各种影片均出有专利，于一剧之本事说明，及摄片时之种种经过及照片等，无不评载"④，《电影杂志》风行一时，并被称作"电影出版物中之巨擘"。《电影杂志》出版十个月后，由于原编辑主任顾肯夫、程步高"致力于电影公司"而"舍其编辑事"，任矜苹邀请"电影评论界之健将"——李怀麟继任主笔，《电影杂志》于第十一期锐意革新，呈现出新的风貌。第一卷第十二期后，正遇五卅惨案，因此稍事停顿，"第二卷第一号准于二十六号（1925 年 8 月 26 日，笔者注）出版，由任矜苹、吴天翁任编辑，著作有陈寿荫、郑正秋、周剑云、顾肯夫、凤昔醉、卜万苍等"⑤。《电影杂志》

①　麦根路四十七号百合影片公司自创办以来，制有采茶女苦学生孝女复仇前情等片，成绩颇有可观，兹为前途发展起见，特与大中华影片公司相合并。大中华所制人心战功两片，口碑载道，无庸赘述。今两公司从事合作，魄力益雄厚，发达可操左券，闻已定名为大中华百合公司，两公司合并后之新片，为黎明晖女士主演之《小厂主》一片，其表演之活泼，不在美国电影女王曼丽毕克馥下云。《申报》1925 年 8 月 5 日。

②　《电影杂志发行在迩》，《申报》1924 年 5 月 4 日。

③　本埠天津路三二〇号晨社系由任矜苹、姜维良、陶笑舫、顾馥棠、余鲲、余鹏、孙道胜、卞毓英、徐赞华诸君所组织，营业范围暂定广告编译、保险代办代销、介绍储蓄工程等。见《晨社欢送驻美广告代表》，《申报》1922 年 8 月 12 日。

④　《晨社热心电影事业之一斑》，《申报》1925 年 2 月 6 日。

⑤　《电影杂志出版》，《申报》1925 年 8 月 21 日。

第十三号于 1925 年 9 月 25 日左右出版,第十四号拟改为"廿四开大本,用上
等铜版纸彩色精印,较以前所出材料增加十倍,足以与欧美电影杂志相抗衡不
稍逊色,兹定十一月十五号(1925 年 11 月 15 日,笔者注)出版"①,但终未
出刊。

　　《影戏杂志》《影戏半周刊》《电影杂志》之间的联系,除了有主编及编辑人
员的大规模重合,还在于前者开 20 年代上半期之头,后者结 20 年代上半期之
尾,都是 20 世纪 20 年代中国电影理论与批评实践的重要舞台。对两本杂志
中的相关文本进行解读,可以更为清晰地寻找到 20 年代上半期影戏论的嬗变
轨迹及其所反映出的带有原生性的中国本土电影理论的发生。②

二、影戏观的嬗变

(一)从"影戏原质观"到"电影真旨观"——影戏本体论的嬗变

　　"打破沙锅纹(问)到底"的一般思维特性,使中国人考虑事物也想知道它
"是什么"和"为什么",即该事物产生的来源、本性和存在的根据等。电影作为
舶来品进入中国以后,首先要解决的就是一种朴素的本体观。即"是什么""为
什么"。关于影戏本体观的文字,在《影戏杂志》中有《发刊词》《影戏源流考》
《影戏杂志序》等几篇。《影戏杂志》中关于影戏本体概念的回答,通过概念不
是什么来对概念是什么进行比较性的界定,这一看起来相当迂回的方式说明
影戏概念在当时的模糊性。"……戏剧中最能逼真的,只有影戏……""……影
戏是居文学上最高的位置的,最有文学的价值的……""……影戏的技术,只重

---

　　①　"晨社于十三号电影杂志内征求读者意见据多数来函均要求改为廿四开大本该社接到该项要
求函件后自十四号始即依此项办法进行全书改为廿四开大本用上等铜版纸彩色精印较以前所出材料
增加十倍足以与欧美电影杂志相抗衡不稍逊色兹定十一月十五号出版云"《晨社电影杂志大扩充》,
《申报》1925 年 10 月 27 日。

　　②　《影戏杂志》出版的刊物中,论述性的文章总计 8 篇,计有《发刊词》《影戏源流考》《影戏与海军》
《滑稽及讽刺活动画的制法》《滑稽影片底变迁》《影戏杂志序》《对于商务印书馆摄制影片的评论和意
见》《影戏评论:男女婚姻》以及两篇看起来是绍介性的、但其实包含诸多论述和价值判断的《日本影戏
界消息》以及《日本的影戏》。《电影杂志》自出版以来,共有论述性的文章 129 篇,另外还有 9 篇以《编
者底话》《编者余言》《编辑丛言》《编辑者言》《编余琐话》《不答复之声明》等为题的包含大量论述和价值
判断的文字。

在表情和做工的一方面……""……影戏的本身就是科学作用的一种现象……影戏是科学的产品"。① 顾肯夫在《影戏杂志》的发刊词中提出："影戏的原质，是技术、文学、科学的三样。"《影戏杂志》的编者们已然清晰地将影戏看作是一种独具优势的艺术形式，同时有意识地将影戏自身的创作规律区别于其他艺术门类，这样的思想进步性让杂志成为早期中国电影刊物的先驱。"技术、文学、科学"作为影戏的"原质"，虽然在《影戏杂志》时代还无法得到更为准确的解释，并且也无力对其三者之间的关系进行进一步的说明，但影戏的原质观在当时已经颇为难得。

《电影杂志》从 1924 年第一期开始，分别于第二期、三期、四期、第八期和 1925 年第九期连载由美国 Inez、Helen Klumph 著，（周）剑云、（凤）昔醉翻译的《影戏学》，但该《影戏学》是针对演员的培训教材，所以其中基本不涉及影戏的本体问题。② 关于影戏的本体思考，其表述散见于顾肯夫的《发刊词》《艺术家底地位》，毕倚虹《我对影戏之感想》，火文之《我对于中国影片事业之希望》《影片功效谈》，怀麟《银幕漫谈》，若璞《我之中国电影谈》，严独鹤《影片杂谈》，周世勋《影戏痛语》，汪福庆《电影漫谈》，卢楚宝《电影与吾人之关系》，鲍振青《敬告中国之影戏家》，以及作为参照系而介绍的美国电影及日本电影的相关文章中。③ "……影戏是现代最进化之戏剧……影戏是戏剧这一艺术结晶中的'至高无上的珍品'……""影戏，现已成为一种民众化之艺术……""……影戏，是社会教育底导线，是宣传文化的利器……"④"电影的真旨是什么？电影的使命是什么。要知道社会上所说的娱乐品三字，并不是它真正的目的。……它

① 顾肯夫：《发刊词》，《影戏杂志》1920 年第一卷第一号，第 7—10 页。
② 《影戏学》第一章《引人入胜的影戏学》开篇即用强力的广告性语言诱惑道："你要问你将来的前程么？你要在两三年内，找一种每礼拜能赚钱千元酬金的职业么？你如果要，就请你认定影戏事业，是你的终身职业，毫不迟疑地投入到影戏业来！"《影戏学》用本体论极强的名称掩盖了其实是为想要"一切起居饮食，车马服用之优裕""一个人在影戏界赚二三百，或五六百元一礼拜，都是很平常的人，无须丰富的经验，奇特的技能"等有着演员梦的人准备的培训教材这一事实。《什么样的人才能遇着演戏的机会》《做戏戏几种必不可少的要素》《做影戏的资格》《到影戏里去是什么意思》《临时雇员一日应做的事》等仅仅在极少的寥寥数语才会涉及影戏的本体概念。
③ 如鲍振青《日本影片事业调查记》，鲍汝坚《日本影戏杂记》，若敏《美国电影发达之原因》，恺之《美国电影院之广告谈》，恺之《美国电影之明星迷信谈》，等等。
④ 顾肯夫：《发刊词》，《电影杂志》1924 年第一卷第一期，第 7—10 页。

真正的目的,是改造社会的利器,……是表扬国光的工具。……从事电影事业的人们,当然俱是改造社会的先锋,表扬国光的使者。"①

一方面,20年代中期的影戏本体观依然秉承了20年代初期"影戏为戏剧之一种"的表述,从"最逼真"的戏剧到"最进化"的戏剧,影戏归根结底还是戏剧的一种,戏是电影之本。这反映了20年代初期人们对电影的基本观念。但20年代中期,人们对电影在艺术门类中的地位有了更加深刻的认识。如果说,顾肯夫在《影戏杂志》的发刊词中所说的"在影剧界上替我们中国人争人格",在当时民族影业仅仅处于蹒跚学步的阶段,只能是一种愿景,那么,在二十年代中期的中国,随着影戏事业的风起云涌,"中国之制片公司,如雨后春笋。就上海一隅而言,成立者不下二十余所,较之欧美日本,进步之速,可为进人一步矣"②。民族影业在影剧界上的人格怎样,就成了非常现实并且可以确证的一种判断。可喜的是,20年代中期的中国电影人,不仅将电影的功能聚焦于影戏界之人格,并且提出民族电影于社会教育,于现代文明,于人类社会,于各民族文化的沟通和理解,于人类之精神以及人类的"诗意地栖居"的存在等更为普遍更为终极的问题,并对此有了自己的关注和回答。一方面,关于"影戏是什么"的回答,在20年代中期依然囿于影戏为戏剧之一种的观念,同时又将影戏概念还原为"活动映画"(motion picture),并用大量更具认识论的如对电影的摄制方法等的介绍来丰富"影戏是什么",另一方面,影戏的本体问题基本被搁置,而影戏的"真旨""使命"即影戏的功能问题在20世纪初期逐渐达成共识。从"影戏原质"到"电影真旨",反映出影戏本体论问题讨论的侧重和路线。

（二）从"影戏智识论"到"影戏原片制造论"——影戏摄制论的嬗变

对比《影戏杂志》和《电影杂志》皆为顾肯夫所撰,同为四条之办刊宗旨③,可以看出《电影杂志》办刊宗旨对影戏界之观众、影戏院、制片者、编剧者、演剧

---

① 汪福庆:《电影漫谈》,《电影杂志》1925年第13期,第1—2页。
② 鲍振青:《敬告中国之影戏家》,《电影杂志》1924年第6期,第1—2页。
③ 《影戏杂志》的办刊宗旨为:(1)发扬影戏在文学美术上的价值;(2)介绍有价值的影片给读者;(3)防止有害影片的流行;(4)在影剧界上替我们中国人争人格。《电影杂志》创刊时的办刊宗旨为:(1)增加中国影戏界之观众,引起观众对于中国影片之性味;(2)协助影戏院之发达,增加中国影戏发展之机会;(3)介绍英美之外国片,作中国编剧家及制片公司之参考;(4)鼓励制片者,编剧者,演剧者,及其他有关电影事业者之勇气。

者等的关注，其背后渗透出强烈的商战气息、实业背景和专业精神。《电影杂志》以《余兴》栏目专门刊载海上映演之欧美著名影片一览表，并以《中国自制影片一览表》总结国制影片的制作情况①，虽然"中国影片之成绩品，总数尚不满五十，地域只有上海与北京两处，研究影戏之人物，至多不过二百"②，但20年代中期，似乎如顾肯夫所言"无论何人都认现在是商战的时代"，"影片，在现在中国的商界中，好像也竖了旗帜，开始和他国宣战，许多制造中国影片的公司，也好像成为战团中的先锋队了"。商战的气息，使得国制影片不能仅仅在口头上争论概念和主义，而是要切实地提高国制影片的艺术和制作水平，于是，电影杂志的功能，也要随着商战气息的加重而深刻地认识到"《电影杂志》，非小说，又非稗史，是一种科学杂志，专探讨电影学艺"，"影片公司（五十余家）不可谓不盛；影戏场园（数十处）不可谓不多；电影人物，不可谓不兴；电影书报不可谓不具，然原片制造（Films）电影机件等本端事缺如诚为憾事，不独无人提倡，亦无人道及，本端事虽难举，然不可因噎废食。余因此以实业言"③。

　　有学者指出，《影戏杂志》中已经关注到了影戏的实业和产业属性，并且已经通过《发刊词》《影戏杂志序》《影戏源流考》《训练摄剧员之方法》《滑稽影片底变迁》《滑稽及讽刺活动画之制法》等，对导演、表演、编剧、摄影、剪辑、布景、服装等电影的专业术语进行了开拓性、启蒙性的介绍及对应。④ 关于电影的最初的智识性的介绍虽然始于《影戏杂志》，但从《电影杂志》的相关文章来看，后者用科学的态度迫切地介绍了大量的关于影片"原片制造"的专业性内容。署名为K.K.K的《影片制造论》《影片摄制论》，先从胶片的属性讲起，论及对象的明度、景物的摄取、景物的动性、摄影的范围、对象的距离、摄影的速度、对象的显隐、镜头前的彩虹光圈、自动的混合、黑幕上的重摄、遮盖法的重摄、间断

---

① 如新亚出品的《红粉骷髅》；明星出品的《张欣生》《苦儿弱女》《孤儿救祖记》《玉梨魂》；商务印书馆出品的《孝妇羹》《荒山得金》《火车盗》《柴房女》《莲花落》《大义灭亲》；上海影戏公司的《海誓》《弃儿》《古井重波记》《弟弟》；新中华出品的《侠义少年》，大陆影戏公司出品的《水火鸳鸯》等，在杂志中都有所介绍。

② 《中国自制影片一览表》，《电影杂志》1942年第12期，第2页。

③ 顾肯夫：《编者底话》，《电影杂志》1924年第二期，第1—2页。

④ 相关论点参见刘琨、孙晓天《明星消费民族想象现代启蒙——关于〈影戏杂志〉的三点研究》，《当代电影》2013年第1期。

的摄法、倒摇的摄法、突然的显露、摄影时的注意等诸多专业性科学性和技术性的摄制方法。《活动映画摄制法》开篇便道"现在我所讲的,是纯粹的活动影画 Animated Cartoon,不是墨水瓶的活动影画,墨水瓶的活动影画是一种图画与实事的混合物,就是在活动影画之内,还有真人真物的表演混合其中"①。卜万苍的《幻景之摄法》,详细讲解了如"演员自己同自己说话"的"幻景",也就是"复感"(double Ex-posure)的制作方法②,具体细化到某一类特技的摄制方法的介绍。

曹恺元的《化装在银幕艺术上的地位》则论述了化装在影戏中的重要性,说"化装的魔力,委实伟大极了"。③ 在法国研究电影多年,曾经出演过两部电影的徐琥的《电影化装学》也指出"化装一术,不特能增加剧中的精彩,且足衬托表演的精神"。④ 许墨卿《对电影演员说几句话》中倡导虽然电影中所需要的技术很多,并且都不是容易学的,但演员在表演深刻,并且兼学各种技术之外,还要注意"演员的人格和道德,是成功的基础"。⑤ 汤笔花《电影演员应具之常识》中指出:"观察二字,为电影演员之生命。""保守人格,为演员之第一良训。"⑥水若《电影演员应有的精神》中提出演员们应有"进取忍耐的精神""务实不虚的精神""互助合作的精神""创造改良的精神""竞争互让的精神"。⑦ 郑鹧鸪讲,殷楚湘记录的《电影演员须知》中将演员之表情(面部)、动作(手足身部之表情)、地位(镜头地位)、次序(表情程序)等一一道来。徐诗鹤在《电影演员人选问题》中进一步指出演员人选应遵循艺术、天才、个性等要素。陈寿荫《"看镜头"与"对镜头"做戏》指出"看镜头"为"呆看镜头","对镜头做戏"为看

---

① K.:《活动影画摄制法》,《电影杂志》1924 年第 3 期,第 1—3 页。
② 先用遮光板 Mask 将一方影片遮盖一半,譬如遮盖左半,以右半感光。演者现在右半地位,表演向他人说话之状,同时摄影者摇至三十尺停下,再将所感光的十尺倒回。在未摇回之先,须将内圆圈 Iris 或镜内窗盖 Shutter 关闭,然后将遮光板移在右半,遮蔽了,再以左半感光,演者也将他的地位移至左半,当摄影者再摇时,演者再演出答话之神气,再摄至十尺停下,这个时候,幻景已经成功;在银幕上,看起来,就是演着自己同自己说话了。卜万苍:《幻景之摄法》,《电影杂志》1924 年第 1 期,第 1—3 页。
③ 曹恺元:《化装在银幕艺术上的地位》,《电影杂志》1924 年第 7 期,第 1—3 页。
④ 徐琥:《电影化装学》,《电影杂志》1924 年第 1 期,第 1—2 页。
⑤ 许墨卿:《对电影演员说几句话》,《电影杂志》1924 年第 4 期,第 1—2 页。
⑥ 汤笔花:《电影演员应具之常识》,《电影杂志》1924 年第 8 期,第 1 页。
⑦ 水若:《电影演员应有的精神》,《电影杂志》1924 年第 4 期,第 1—2 页。

镜头做戏（Register）。"中国目下演员之弊,不在'看镜头'而在不肯'对镜头做戏'。"①

《电影杂志》意在"广大艺术的真谛,灌输电影的智识"②,但其所"灌输"的关于电影的知识,已经远远超越了常识的层面,而进入了艰深的专业层面。③尤其是对"原片制造"的"本端",而非"末端"给予了大量的关注和介绍。其科学性和专业性,在当时的电影杂志中非常罕见,充分表明了《电影杂志》作为"一种科学杂志,介绍电影学艺"的宗旨和目的。

（三）从以西方为参照系的文学式批评到以西方及历史为参照系的艺术式批评——影戏批评论的嬗变

《影戏杂志》与《电影杂志》都有"以世界之眼光,看今日中国之电影"的视野。而《影戏杂志》之"介绍有价值的影片给读者,防止有害影片的流行",对"有价值影片"及"有害影片"的判断,是其最基本的批评观点。《影戏杂志》第一卷第一号的 20 篇文章中,只有一篇《中国影戏谈》是关于中国电影的文章④,第一卷第二号有 24 篇文章,其中除了《影戏杂志序》一篇文章算是刊物的序言之外,只有《对于商务印书馆摄制影片的评论和意见》与《影戏院应当注意的两件事》这两篇文章是有关中国电影的。《影戏杂志》从第三期起开始由明星影片公司接手,观照中国电影的文章也自然相应增多了一些。但是对于外国电影的引介依然占据杂志的大部分篇幅。《影戏杂志》中曾提到"打城隍。瞎捉奸。及蝴蝶梦杀子报等。尚算较高",但亦"无价值可知",且"介绍中国文艺于外国之一机会。轻轻放过。甚可惜也"。甚至连商务印书馆拍摄的梅兰芳的数出戏曲片,则也被指责为:"收影过迟。致动作极快。不知者以为古装美人。在彼发狂。于舞态之美观。颇有缺憾。……此戏之价值,不过一旦角之滑稽

---

① 陈寿荫:《"看镜头"与"对镜头"做戏》,《电影杂志》1925 年第 13 期,第 1—2 页。

② 怀麟:《编余琐话:这期本杂志里的编排方式》,《电影杂志》1925 年第 11 期,第 1—2 页。

③ 如徐公美的《影剧的动作术》、立群的《牲畜的导演法》、凤昔醉的《中国影戏底服装问题》、郑正秋的《我之编剧经验谈》、剑云的《谈电影字幕》以及对"照相师是否就是电影家""影戏剧本应当向那一条路上走""影片底长量问题""银幕的布置问题的相关争鸣"等,都表明《电影杂志》对原片制造的关注。

④ 《影戏杂志》第一卷第一号为例,其中以独立篇幅呈现,共介绍了 9 部电影,分别为《宝奇案》《楼上》《毒心女皇》《大陆报之滑稽画》《海底黄金》《马戏之苦女郎》《金钱之代价》《同胞异命》以及《目中人》。这 9 部影片无一例外均为外国影片,而其中绝大多数为百代公司出品,另外被列出的有万国影片公司以及普及影片公司。

影戏。"从上述犀利、尖刻的批评声中,我们可以察觉《影戏杂志》流露的出的以西片为参照系的文学式(即以判断故事并复述故事为主)的批评方式。

有学者说:"中国电影在一二十年代的初创时期,由于电影本身还没有成为重要的文化活动被承认,被关注,除了猎奇的兴趣之外,大多数影片又都只是文明戏舞台演出的复制品……当时并没有什么批评的声音,提出问题,进行指责,可以说,电影评论活动还处于无声的年代。"①从《电影杂志》所保存的评论类文字以及文字中的相关表述来看,电影评论于 20 年代处于"无声的年代"显然是不符合事实的。曹元恺在《电影评论家应具的条件》的开篇即描绘了当时电影评论界繁盛热闹的场面:"新片映演之后,或正在映演的时候,报章上总逐日满载着批评的文字——尤其对于自制影片,这可见国人对于电影研究的热忱了,试读其内容,千篇一律,人云亦云的文字,足有十九。"②可见,20 年代中期,电影批评不仅在量上已经形成群体,在影片评论方面积极发声,而且电影评论的多元形态已然形成。③ 但必须明确的是,与《影戏杂志》以西片(欧美以及日本)为参照系,以故事的取材以及偏重于"戏"的层面的相关评论为主的倾向不同,20 年代中期,随着影戏制片业的兴盛,国制影片已经形成了自身的特色和传统,西方的参照系下,还要有自身传统以及和时代关系的考量。于是,20 年代的批评家所应具备的条件里,便不断地被强调:(1)要有充分的电影智识即了解电影是什么;(2)须具两种目光(舶来品,要拿舶来品目光下评;自制品,要拿自制品目光下评);(3)有历史的眼光,能考察时代关系。而这三点,可以总结为在世界的眼光、历史的眼光、国制影片自身传统的眼光下,以电影是一种艺术的艺术观以及艺术的品鉴力去评论作品。虽然相对于 20 年代中期的电影批评实践,《电影杂志》所提出的理想的电影批评同样是一种愿景,而

① 梅朵:《中国电影评论历史概述》,《文艺理论研究》,1998 年 5 月,78 页。
② 曹元恺:《电影评论家应具的条件》,《电影杂志》,1924 年第 2 期,第 3 页。
③ 《电影杂志》所刊发的批评文字,总评类的如半翁《观中国影片感言》《十月份新片总评》《九月份新片之比较观》;或者类型评论类的,如瘦鹃的《说侦探影片》;以及针对具体影片的如李允臣的《三星新片觉悟略述》,冰心的《玉梨魂之评论观》,影神《晨钟〈悔不当初〉小评》,皓厂《对于爱国伞说几句话》《看过〈弟弟〉以后》,青民《对于〈人心〉之述评》,庆光《观〈不堪回首〉后》,寿先《观〈徐娘风流梦〉后》,任矜蘋《观英美烟公司新片感言》,雨客《评苦儿弱女》,白谷《评人心》,步将军《青海风波述评》,等等。该杂志还用评分的方式,为中外影片打分,十分现代。

这三种眼光，对于电影的艺术式的批评是难能可贵的。

三、中国电影理论与批评的"出场学派"

作为一种舶来的艺术，关于电影的普遍规律与特性的学说，在过去的一百多年里，始终笼罩在西方主导的世界性话语中。什么是具有原生性的，带有本土民族话语的电影艺术流派、代表人物、代表作品、艺术形式、美学理论等，是寻求文化自信的中国电影理论所应当着力挖掘的。有学者有如下论断：由于早期中国电影理论批评主要脱胎于"影戏"理论，对电影本体的认识并不明晰，思想理论资源稀缺，加上批评家源自各路，各有所中，各奉其理，各自为战，在筚路蓝缕的滥觞难以产生学术领袖和形成学派。梳理史料文本，从《影戏杂志》和《电影杂志》的缝隙里走过 20 世纪 20 年代最初的五年，走过中国电影的"幼稚"时期，目的恰恰是想就历史中曾经有过的大而化之的相关定论，补充一些细节充沛的文字，从而看到中国电影理论与批评的出场所带有的如下特点：

（1）"对他而自觉为我"的学术立场。纵观 20 世纪二十年代初期从《影戏杂志》到《电影杂志》所反映出的影戏观的嬗变，可以看到中国电影理论与批评的出场广纳外域经验又不忘本民族的文化资源和历史地位，在面对世界电影理论批评的整体脉络时，显示出强烈的本土理论自觉，其思想资源及理论智慧开启了中国电影理论批评的本土脉络。

（2）中国电影理论与批评的出场带有电影理论与批评的中国学派之萌芽。有学者把"学派存在的验证标识"归纳为五个方面：一是有核心的代表人物；二是共同拥有近似的学术精神；三是由学术精神衍生出相应的学术方法；四是由此产生经典理论文献；五是有一定的依托空间。以顾肯夫、陆洁、周志伊为领军人物的 20 年代中国电影理论与批评的"出场学派"，在学术机构和制度建设方面，在《影戏杂志》阶段依托于中国影戏研究社，在《影戏半周刊》阶段依托于影戏学会，在《电影杂志》阶段则依托于晨社，一直致力于"在影剧界上替我们中国人争人格""引起观众对于中国影片之性味""增加中国影戏发展之机会"，并先后依托中国影戏研究社、大中华影片公司、大中华百合影片公司、公平影片公司、明星影片公司、商务印书馆活动影戏部等制片机构，以影片《阎瑞生》

《人心》《战功》《孤儿救祖记》《玉梨魂》《莲花落》《大义灭亲》等实践其影戏观念。在学术共同体及其心理认同方面,该学派所聚集的研究人员大多有中国影戏研究社,影戏学会,晨社的团队背景,在研究领域和理论观点方面有着基本的共识。如《影戏杂志》撰稿人顾肯夫、陆洁(陆洁父、不浊、三三)、徐欣夫等,大部分为中国影戏研究社成员,《电影杂志》撰稿人则由晨社任矜苹集合"电影界"之力,其编辑是来自大中华影片的顾肯夫、来自商务印书馆活动影戏部的朱瘦菊、来自明星影片公司的程步高,撰稿人则有曾与顾肯夫共同创办大中华影片公司的卜万仓、陆洁、周志伊;在《影戏杂志》时期即与顾肯夫等交往甚密的明星影片公司的郑正秋、周剑云、任矜苹、吴天翁等。[①]在理论方面,该学派自觉于对具有中国精神、中国内涵的电影话语体系及其评价标准的界定。影戏本体观的嬗变,摄制观的嬗变以及批评观的嬗变,都清晰地勾画出一条本土化原生性的电影理论智慧。当然,该学派的代表人物并没有比较清楚的"学派意识",在学派建构的过程中对学派的特点、发展历程及发展过程中的相关学术评论等也没有相应的梳理和总结,从而只是一个学派的萌芽状态。

中国电影理论与批评在其出场之时,就对自身的电影传统以及自身的电影理论有着高度的自觉。如果说,《影戏杂志》这份以"在影戏上替国人争人格"为重要使命的最早电影期刊,在促进民族影业发展上所做的努力,还带有民族义气的成分,那么,《电影杂志》在影戏本体观、摄制观和批评观上的转型,都在试图建立与当时中国电影实践相适应的评价体系,其在具有中国精神、中国内涵的电影话语体系及其评价标准的建立上的努力,使得中国电影理论与批评的出场带有了"学派"的萌芽,可以称为中国电影理论与批评的"出场学派",以指代其具有学派雏形但却未形成学派之状态。这一术语的提出,是否恰当,借此文抛砖引玉,请方家不吝赐教。

(马聪敏,陕西师范大学新闻与传播学院副教授)

---

① "肯夫创刊影戏杂志,约我合编,两人分工,顾编撰述部分,我编翻译部分,另约光宇主美术,由此创译并统一了甚多电影中之名词和术语。商社成立时影戏杂志已停刊。……交易所狂潮过去。张石川、郑正秋、周剑云、任矜苹所办之大同交易所改组为明星影片公司,常于晚上借肯夫光宇等去玩。"见《陆洁日记摘存》民国十一年(1922 年)十一月十八日,中国电影资料馆 1962 年。

The Transmutation of Yingxi Concept and the "Emergence School " of Chinese Film Theory Criticism: from *Movie Magazine* (1921—1922) to *Film Journal* (1924—1925)

Ma Congmin

Abstract: This thesis takes the early Chinese film magazine pioneer *Movie Magazine* and the magazine *Film Journal* published in May 1924 as the research object. It sorts out the transmutation of "Yingxi concept" in the first half of 1920s through close reading and analysis of the expository articles and the concept of the founders of the magazines. It concludes the change of the ontological theory of film from "the concept of film essence" to "the concept of true purport of film", the change of film production theory from "film intellectual theory" to "film professional theory", the change of criticism from the literary criticism based on western films to the artistic criticism taken the west and history for reference as well as from the justification of name of the film to the emergence of the independent systematic film concept. The transmutation of "Yingxi concept" in the first half of 1920s represents an original and local research approach to the appearance of Chinese film theory criticism.

Keywords: *Movie Magazine*; *Film Journal*; Yingxi Concept; Chinese Film Theory Criticism; Appearance

"第三电影"、《燃火时刻》与
拉丁美洲的纪录影像实践

张泠

摘要:本文归纳回顾拉丁美洲诸国在 1959 年古巴革命胜利至 1989 年柏林墙倒掉三十年间,电影创作、发行、理论探讨与拉美反帝、反殖、反资本主义政治社会实践之间复杂的互动,涉及对"第三电影"、游击电影、巴西新电影、古巴"不完美电影"等电影理念与实践的介绍与探讨。

关键词:第三电影;新殖民主义;巴西新电影;游击电影;不完美电影

一、"第三电影"(Third Cinema)与"新殖民主义"

纪录片(或"论文电影")《燃火时刻》(Hora de loshornos,1966—1968)是"解放电影小组"的产物。小组主要成员为奥克塔维奥·赫蒂诺(Octavio Getino)与费尔南多·索拉纳斯(Fernando Solanas)。1969 年他们共同起草了影响深远的"第三电影宣言"("朝向第三电影"/Hacia un tercer cine),以西班牙语首发于古巴的《三大洲》杂志,为整个电影运动提供了有力的理论依据:电影作为集体创作的政治干预形式。他们认为纪录片是一种社会分析与促进政治变革的电影形式,是革命电影创作的主要基础。这一宣言不仅意图促成银幕影像变化,也试图改变被商业电影运作模式边缘化的影像在拉美的发行与放映方式,在资本主义垄断之外寻求空间。

在"解放电影小组"与"第三电影宣言"之前,阿根廷导演费尔南多·比利(Fernando Birri,1925—2017)就已认为电影教育对培养新的独立的阿根廷电影至关重要。西方模式的"现代化"对"发展"的执迷及欧美对拉美国家的殖民主义态度、资本主义与新殖民主义体系,都需要被揭示和阐明。比利1962年创办Santa Fe纪录片学校,拍摄工人阶级的电影。他认为拉美人民需要的电影应阐明事理、令他们觉醒:在本国层面反寡头政治与反资产阶级,国际层面要反殖与反帝。电影应该表达当时阿根廷的状况:半殖民主义,欠发达。不发达的原因众所周知:内在与外在的殖民主义。拉美文化工作者应该为人民创造新艺术与新电影,从而创造新人、新社会与新历史。学校的第一部社会写实纪录片为《给一毛钱》(Tiredié,导演:费尔南多·比利,1960,33分钟):一群贫困绝望的孩童沿着铁路追赶火车,指望冷漠的乘客能扔几个硬币下来——这也是第一部"拉丁美洲贫困影像纪录社会调查"。他们的口号是:"写实、批判、通俗"。比利认为,低成本电影将技术限制转化为新的表达可能,如流动放映队。电影工作者不是为自己而是为城乡劳动阶层的观众拍片,要拍摄关于真实人民的电影,最基本的目标是讲人民的语言,因为拉美诸国普通民众识字率低是不争的现实。社会纪录片与写实批判通俗电影具有革命功能,体现人民的价值:劳动、力量、抗争、理想。这些电影的结果与动机是知识与觉悟,只有对现实觉醒,才可能提出问题及改进。

与之呼应的"第三电影宣言"与50年代不结盟运动的"第三世界"论说有直接关系,将好莱坞商业电影归为"第一电影"、欧洲艺术电影为"第二电影"。"第三电影"不同于专注商业利益的工业体系的"第一电影"或强调个人主义作者论的去政治化艺术诉求的"第二电影",而是寻求集体合作的制作与商业影院模式之外的多元放映方式。这也是当时政治背景在全世界包括拉美的折射。1959 年古巴革命成功令坚持反对各种新、老殖民主义和帝国主义斗争的拉美人受到极大鼓舞,此后"越战"中越南人民的抗争、世界范围反殖解放运动在第三世界的继续,这些新的历史条件与反帝抗争中产生的"新人"都要求电影工作者以一种新的、革命的态度去进行电影实践(如切·格瓦拉代表的新人,自旧的灰烬中诞生)。

好莱坞电影作为"第一电影"的垄断模式明显体现于在拉美的发行放映:阿根廷发行放映商与外国制片商勾结获取利益,1962 年在阿根廷上映的 500 部电影中,有 300 部英语片,基本为好莱坞电影,阿根廷电影则只有 30 部。拉美有两亿潜在观众,是巨大市场,发行商宁可引进平庸外国片也不支持本土电影。但这种垄断更在于其运作结构、电影语言与观念、意识形态和明确的世界观,那就是美国金融资本利益所代表的倾向:富裕阶层白人男性为中心的世界权威、感官娱乐为主体的愚弄、掩藏劳动分工的流畅叙事结构与"不可见"剪辑方式。这种 19 世纪资产阶级的艺术世界观,预设观众没有改变历史甚至思考历史的能力——他们只是意识形态的被动接受与消费者而非创造者。

"第一电影"将电影视为奇观、娱乐、消费品,将社会问题个人化,而从不问其真正内在的、结构性起因,缺乏解析和批判力量。电影作为 20 世纪最有价值的传播工具之一,只用来满足掌控电影工业者的意识形态和商业利益,而且,世界电影市场的主宰者,基本上只是美国。有可能克服这种状况吗?"第三电影"的实践者试图在不利的条件下坚持拍摄影片,以不同方式抵达观众。更重要的,他们将电影创作与传播视为去殖民化在文化方面的努力。取代仰仗军队与警察直接控制的旧殖民主义,新殖民主义将拉美国家经济、政治、文化上的依附正常化、体系化和隐形化,使民众意识不到自身处于被殖民的位置并试图改变:他们不是行走其间的土地的主人,正如被新殖民主义阴影笼罩的人民也不是自己思想的主人。教育殖民、文化渗透与大众传播携手去除任何试图去殖民化的表达:大众传媒娱乐殖民化人们的趣味与意识,大学里的新殖民主义教育比投在越南的燃烧弹更成效显著。因此,知识精英成为新殖民渗透的传送带,社会中层是"先进文明"最热心的接受者。这也造成知识分子与艺术家唯恐"艺术被政治污染"而远离现实、去政治化,导致民众与艺术家之间的隔阂,及下层民众的抵抗被冠名以"野蛮"的"乌合之众"而妖魔化。

依据赫蒂诺与索拉纳斯的观点,"第二电影"包括以欧洲为主的各种"新浪潮"与"新电影",不可否认其体现了表达自由、电影语言创新及一定程度的社会批判,但只是在体系允许的范围内,如戈达尔所言"被困城堡中"。如"第三电影"宣言中所言,"现实中体系内可行的抗议远比系统愿意承认的多。这给艺术家一种幻觉,以为他们在越界'反抗体系';他们没有意识到即使反体系艺术也可被体系吸收和利用,成为制动器或必要的自我纠正机制"。因此,只有将美学融于社会生活中,如弗朗兹·法农(Frantz Fanon,1925—1961)所言,去殖民化才会成为可能,文化才会成为我们的文化。在反殖知识分子看来,民族解放与社会解放密不可分,社会主义是通往任何民族解放的唯一途径。正如艺术与政治不可分割,并非二元对立。革命并非始于从帝国主义和资产阶级那里夺取政权,而是始于大众意识到变革的需要、有解放的渴望。文化、艺术与电影一直对应不同阶层之间彼此冲突的利益,新殖民主义时期这种文化属于统治者而非民众。因此在进步知识分子与劳动民众看来,有"我们的文化与他们的文化,我们的电影与他们的电影"。第三电影是一种颠覆的电影,发展出一种文化:"出自我们,为了我们。"

二、《燃火时刻》、暴力与"巴西新电影"(Cinema Novo)

在这样的社会、历史、政治与思想背景下,《燃火时刻》这一史诗性纪录片被视为"社会运动纪录片的典范"。片名引自切·格瓦拉1967年最后的公开声明"致三大洲同胞书":"这是燃火的时刻,我们看见的是光。"题词作者何塞·马丁,19世纪拉丁美洲的反帝英雄。此处有双重指涉:一位反抗西班牙殖民者而死的革命者与一位刚刚因反抗英美新殖民主义而牺牲的革命者,鼓励观者联系当代解放抗争与19世纪拉丁美洲的独立战争。影片通过具有革命性的表现形式清晰表达思想,以画面、字幕、解说、激越鼓点交迭呈现对社会运动与工人、农民的关注(如60年代工会领导的阿根廷工人占领工厂运动及各种进步学生运动等),及对观者阐释重要概念与话语系统如帝国主义、新殖民主义、寡头政治等。美国电影学者罗伯特·斯塔姆(Robert Stam)认为《燃火时刻》令人信服的力量来自其利用电影这一媒介的具体可感性视听化抽象概念的能力,使之清晰易懂。如"寡头政治"的抽象性被五十个家族掌控阿根廷财富的镜头解释得清楚无误;而至关重要的词条"新殖民主义"通过照片蒙太奇来图解,解说者的口气略带嘲讽:"拉美人民的独立从一开始就被背叛了。背叛来自港口城市做出口生意的精英们……英格兰取代了西班牙,控制了整个拉美大陆。放贷者达到了军队无法征服的地步。我们用毛换来了布;用肉和毛皮换来了三角钢琴。出口农产品的资产阶级成为欧洲工业的农业附庸。在拉美历史上第一次出现了新形式的垄断:通过本土资产阶级的殖民生意出口。这就是新殖民主义的诞生。"阿根廷精英与美国大资产阶级的利益勾结则以美国第一夫人杰奎琳·肯尼迪(Jackie Kennedy)访问布宜诺斯艾利斯的镜头、嘲讽语调和美式流行音乐强调。阿根廷工人辛勤劳动,却无法买得起自己加工的肉类,每天仍被各种美式消费品广告轰炸。影片展示工人占领工厂的镜头,只有如此,他们才能成为自己劳动的所有者,获得尊严。

《燃火时刻》更是一部立场鲜明的"论文电影"——1969 年,赫蒂诺与索拉纳斯发表"第三电影宣言"这一年,"论文电影"这一概念真正确立起来。这是一种新形式的纪录片,与现实问题密切相关,被认为是一种实现革命的、反殖民主义与反资本主义的电影实践的优越形式。《燃火时刻》起始即以字幕引述反殖革命家与思想家名言警句,如法农、萨特、格瓦拉、何塞·马丁、卡斯特罗、毛泽东等,从革命理论到运动实践、从阿根廷到整个拉美乃至"第三世界"、从具体影像到抽象概念,深入浅出,思辨与情感交融。影片分为彼此关联的三部分:"新殖民主义与暴力""解放的时代""暴力与解放"。阐明系统性的政治暴力:在过去二十届阿根廷政府中,有十七个因选举造假或军事政变而掌权,国家机器各种暴力惩戒机构以监狱、装甲车、轰炸机等影像呈现。文化与教育暴力在于统治者对占人口比例极高的文盲率无所作为,从而控制民众思想。意识形态暴力体现于大众媒体的娱乐化、庸俗化、去政治化。在新殖民主义下,暴力、犯罪、毁灭要么被改头换面为奇观供人猎奇把玩(因为"资产阶级每日需要一定剂量的可控暴力的刺激与兴奋"),要么被粉饰为"和平、秩序、正常"。"将怪物打扮为美好之物",不但在拉美发生,也出现于美国内部。影片呼吁拉美乃至第三世界的知识分子、文艺工作者与民众发明新的语汇、理论与美学,全方位反思与抵抗新殖民主义霸权。

　　《燃火时刻》重申被国内外当权者镇压的大众暴力反抗是积极抵抗结构化恐怖霸权的暴力系统的方式。解放要通过革命暴力来实现，且一国的革命要与国际革命结合才能实现，因为"帝国主义是一个国际系统，要通过国际斗争来击败它"。而且采取暴力乃出于自卫，因为 1959 年古巴革命胜利后，美国加强对拉美各国事务不同程度与方式的军事干预，因此"武器在今天是最有效的政治语言"，不同形式的非暴力反抗无济于事，失败于国家机器强大的压迫力量。如神父 Juan Carlos Saparodi 的"解放神学"所言："暴力关于真相与诚恳。武装革命的价值在于揭示真相。只有伪善者才会反对被压迫者的暴力。一个人剥削别人时已注入仇恨。抵抗这种毁灭性的仇恨力量，除了对暴力的爱，别无他途。这种有暴力之爱的战士本质上是爱真理的高尚形式。"格瓦拉便是这样用革命暴力反抗新殖民主义并为之牺牲的战士。在《燃火时刻》第 80 分钟处，出现格瓦拉于 1967 年在玻利维亚被害后，民众悼念与西方记者拍照的黑白无声影像（从电视画面截取）。之后是被杀害后的格瓦拉的照片特写，长达三分钟里，他的眼睛凝视着观众，伴以愈发急促的鼓声及解说："对为解放抗争而死的人来说，死亡不再是结束。它成为一种解放的行动。选择自己死的人，也选择了自己的生。他已成为生命与解放本身。在他的革命行动中，这位拉丁美洲人找到他的存在。"格瓦拉之死震荡了拉美大陆乃至全世界，他成为一个革命神话，影像无处不在。1968 年 5 月，秘鲁的小学生唱着歌谣："一把刀，一个匙，切·格瓦拉万岁！"流通于巴西的照片称他为"我们时代的圣人"。此时，巴西与阿根廷的乡村游击队组织也转向城市，但右翼势力强大，残酷镇压，至 20 世纪 70 年代中期，拉美各国都被军事独裁势力统治，经济政策偏向于本地精英与外国资本（主要来自美国的投资）。进步电影导演有些失踪，有些被迫流亡海外，包括后文中将会提到的智利导演帕特西奥·古兹曼（Patricio Guzmán）。

　　作为"第三电影"运动的一部分，"巴西新电影运动"思想与实践与《燃火时刻》不无关联，也涉及新殖民主义与暴力问题，也试图让工人、农民可见。巴西著名导演格劳贝尔·罗恰（Glauber Rocha，1939－1981）拍出重要作品如《黑上帝白魔鬼》（1964）与《痛苦的大地》（1967），深受委内瑞拉导演玛戈·贝纳塞拉芙（Margot Benacerraf）关于制盐工人的纪录片《阿拉亚》（Araya，1959）影响,包括以独立手艺人方式拍片、关注劳动民众、社会批判。罗恰在 1965 年发表题为"饥饿美学"的宣言,认为新殖民主义的形式更精细、完善和隐晦,造成拉美经济上的依附,人民精神上的营养不良、无能与贫瘠,由此,"饥饿并不单单是症状,而是社会的本质"。罗治认为"巴西新电影"在世界电影中的原创性在于"饥饿",然而"我们最深重的苦难在于饥饿被感受到了但并未被完全理解":对欧洲人来说,新电影中巴西的悲剧不过是奇怪的热带超现实主义,而对巴西人来说,是国耻。对于那些不知饥饿为何物的人,这些丑陋悲惨、呐喊绝望的电影令他们不适。然而这种饥饿,温和的政府改良无法解决,银幕上的彩色也无法遮掩。因此,巴西新电影区分剥削的与解放的暴力、反革命的与革命的暴力,揭示后者的暴力"是饥饿最高尚的文化宣言。暴力是饥饿者的正常行为。饥饿者的暴力不是原始心态的表征。从'新电影'中我们应该了解到暴力美学更关于革命性而非原始性。暴力的时刻是殖民者开始意识到被殖民者存在的时刻。只有面对暴力的恐惧时,殖民者才会理解其一直剥削的文化的力量。只要不拿起武器,被殖民者不过是奴隶;第一个法国警察死去时,法国殖民者才会意识到阿尔及利亚人的力量"(此处呼应阿尔及利亚的社会历史现实及影片《阿尔及尔之战》中有充分体现的阿尔及利亚人寻求摆脱法国殖民的独立斗争)。当这种革命的暴力发生时,时间突然向前,空间似乎爆炸。与前文中提到的 Juan Carlos Saparodi 神父一样,罗恰认为这种暴力并非因为仇恨,也与旧式殖民主义的人道主义无关,这种暴力恰是一种爱,对行动与变革之爱。讲述真相,反对伪善与压迫,反抗商业主义、剥削、色情与技术专制,这是新电影不灭的精神。

三、"游击"电影:影像与现实的更多互动方式

作为拉丁美洲最重要的政治电影之一,《燃火时刻》的放映实践是个范例,表明因民众的支持与合作,一部电影的介入现实可在充满敌意的环境下成为可能。1968 年,《燃火时刻》被阿根廷官方视为"非常有煽动力的共产主义宣传,有极大潜力渗透各个公共领域"而遭禁映,只能做秘密的地下放映,比如在公寓房子里,每场观众不超过 25 人,映后有热烈的辩论,使得放映成为政治过

程。1969 至 1973 年间，《燃火时刻》被工会及其支持者定期在秘密集会中放映并激发讨论。1970 年，《燃火时刻》在阿根廷放映仅八个月就有约 25000 名参与者，对于"解放电影小组"在阿根廷是至关重要的一年。它也在拉美其他国家放映，如在智利的教会大学文化中心，大都由进步学生、知识分子和社会运动者组织，因而实现"电影发行的去中心化"。个体反抗巨大体制的无力感也因聚众观看和讨论成为行动的动力，如乌拉圭学生看完《燃火时刻》就在首都蒙特维多设起路障，抗议游行；影片在委内瑞拉国家电影资料馆放映后，观众离开时高唱着国际歌。在各国的工会、大学、其他场所，有三十二个国家的四千万人看过《燃火时刻》，包括十四万阿根廷人。

纪录片或许是革命性电影创作的最主要基础，而且抗争中国际交流至关重要。《燃火时刻》曾于 1968 年在意大利佩萨罗国际电影节首映，因解构新殖民主义而大为轰动。1967 年，第一届拉美国际电影节在智利海滨城市比尼亚德尔马举行，拉美电影人在此聚会，致力于创造"拉丁美洲新电影"。"新电影"要关注"不可见"与"沉默"的底层与边缘的人们，表现新殖民社会的不公不义与压迫，尊重观众智力与道德感。当时拉美诸国，只有墨西哥、巴西和阿根廷有足够大的本土电影市场与观众，能在好莱坞控制的缝隙间勉强维系自己的民族电影工业，其他小国技术、设施陈旧，难以形成持续格局，幸好当时电视的兴起为年轻人提供机会，也有些人去欧洲学习。乌拉圭纪录片导演马里奥·汉德勒（Mario Handler）是"第三世界电影院线"创始人，放映美国发行商拒绝的政治性纪录片。他在写给乌拉圭左翼周报 Marcha 的公开信中认为，16 毫米胶片拍摄与放映的流动性使得电影对人的影响比宣传册大得多。这样的"国际游击电影"成为当时仅有的民众电影，代表多数民众的利益与希望，使得放映可成为政治性事件。

除了《燃火时刻》，圣地亚哥·阿尔瓦雷斯与古巴纪录片运动的作品也大受欢迎。古巴之外，这些"第三电影"地下或半公开放映后的辩论使得劳工组织逐渐意识到电影的力量。如马克思所言，"阐释世界是不够的；现在是改变世界的问题"。电影训练也是通往解放而非顺从的途径。正如《燃火时刻》是索拉纳斯与赫蒂诺穿行阿根廷 18000 公里、索拉纳斯使用 16 毫米摄影机拍摄、赫蒂诺录音的结果。因当时的军事独裁，很多拍摄不得不秘密进行。在这场旷日持久的抗争中,摄影机如枪,如拉美城乡的各种游击组织一样,电影工作者也成立了"游击小组",展开游击战,导演与现实的关联令其成为人民的一部分。索拉纳斯和赫蒂诺认为这种"游击式电影"无产阶级化电影工作者,打破资产阶级的知识分子贵族化,要电影实现民主化。这种"游击"包括影片的制作、放映与介入现实的方式。摄影机是影像武器,放映机则是每秒发射 24帧画面的枪。"亚非拉团结组织"也参与反帝电影制作与发行,训练干部使用摄影机、录音设备及放映设备。当然,设备缺乏、技术难题、分工专门化、高资金投入等始终是左翼组织进一步有效使用电影这一媒介的障碍。在资本主义文化结构与工业体系中,电影导演也如"艺术家"一样被视为"天才",而电影制作基本成为"特权阶层"才能从事的工作。左翼电影工作者试图打破这种技术与表达的垄断与等级关系,各方也努力去神秘化电影制作过程,如通过左翼杂志介绍电影制作过程。创作过程是高强度劳动,"电影游击小组"每个成员都要在一定程度上熟悉设备,准备在制作的任何环节接替其他人工作,"不可替代的电影技师"的神话必须被戳破。

　　"第三电影"工作者不但积极创作,也进行宣言式理念总结以指导进一步行动。继"第三电影宣言"后,赫蒂诺与索拉纳斯于 1971 年发表另一宣言,《战斗电影:第三电影的内在分类》。出现两种对"战斗电影"的界定:一是关于政治组织,另一关于影片形式风格实验。无论何种界定,人们对"战斗电影"的共识是其令观众真正成为参与者而非被动看客,他们通过讨论成为主角,将时间、能量与劳动转化为自我赋权的力量。这也是反帝团结的行动、对话的机缘、一种学习方式,将理性知识运用到革命实践的"电影行动"。在拉美各地多次放映《燃火时刻》后,出现了"电影解放合作社"。1969 至 1970 年,智利左派制作了九部电影,委内瑞拉开始发行"第三电影",其他电影力量更弱的国家如乌拉圭和哥伦比亚也加入行动。两三年内,拉美各国进步人士都参与到"论文电影"的美学创造力与政治介入的态度与行动。但各国政府也采取了镇压行动,"游击电影"的放映在阿根廷遭到官方取缔破坏,巴西政府也开始了对"新电影"导演的限制。然而,《燃火时刻》的影响不但超越国界,也超越了拉美:不但有魁北克的左翼运动,更有法国导演马兰·卡尔米兹(Marin Karmitz)将《燃火时刻》第二部分中"占领工厂"段落用在他的剧情片《热血工潮》

（*Camarades*，1970）中，表现法国激进分子与工人基于这部阿根廷电影的放映讨论自己的劳工冲突。

四、古巴"不完美电影"（Imperfect Cinema）与《智利之战》

六十年代拉美电影人提出的理念，除了"第三电影"与"饥饿美学"之外，还有古巴导演胡里奥·加西亚·埃斯皮诺萨（Julio García Espinosa，1926—2016）提出的"不完美电影"，认为"完美电影"之技术与美学圆熟但去政治化。埃斯皮诺萨同样主张政治介入、促进电影民主化及重新审视导演与观众的辩证关系。他认为未来技术发展会使得拍电影不再是少数人的特权（也许埃斯皮诺萨过于乐观了，因为我们已见数字技术与网络传播虽然部分改变了电影的制作与传播方式，拍电影尤其剧情电影是少数人的特权这一点并未有太大变更）；每人可以拍电影的可能性不仅是社会公义，也是重获艺术行为的本真意义。只有观众不仅是积极的观者，也是真实的参与者，才会塑造其主体性，而电影制作也可以克服精英实践，不只是追求作品的"艺术质量"。尽管他并不否认高质量的电影作品应是全部电影人努力的目标，但生产的脉络不应被少数制片公司与资本家垄断，而应在真正意义上成为"大众艺术"。他认为在传统的民间通俗艺术中，创造者与观者是一回事，而新的艺术问题也无法再用欧洲的理论和实践解答："欧洲不再能给世界提供各种'主义'。"他说："我们的时刻已然来临。"尽管拉美科技落后，民众社会生活参与度不够，知识界依然推崇精英艺术，埃斯皮诺萨的乌托邦理想在于革命能实现真正的民主与平等："对我们来说，革命是文化的最高表现表达形式，因为其使得艺术文化不再是壁垒森严的人类行为。""革命"可以提供新的回应，使得大众完全参与变得可能，刻板劳动分工与社会分层可被打破，导演可以是科学家、社会学者、医生、经济学者、农业工程师等，"大众应该是艺术生产的真正主人"。反对自恋、商业与炫耀主义，导演与演员作为明星的体系都消亡对电影艺术才是积极力量。"不完美电影"不再对质量、技巧或"好趣味"感兴趣，可使用专业设备或8毫米摄影机，可在摄影棚拍摄也可采用丛林游击式，他感兴趣的是艺术家如何回应如下问题：如何克服"有文化的"精英观众已界定的作品的形式？

　　冷战背景中，古巴革命在华盛顿鼻子底下开创出一片新天地，对拉美其他国家政治、经济、精神乃至电影都影响深远，成为这个区域自美国帝国主义与跨国资本主义掠夺导致的经济与文化贫困中解放出来的有力榜样，也成为关键事件，给拉美其他国家的进步力量造成压力：不要仅口头革命，还要开始行动，总结有颠覆资产阶级体系潜质的左派理论。古巴在资本上曾极度依赖美国，通过大众革命，在五年内极快提高了民众识字率并降低了贫困率，资源更丰富的大国如阿根廷和巴西为何不能？20 世纪 60 年代古巴社会令人印象深刻的变化也使得拉美导演重新思考自己的职业定位、角色、职能与意义，纪录社会变化或以电影促进社会变革。苏珊娜·皮克（Zuzana Pick）指出，拉美导演忽然以新的眼光来看待纪录片：它不仅是现实的目击者，也是分析及改变现实的工具。

　　欧洲知识分子眼中拉美电影的繁荣以巴西与古巴为代表。古巴电影条件更佳，革命胜利后建立电影学院 ICAIC 为拉美新电影提供各种支持。政治运动、理论思考与电影创作彼此关联。古巴导演圣地亚哥·阿尔瓦雷兹每周制作新闻纪录片，赋予苏联导演爱森斯坦、库里肖夫、维尔托夫等的实验与蒙太奇风格以新的意义，如《此刻》（*Now!*，1965）将美国照片与流行音乐重新剪辑而产生碰撞与嘲讽意味，批判美国针对非裔的种族歧视与军警暴力。反殖、反帝、反拉美军事独裁、反越战为当时常见题材。

　　革命的 60 年代，纪录片在拉美电影的自我发现中扮演了重要角色。智利纪录片导演帕特西奥·古兹曼说："没有纪录电影的国家如没有相册的家庭。"他坚持以纪录片为智利这个国家的历史，尤其 1973 年民选总统阿连德被害、美国 CIA 支持的皮诺切特军事政变及独裁统治前后的创伤历史造像。古兹曼著名的纪录片三部曲《智利之战》（*The Battle of Chile*，1975—1979）即直接涉及这段历史，这一时期也标志着新拉美电影激进时期的终结。街头拍摄中，阿根廷摄影师 Leonard Hendrickson 被右翼军人枪杀，影片收入了他被害之前拍下的影像。《智利之战》中有现场观察，有调查、报导、访谈，有政治分析。军事政变后，古兹曼冒着生命危险将素材偷运出智利，接受古巴电影学院领导人物阿尔弗雷多·格瓦拉（Alfredo Guevara）邀请来到到哈瓦那，由提出"不完美电影"的埃斯皮诺萨帮助剪辑。尽管在智利的政治与经济战斗失败了,置身古巴令古兹曼意识到在智利人心中意识形态战争还在持续。这些影像成为历史的目击证词,然而影片从未在智利上映。古兹曼流亡欧洲多年,直到 1997 年返回智利拍摄《智利不会忘记》,之后还有《皮诺切特事件》(2001)、《萨尔瓦多·阿连德》(2004)、《故乡之光》(2010)与《珍珠纽扣》(2015)。

智利试图通过民主选举实现社会主义,走与古巴革命不同的道路,然而,在国内外右翼势力的军事干预下,遭到挫败。1973 年 9 月 11 日的智利军事政变中有外国左翼人士被处决,大批巴西、乌拉圭、玻利维亚、阿根廷人通过外交庇护逃离智利。政变后三个月内一千多人被害及"失踪",之后更多人遭受酷刑、虐待、牢狱、处决。阿连德政府"改良"幻觉的失败,也证实在当时的拉美,通往社会主义的和平之路不可行。智利导演古兹曼在访谈中提到:"智利社会中上层与外国利益结合,阿连德政府与左派试图约束这种右翼势力膨胀。"本国资产阶级与帝国主义和法西斯主义合流,皮诺切特成为他们的代言人,劳动大众处在另一端,而外国利益集团资助的大众媒体煽动中产阶级(军队,甚至一部分无产阶级,包括铜矿工人)投向了前者。《智利之战》第三部分关于民众自发组织合作社的力量与觉醒的程度,这些发生在军事政变之前,古兹曼将其放在最后段落,重现想像政变只是历史过程中的暂时倒退,呼吁未来时代的人们捡拾起前人留下的精神遗产,继续前行。革命的希望转向阿根廷,然而,1976 年,阿根廷也发生右翼军事政变,开始了更严酷的镇压。

五、"第三电影"继承者

提出"第三电影"的导演索拉纳斯 1976 年阿根廷政变后流亡巴黎,1983 年返回阿根廷,继续拍片及参与社会运动,尤其反对新自由主义政府将自然资源和能源私有化的抗争。索拉纳斯 2004 年制作了纪录片《洗劫回忆录》(Social Genocide),延续《燃火时刻》主题,批判阿根廷金融财政长期依赖欧美银行和财团,执行新自由主义政策,进一步加重贫富分化和社会不公,在一个物产丰饶的国家,竟有大量饿死和营养不良的儿童。"金融危机"后阿根廷经济的萧条或许影响很多普通民众的生计、信心和认同感,但并未影响到社会上层的奢靡享乐。这是全球资本主义的胜利。与索拉纳斯一起发表"第三电影"宣言的赫蒂诺也于1976年政变后逃离阿根廷,此后六年在秘鲁一所大学任教。1982至1988年间在墨西哥政治避难,1988年回到阿根廷。他呼吁正视国际媒体市场的新帝国主义及自由市场资本主义对拉美工业与工人的影响,也呼吁支持和保护工会。他试图更新早期左派知识分子的反帝、反资、地区团结话语,保护民族电影作为第三世界表达的"解放"。1973年赫蒂诺与索拉纳斯合著的书《电影,文化与去殖民化》为拉美大学电影研究的重要文本。他又在1990年出版《电影与依附》。

20世纪80年代之后,拉美军事独裁者纷纷倒台,影像技术也已几度更迭,涌现无数重现、回顾、反刍历史的录像作品。传播学者Patricia Aufderheide在题为"拉丁美洲的草根录像"的报告中提到1989年拉美各国有413个草根组织使用录像介入社会运动,这些录像以教育为目的,尽管流通有限、清晰度低,但"社会运动者比专业影像工作者更早使用这一媒介"。巴西原住民社区与video indigena运动利用录像制作方式保护土地、调查屠杀。这类作品涉及保护生态环境、性别平等议题,在工厂、抗议现场、咖啡馆、街市、公园等处放映,因传统官方(如电视)和商业(如影院)渠道对他们避之不及,他们开辟另外的公共放映空间。他们被索拉纳斯称为"第三电影继承者",将新媒体潜能用于积极的社会运动。回顾1970年埃斯皮诺萨在古巴宣称的"电影技术的发展使之可能不再是少数人的特权",也不无道理。

随着80年代以来保守主义与新自由主义实践与思潮席卷全球,在中南美兴起"两个魔鬼"论将激进左派和右派等同起来,各打五十大板,脱离历史语境而完全否认革命正当性。在论述拉美电影与社会历史时,美国学者更多以"民主自由反对法西斯"话语代替左翼革命反帝国主义与本国寡头政治的抗争。复杂的拉美革命一旦被置换为"独裁—民主"二元对立,便易被纳入冷战和西方制度优越的话语,所有问题似乎迎刃而解:似乎左翼运动者与大众反抗的只是抽象概念,没有人或只是某些独裁者需要为血腥历史负责(如皮诺切特,正如"二战"时的希特勒),而不去质疑至今仍在拉美变本加厉存在的不平等政治、经济、金融结构，依赖的、剥削的经济殖民主义与极度贫困。当帝国主义、新殖民主义……此类词因太熟悉而不大引起人们思考，我们需要重新陌生化、历史化与背景化这些词与概念，因为背后是活生生的流血、压迫与抗争的生命。

（张泠，纽约州立大学珀契斯分校电影与媒体系助理教授，芝加哥大学电影与媒体研究系博士）。

Third Cinema, The Hour of the Furnaces, and Documentary Practice in Latin America

Zhang Ling

Abstract: This essay provides an overview of the interaction between various film practices and socio—politics in Latin American countries from 1959 to 1989. Between Cuban revolution in 1959 and the fall of Berlin Wall in 1989, the thirty years witnessed Latin American film workers' great efforts in film making, circulation, and theorization as a means to struggle against neocolonialism, imperialism, and capitalism which caused suffering of local people and financial — political-cultural dependency on Euro — American capitalist powers. Radical film movements and concepts such as "third cinema," "film guerilla group," "cinema novo," and "imperfect cinema" epitomize film workers' persistent and righteous engagement with social reality and history.

Keywords: Third Cinema; Neocolonialism; Cinema Novo; Guerrilla Cinema; Imperfect Cinema

姚浩刚作品选登

　　姚浩刚,1970 年出生于广西合浦,1995 年毕业于广西艺术学院美术系版画专业,获文学学士学位,同年留校任教,2011 年获文学硕士学位,现为广西艺术学院美术学院副教授,硕士研究生导师,中国美术家协会会员。

晨光 80cm×120cm 黑白木刻

朗月 60cm×90cm 黑白木刻

临风 60cm×120cm 黑白木刻

静默系列之一 45cm×60cm 黑白木刻

静默系列之二 60cm×90cm 木刻

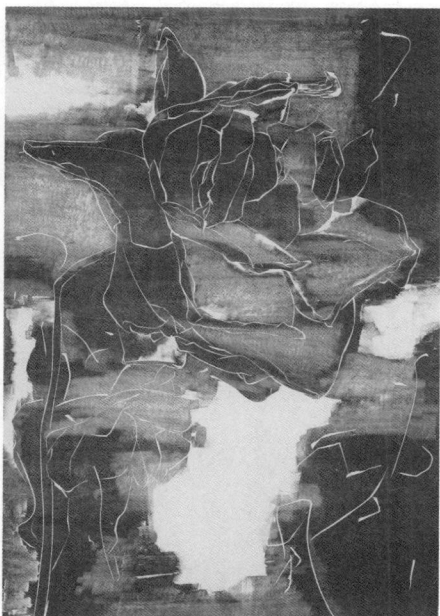

静默系列之三 60cm×90cm 木刻

花自开系列之一 90cm×90cm 木刻

花自开系列之二 90cm×90cm 木刻

清心系列之一 60cm×90cm 木刻　　　　清心系列之二 60cm×90cm 木刻

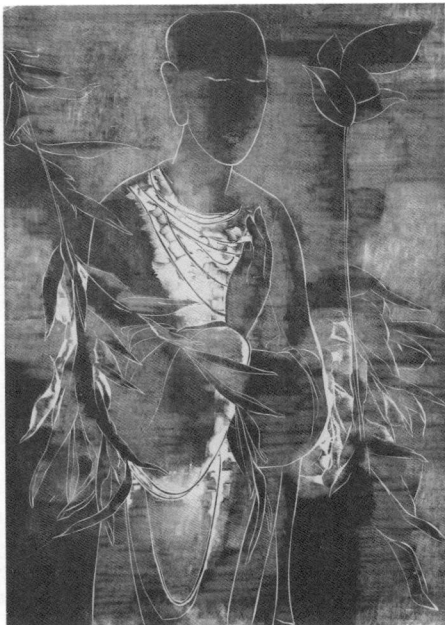

岳帅作品选登

　　岳帅,1983 年生于山东淄博,2009 年留校任教于广西艺术学院美术学院,现为广西艺术学院美术学院综合绘画系副主任,副教授、硕士研究生导师。中国美术家协会会员、中国电视艺术家协会卡通委员会委员、广西美术家协会装帧插图艺委会委员、广西青年美术家协会理事。

夜晚发生的事儿之一 40cm×80cm 亚麻布丙烯

夜晚发生的事儿之二 40cm×80cm 亚麻布丙烯

夜晚发生的事儿之三 40cm×80cm 亚麻布丙烯

夜晚发生的事儿之四 40cm×80cm 亚麻布丙烯

夜晚发生的事儿之五 40cm×80cm 亚麻布丙烯

编后记

　　说起 B 站，年轻的一代都不陌生，作为一个巨大的视频弹幕平台，它充满青春活力，自然会引起各路研究者的关注，故本辑的核心话题选取了相关的四篇文章来予以研讨和阐释，不过每篇文章的视角和切入点各有侧重。鞠薇的《哔哩哔哩：从"圈地自萌"到"青年文化乐园"——Z 世代青年网络文化发展启示》探讨的是 B 站所体现的亚文化与主流文化之间的交融共存的关系，涉及文化演变过程中的出圈和破壁。米金升、程世宇的《隔膜和破壁——B 站跨年晚会的"家庭剧"式分析》虽然同样关注青年亚文化的演变过程，但是焦点却落在 B 站的跨年晚会上，并认为跨年晚会是某种"成人礼"的仪式，年轻一代以此来宣誓成长。李晓博的《论 B 站中的民间话语》认为弹幕文化可以被看成是中国古典小说评点传统的某种延续，而流行的鬼畜视频则被视为民间辱骂的一种表达方式。郑玥莹的《鬼畜狂欢：B 站鬼畜视频话语形态分析》则通过对鬼畜视频的话语分析，将此狂欢化看作是后现代文化的一种景观。

　　本辑的"偶像评论"栏目，林芬的《化外之音：棉花俱乐部和哈莱姆爵士乐》很见功力。文章认为爵士乐的发展和外部物理空间的变化有着相互依存的关系，即爵士乐由草创期的"租金派对"到棉花俱乐部，再到卡内基大厅，每一次演奏空间和场景的更迁，都将技术上和社会环境上的演变投射到音乐的内涵之中。臧娜的《流量人生》则以朱楼村为个案，揭示了互联网的流量生态正日益影响和改变着村野乡间的传统生活方式和原先固有的生活经验。

这一期的"图像与视觉文化"栏目,共发表了三篇文章,这些文章看起来有些"古老",但是篇篇功底扎实,这些是当代研究者进入媒介文化研究,特别是视觉文化研究必做的功课。栾懿的《"欺骗"的隐喻和拟人观念的变迁——〈维纳斯与丘比特的寓言〉研究》对名画《维纳斯与丘比特的寓言》一直以来的复杂主题作了新的读解,并给出了"欺骗"与斯芬克斯的双重释义。苏梦熙《可见者与不可见者的交织——梅洛·庞蒂艺术美学中的"深度"问题研究》读解了梅洛·庞蒂的知觉现象学的"深度"概念。作者认为与西方传统绘画透视法所表现的深度不同,梅洛·庞蒂建立起以视看为本质的身体哲学,文章分别从对"深度"的现象学描述、身体的运动逻辑、身体内部的拓扑空间及深度的生命伦理意义四方面来展开论述,或可说这篇论述"深度"的文章本身也有了深度。郑二利《潘诺夫斯基图像学中的人文主题》阐述了潘诺夫斯基创建图像学的基本思想,潘诺夫斯基的图像学是西方形式批评中最兴盛的。本文走了另一条路径,即关注图像所表达的"主题",认为图像不是模仿之物,而是一种符号形式,与其他的符号形式,如哲学、文学等共同建构了文化史,因此综合阐释图像,分析人类精神的自由创造,应是人文学科艺术史的要务。

在"影像批评"栏目中,马聪敏的《影戏观的嬗变与中国电影理论批评的"出场学派":从〈影戏杂志〉(1921—1922)到〈电影杂志〉(1924—1925)》,梳理20世纪二十年代上半期"影戏观"的嬗变,即描述了从"影戏原质观"到"影戏真旨观"的影戏本体论,从"影戏智识论"到"影戏专业论"的影戏摄制论,以及从以西片为参照系的文学式的批评到以西方和历史为参照的艺术批评的三个变迁,为中国的本土电影理论批评的出场作了某种路径铺垫。

"实证研究"是媒介批评的新设栏目,这一期刊载的由徐翔等学者发表的这几篇文章是本刊扩大媒介文化研究方法和文体的继续尝试,我们希望这一尝试能够带来可期待的成果。

在本刊的编辑过程中传来消息,《媒介批评》进入南京大学中国社会科学研究评价中心的 CSSCI(2021—2022)收录集刊。为此我们对遴选方表示由衷感谢,更对十多年来一直支持和关爱《媒介批评》的各主办和协办单位以及各位同仁表示诚挚的谢意,《媒介批评》编委会一定不辜负各方的期待,将为进一步开拓媒介文化研究的新领域,提升研究的学术水准,作出更有成效的努力。